周易
經記
石軍 著

作者	石軍 [E-mail：junbox@outlook.com]
書名	周易經記
出版	超媒體出版有限公司
	Systech Technology & Publications Ltd.
地址	香港荃灣柴灣角街 34-36 號萬達來工業中心 21 樓 02 室
出版計劃查詢	（852）3596 4296
電郵	info@easy-publish.org
網址	http://www.easy-publish.org
香港總經銷	聯合新零售（香港）有限公司
出版日期	2022 年 1 月
圖書分類	中華文化 / 人生哲學
國際書號 (ISBN)	978-988-8778-38-6
定價	港幣 (HKD)HK$228 / 新臺幣 (TWD)NT$860

Published in Hong Kong

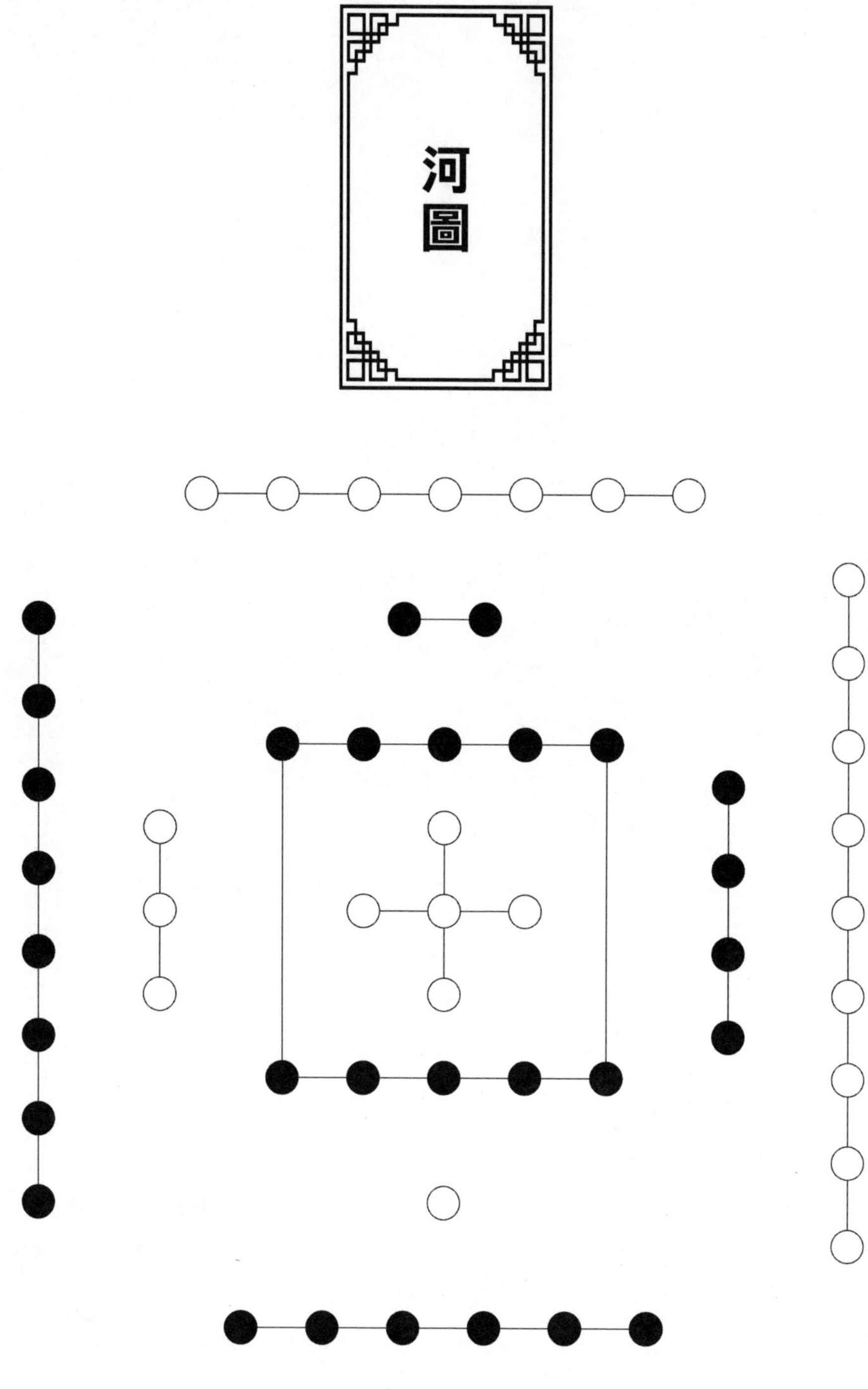
河圖

洛書

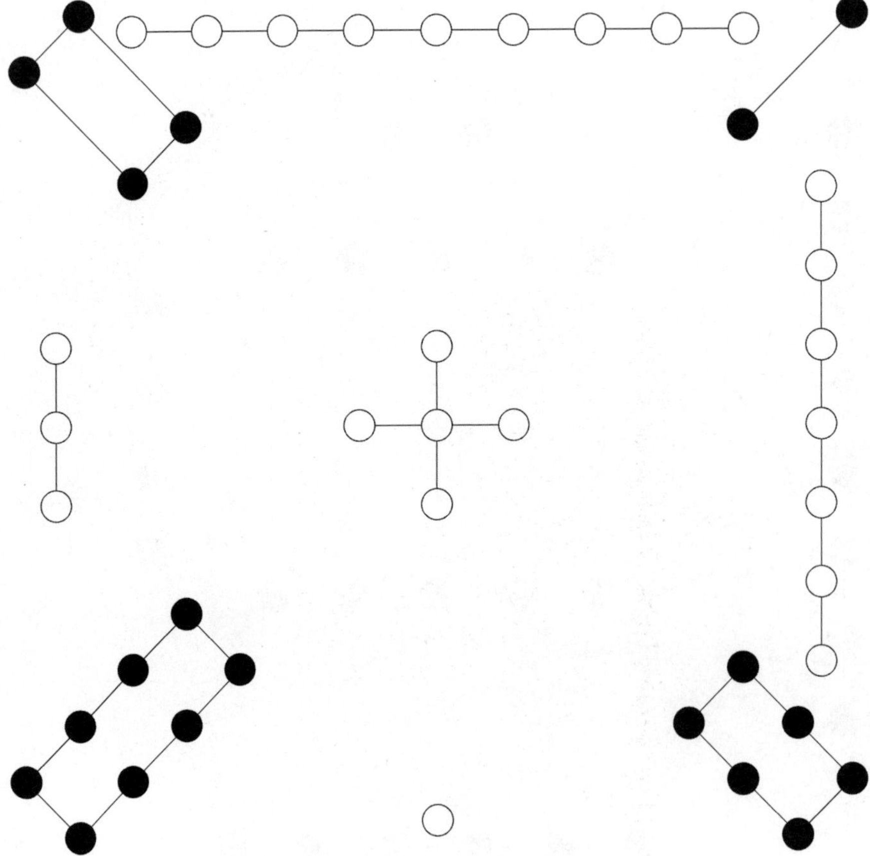

伏羲太極圖

伏羲始畫八卦圖

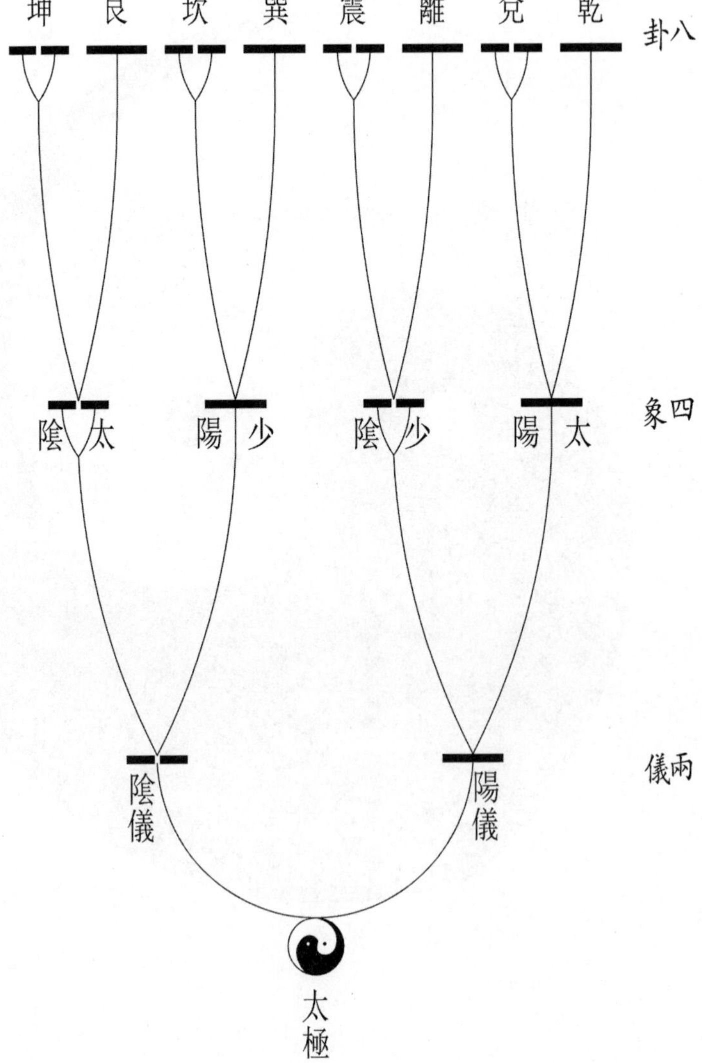
坤
艮
坎
巽
震
離
兌
乾
八卦
太陰
少陽
少陰
太陽
四象
陰儀
陽儀
兩儀
太極

伏犧八卦方位

乾一

兌二

離三

震四

巽五

坎六

艮七

坤八

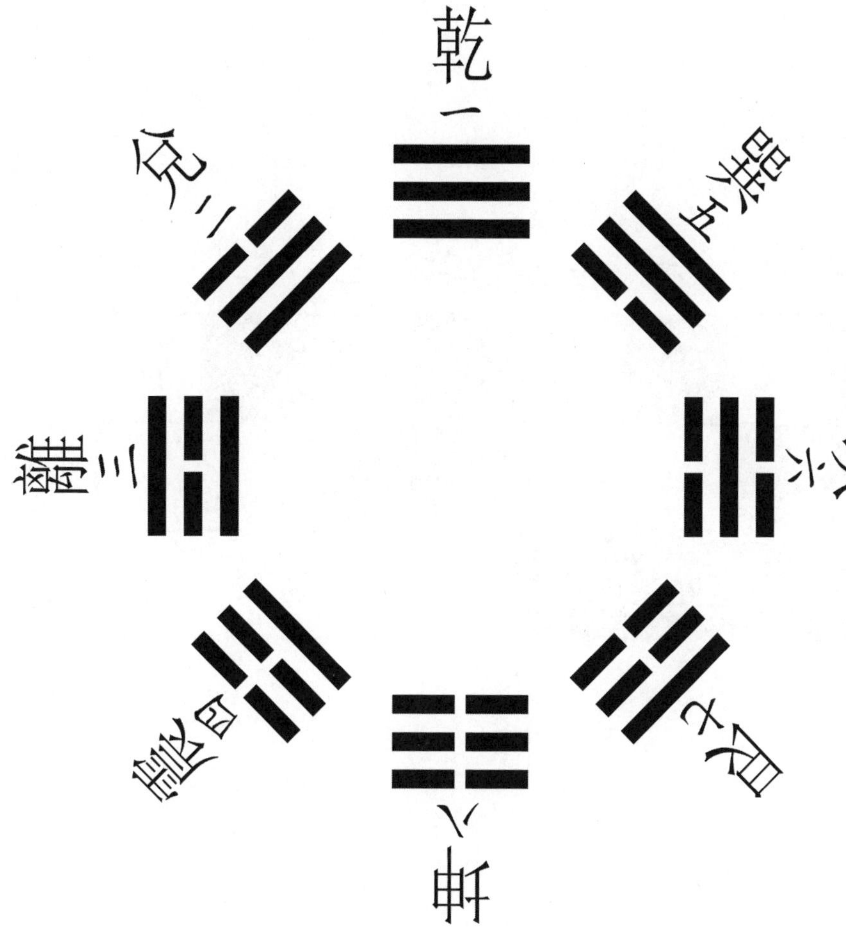

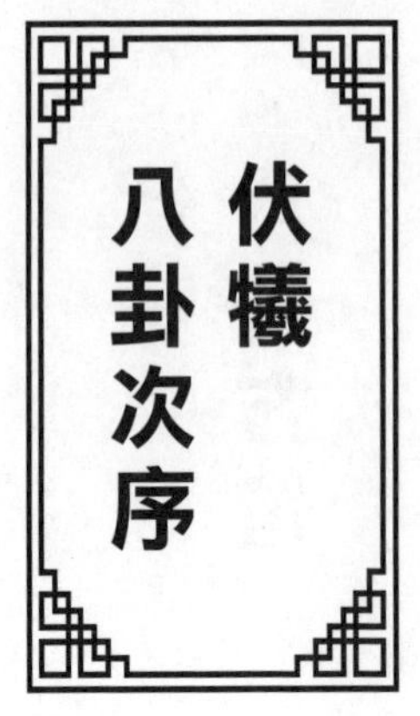
伏犧
八卦次序

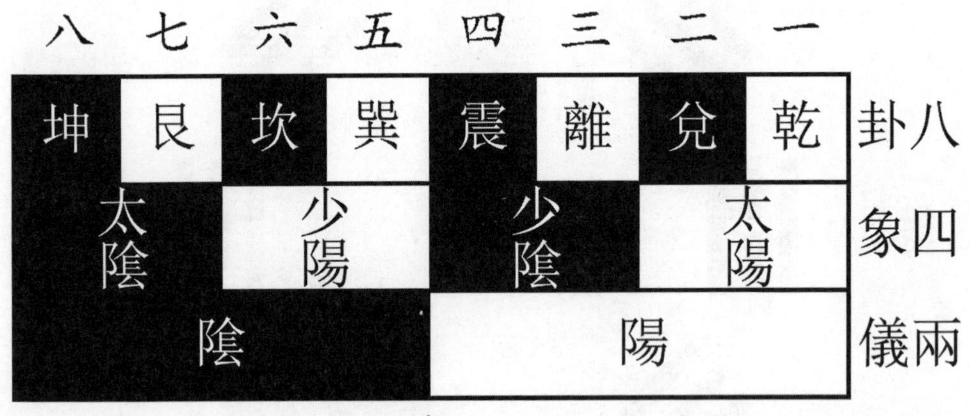
八 七 六 五 四 三 二 一
坤 艮 坎 巽 震 離 兌 乾 八卦
太陰 少陽 少陰 太陽 四象
陰 陽 兩儀
太極

乾 姤 大過 鼎 恒 巽 井 蠱 升 訟 困 未濟 解 渙 坎 蒙 師 遯 咸 旅 小過 漸 蹇 艮 謙 否 萃 晉 豫 觀 比 剝 坤 復 頤 屯 益 震 噬嗑 隨 无妄 明夷 賁 既濟 家人 豐 離 革 同人 臨 損 節 中孚 歸妹 睽 兌 履 泰 大畜 需 小畜 大壯 大有 夬

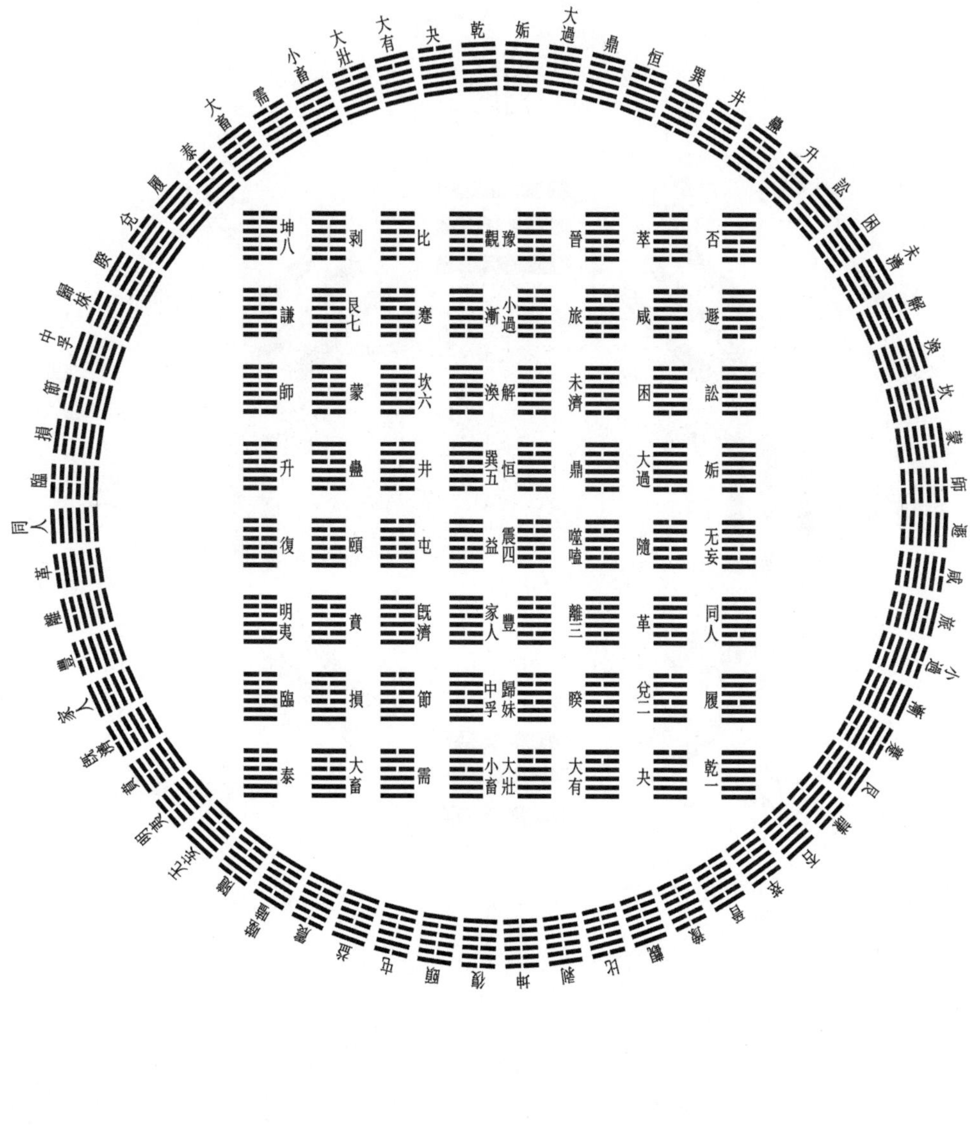

坤八	剝	比	觀	豫	晉	萃	否
謙	艮七	蹇	漸	小過	旅	咸	遯
師	蒙	坎六	渙	解	未濟	困	訟
升	蠱	井	巽五	恒	鼎	大過	姤
復	頤	屯	益	震四	噬嗑	隨	无妄
明夷	賁	既濟	家人	豐	離三	革	同人
臨	損	節	中孚	歸妹	睽	兌二	履
泰	大畜	需	小畜	大壯	大有	夬	乾一

離

坤

兌

乾

坎

艮

震

巽

文王八卦次序

乾父　坤母

艮坎震　兌離巽

震長男	坎中男	艮少男	巽長女	離中女	兌少女
得乾初爻	得乾中爻	得乾上爻	得坤初爻	得坤中爻	得坤上爻

目錄

下經篇：

前言

《易》有三種，《連山》、《歸藏》、《周易》，《周禮・春官宗伯第三・大卜》云「掌三易之法，一曰《連山》，二曰《歸藏》，三曰《周易》，其經卦皆八，其別皆六十有四」，今《連山》、《歸藏》已佚，唯《周易》自秦燔書因卜筮之用倖存，兩漢以象數而興，魏晉王輔嗣、韓康伯作《注》而開易理新篇，唐孔穎達奉勑正義，存世而流傳，成中華文化群經之首，爲華夏文明智慧之源泉。

本書經傳文字以南宋初刻本《周易注疏》爲底本（日本足利學校藏），凡古字、異體字等皆盡可能的使用原文字，並在［記］中作出說明，將《易傳》之「彖」、「象」、「文言」、「序卦」、「雜卦」、「說卦」內容分置於各卦各爻之下，「繫辭」中對卦爻辭的釋說亦分別列入相應的卦爻辭［記］中，以便閱讀。全書對卦爻辭中難識難通的文字，幽晦不明的含義，一一加以考證，逐字逐句注解釋說，以申明本義，對經傳內容予以今譯，以貫通句意，疏通易旨，便於初學者及愛好者能夠理解通會。書中［譯］、［記］考鏡源流，觀象明理，參以心得，從卦象及六爻的應承比乘、時位變化，探本求源，以陽現陰伏，陰顯陽潛，陰陽共體的觀點來解析爻辭之義，釋說爻有伏顯、行有潛彰的萬物常易之象，明時位動靜、剛柔相濟、形燥好靜、質柔愛剛之理，以此置於三佰八十四爻無有不合，希望對易學的專業研究者亦能提供一些新的思考方向。

一・關於「易」

易，天地之本始，萬物之根源，統領陰陽變化消長的規律和法則，萬物來之於易，歸之於易。《說文・易部》云「秘書說曰：日月爲易」，《參同契》云「日月爲易，剛柔相當」，《管子・山至數第七十六》云「王者乘時，聖人乘易」。唐孔穎達《周易正義》序云「易分易簡、變易和不易」，易簡，即易道，大道虛靜而無爲，故稱之簡；變易，言易的變化之理；不易，言易的恒常之理。易，後引伸爲占卜之義，亦或爲古代專事占卜的官名，《史記・大宛列傳第六十三》云「天子發書易」，《史記・禮書第一》云「禮之中，能思索，謂之能慮；能慮勿易，謂之能固」，《儒林外史》云「卜易、談星、看相……晚生都略知道一二」，《禮記・祭義第二十四》云「昔者聖人建陰陽天地之情，立以爲易，易抱龜南面，天子卷冕北面」。後又轉借爲書名，唐陸德明《經典釋文》云「易，盈隻反，此經名也，虞翻注參同契云：字從日月，正从易」。

二・關於「卜筮」

卜筮，是古人仰觀天文，俯察地理，遠取諸物，近取諸身，藉此以尋求生存得宜之道的一種方法。《周易》就是在此種情況下逐漸形成的一部探尋自然規律、建立人事法則，將人事與自然結合爲一，問道解惑的經典，旨在告訴人們在生存的各個時期，不同階段、環境，所應依循的准則與規範，神秘而玄妙。《尚書・洪范》「七・稽疑」有云「汝則有大疑，謀及乃心，謀及卿士，謀及庶人，謀及卜筮」、「汝則從，龜從，筮從，卿士從，庶民從，是之謂大同，身其康彊，子孫其逢吉；汝則從，龜從，筮從，卿士逆，庶民逆，吉；卿士從，龜從，筮從，汝則逆，庶民逆，吉；庶民從，龜從，筮從，汝則逆，卿士逆，吉；汝則從，龜從，筮逆，卿士逆，庶民逆，作內吉，作外凶；龜、筮共違于人，用靜吉，用作凶」，是故，《繫辭》云「君子居則觀其象而玩其辭，動則觀其變而玩其占」、「變化云爲，吉事有祥，象事知器，占事知來」。

三・關於「易」與「道」

孔穎達《周易正義》序引《乾鑿度》云「夫有形者生於無形，則乾坤安從而生？故有太易、有太初、有太始、有太素。太易者，未見氣也。太初者，氣之始也。太始者，形之始也。太素者，質之始也。氣、形、質具而未相離謂之渾沌。渾沌者，言萬物相渾沌而未相離也。視之不見，聽之不聞，循之不得，故曰易也」，《老子》第一章云「無，名天地之始；有，名萬物之母」、第四十章云「天下萬物生於有，有生於無」、第二十五章云「有物混成，先天地生。寂兮寥兮，獨立而不改，周行而不殆，可以爲天下母。吾不知其名，字之曰道，強爲之名曰大」、第十四章云「視之不見，名曰夷；聽之不聞，名曰希；搏之不得，名曰微。此三者不可致詰，故混而爲一」，是故可知，老子所說的「道」即是「易」，「易」即是「道」，並而言之稱「易道」。老子以「無」釋道，以「有」釋一，「無」是天地的本始，「有」是萬物的根源，二者同出一體，《繫辭》有云「形而上者謂之道」，道即是無；「形而下者謂之器」，器即是有。

四．易道之「乾元」和「坤元」

易道由「乾元」和「坤元」陰陽二氣交合而成，即易道的二重性，《繫辭》有云「一陰一陽之謂道」，它是萬物的本原，二氣交合的運動變化，形成了天地人三材運行不已的法則與規範，故，《文言》曰「大哉乾元，萬物資始」、「至哉坤元，萬物資生」，萬物藉此而始，以此而生，終而復始，生生不息。

乾爲天爲陽，坤爲地爲陰，元爲一爲氣。一即是道，乾元、坤元爲道本，《說文．一部》云「元，從一」，又云「一，惟初大極，道立於一，造分天地，化生萬物」。《淮南子．原道》云「所謂無形者，一之謂也，所謂一者，無匹合於天下者也」，此以一釋無形之道，明道是獨立無二的。《老子》第三十九章云「天得一以清，地得一以寧，神得一以靈，谷得一以盈，萬物得一以生，侯王得一以天下爲正」，老子在此也是以一來指稱道。惠棟《周易述》疏引董子對策曰「謂一爲元者，視大始而欲正本」，云：「是乾初爲道本，故曰元也」。《老子》第四十二章又云「道生一，一生二，二生三，三生萬物。萬物負陰而抱陽，沖氣以爲和」，則是描述了道創生萬物的過程。

五．關於「太極」

太極，即天地的本原，易道的本體，朱熹《周易本義》「周易序」云：「易有太極，是生兩儀。太極者，道也；兩儀者，陰陽也。陰陽一道也，太極無極也。萬物之生，負陰而抱陽，莫不有太極，莫不有兩儀，絪縕交感，變化無窮。」

六・關於「八卦」

《周易》八卦，指的是八個經卦，或稱三畫卦，按現時記載始畫八卦者爲包犧氏（亦稱伏犧氏），《繫辭》云：古者包犧氏之王天下也，仰則觀象於天，俯則觀法於地，觀鳥獸之文，與地之宜，近取諸身，遠取諸物，於是始作八卦，以通神明之德，以類萬物之情。相傳包犧氏時代已有朝官執圭制度，益卦六三有云「有孚中行，告公用圭」，包犧氏依據自然界的現象，設天、地、水、火、風、雷、山、澤八個官，分別用☰、☷、☵、☲、☴、☳、☶、☱八個符號表示，天官執圭上刻☰、地官執圭上刻☷、水官執圭上刻☵、火官執圭上刻☲、風官執圭上刻☴、雷官執圭上刻☳、山官執圭上刻☶、澤官執圭上刻☱，稱之八圭，以☰象徵天、以☷象徵地、以☵象徵水、以☲象徵火、以☴象徵風、以☳象徵雷、以☶象徵山、以☱象徵澤。故，《易緯・乾鑿度》有云：☰，古文天字；☷，古文地字；☲，古文火字；☵，古文水字；☴，古文風字；☳，古文雷字；☶，古文山字；☱，古文澤字。後逐漸發展此八圭而用於占筮，有文字後，聖賢遂在「圭」字旁加「卜」，便成了「卦」字，因此而稱爲「八卦」，並依前人所遺之繇辭，追題此八卦之名分別爲：乾、坤、坎、離、巽、震、艮、兌，故《說卦傳》云：乾爲天，坤爲地，坎爲水，離爲火，巽爲風，震爲雷，艮爲山，兌爲澤。

七・關於「卦名」

《周易》卦名疑爲後人追題，當有繇辭在先，後人依繇辭取字而追加卦名於後。《老子》第一章云：無，名天地之始；有，名萬物之母。蕭吉《五行大義》云：夫萬物自有體質，聖人象類而制其名，故曰：名以定體。引《禮》云：子生三月，咳而名之。又云：以其因功涉用，故立稱謂。高亨《周易古經通說》第一篇「周易瑣語·一周易釋名·二八卦與六十四卦」云：但吾人敢斷言，☰、☷、☲、☵、☴、☳、☶、☱，當時所畫之形，乾、坤、離、坎、巽、震、艮、兌，後人所予之名也。第三篇「周易卦名來歷表」又云：「周易六十四卦，卦各有名，先有卦名乎？先有筮辭乎？吾不敢確言也。但古人著書，率不名篇，篇名大都爲後追題，如《書》與《詩》皆是也。《周易》之卦名，猶《書》、《詩》之篇名，疑筮辭在先，卦名在後，其初僅有六十四卦形以爲別，而無六十四卦名以爲稱，依筮辭而題卦名，亦後人之所爲也。」

本書中對卦名之字所作的釋說，非對卦名作釋，衹是對卦爻辭中與卦名相同的字作出的釋說而已。

八·關於《周易》成書

自包犧氏始有卦形，而後有象數，古代巫史占筮，根據卦爻象數以及占筮者經驗來斷定吉凶禍福，悔吝憂虞，並將所問之事與繇辭以某種形式流傳下來，與事物之後的發展狀態或結果進行驗證，長期以往，逐漸累積，有文字後，後人追題卦名，至殷末周初彙集整理補充完善而成「易」書。《繫辭》云：易之興也，其於中古乎？作易者，其有憂患乎？又云：易之興也，其當殷之末世，周之盛德邪，當文王與紂之事邪。

九·關於《周易》卦辭

《周易》卦辭多爲取象、記事、述事以及占斷之辭，主要描述、記錄當時的社會形態以及生活的方方面面，如祭祀、婚姻、征伐、旅行、宗族、爭訟、漁獵、耕種、豐收、災害、建國、封賞等等。

十·周易之數

天地之數：凡天地之數五十有五，此所以成變化而行鬼神也。《繫辭》云「天一，地二，天三，地四，天五，地六，天七，地八，天九，地十」，其天數一三五七九，計二十有五；地數二四六八十，計三十，故天地之數五十有五。

大衍之數：大衍之數五十，其用四十有九。天圓三陽，地方二陰，叁天二地，合而爲五，天地本方之數，位河洛之中，中則不變，故天地之數五十有五，可衍之五十，天地爲大，故稱大衍之數五十，太極爲其一，故其用四十有九。

生數、成數：五爲天地本方之數，河圖、洛書皆以五爲中，居中而貞，一五爲六，二五爲七，三五爲八，四五爲九，故一二三四五爲生數，六七八九爲成數。一爲太極，二爲陰陽，三爲三材，四爲四時，五爲中正，六爲老陰，七爲少陽，八爲少陰，九爲老陽。朱熹《周易本義》云：「一變生水，而六化成之；二化生火，而七變成之；三變生木，而八化成之；四化生金，而九變成之；五變生土，而十化成之。」

四營之數：大衍筮法得六七八九，即四營之數。朱熹《周易本義》云「中五爲衍母，次十爲衍子，次一二三四爲四象之位，次六七八九爲四象之數」，高亨《周易古經今注》「周易筮法新考」云「每卦六爻，每爻或九或八或七或六，是謂四營，即不出於此四種營數也」，李鼎祚《周易集解》引荀爽云「營者，謂七八九六也」。

陽九陰六：四營之數六七八九，陽大陰小，陽奇陰偶，故陽爻稱九，陰爻稱六。又，《說卦傳》云「參天兩地而倚數」，參，即叁。來知德《周易集注》云：「參天者，天之三位也，天一天三天五也。兩地者，地之二位也，地二地四也。倚者，依也。天一依天三，天三依天五而爲九，所以陽皆言九；地二依地四而爲六，所以陰皆言六。」

老陽少陽、老陰少陰：四營之數六七八九，陽數爲奇，陰數爲偶，陽進陰退，七進爲九，故九爲老陽，七爲少陽；八退爲六，故八爲少陰，六爲老陰。

變與不變之爻：大衍筮法九六爲當變之爻，七八爲不變之爻。《易》以七九八六爲春夏秋冬四時，七爲春，九爲夏，八爲秋，六爲冬，春夏爲陽，秋冬爲陰，循環往復。七至九，以陽之陽，故不變；九至八，以陽之陰，故變；八至六，以陰之陰，故不變，六至七，以陰之陽，故變。筮得六和九的爻爲變爻，即陰變爲陽，陽變爲陰，而成變卦。

用九用六：九爲老陽，乾總六爻純陽之氣，故乾卦用九；六爲老陰，坤總六爻純陰之氣，故坤卦用六。尚秉和《周易尚氏學》云：「用者，動也、變也。用九，言遇九則動，遇七則不動，六爻皆動，即用九；用六，言遇六則動，遇八則不動，六爻皆動，即用六。」

十一．爻位與卦變

爻位：初上無位，二五爲中，大人之位；二多譽，三多凶，四多懼，五多功。《乾鑿度》云：初爲元士，二爲大夫，三爲三公，四爲諸侯，五爲天子，上爲宗廟。艮卦爻辭：初爲趾，二爲腓，三爲限，四爲身，五爲輔。李鼎祚《周易集解》云：凡卦，初爲足，二爲腓，三爲股，四爲臀。朱駿聲《六十四卦經解》云：初爲室，二爲戶，三爲庭，四爲門。

卦變：萬物之變皆自乾坤，乾爲天爲陽，坤爲地爲陰，始於天而成於地。天地交，陰陽合，萬物成；二陽一陰稱陰來，二陰一陽稱陽來；由內之外稱往，由外之內謂來；乾索坤而得女，坤索乾而得男。

十二．中正之道

中：得二五之位，是爲中；心無偏愛、言不勝口、行不虛妄亦爲中。《老子》第五章云：多言數窮，不如守中。

正：處位得宜，陽居剛位，陰處柔位，是爲正；依自然之性，循時位而行事，進退應時，亦爲正。

余學淺陋，唯將平時學思所記彙加整理，以「筆記」之名而成此書，故名之《周易經記》，以期與廣大《易》

學愛好者及專業者共勉相學，祈望藉此獲得更多的金玉良言和指引，不勝感謝。

石軍

二零二一年一月於深圳

上經篇

乾卦第一

【釋文音訓：乾，竭然反；注音：qián】

【序卦傳】

云：有天地然後萬物生焉。

【繫辭傳】

云：天尊地卑，乾坤定矣。乾道成男，坤道成女。乾知大始，坤作成物。乾以易知，坤以簡能。成象之謂乾，效法之謂坤。夫乾，其靜也專，其動也直，是以大生焉；夫坤，其靜也翕，其動也闢，是以廣生焉。闔戶謂之坤，闢戶謂之乾。乾坤，其易之緼邪！乾坤成列，而易立乎其中矣。乾坤毀，則无以見易。易不可見，則乾坤或幾乎息矣。夫乾，確然示人易矣；夫坤，隤然示人簡矣。黃帝堯舜垂衣裳而天下治，蓋取諸乾坤。乾坤，其易之門邪？乾，陽物也；坤，陰物也。夫乾，天下之至健也，德行恒易以知險；夫坤，天下之至順也，德行恒簡以知阻。

【雜卦傳】

云：乾剛坤柔。

［說卦傳］

云：天地定位。乾以君之，坤以藏之。戰乎乾，乾，西北之卦也，言陰陽相薄也。乾，健也。乾爲馬。乾爲首。乾，天也，故稱乎父。乾爲天，爲圜，爲君，爲父，爲玉，爲金，爲寒，爲冰，爲大赤，爲良馬，爲老馬，爲瘠馬，爲駁馬，爲木果。（朱駿聲《六十四卦經解》云：又爲龍，爲衣，爲禾，爲圭，爲頂，爲神，爲甲，爲高，爲直，爲四月，爲巳，爲玄。尚秉和《周易尚氏學》依《九家》本增：爲龍，爲直，爲衣，爲言。）

䷀ 乾下乾上

乾元亨，利貞。

［譯］

萬物創始之際進行祭祀，貞正則利。

［記］

乾，《說文・乙部》云「乾，上出也，从乙，倝聲」，段玉裁注：「此乾字之本義也。……，而孔子釋之曰

『健也』，健之義生於上出。」又云：籒文乾从倝。《說文．倝部》云：倝，日始出，光倝倝也，从旦。陸德明《經典釋文》云：乾，竭然反，依字作倝下乙，乾從旦。《說文．旦部》云：旦，明也。《說文．乙部》云：乙，象春艸木寃曲而出，侌气尚彊，其出乙乙也。故「乾」有日出，陽氣升起，健而不已，光明之象；又有陽氣初生，陰氣猶重，其途艱難之義。

乾卦剛健，以天爲體，以健爲用，應化無窮。《說卦傳》云：乾爲天。又云：乾，健也。程頤《周易程氏傳》云：「乾，天也。天者，天之形體；乾者，天之性情。乾，健也，健而无息之謂乾。」施於人事，取其剛健之義，乾爲君、爲父、爲男，故《繫辭上》有云「乾道成男」。聖人君子觀乾卦之象而效法，行天之道而於人事，剛健不息，終日乾乾，無時懈倦。

乾元亨，三字爲句。經文「元」字有二義：一爲天地動能的本原，萬物的創始，猶「乾元」、「坤元」的「元」字。《說文．一部》云「元，始也」，段玉裁注引《爾雅．釋詁》九家易曰：元者，氣之始也。惠棟《周易述》疏引何休注公羊曰：元者，氣也，天地之始。二爲大，猶經文「元亨」、「元吉」之例。《廣韻．元韻》云：元，大也。亨，陸德明《經典釋文》云：「亨，許庚反，通也；衆家並香兩反，京云：獻也；干云：享宴也；姚云：享祀也。」以此來看，亨有三義：一．同「享」，享祀、祭祀之義。朱駿聲《六十四卦經解》云：亨、享同字。《說文》作「亯」，亯部，亯與「享」同。云：亯，獻也。段玉裁注：「下進上之詞也。按周禮用字之例，凡祭亯用『亯』字，凡饗燕用『饗』字。」《周易》卦辭多爲記事、述事之辭，其中「亨」字唯隨卦上六「王用亨于西山」、升卦六四「王用亨于岐山」之「亨」釋「通」義（按：注者亦多釋爲「享」，詳見「隨卦上六」、「升卦六四」〔記〕），餘皆同「享」。高亨《周易古經通說》第五篇「元亨利貞解」云：「亨卽享祀之享者……亨、享實一字也。」、「凡《周易》中單言『亨』者，舉行享祭也；言『元亨』者，舉行大享之祭也；言『小亨』者，舉行小享之祭也。此乃《周易》亨字之初義也。」二．亨通，指萬物交會，通達暢順。陸德明《經典釋文》云：亨，訓通也。坤卦《彖》曰「品物咸亨」，孔穎達疏：品類之物，皆得亨通。三．同「烹」，猶鼎卦《彖》曰「以木巽火，亨飪也」的「亨」義。《集韻．庚韻》云：亨，煮也，或作「亨」。《周禮．天官塚宰第一．內饔》云「內饔，掌王及后、世子膳羞之割亨煎和之事」，鄭玄注：亨，煮也。《說文》無「亨」字，亨、享本一字，後人以「亨」爲亨通，以「享」爲獻享，「亨飪」字又加火作「烹」。

利貞，二字爲句。利，一．吉利、順利。《廣韻．至韻》曰：利，吉也。猶大畜「利貞、利涉大川」、巽九五「无不利」之例。二．利益。猶頤六三「十年勿用，无攸利」、恒初六「浚恒，凶，无攸利」之例。三．利於、適宜。猶屯「利建侯」、噬嗑「利用獄」、困九五「利用祭祀」之例。四．鋒利。《說文．刀部》云：「利，銛也。刀和然後利，从刀，和省。」猶《繫辭上》所云「二人同心，其利斷金」，孔穎達疏：二人若同齊其心，其纖利能斷截於金。貞，一．猶正，貞正、堅守正道；亦或釋爲貞幹之義，指依循事物的本然之性。朱駿聲《六十四卦經解》云：貞，正也。又云：貞，又楨幹也。《廣雅．釋詁一》云：貞，正也。《文言》云：貞者，事之幹也。二．猶定，貞定、貞固之義，指守正而不妄爲。《釋名．釋言語》曰：貞，定也，精定不動惑也。《周易》經文「利貞」，依辭意或釋爲「貞正」，或釋爲「貞固」。《繫辭下》云「吉凶者，貞勝者也」，韓康伯注：貞者，正也，一也。三．持續、如此下去的意思。猶訟卦六三「食舊德，貞厲」、師卦六五「弟子輿尸，貞凶」之例。四．卜問、占卜。《說文．卜部》云「貞，卜問也」，段玉裁注：「大卜，凡國大貞。大鄭云：貞，問也。國有大疑，問於蓍龜。後鄭云：貞之爲問，問於正者，必先正之，乃從問焉。引易師貞丈人吉。」「貞」字釋義，注者各異，大致爲取前三義而捨第四義爲一類，或取第四義而捨前三義又爲一類，或四義皆用，各依理據。今文依前三義而釋。

卦辭「乾元亨利貞」句讀：

一．單字爲句，讀爲「乾，元、亨、利、貞」。乾，釋爲卦名；「元、亨、利、貞」，釋爲卦的四德。先賢大儒及後世學者多以此作解，以天地之象喻自然之理，以天地之道喻人之道。孔穎達疏引子夏傳云：元，始也；亨，通也；利，和也；貞，正也。邢璹云：元爲生物之始，春也；亨爲會聚于物，夏也；利爲和諧品物，秋也；貞能幹濟于物，冬也。朱駿聲《六十四卦經解》云：始萬物爲元，遂萬物爲亨，益萬物爲利，不私成物爲貞。

高亨《周易古經通說》「提要」云：「元與大同意，亨卽享祀的享，利卽利益的利，貞是占問，這是我所得的新結論。《周易》裏這四個字爲數很多，自《乾．文言》提出『元亨利貞』是『四德』的說法（《左傳》同），後儒都看做金科玉律，然而根據《文言》去解《周易》，常常扞格而不通。」、「第五篇：元亨利貞解」云：「元亨利貞爲人之四德，元以仁爲本，亨以禮爲宗，利以義爲幹，貞以固爲質，然執此說以讀《周易》，往往扞格而不通。姑舉一例：《坤》卦辭曰『元亨利牝馬之貞』，如謂『元亨利貞』爲四德，則此果何等語乎？豈牝馬亦有所謂貞操乎？余故謂《文言》、《左傳》所云決非『元亨利貞』之初義。『元亨利貞』之初義維何？曰：元，大也；亨，卽亨祀之享；利，卽利益之利；貞，卽貞卜之貞也。」李鏡池《周易通義》云：《易》學家糊里糊塗，混說，其根源由於魯穆姜把「元亨利貞」分爲一字一義（《左傳》襄公九年解隨卦），而《易傳》襲用以解乾卦，說是乾的「四德」，不過五個字，《易傳》一開口就錯。

二．句讀爲「乾，元亨，利貞」，乾，卦名；元亨，猶大亨；利貞，猶利占。釋作「乾卦，大亨通，占問得到有利的結果」，是說占筮時占得乾卦，是一個好的結果，所問之事可得大通。然將「元亨」連讀釋爲「大通」之義，余以爲乾爲天，天道爲一，中正不二，無有偏狹，無吉凶、通塞之別，何以大通之說？《老子》第五章有云：天地不仁，以萬物爲芻狗。又，剛能立事，柔能治事，孤陽不長，獨陰不生，唯有乾坤二元相交，陰陽相合方可得大通，天地之中凡至剛或至柔之物，或有咎害，或有悔吝，或唯無咎、無悔而已。乾卦六爻皆陽，是陽剛至極；坤卦六爻皆陰，是陰柔至甚，如斷作「乾，元亨」、「坤，元亨」則似有不通。又，六十四卦卦辭含「亨」字計三十九卦，若皆釋爲亨通之義，觀其卦爻之辭多有相違、或難解之處。如屯卦「屯，元亨，利貞，勿用有攸往，利建侯」，屯難之際，既「利貞，勿用有攸往，利建侯」，又何以大通；臨卦「臨元亨，利貞，至于八月有凶」，既「至于八月有凶」，又何以「大通」；小畜卦「小畜亨，密雲不雨，自我西郊」，既「密雲不雨，自我西郊」，又何以「亨通」；泰卦「泰小往大來，吉亨」，「泰」本即爲「大通」之義，又何須再繫辭以「亨通」。

三．今文以「乾元亨，利貞」斷句。

乾元亨，三字爲句，指在萬物始創之際進行祭祀，猶祭天之義。

（一）乾卦《彖》曰「大哉乾元，萬物資始，乃統天」，《文言》曰「乾元用九，天下治也」，又曰「乾元者，始而亨者也」。坤卦亦是如此，《彖》曰「至哉坤元，萬物資生，乃順承天」，皆是將「元」字與乾、坤連讀爲「乾元」、「坤元」。乾元是天道動能的本原，爲萬物創始；坤元具廣生之德，體現在地道的厚載順承。乾元主動，坤元主靜，明晰了萬物創於乾元而成於坤元的本然屬性。

（二）乾、坤衹是乾元、坤元某種意象的具體落實和體現，乾爲天爲陽爲健，坤爲地爲陰爲順。乾、坤作爲卦名，是《周易》六十四卦開篇二卦，象征萬物創生之義，所體現的是天體剛健不息和地體陰柔和順之性。猶乾卦《象》曰：天行健，君子以自強不息；坤卦《象》曰：地勢坤，君子以厚德載物。

（三）亨，同「享」，祭祀、享祀，帛書本作「享」。楊伯峻《春秋左傳注》「襄公九年」解隨卦云：亨即「享」。

「利貞」連讀，貞正則利之義，與坤卦「利牝馬之貞」同。貞，猶正，指依循事物的本然之性，乾以剛健爲貞，坤以柔順爲貞。《文言》曰：利貞者，性情也。

四．天、天道、地、地道、乾、乾元、坤、坤元。

程頤《周易程氏傳》云：「夫天，專言之則道也，天且弗違是也；分而言之，則以形體謂之天，以主宰謂之帝，以功用謂之鬼神，以妙用謂之神，以性情謂之乾。」地與天相對，以此來看，天地，在易理上，即爲「天道」和

「地道」。天地之道指天地間萬物運行、生息的規律和法則，是「乾元」創始功能和「坤元」生息功能由上嚮下落實的過程。《象》曰「乃統天」，指乾元是天道一切變化的動能之源；「以御天」，指乾元主宰天地萬物的一切變化法則。從自然意義上看，天地即「天」、「地」的自然之體。乾卦《象》曰「天行健」、坤卦《象》曰「地勢坤」，其中的「天」、「地」即指天體和地體，是自然意義上的天地。古人觀天時，日月交替，四時變化；察地文，山川峻險，草木蕃庶，以此而明人事，這又是將「乾元」創始功能和「坤元」生息功能落實於具體的現象界。從功用上看，天地有鬼神、天帝之功效。猶豫卦《象》曰「殷薦之上帝」、鼎卦《象》曰「聖人亨以享上帝」的「上帝」，即天帝之義。

乾、坤，爲卦名。乾性陽剛，以天爲體，以健爲用，體現天的剛健之性，所呈現的意象是剛健和創始萬物的主動性，程頤《周易程氏傳》云「夫天，……以性情謂之乾」。坤性陰柔，以地爲體，以順爲用，體現地的柔順之性，所呈現的意象是柔順和生養萬物的承載性。乾坤二體情性交合，乾元的創始之德和坤元的創生之德便得以落實。

象曰：大哉乾元，萬物資始，乃統天。雲行雨施，品物流形；大明終始，六位時成；時乘六龍以御天。乾道變化，各正性命，保合大和，乃利貞。首出庶物，萬國咸寧。

［譯］

彖曰：博大的乾元，萬物依託它而始創，是天道動能的本原，使萬物運行往復不止。天地之間雲氣流動，雨澤施佈，衆物各以其類生生不已滋長成形；日月運行相互更替，終而復始，天地之間四方之位，尊卑上下、剛柔貴賤、應比承乘的相互關係因此確立；順應四時之序，秉乘天地間陽剛之氣，主宰統領萬物的消長以及生滅轉化。乾道主宰的運行變化法則，使萬物能夠保持自己的本質個性，遵循各自的自然之質而生長消息，同時相互之間又維持著至爲和諧的狀態而正常運作，故而貞正則利，天地萬物得以生生相續，和順相行。聖人君子順應乾道而治理天下，萬國皆得安寧。

【記】

「彖曰」是《易傳》中「彖傳」部分的內容。《周易》分經、傳二個部分，《經》即六十四卦的卦辭和爻辭，《傳》是對經文的詮釋，從卦象、時位等方方面面對經文作出全面綜合的分析、解說、評議以及發揮，或引導、或告誡後人如何脩養德行，順應自然法則，應天道而行人事。

《易傳》共分十個部分，即：《彖傳》、《象傳》、《繫辭傳》、《文言傳》、《說卦傳》、《序卦傳》及《雜卦傳》，其中《彖傳》因經文分上下兩篇，所以又分上下；《象傳》依卦爻辭之別分爲《大象傳》和《小象傳》；《繫辭傳》因篇幅長而分上下，這樣《易傳》就成了十個部分，所以又稱之《十翼》。

《彖傳》是十翼中成文較早的部分，是對一卦卦體、卦辭和卦義作出的釋說。王弼《畧例》云：凡彖者，統論一卦之體者也；象者，各辯一爻之義者也。孔穎達疏：「夫子所作彖辭，統論一卦之義，或說其卦之德，或說其卦之義，或說其卦之名，故《畧例》云：彖者，何也？統論一卦之體，明其所由之主。案褚氏莊氏並云：彖，斷也，斷定一卦之義，所以名爲彖也。」

彖，段玉裁《說文解字注》云：「《周易》卦辭謂之彖，爻辭謂之象。《繫辭傳》曰：彖也者，才也。劉瓛曰：彖者，斷也。」朱駿聲《六十四卦經解》云：彖，斷也，統斷一卦之材也。彖本是指占斷一卦吉凶的卦爻辭，《繫辭上》云「彖者，言乎象者也」、《繫辭下》云「爻彖以情言」，其中的彖，指卦辭；《繫辭下》又云「知者觀其彖辭，則思過半矣」，其中的彖辭，則不僅指卦辭，也指爻辭。這裡「彖曰」的「彖」是指《彖傳》，「彖曰」即指《彖傳》的內容。

「大哉乾元，萬物資始，乃統天」，大，指乾元廣遠，陽氣昊大，周流不息。《老子》第二十五章云：有物混成，先天地生，……，吾不知其名，字之曰道，強爲之名曰大。乾元，爲萬物創始，陽氣始生之所。資，憑藉、依託。陸德明《經典釋文》引鄭云：資，取也。始，指萬物創始。萬物資始，《老子》第五章云：天地之間，其猶橐籥乎？虛而不屈，動而愈出。老子此意指天地之間如橐籥，虛而不竭，萬物由此而生生不息。統天，指乾元是天道動能的本原，主宰萬物運行的規律和法則。統，陸德明《經典釋文》引鄭云：統，本也。又，或將「統」字，釋爲統領、主宰之義，「統天」即指乾元統領主宰天地萬物的運行生長。孔穎達疏：乃統天者，以其至健，而爲物始，以此乃能統領於天，天是有形之物，以其至健，能揔統有形，是乾元之德也。

「雲行雨施，品物流形」，行，流動、運行；施，施佈、潤澤。《莊子．天道》云：天德而出寧，日月照而四時行，若晝夜之有經，雲行而雨施矣。品物，指衆物，各類物種。《說文》云：品，衆庶也。流形，指萬物的形體，是說大自然各個物種在大氣運行和雨澤流動之中各依其性而滋長成形。來知德《周易集注》云：流者，物各以類而生生不已也。《莊子・天地》云：留動而生物，物成生理，謂之形。按：留，同「流」。陸德明《經典釋文》云：留，或作「流」。錢穆《纂箋》云：朱駿聲曰「留，借爲『流』」。

「大明終始，六位時成」，大明，指太陽，又指日月。《禮記・禮器》云：大明生於東，月生於西。李鼎祚《周易集解》引侯果曰：大明，日也；六位，天地四時也。終始，終而復始，指日出日落，日月相替，自然往復的現象。六位，本指重卦中六爻的位置，猶《說卦傳》所云「六位而成章」、「六畫而成卦」，這裡指天地間的四方之位，尊卑上下、剛柔貴賤、應比承乘的相互關係等。六位，也可說成六合、六虛，如《繫辭下》所云「周流六虛」。時成，指因日月終始有序的運動而使六十四卦各卦爻的位置得到確定，比喻天地間萬物順應四時運行的有序變化，而得到各自適宜的位置。

時乘六龍以御天，時，指四時，這裡指順應四時規律。六龍，指乾卦的六爻，乾爲龍，故稱「六龍」。龍是陽物，六爻皆陽，故「六龍」又指天地間的陽剛之氣。乘，同「乘」，秉乘。御，主宰、統領的意思。時秉六龍以御天，其文義《莊子・逍遙遊》有云：「若夫乘天地之正，而御六氣之辯」、「乘雲氣，御飛龍」。

從「大哉乾元」至「以御天」，「大哉乾元，萬物資始，乃統天」，統說乾元屬性，是萬物始創萌發的動能之本。「雲行雨施，品物流形；大明終始，六位時成」，具體描述乾元運行創始所呈示的自然之象，四時變化，以及各物種順應乾元的變化規律，而各自獲得適宜的生發之道。時乘六龍以御天，又總說順應四時，秉乘天地間陽剛之氣而主宰統領天地萬物的生長運行以及生滅轉化。這裡的天，指天道，是萬物生長運行的規律，是乾元創始之德的落實過程。

「乾道變化，各正性命，保合大和，乃利貞」，這句是說乾元創始功能具體落實到現象界的表現。乾道，亦指天道。變化，指四時、晝夜、風雲、雷雨、陰晴、寒暖等種種變化，以及事物的生滅轉化，這裡指一切事物的運行變化法則。孔穎達疏：變謂後來改前，以漸移改，謂之變也；化謂一有一无，忽然而改，謂之爲化。朱駿聲《六十四卦經解》云：以乾通坤曰變，以坤凝乾曰化。各正性命，正，猶定，得其所的意思。《玉篇．正部》云：正，定也。《詩．大雅．文王有聲》云：維龜正之，武王成之。性命，指萬物天生的本性及其生發規律。性，萬物本然之性；命，萬物終極之命。孔穎達疏：性者，天生之質，若剛柔遲速之別；命者，人所稟受，若貴賤夭壽之屬是也。保合大和，保合，保持、維持。程頤《周易程氏傳》云：保謂常存，合謂常和。大和，也作「太和」，古代指陰陽會和、沖和的元氣，是一種至爲和順的狀態。來知德《周易集注》云：太和，陰陽會合，中和之氣也。和，謂和順、諧和。利貞，貞正則利，指萬物能夠依循各自的恒常法則而運行則利。這一段是描述天地萬物運作的至高和諧境界。利，吉利、順利；貞，猶正，貞正之義，指萬物能夠順應乾道，按照自己的規律運行發展。

「首出庶物，萬國咸寧」，首出庶物，指聖人君子居於衆人之上。首出，陽氣爲萬物之始，乾爲陽爲首，又，乾爲六十四卦之首，所以說「首出」。庶物，衆物、萬物，這裡比喻衆人，指坤，坤爲民爲衆，故稱「庶物」。凡物皆有陰陽二性，陽出則陰伏，陰盛則陽潛，形躁好靜，質柔愛剛，皆是此義。乾坤旁通，陽顯陰伏，所以說

「首出庶物」。咸，猶皆。寧，安定、平安。王弼注：萬國所以寧，各以有君也。孔穎達疏：「此二句論聖人上法乾德生養萬物，言聖人爲君，在衆物之上，最尊高於物，以頭首出於衆物之上，各置君長，以領萬國，故萬國皆得寧也。人君位實尊高，故於此云首出於庶物者也。」這二句，明應天道而行人事。

象曰：天行健，君子以自強不息。

【譯】

象曰：天體運行剛勁強健循環往復，君子觀此卦象法乾之道而自覺奮勉，不有止息。

【記】

「象曰」是《易傳》中「象傳」部分的內容，依據卦象和爻象而對經文中卦辭和爻辭所作出的詮釋，因爲內容主要是根據卦象和爻象而作出的，所以稱爲《象傳》。其中對卦象所作的釋辭，稱大象；對爻象所作的釋辭，稱小象。孔穎達疏：此大象也，十翼之中第三翼，揔象一卦，故謂之大象。六十四卦之中凡大象釋辭，大致可分爲二個部分，前半部分詮釋卦象所顯示的意象，後半部分即據前半部分所顯現的意象而作出評議、警示或告誡之辭。

象辭以天象而言人事。天行健，以天象而言，是乾卦的意象，剛健強勁，運行不止。孔穎達疏：天行健者，行者，運動之稱；健者，強壯之名。天行健，也作「天行乾」，與「地勢坤」相對。君子以自強不息，是以人事而言，依據前半部分所顯示的意象而作出的評議之辭，亦有警示、告誡之義，猶《老子》第三十三章所云「勝人者有力，自勝者強」。

「君子」一詞，在《易傳》中皆指德行高尚，有地位、有才德的人。孔穎達疏：言君子者，謂君臨上位，子愛下民，通天子諸侯，兼公卿大夫。觀六十四卦「大象」後半部分句式，都是以「君子以」、「先王以」、「后以」、「大人以」、「上以」爲發語之辭，主要是強化脩身、爲事之道。以，相當於「而」，王引之《經傳釋詞第一》云：以，猶而也。

文言曰：元者，善之長也；亨者，嘉之會也；利者，義之和也；貞者，事之幹也。君子體仁足以長人，嘉會足以合禮，利物足以和義，貞固足以幹事。君子行此四德者，故曰「乾元亨利貞」。

［譯］

文言曰：元，是百善之首；亨，是美善的聚合；利，是使物得其宜而和同；貞，是行事的根本。君子內含親善仁愛之德足以垂教衆人，美善的聚合足以合乎禮制，施利於庶物足以使物皆和諧而各得其宜，貞正而不動搖令物得成足以治事。君子就是秉行此四種美德的人，所以說「乾元亨利貞」。

［記］

此以四德釋「元亨利貞」之義。

「文言曰」是《易傳》中釋說乾、坤二卦的「文言傳」內容，六十四卦，唯有乾坤二卦，繫有《文言》。孔穎達疏：「文言者，是夫子第七翼也。以乾坤其易之門戶邪，其餘諸卦及爻皆從乾坤而出，義理深奧，故特作文言，以開釋之。」又引莊氏云：文謂文飾，以乾坤德大，故特文飾，以爲文言。李鼎祚《周易集解》引姚信曰：乾坤爲門戶，文說乾坤，六十二卦皆放焉。又，朱駿聲《六十四卦經解》云：釋文王之言，故曰文言。文，《繫辭上》云：「參伍以變，錯綜其數，通其變，遂成天地之文，極其數，遂定天下之象」，《左傳．昭公二十八年》及《逸周書．謚法》皆有云：經緯天地曰文。言，釋說之義。乾爲天，坤爲地，《文言傳》是對乾坤二卦的釋說之辭。

「元者，善之長也」，元，觀上下文辭意，疑當釋爲親善仁愛之義，與下文「君子體仁足以長人」的「仁」字義同。長，猶首。此句是說百善之大，莫善於親善仁愛。又，或釋「元」爲「創始」之義，孔穎達疏引莊氏云：「第一節『元者，善之長』者，謂天之體性，生養萬物。善之大者，莫善施生，元爲施生之宗，故言『元者，善之長也』。」

「亨者，嘉之會也」，亨，同「享」，享祀、祭祀；嘉，美善、嘉美；會，同「會」，聚合的意思。這是說進行祭祀活動是美善的聚合。

「利者，義之和也」，利，施利、利益，與《老子》第八章「水善利萬物而不爭」的「利」義同。義，同「宜」；和，和諧、和同。

「貞者，事之幹也」，貞，即「正」，指事物的自然之性；幹，事物的主體、根本。

關於這四句的解釋，孔穎達疏：「莊氏之意，以此四句，明天之德也，而配四時。元是物始，於時配春，春爲發生，故下云體仁，仁則春也。亨是通暢萬物，於時配夏，故下云合禮，禮則夏也。利爲和義，於時配秋，秋既物成，各合其宜。貞爲事幹，於時配冬，冬既收藏，事皆幹了也。於五行之氣，唯少土也，土則分王，四季四氣之行，非土不載，故不言也。又，施於五事言之，元則仁也，亨則禮也，利則義也，貞則信也。」

君子體仁足以長人，體仁，陸德明《經典釋文》云：京房、荀爽、董遇本作「體信」。體，包含、容受的意思。高亨讀「體」爲「履」，履踐之義。《周易大傳今注》云：「體讀爲履，踐也，行也。君子行仁，是爲元德，有元德足以爲人君長。」仁，親善、仁愛。《說文．人部》云：仁，親也。孔穎達疏：「言君子之人體包仁道，汎愛施生，足以尊長於人也。仁則善也，謂行仁德，法天之元德也。」長，垂教之義。長人，言垂教衆人，亦可釋爲衆人之君長。

嘉會足以合禮，嘉，嘉美、美善。《爾雅．釋詁第一》云：嘉，善也。《說文．壴部》云：嘉，美也。會，會合、聚合。《爾雅．釋詁第一》云：會，合也。《廣雅．釋詁三》云：會，聚也。

利物足以和義，利物，利益於萬物。陸德明《經典釋文》云：孟喜京荀陸績作「利之」。和義，和是和諧、協調；義是得宜、適宜。

貞固足以幹事，貞，猶正，貞正的意思。固，堅定而不動搖。幹，猶治。

「君子行此四德者，故曰『乾元亨利貞』」，君子，指德行高尚的人，乾爲君子。四德，指體仁、合禮、利物、守正。按：這裡的「乾元亨利貞」，是以人道觀而論，與卦辭「乾元亨利貞」的本實之義有別。

文言曰：乾元者，始而亨者也；利貞者，性情也。乾始能以美利利天下，不言所利，大矣哉。大哉乾乎，剛健中正，純粹精也，六爻發揮，旁通情也，時乘六龍，以御天也。雲行雨施，天下平也。

【譯】

文言曰：乾元，創始萬物並使之聚合而守其禮制，各得其性；利貞，是利益萬物使萬物各依其性而正常發展。乾元的創始之德能以大利而利益天下，惠澤萬物而不言其所利之事，這實在是偉大。博大的乾元，剛強勁健秉中持正，是純一不雜的精華，六爻運動變化發越揮散，通達四方萬物之情實，順應四時規律，秉乘天地間陽剛之氣，而主宰統領萬物的消長以及生滅轉化。天地之間雲氣流動，雨澤施佈，滋潤萬物，天下普得其利而均平不偏。

【記】

復明上《文言》內容及四德之義。

「乾元者，始而亨者也；利貞者，性情也」，釋乾元本體所蘊含的德行。始，創始。亨，同「享」，本爲享祀、祭祀之義，上《文言》曰「亨者，嘉之會也」、「嘉會足以合禮」，故這裡引伸爲使萬物聚合而守其禮制，各得其性之義。利，施利，利益萬物。貞，猶正，物之根本，指萬物按照自己的規律正常運行，亦即事物的正道。

性情，指萬物的本然屬性。孔穎達疏：性者，天生之質，正而不邪；情者，性之欲也。

「乾始能以美利利天下，不言所利，大矣哉」，乾始，指乾元的創始之德。美利，猶大利。美，同「美」。利天下，指利益天下。不言所利，指不言其所利之事。此猶言乾元無爲而無不爲之性，與《莊子．知北遊》所云「天地有大美而不言」義同。來知德《周易集注》云：不言所利者，自成其形，自成其性，泯機緘于不露，莫知其所以然也。施於人事，猶《老子》第二章所云：是以聖人處無爲之事，行不言之教，萬物作焉而不辭，生而不有，爲而不恃，功成而弗居，夫唯弗居，是以不去。

「大哉乾乎，剛健中正，純粹精也」，中，指九二與九五；正，指九五與九三。剛健中正，陳鼓應、趙建偉《周易今注今譯》云：剛，是說其必然如此的頑強精神；健，是說其至極而返，始終有序的健行不已；中，是說其適中有度；正，是說其正定信實。純粹，純一不雜、精美無瑕。精，精華、精靈，指乾元的精妙微奧。孔穎達疏：六爻俱陽，是純粹也，純粹不雜，是精靈，故云純粹精也。

「六爻發揮，旁通情也」，發揮，指運動變化。孔穎達疏：發謂發越也，揮謂揮散也。旁通，四方通達之義。情，情實，指天地萬物的情性。乾坤旁通，陰陽交合，而成六十四卦，萬物之情顯現，所以說「旁通情也」。

「雲行雨施，天下平也」，平，均等、均平不偏之義。孔穎達疏：言天下普得其利，而均平不偏陂。

初九，潛龍勿用。

〔譯〕

初九，潛隱的龍，不宜有所施爲。

〔記〕

六爻之氣，自下而生，以下爲始，《說卦傳》云「易，逆數也」，惠棟《周易述》注云「易，逆數也，氣從下生，以下爻爲始」，引《乾鑿度》曰「易，氣從下生」、鄭玄注云「易本无形，自微及著，故氣從下生，以下爻爲始是也」，故，爻之六位，最下稱初，最上稱上，初爲始，上爲終。陽謂九、陰謂六，陽爻居於最下之位，稱初九，居於最上之位，稱上九；陰爻居於最下之位稱初六，居於最上之位，稱上六。中間各爻，以陰陽之別，依次稱爲九二、九三、九四、九五，或六二、六三、六四、六五。

河圖、洛書皆以五爲中，居中而貞，一五成六，二五成七，三五成八，四五成九，故一二三四五稱生數，六七八九稱成數，大衍筮法得六爻爲六七八九之數，即由此義，陽大陰小，九爲陽，六爲陰，又，陽奇陰偶，一三五爲九，二四爲六，故陽爻稱九，陰爻稱六。《繫辭上》云：凡天地之數五十有五，此所以成變化而行鬼神也。朱熹《周易本義》曰：變化，謂一變生水，而六化成之；二化生火，而七變成之；三變生木，而八化成之；四化生金，而九變成之；五變生土，而十化成之。又曰：中五爲衍母，次十爲衍子，次一二三四爲四象之位，次六七八九爲四象之數。又，《說卦傳》云「參天兩地而倚數」，參，即叁。來知德《周易集注》云：「參天者，天之三位也，天一天三天五也。兩地者，地之二位也，地二地四也。倚者，依也。天一依天三，天三依天五而爲九，所以陽皆言九；地二依地四而爲六，所以陰皆言六。」

龍，剛陽之物，乘風雲能升天，沐祥瑞能潛藏，其或潛、或見、或飛、或亢之氣猶天之日落、日升、日中、日昃之象，故以龍爲喻述乾六爻之義。孔穎達疏：龍者，變化之物。《說文》云：「龍，鱗蟲之長，能幽能明，能細能巨，能短能長。春分而登天，秋分而潛淵。」《管子．內業》云：是故此氣也，杲乎如登於天，杳乎如入於淵。李鼎祚《周易集解》引馬融曰：物莫大於龍，故借龍以喻天之陽氣也。陸德明《經典釋文》云：龍，喻陽氣及聖人。惠棟《周易述》疏云：「乾之所以取象於龍者，管子曰：伏闇能存而能亡者，蓍龜與龍是也。龜生於水，發之於火，於是爲萬物先，爲禍福正。龍生於水，被五色而遊，故神。欲小則化如蠶蠋，欲大則藏於天下，欲上則陵於雲氣，欲下則入於深泉。變化無日，上下無時，謂之神。龜與龍，伏闇能存而能亡者也。若然，乾之取象於龍，以其能變化也。」王弼注：「夫易者，象也。象之所生，生於義也。有斯義，然後明之以其物，故以龍敘乾，以馬明坤，隨其事義而取象焉。」施於人事，言天地之氣有升降，君子之道有行藏。

《周易》爻辭通常分前後二個部分，前半部分爲筮辭，分筮象和述事二種，後半部分爲斷辭。此爻「潛龍」爲筮象。潛，潛隱、隱伏。孔穎達疏：潛者，隱伏之名。李鼎祚《周易集解》引崔憬曰：潛，隱也。初九居乾之始，最處卦下，於無位之地，氣微位卑，雖有剛陽之德而未能彰顯，所以稱「潛龍」。勿用，占斷之辭。高亨《周易古經今注》云：《易》中其漫言勿用者，謂勿施行一切事也。用，施爲、作爲。王引之《經義述聞》云：用者，施行也。爻辭「潛龍勿用」，是說時機未到，無位卑下，不可妄動，唯宜潛隱靜處，休養生息，猶龍潛藏，晦養待時。在此之時，小人當道，若有所作爲，恐寡不敵衆，弱不勝強，而爲小人所害，故告誡不要有所作爲。又，惠棟《周易述》疏引荀爽注「大衍之數五十」云：乾初九「潛龍勿用」，故用四十九。

李鼎祚《周易集解》引干寶曰：「陽處三泉之下，聖德在愚俗之中，此文王在羑里之爻也。雖有聖明之德，未被時用，故曰勿用。」此猶言周文王被囚於羑里，身既潛屈，無所施爲，而反身脩德，情無憂悶，終得其志。

象曰：潛龍勿用，陽在下也。

［譯］

象曰：潛隱的龍，不宜有所施爲，陽剛之氣尚處於最下。

［記］

這是《易傳》的「小象」部分，專對六爻之辭作出的釋說，句式結構也都可以分成二個部分，前半部分引述爻辭，後半部分一律以「也」作結，以構成判斷。一種是偏重於因果判斷；一種是偏重於解釋和說明。陽在下也，釋所以「潛龍勿用」之義，初九處位卑下，以人事而言，指客觀環境不利，行動時機不成熟。

經文稱龍，象辭稱陽，是專明天道的自然之氣，猶萬物初創，陽氣始生而微之義。孔穎達疏：「經言『龍』而象言『陽』者，明經之稱『龍』，則陽氣也。此一爻之象，專明天之自然之氣也。」

文言曰：初九曰「潛龍勿用」，何謂也？子曰：龍德而隱者也。不易乎世，不成乎名，遯世无悶，不見是而无悶，樂則行之，憂則違之，確乎其不可拔，潛龍也。

[譯]

文言曰：初九曰「潛隱的龍，不宜有所施爲」，是什麼意思呢？子曰：這裡講的是那些德行高尚而才智未能彰顯的人。他們不以世俗而改變節操，不以功名聲譽而有所施爲，才德未能昭顯不能施展也不會苦悶，時機尚未顯現不能有所作爲也不會煩惱，能使人心生快樂的事則會有所行動，會導致人心生憂慮的事則不會去作爲，心志堅定而不動搖，這就是潛隱的龍。

[記]

此以人事釋初九「潛龍勿用」之義。子，指孔子。至於《文言傳》內容是否確由孔子所說，其弟子整理，後世多有討論，近現代學者多認爲是借孔子以指先賢之言的集合。司馬遷《史記．孔子世家第十七》云：孔子晚而喜易，序彖、繫、象、說卦、文言。班固《漢書．藝文志第十》云：「至於殷周之際，紂在上位，逆天暴物，文王以諸侯順命而行道，天人之占可得而効，於是重易六爻，作上下篇。孔氏爲之彖、象、繫辭、文言、序卦之屬十篇。故曰易道深矣，人更三聖，世歷三古。」高亨《周易古經通說》第一篇「周易瑣語．四周易古經的作者與時代」云：「至於以十翼爲孔子所作，則非也。宋歐陽修始謂『易傳非孔子之作，亦不出於一人之手』（易童子問）。清崔述說與歐陽氏同（洙泗考信録）。皆可信從。」

龍德而隱者也，龍德，指陽剛之德，施之於人，指具有高尚的德行，或指君子具有的美好才德。隱，隱伏、潛隱，指才德未得彰顯。

「不易乎丗，不成乎名」，王弼注：不爲丗俗所移易也。易，猶移，改變的意思。高亨《周易大傳今注》云：易猶移也。丗，同「世」。不成乎名，指務實不務名的意思。名，指聲譽、功名。孔穎達疏：不成乎名者，言自隱默，不成就於令名使人知也。

遯丗无悶，指才德未能昭顯而不能施展也不會苦悶。遯，退隱、退避。遯丗，這裡指才德未能昭顯而不能施展。《玉篇・辵部》云：遯，同「遁」。无悶，不會煩惱苦悶。這裡的「无」釋爲「不會」之義。

不見是而无悶，見，同「現」，顯現。是，同「時」，指時機。无悶，同上。這一句說的是時機尚未顯現而不能有所作爲也不會煩惱。不見是，高亨釋爲「君子之言行不爲世人所贊同」（見《周易大傳今注》）。

「樂則行之，憂則違之」，樂，愉悅、快樂，這裡指使人心快樂。行，行動。行之，指有所行動。憂，憂慮，這裡指使人心憂慮。違，捨棄、不用的意思。違之，指不去作爲，不要行動。這二句是說能使天下人心快樂的事則會有所行動，讓天下人心生憂慮的事則不會去作爲。

自「遯丗无悶」至「憂則違之」，孔穎達疏：「遯丗无悶者，謂逃遯避丗，雖逢无道，心无所悶。不見是而无悶者，言舉丗皆非，雖不見善，而心亦无悶。上云遯丗无悶，心處僻陋，不見是而无悶，此因見丗俗行惡，是亦无悶，故再起无悶之文。樂則行之，憂則違之者，心以爲樂，己則行之，心以爲憂，己則違之。」後世注者多以此作解，余認爲此類釋辭不免有消極避世之疑，君子之德當寬廣仁厚，濟世拯難，雖時未至，亦當反自省身，日增其德，待機而進，成就功業，猶文王於羑里七年，而終得其志，乾坤《象》云「天行健，君子以自強不息」、「地勢坤，君子以厚德載物」。

「確乎其不可拔，潛龍也」，確，堅定、堅決。乎，王引之《經傳釋詞弟四》云：乎，狀事之詞也。拔，移動、動搖。陸德明《經典釋文》云：「拔，鄭云：拔，移也；廣雅云：出也。」

文言曰：君子以成德爲行，日可見之行也。潛之爲言也，隱而未見，行而未成，是以君子弗用也。

〔譯〕

文言曰：君子應當以成就德業爲立身行事的目標，讓其德行彰顯，使人們日日可見其德行之事而受感化。所以說龍潛，是說陽剛之氣潛隱於下尚未顯現，行動的時機尚未成熟，不能有所成就，因此君子此時不宜有所作爲。

〔記〕

再以人事複明初九「潛龍勿用」之義。

「君子以成德爲行，日可見之行也」，成德，成就德業。爲行，指作爲行事立身的目標。孔穎達疏：言君子之人，當以成就道德爲行，令其德行彰顯，使人日可見其德行之事。

「潛之爲言也，隱而未見，行而未成，是以君子弗用也」，「潛之爲言也」與上九「亢之爲言也」始終相對，孔穎達疏：「案初九云潛之爲言，上爻云亢之爲言，獨二爻云言者，褚氏以初上居无位之地，故稱言也。其餘四爻是有位，故不云言，義或然也。」潛，指潛龍，喻君子幽隱之義。「隱而未見，行而未成」，一解爲世道不彰，君子才德不能發揮，想有所行動但時機未到；二解爲君子才德尚未顯著，時機尚未成熟，行動尚不能有成，需隱而脩身，增進其德，此時當依九二《文言》所云「君子學以聚之，問以辯之」。

九二，見龍在田，利見大人。

［譯］

九二，龍出現在地上，民衆得見大德之人。

［記］

卦有六爻，分天地人三材，初二爲地，三四爲人，五上爲天。《繫辭下》云：「易之爲書也，廣大悉備，有天道焉，有人道焉，有地道焉，兼三材而兩之，故六。六者，非它也，三材之道也。」朱熹《周易本義》曰：三畫已具三才，重之故六，而以上二爻爲天，中二爻爲人，下二爻爲地。初九處地之下，所以稱潛龍；九二升於地上，所以稱見龍。見，同「現」，顯現、浮出之義。《廣韻．霰韻》云：見，露也。《集韻．霰韻》云：見，顯也。田，地上的意思。程頤《周易程氏傳》云：田，地上也。《玉篇．田部》云：田，土也，地也。二在初上，所以稱田。九二之龍顯現於地上，所以說「見龍在田」。見龍在田，是自然之象，陽氣升起，發於地上，就人事而言，指大德之人，初出於世，爲衆人所觀。

大人，大德之人，或指才德兼備的人，或指有社會地位的人。李鼎祚《周易集解》引荀爽曰：大人，謂天子。朱駿聲《六十四卦經解》云：大人者，聖明德備也。高亨認爲「大人者，有官位者之稱也」，又云：「大人君子皆有官位者之稱，小人乃無官位者之稱也。」（高亨《周易古經今注》乾第一）

又，大人，亦或釋爲貴人，猶蹇卦上六《象》曰：利見大人，以從貴也。

六爻之位，二五爲中，二爲內主，五爲尊君，唯居中而得中正之道，才能被稱作大人，同樣被稱大人的人，皆處於二五之位。王弼注：利見大人，唯二五焉。觀乾卦六爻，初不彰，三乾乾，四或躍，上過亢，唯二五具大人之象，二「見龍在田」，五「飛龍在天」。

利見大人，利見，得見、順利見到的意思。「大人」有二釋：一．指九二。二出於地，陽剛之氣升於地面，天下民衆得見九二大德之人。二五皆得大人之位，此言九二爲大人，是說二不居君位，而具君德。李鼎祚《周易集解》引干寶曰：陽氣將施，聖人將顯，此文王免於羑里之日也，故曰利見大人。李光地《周易折中》引蔡氏清曰：「凡大人皆是德位兼全之稱。九二雖未得位，而大人之德已著，所謂居仁由義，大人之事備矣，故亦謂之大人。」二．指九五。二五皆剛，無陰陽之應，然乾體本陽，天道同德，故以同德相與爲應。程頤《周易程氏傳》云：「大德之君，九五也。乾坤純體，不分剛柔，而以同德相應。」

孔穎達疏：利見大人，以人事託之，言龍見在田之時，猶似聖人久潛稍出，雖非君位，而有君德，故天下衆庶，利見九二之大人。又曰：而褚氏張氏同鄭康成之說，皆以爲九二利見九五之大人，其義非也。朱熹《周易本義》曰：九二剛健中正，出潛離隱，澤及於物，物所利見，故其象爲見龍在田，其占爲利見大人。又曰：若有見龍之德，則爲利見九五在上之大人矣。

象曰：見龍在田，德施普也。

［譯］

象曰：龍出現在地上，恩澤普施。

［記］

德，恩惠、恩澤；施，施予、給予。陸德明《經典釋文》云：施，與也。《廣雅．釋詁三》云：施，予也。《集韻．寘韻》云：施，與也。普，猶廣，近遠皆同的意思。九二履得中位，具剛正之德，陽剛之氣升於地上，顯現在田，施於人事，猶聖人君子已出於世，恩澤廣施天下，爲天下人所瞻，所以說「德施普也」。六爻之中，唯二五居中，然九二以陽居陰，處非其位，與九五相比，猶顯偏狹，可以廣施恩德，尚未成就功業。

文言曰：九二曰「見龍在田，利見大人」，何謂也？子曰：龍德而正中者也。庸言之信，庸行之謹，閑邪

存其誠，善世而不伐，德博而化。易曰「見龍在田，利見大人」，君德也。

〔譯〕

文言曰：九二曰「龍出現在地上，民衆得見大德之人」，是什麼意思呢？子曰：這裡講的是那些德行高尚而中正謙和的人。他們日常言語必能守其誠信，日常行爲必能謹以愼行，能時時防範邪惡而保持內心的眞誠，謙善處世而不自詡誇耀，德澤普施而感化衆生。易曰「見龍在田，利見大人」，是說九二具人君之德。

〔記〕

釋九二爻辭之義。

龍德而正中者也，龍德，指高尚的德行。正中，指九二居中得正，不有偏斜，能行中正之道。

「庸言之信，庸行之謹」，庸言，日常的言語；庸行，日常的行爲。庸，猶恒常之義，指始終、一貫的意思。孔穎達疏：庸，常也。李鼎祚《周易集解》引九家易曰：「以陽居陰位，故曰謹也。庸，常也。謂言常以信，行常以謹矣。」

「閑邪存其誠，善世而不伐，德博而化」，閑，防範。李鼎祚《周易集解》引宋衷曰：閑，防也，防其邪而存其誠也。邪，指邪惡、邪闢。存，保持、保全。誠，眞誠。善，友好、親善。善世，指謙善處世。伐，誇耀。《玉篇．人部》云：伐，自矜曰伐。博，同「博」。化，感化，轉變人心、風俗。《說文．匕部》云：化，教行也。來知德《周易集注》云：德博而化者，言行爲人所取法也。

君德也，乾卦六爻，唯二五具大人之德，然二相比於五，陽處陰位，履非其位，當謹慎於行，閑邪存誠，因此言常以信，行常以謹，己正則物不邪，和以待人，善以爲事，德行漸顯，恩澤普施而感化天下，雖不居人君之位而具人君之德，所以說「君德也」。

文言曰：君子學以聚之，問以辯之，寬以居之，仁以行之。易曰「見龍在田，利見大人」，君德也。

[譯]

文言曰：君子應當努力脩身習學以增長知識積聚才德，與朋友探討交流以辯決其疑，以寬容的態度處世，以仁愛之心行事。易曰「見龍在田，利見大人」，是說九二具備了君王所應有的德行。

[記]

再明「君德」之義。

「君子學以聚之，問以辯之」，這二句是說君子應努力學習，辯明事理，增進德行。九二陽氣初升，由微漸進，雖得中正之道，但履非其位，尚需謹言慎行，脩身學習，積聚才德，猶兌卦《象》曰：君子以朋友講習。聚，積蓄、儲備。《玉篇》云：聚，積也。問，探討，交流的意思。辯，辯明、糾正。《玉篇．辛部》云：辯，正也。

「寬以居之，仁以行之」，寬，同「寬」，指寬容、寬裕之道。居之，指居處其位，謀處其事。仁，指仁愛之心。行之，指施行仁愛之心於萬物。

「易曰『見龍在田，利見大人』，君德也」，這裡的君德，指前面的「寬以居之，仁以行之」。孔穎達疏：易之所云是君德，寬以居之，仁以行之，是也。此言君德，是說九二雖得大人之位，然非君之位，唯有君德而已。

九三，君子終日乾乾，夕惕若厲，无咎。

〔譯〕

九三，君子終日自強不息，勤勉於事，戒慎恐懼，如危險近身，沒有咎害。

〔記〕

「君子」一詞，《易傳》中或指有才德的人，或指有社会地位的人。文結合經文屬性，將經文中的「君子」皆釋爲占筮之人。朱熹《周易本義》曰：君子，指占者而言。來知德《周易集注》云：君子，指占者。李光地《周易折中》引俞氏琰曰：《易》中凡稱君子，皆指占者而言。

乾爲日出爲晝，三處乾終，故稱終日，亦稱夕。初入人道，履得其位，處下乾之極，上乾之下，陽剛之氣已升，志在健行，承乾行乾，所以說「乾乾」。乾乾，自強不息的樣子。未入上體，上不在天，下不在田，唯自強勉力，朝夕匪懈，方能免除咎害。王弼《畧例》云：凡言无咎者，本皆有咎者也，防得其道，故得无咎也。九三以剛處剛，得位失中，是有咎，然若能戒惕謹慎，反身自省，則可去除咎害而得「无咎」。朱熹《周易本義》曰：言能憂懼如是，則雖處危地而无咎也。夕惕，終日戒慎恐懼，不敢怠慢。夕，猶終日之義。惕，陸德明《經典釋文》云：「惕，怵惕也；鄭玄云：懼也；廣雅同。」若厲，如危險將至的意思。孔穎達疏：若厲者，若，如也；厲，危也。三處多凶之地，故惕厲，《繫辭下》云「三多凶」。无咎，沒有咎害。无，陸德明《經典釋文》云：「音『無』，易內皆作此字。說文云：奇字『無』也，通於『无』者，虛无道也，王述說天屈西北爲无。」段玉裁《說文解字注》云：謂古文奇字如此作也，今六經惟易用此字。咎，咎害。《周易》中「咎」義有二：一指過失、咎害，如「无咎」之辭皆取此義。二爲怨咎、咎責，指過由自取，無所怨咎，猶節卦六三《象》曰「不節之嗟，又誰咎也」。「夕惕若厲，无咎」，或句讀爲「夕惕若，厲无咎」，釋爲「心懷憂惕而自省思，如此即使有危險也沒有咎害」。若，語辭。王引之《經傳釋詞弟七》云：若，猶然也。

李鼎祚《周易集解》引干寶曰：此蓋文王反國，大釐其政之日也。猶言周文王出於羑里，外臨商紂暴虐，於是於內大釐其政，增脩其德，終日乾乾，反復其道，終得去除其害而「无咎」。

象曰：終日乾乾，反復道也。

［譯］

象曰：終日自強不息，勤勉於事，進退動靜都合乎正道。

【記】

反復道也，反復，猶往來，指進退、動靜的意思。道，指合乎自身規律的正道。九三陽剛，履得其位，具君子之德，施於人事，猶言君子志在上行，但居下體之極，上體之下，於不中之位，履重剛之險，不可過亢，唯有居上而不驕逸，處下而不憂慮，時時戒懼，勤奮自勉，進退動靜皆合於其道，才能免去咎害。

九三稱君子，而不稱大人，陽剛得位，故稱君子；失中多凶，故不稱大人。惠棟《周易述》疏云：經凡言君子，皆謂九三也。

文言曰：九三曰「君子終日乾乾，夕惕若厲，无咎」，何謂也？子曰：君子進德脩業。忠信，所以進德也；脩辭立其誠，所以居業也。知至至之，可與幾也；知終終之，可與存義也，是故居上位而不驕，在下位而不憂。故乾乾，因其時而惕，雖危无咎矣。

【譯】

文言曰：九三曰「君子終日自強不息，勤勉於事，戒慎恐懼，如危險近身，沒有咎害」，是什麼意思呢？子曰：這裡講的是君子增進德行，脩營功業之事。忠貞而誠信，所以能夠增進德行；脩治言辭而成就其誠實之德，所以能夠保有功業。能夠預知事物的進展趨勢將至某種狀態而采取相應的行動，則可以明曉事物發展的幾微之理；能夠預知事物的發展結果而調整自己的行爲，則可以始終保持合宜的行動，因此能夠居上位而不會驕逆，處下位而不會憂慮。所以心懷敬慎，努力不止，順應時勢的發展而時刻謹惕戒懼，即使有危險也不會有咎害。

【記】

釋九三爻辭之義。

君子進德脩業，九三初入人道，履得其位，君子之德已顯，力行其志，然得位不中，有重剛之險，當時時惕懼脩身，增進美德而脩營功業，不可懈怠，故子曰「君子進德脩業」。德，德行；業，功業。脩業，指推廣、擴大事業，脩營功業。孔穎達疏：德，謂德行；業，謂功業。

「忠信，所以進德也；脩辭立其誠，所以居業也」，忠，是忠貞；信，是誠信。脩辭，脩治言辭。辭，指言辭。孔穎達疏：辭，謂文教。立，建樹、成就的意思。《廣雅．釋詁三》云：立，成也。《論語．爲政》子曰「吾十有五而志于學，三十而立」，何晏注：有所成也。誠，真誠。孔穎達疏：誠，謂誠實也。居業，保有功業。居，積蓄、保有之義。這幾句是說君子應內忠貞秉信以增進其德行，外擇言謹語以成就其誠實之德，內外相成，進其德，立其誠，民敬而從之，則功業可居。朱駿聲《六十四卦經解》云：「居業，謂居三也。居三脩教令，立誠信，民敬而從之也。」

「知至至之，可與幾也；知終終之，可與存義也」，知，預知。前面的「至」，指已處下體之極，而居上體之下，比喻事物的進展趨勢。孔穎達疏引褚氏云：「一體之極是至者，是下卦已極，將至上卦之下。至，謂至上卦也。」知至，指預知了事物的發展趨勢將到什麼狀態。高亨《周易大傳今注》云：知至，預知事業之發展將到某種地步。後面的「至之」，指針對前面預知的情況而采取相應的行動。與，猶以。幾，指幾微之理。孔穎達疏：幾者，去无入有，有理而未形之時。《繫辭下》云：幾者，動之微，吉之先見者也。《廣雅．釋詁》云：幾，微也。可與幾也，或作「可與言幾也」，指可以明曉幾微之理。前面的「終」，指事物發展的結果。知終，預知了事物的發展結果。高亨《周易大傳今注》云：知終，預知事業將有某種結果。後面的「終之」，指針对前面的預知結果而調整自己的行動。王弼注：「處一體之極，是至也；居一卦之盡，是終也。處事之至而不犯咎，知至者也，故可與成務矣。處終而能全其終，知終者也。」存義，指保持適宜的行動。存，保有、保存。義，適宜、得宜之義。孔穎達疏：「既能知此終竟是終盡之時，可與保存其義。義者，宜也。」這四句是說，九三居下體之極，而至上體之下，處上下交際之際，時時惕懼，謹言慎行，進德則知至而進，脩業而知終存義，欲進知幾，欲退存義，上下進退皆合其道，志在奮進，自強而不止，雖危而無咎。孔穎達疏：然九三唯是一爻，或使之欲進，知幾也，或使之欲退，存義也，一進一退，其意不同，以九三處進退之時，若可進則進，可退則退，兩意並行。

「是故居上位而不驕，在下位而不憂」，九三處下卦之極，上卦之下，既能知至而至之，知終而終之，所以能居上而不驕，處下而不憂。

「故乾乾，因其時而惕，雖危无咎矣」，乾乾，這裡指敬慎的樣子。因，因應，猶順應。時，時機。因其時，指順應時機。雖，連詞，表示假設關係，猶縱使、即使之義。

文言曰：九三重剛而不中，上不在天，下不在田，故乾乾，因其時而惕，雖危无咎矣。

【譯】

文言曰：九三處二乾之間而又不在中位，上不在天的位置，下不在田的位置，所以說心懷敬慎，努力不止，順應時勢發展而時刻謹惕戒懼，這樣即使有危險也不會有咎害。

【記】

複明九三爻辭之義。

剛，指乾。九三、九四皆處二乾交際之處，故言重剛。來知德《周易集注》云：三居下卦之上，四居上卦之下，交接處以剛接剛，故曰「重剛」。朱駿聲《六十四卦經解》云：以乾接乾，故曰重剛。六畫卦中，唯二五是中位，二爲下卦中位，五爲上卦中位，九三不在二五之位，所以說「不中」，九四也是如此。六爻之位，初二爲地，三四爲人，五上爲天，三四皆不在初二五上之位，所以說「上不在天，下不在田」。孔穎達疏：「不中者，不在二五之位，故不中也。上不在天，謂非五位。下不在田，謂非二位也。」三處下體，雖得其位，而失其中，唯時時惕懼，順應時勢，奮勉而爲，乃「雖危无咎矣」。

九四，或躍在淵，无咎。

【譯】

九四，欲由深淵中騰躍而起卻遲遲未定，沒有咎害。

［記］

或，通「惑」，疑惑、迷惑，此指遲遲未定之義。朱熹《周易本義》曰：或者，疑而未定之辭。《玉篇·戈部》云：或，有疑也。《廣韻·德韻》云：或，疑也。來知德《周易集注》云：或者，欲進未定之辭，非猶豫狐疑也。躍，騰躍、奮進，指九四的陽剛之性，陽爲動。孔穎達疏：或，疑也；躍，跳躍也。在淵，指九四居於陰位，四伏陰成兑，兑爲澤，故稱淵。九四陽氣漸升，已入上體，去下居上，猶龍體欲飛之勢。然處上下交際之所，世道將變之際，履失其位，處而不得其安，進有迫君之嫌，下不能安於地，上不能飛於天，猶龍在淵，或躍或潛，遲遲不決。施於人事，位漸尊高，欲進於貴，然時機未到，而欲進不定。四陽氣已起，志在上行，雖未定奪，但上下進退皆未脫離群類，既有奮進之志，又能疑懼而思，審時度勢，待機而進，故而「无咎」。高亨《周易古經今注》云：龍本是水中動物，龍躍於淵，得其所之象，人得其所，可以无咎，故曰「或躍在淵，无咎」。

李鼎祚《周易集解》引干寶曰：此武王舉兵，孟津觀釁而退之爻也。又，孔穎達疏：若周西伯，內執王心，外率諸侯，以事紂也。

象曰：或躍在淵，進无咎也。

［譯］

象曰：欲由深淵中騰躍而起卻遲遲未定，適時而進沒有咎害。

【記】

進，指適時而進。九四陽剛之氣漸盛，然處多懼之地，履非其位，所以進而未定。陽居陰位，體剛行謙，雖有遲疑，若能順應天時，待時而進，則可得「无咎」。孔穎達疏：此亦人事言之，進則跳躍在上，退則潛處在淵，猶聖人疑或而在於貴位也，心所欲進，意在於公，非是爲私，故「進无咎也」。

文言曰：九四曰「或躍在淵，无咎」，何謂也？子曰：上下无常，非爲邪也；進退无恒，非離羣也。君子進德脩業，欲及時也，故无咎。

【譯】

文言曰：九四曰「欲由深淵中騰躍而起卻遲遲未定，沒有咎害」，是什麼意思呢？子曰：這是說或上或下並沒有恒常的法則，也不是什麼邪枉的行爲；往進或退隱沒有恒定的規則，也不是背離群類。君子增進德行脩營功業，需要把握時機適時而進，所以沒有咎害。

【記】

明九四爻辭之義。

「上下无常，非爲邪也；進退无恒，非離羣也」，上、進是「躍」；下、退是「在淵」。爲，猶是。邪，邪闢、邪枉、非正道。陽體性動，躍而上進，是其正道，龍體在淵，亦爲正道，所以說「上下无常，非爲邪也」。恒，指恒常的法則或規則。「无常」、「无恒」義同，釋所以「或」之義。離，背離、脫離。羣，同「群」，指群類，這裡是說乾卦六爻皆陽。孔穎達疏引何氏云：「言上下者，據位也；進退者，據爻也。所謂非離羣者，言雖進退无恒，猶依羣衆而行，和光俯仰，並同於衆，非是卓絕獨離羣也。」

「君子進德脩業，欲及時也，故无咎」，君子進德脩業，其義與九三《文言》同，但九四前進多於九三，所以說「欲及時也」。九三未言「及時」，唯「知至至之，可與幾也；知終終之，可與存義也」而已。欲，需要。及時，適時、把握時機的意思。「非爲邪」、「非離羣」、「欲及時」釋所以「无咎」之義。

文言曰：九四重剛而不中，上不在天，下不在田，中不在人，故或之。或之者，疑之也，故无咎。

〔譯〕

文言曰：九四處二乾之間而又不在中位，上不在天的位置，下不在田的位置，中間又不在人所適宜的位置，因此遲遲不定。遲遲不定，心有疑懼，審慎而思，故而沒有咎害。

〔記〕

複明九四爻辭之義。

「九四重剛而不中，上不在天，下不在田」，其義與九三同（見九三〔記〕）。中不在人，孔穎達疏：「中不在人者，三之與四，俱爲人道，但人道之中，人下近于地，上遠于天，九三近二，是下近于地，正是人道，故九三不云『中不在人』。九四則上近于天，下遠于地，非人所處，故特云『中不在人』。」

「或之者，疑之也」，或，通「惑」，疑惑，此指遲遲不定的意思。孔穎達疏：此夫子釋經「或」字，經稱「或」是疑惑之辭，欲進欲退，遲遲不定，故「疑之也」。疑，疑惑、疑懼。

九五，飛龍在天，利見大人。

〔譯〕

九五，龍高飛在天上，民衆得見大德之人。

〔記〕

依三材之道論，五爲天道，陽氣升起而至於天，所以說「飛龍在天」。五有伏陰爲離，離爲雉，飛鳥之象，故言飛。飛龍，喻指帝王君主。五剛陽至盛，得位處中，有中正之德，可成就功業，爲天下衆人所瞻觀，所以說「利見大人」。孔穎達疏：此自然之象，猶若聖人，有龍德飛騰而居天位，德備天下，爲萬物所瞻覩，故天下利見此居王位之大人。朱熹《周易本義》曰：「占法與九二同，特所利見者，在上之大人耳。若有其位，則爲利見九二在下之大人也。」

李鼎祚《周易集解》引干寶曰：「此武王克紂正位之爻也。聖功既就，萬物既覩，故曰利見大人矣。」

象曰：飛龍在天，大人造也。

［譯］

象曰：龍高飛在天上，大德之人有所作爲成就功業。

［記］

大人造也，釋「飛龍在天」之義。造，指有所作爲，成就功業的意思。《說文．辵部》云：「造，就也。譚長說，造，上士也。」陸德明《經典釋文》云：「造，鄭徂早反，爲也；王肅七到反，就也，至也；劉歆父子作『聚』。」孔穎達疏：造，爲也。朱熹《周易本義》曰：造，猶作也。大人造，指大德之人，身居尊位，大有所爲於天下而成就功業。

文言曰：九五曰「飛龍在天，利見大人」，何謂也？子曰：同聲相應，同氣相求。水流濕，火就燥，雲從龍，風從虎，聖人作而萬物覩，本乎天者親上，本乎地者親下，則各從其類也。

【譯】

文言曰：九五曰「龍高飛在天上，民衆得見大德之人」，是什麼意思呢？子曰：這裡說的是同類聲音能相互應和，相同氣息能彼此吸引。水會流嚮低濕的地方，火會燒嚮乾燥的區域，雲從龍起，風隨虎生，聖人興起而萬物親附，依附於天空的事物親近於上，依託於大地的事物親近於下，天地之道就是萬物各得其性，各從其類。

【記】

明九五爻辭之義，意在釋說「飛龍在天，利見大人」之理。

「同聲相應，同氣相求」，應，應和。同氣，指氣質或氣類相近或相同。求，感應、吸引。王弼《畧例》云：同聲相應，高下不必均也，同氣相求，體質不必齊也。孔穎達疏：同聲相應者，若彈宮而宮應，彈角而角動是也；同氣相求者，若天欲雨而柱礎潤是也。天體陽氣充盈，龍體剛強健行，飛龍在天，是爲同類相感。

「水流濕，火就燥，雲從龍，風從虎，聖人作而萬物覩」，作，興起的意思。陸德明《經典釋文》云：「作，鄭云：起也；馬融作『起』。」覩，古同「睹」，看見、瞻觀。《說文·目部》云：「睹，見也。覩，古文從見。」高亨認爲「覩」當讀爲「著」，親附之義。《周易大傳今注》云：「覩當讀爲著，二字同聲系，古通用。《國語·晉語》底著滯淫。韋注：著，附也。」今從高亨釋。聖人有生養之德，萬物有生養之情，彼此相互感應，所以「利見大人」，是爲「同聲相應，同氣相求」。

「本乎天者親上，本乎地者親下，則各從其類也」，本，依附、依託。親，親近、親附。類，種類，指許多相似或相同事物的綜合。《說文．犬部》曰：類，種類相似，唯犬爲甚。這三句總說萬物各從其類之理，天之性在上，本乎天者，日月星辰之屬；地之性在下，本乎地者，草木蟲獸之類，天地之道使物皆從於其情性而親附其屬類。

文言曰：夫大人者，與天地合其德，與日月合其明，與四時合其序，與鬼神合其吉凶，先天而天弗違，後天而奉天時。天且弗違，而況於人乎，況於鬼神乎。

〔譯〕

文言曰：大德之人，其仁德廣博惠澤無私可與天地之德相合，其智慧遠及照臨天下可與日月之明相合，其賞罰分明不有偏差可與四時之序相合，其明察吉凶禍福可與鬼神之力相合，在天兆未明之前行事能與天道契合，在天兆顯明之後行事能承應順合天時。既然沒有違離天道，又何況人道呢？何況鬼神之道呢？

〔記〕

再明九五爻辭之義。

「先天而天弗違，後天而奉天時」，先天，指在天兆未顯明之前行事。天弗違，當讀爲「弗違天」，指沒有違離天道。後天，與「先天」相對，指在天兆顯明之後行事。奉，承奉、順應。奉天時，指順應天時。

上九，亢龍有悔。

[譯]

上九，龍飛得過高將有悔恨之事。

[記]

亢，過高、過極，這裡指龍飛得過高。朱駿聲《六十四卦經解》云：亢，人頸喉也，骨剛而高，故窮高曰亢，極也，過也。來知德《周易集注》云：亢，人頸也，高也，蓋上而不能下，信而不能屈之意。陸德明《經典釋文》云：「亢，苦浪反；子夏傳云：極也；廣雅云：高也。」《廣雅．釋詁一》云：亢，極也。《廣雅．釋詁四》云：亢，高也。朱熹《周易本義》曰：亢者，過於上而不能下之意也。李鼎祚《周易集解》引干寶曰：亢，過也；引王肅曰：窮高曰亢，知進忘退，故悔也。

上九處乾之極，居五之上，陽剛之氣盛極，極則生變，不可長久，《繫辭下》有云「易窮則變」。言之於人，窮不知變，進不知退，得不知亡，而至無位亢極之地，必生悔恨。《老子》第九章云：「持而盈之，不如其已；揣而銳之，不可長保；金玉滿堂，莫之能守；富貴而驕，自遺其咎。功成名遂身退，天之道也。」然純陽之卦，具剛陽之德，唯有悔而已，有悔則無大凶。悔，《繫辭上》云：悔吝者，言乎其小疵也。李鼎祚《周易集解》云：以人事明之，若桀放於南巢，湯有慚德，斯類是也。作易者以此繫辭設誡，告知占筮之人，功業既成，當知存亡進退之理，含藏收斂，不可貪婪驕逸、得意忘形。

象曰：亢龍有悔，盈不可夂也。

〔譯〕

象曰：龍飛得過高將有悔恨之事，滿盈的狀態不可持久。

〔記〕

盈，盈滿、過盛。夂，同「久」，持久、長久。凡事盛極皆不可持久，上盈而不已，至於亢極，所以悔恨之事由此而生。

文言曰：上九曰「亢龍有悔」，何謂也？子曰：貴而无位，高而无民，賢人在下位而无輔，是以動而有悔也。

〔譯〕

文言曰：上九曰「龍飛得過高將有悔恨之事」，是什麼意思呢？子曰：這是講身份尊貴而處無位之地，高高在上卻沒有民衆擁戴，賢人居在下位而得不到他們的輔佐，因此行動就會招致悔恨之事。

〔記〕

貴，指身份尊貴；高，指地位尊高。上爲群龍之首，居卦之極，故稱貴、高。處無位之地，六爻皆陽，其下無陰，故言「无位」、「无民」。孔穎達疏：子曰貴而无位者，以上九非位，而上九居之，是无位也。賢人，指九三。賢，古同「賢」。三在下而得位，故稱「賢人」，然得位而失中，以至於終日乾乾，夕惕若厲，無力以輔佐上九，所以說「賢人在下位而无輔」。聖人以此設誡，當此之際，不可妄動。「无位」、「无民」、「无輔」，釋所以「動而有悔」之義。

文言曰：亢之爲言也，知進而不知退，知存而不知亡，知得而不知喪，其唯聖人乎！知進退存亡而不失其正者，其唯聖人乎！

［譯］

文言曰：所以說亢龍，是說衹知道一味地前進而不知道適時後退，衹知道安存於現狀而不知道將來可能有危亡之險，衹知道眼下的獲取而不知道將來也可能會失去，大概衹有聖人才能知道這種進退存亡得失的道理吧！知道了進退存亡得失的道理而又能不偏離正道的，大概也衹有聖人才能做到吧！

［記］

再明上九爻辭之義。

「亢之爲言也」與初九「潛之爲言也」終始相應，其義相對。亢，指亢龍。

這一段有二句「其唯聖人乎」，前者是贊歎聖人知進退存亡得失之理，後者是贊歎聖人既能知進退存亡得失之理，又能不失其正。其，相當於大概、幾乎的意思。王引之《經傳釋詞弟五》云：其，猶殆也。唯，也作惟、維，祇有。《廣雅・釋詁三》云：唯，獨也。王引之《經傳釋詞弟三》云：惟，獨也，或作唯、維。

用九，見羣龍无首，吉。

［譯］

用九，群龍顯現陽氣昊大，吉祥。

［記］

《周易》六十四卦，唯乾、坤繫「用九」、「用六」之辭。按古大衍筮法，得六爻之數爲六七八九，《繫辭上》云「天一，地二，天三，地四，天五，地六，天七，地八，天九，地十」，陽爲奇，陰爲偶，七九爲陽，六八爲陰。陽進陰退，陽順陰逆，七進爲九，故九爲老陽，七謂少陽；八退爲六，故六爲老陰，八爲少陰。乾總六爻純陽之氣，故乾卦用九；坤總六爻純陰之氣，故坤卦用六。《易》以七九八六爲春夏秋冬四時，七爲春，九爲夏，八爲秋，六爲冬，春夏爲陽，秋冬爲陰，循環往復。七至九，以陽之陽，故不變；九至八，以陽之陰，故變；八至六，以陰之陰，故不變，六至七，以陰之陽，故變。大衍筮法七八爲不變之爻，九六爲當變之爻，即陰變爲陽，陽變爲陰，而成變卦。占筮之時乾坤二卦六爻皆變，則取「用九」、「用六」之辭。尚秉和《周易尚氏學》云：「用者，動也，變也。『用九』者，言遇九則動，遇七則不動。」這種爻變而至卦變的現象，明示了萬物至極則變的道理。用九，陽盛至極，極則變，變則通，通則久，所以吉祥。

朱熹《周易本義》曰：「用九，言凡筮得陽爻者，皆用九而不用七，蓋諸卦百九十二陽爻之通例也。以此卦純陽而居首，故於此發之。而聖人因繫之辭，使遇此卦而六爻皆變者，即此占之。蓋六陽皆變，剛而能柔，吉之道也。故爲羣龍无首之象，而其占爲如是則吉也。《春秋傳》曰：『乾之坤，曰：見羣龍无首，吉』，蓋即純坤卦辭『牝馬之貞』、『先迷後得』、『東北喪朋』之義。」

帛書本「用九」、「用六」的「用」字作「迵」。迵，通達的意思。高亨《周易大傳今注》云：迵，通也。注者有多種不同的解釋，或釋爲「用」的借字，或釋爲「同」字，或釋爲「通」字，在此記之。

見羣龍无首，見，同「現」，顯現。羣龍，即六龍。乾卦六爻皆陽，稱之六龍，《彖》曰「時乘六龍以御天」，六龍即指天地間的陽氣。无首，指昊大，沒有端際。九是老陽，陽氣至盛，用九「見羣龍无首」，指陽剛之氣昊大，不見端際，《老子》第十四章有云「迎之不見其首，隨之不見其後」。又，乾爲首，用九則六爻皆變而成坤，故言「見羣龍无首」，明遇九則變之義。

象曰：用九，天德不可爲首也。

［譯］

象曰：用九吉祥，天道廣遠，無邊無際。

[記]

「用九」爲「用九之吉」的省文。天德不可爲首也，釋所以「用九之吉」。這裡的「天」，指天道。德，本質、特點。爲，猶有的意思。首，端際。天德不可爲首，指天道廣遠，陽氣昊大，沒有端際，陰陽轉換，循環往復，終始相續。

文言曰：潛龍勿用，下也。見龍在田，時舍也。終日乾乾，行事也。或躍在淵，自試也。飛龍在天，上治也。亢龍有悔，窮之災也。乾元用九，天下治也。

[譯]

文言曰：潛隱的龍不宜有所施爲，是說時機未至潛隱在下。龍出現在地上，是說時機已至陽氣升於地上而普施恩澤。終日自強不息勤勉於事，是說君子要在自己的正道上行所當行之事而進德脩業。欲由深淵中騰躍而起但遲遲不定，是說在往進之際不得其位而進行自我檢視評估。龍高飛在天上，是說大德之人居於上位而治理天下。龍飛得過高將有悔恨之事，是說事至過極則會有窮途之災。乾元的陽剛之氣充盈天地，於是天下太平安定。

[記]

釋六爻人事所治之義。

下，指潛隱在下，是說聖人君子，處於此時，時機未到，無位在下，不可作爲。舍，同「捨」，佈施的意思。時舍，是指時機已至，九二陽剛之氣升於地上，而廣施恩澤。行事，是說其進則知幾，退則存義，行所當行之事而進德脩業。孔穎達疏：終日乾乾，行事者，言行此知至知終之事也。試，檢視評估。自試，是說聖人君子進不得位，不敢果決而進，唯不斷地進行自我檢視評估。上治，指聖人君子居於上位而治理天下。窮之災，言窮途之災。窮，指亢極、窮途之義。災，此指「有悔」。「乾元用九，天下治也」，乾元，總包六爻，其義與《彖辭》「大哉乾元」中的「乾元」同。九，王弼注：「九，陽也。陽，剛直之物也。」用九，總述乾卦之德，指陽氣充盈。治，這裡指社會安定、祥和太平之義。

文言曰：潛龍勿用，陽氣潛藏。見龍在田，天下文明。終日乾乾，與時偕行。或躍在淵，乾道乃革。飛龍在天，乃位乎天德。亢龍有悔，與時偕極。乾元用九，乃見天則。

【譯】

文言曰：潛隱的龍不宜有所施爲，是說時機未至陽剛之氣潛藏在下。龍出現在地上，陽氣顯現，天下光明而萬物紛紜有序。君子終日奮勉自強，因循四時變化而生生不息。欲由深淵中騰躍而起但遲遲不定，是說乾道變革之時已經來到，需適時而進。龍高飛在天上，是居尊君之位，秉中守正，照臨廣大，而具天之德。龍飛得過高將有悔恨之事，是說知進忘退順隨著時勢的發展而最終到達了極點。乾元陽剛之氣充盈，至極而變，充分顯現了天道的運行法則。

[記]

以天象而喻人事。

天下文明，指世道光明，萬物有序，時機已至的意思。文，指有序；明，指光明。

與時偕行，是說因循四時變化，時至則行，時未至則止。偕，同的意思。

乾道乃革，指九四已出於下體而入上體，是乾道變革之時。乾道，這裡指天道。革，變化。

乃位乎天道，指九五居於君位，具有天道的生養萬物之德，與《文言》「夫大人者，與天地合其德」義同。

與時偕極，極，亢極、窮極之義。指萬物的發展依時依序而行，一定程度之後必然會達到終點，而後復始。

乃見天則，天則，指天道的運行法則。

坤卦第二

【釋文音訓：坤，本又作巛，巛，今字也，同困魂反；注音：kūn】

【序卦傳】

云：有天地然後萬物生焉。

【繫辭傳】

云：天尊地卑，乾坤定矣。乾道成男，坤道成女。乾知大始，坤作成物。乾以易知，坤以簡能。成象之謂乾，效法之謂坤。夫乾，其靜也專，其動也直，是以大生焉；夫坤，其靜也翕，其動也闢，是以廣生焉。闔戶謂之坤，闢戶謂之乾。乾坤，其易之緼邪！乾坤成列，而易立乎其中矣。乾坤毀，則无以見易。易不可見，則乾坤或幾乎息矣。夫乾，確然示人易矣；夫坤，隤然示人簡矣。黃帝堯舜垂衣裳而天下治，蓋取諸乾坤。乾坤，其易之門邪？乾，陽物也；坤，陰物也。夫乾，天下之至健也，德行恒易以知險；夫坤，天下之至順也，德行恒簡以知阻。

【雜卦傳】

云：乾剛坤柔。

【說卦傳】

云：天地定位。乾以君之，坤以藏之。致役乎坤，坤也者，地也，萬物皆致養焉，故曰致役乎坤。坤，順也。坤爲牛。坤爲腹。坤，地也，故稱乎母。坤爲地，爲母，爲布，爲釜，爲吝嗇，爲均，爲子母牛，爲大輿，爲文，爲衆，爲柄，其於地也爲黑。（朱駿聲《六十四卦經解》云：爲牧，爲迷，爲方，爲囊，爲裳，爲黃，爲帛，爲漿，爲虎。尚秉和《周易尚氏學》依《九家》本增：爲牝，爲迷，爲方，爲囊，爲裳，爲黃，爲帛，爲漿。）

䷁ 坤下坤上

坤元亨，利牝馬之貞。君子有攸往，先迷，後得主，利。西南得朋，東北喪朋，安貞吉。

【譯】

萬物創生之際進行祭祀，像牝馬一樣貞正則利。君子有所往進，主動先行會生迷惑，守靜於後得遇其主，吉利。西南方嚮會得到朋友，東北方嚮會失去朋友，安靜地依循自己的正道行事吉祥。

【記】

坤，《說文・土部》云「坤，地也，易之卦也」，段玉裁注：「《象》曰：地勢坤，君子以厚德載物。《說卦傳》曰：坤，順也。按伏羲取天地之德爲卦，名曰乾坤。」《說文》又云「从土申，土位在申也」，段玉裁注：「此說从申之意也。《說卦傳》曰：坤也者，地也，萬物皆致養焉，故曰致役乎坤。坤，正在申位，自倉頡造字已然。」

《雜卦傳》云：乾剛坤柔。乾以天爲體，以剛健爲用；坤以地爲體，以柔順爲用。乾坤之道，乾主動，坤主順，乾創萬物，坤順而生之，《序卦傳》云：有天地然後萬物生焉。

坤元亨，三字爲句，詳見乾卦［記］。乾元主陽，萬物資始；坤元主陰，萬物資生。乾坤二卦爲六十四卦開篇之卦，獨言乾元、坤元，是特別釋說其創生之德，天下萬物皆始於乾元，而成於坤元。亨，同「享」，與「乾元亨」的「亨」字義同，乾元亨，猶祭天；坤元亨，猶祀地。

利牝馬之貞，爲斷辭總述部分。牝，雌性，指獸類，尚秉和《周易尚氏學》依《九家》云：坤爲牝。牝馬，指雌馬，這裡取其順健之性。坤爲牛而不言牛，取牝馬之象，是與乾相應，乾爲馬爲陽，故以牝馬的柔順而行遠之性喻地道的寬厚廣遠，以應合天道的剛健昊大，以陰從陽，乾坤相合，陰陽相交，明天地的創生之德。乾利貞，以剛強健行爲正，猶龍之質而飛於天；坤利貞，以柔順厚載爲正，若牝馬之性而馳於地。孔穎達疏：「利牝馬之貞者，此與乾異，乾之所利，利於萬事爲貞。此唯云利牝馬之貞，坤是陰道，當以柔順爲貞，假借柔順之象，以明柔順之德也。」又曰：「不云牛而云馬者，牛雖柔順，不能行地无疆，无以見坤廣生之德，馬雖比龍爲劣，所行亦能廣遠，象地之廣育。」惠棟《周易述》注云：坤爲牝，乾爲馬，陰順于陽，故利牝馬之貞。貞，猶正，指依循事物的本然之性，此指以柔順爲貞，與後面的「安貞吉」的「貞」義同。

「君子有攸往」至「安貞吉」，具體釋說「利牝馬之貞」。君子，指占筮的人。有攸往，有所往進。攸，猶「所」。

「先迷，後得主，利」，先，主動先行，指陰先於陽行事。後，守靜於後，指陰順於陽行事。迷，困惑、迷亂。《爾雅．釋言第二》云：迷，惑也。《玉篇．辵部》云：迷，惑也，亂也。得，猶遇，遇到。主，主人，指陽，陰以陽爲主。得其主，陽唱陰和，天創地生，乃得吉祥，故利。焦循《易章句》云：得主則利。利，吉利、順利。孔穎達疏：「先迷後得主利者，以其至陰，當待唱而後和。凡有所爲，若在物之先，即迷惑；若在物之後，即得主，利。以陰不可先唱，猶臣不可先君，卑不可先尊故也。」先迷，爲不利；後得主，則利，指君子有所往進會有「不利」與「利」二個方面，猶後面的「得朋」、「喪朋」之說。

「西南得朋，東北喪朋，安貞吉」，朋，猶類，指同類。經文中「朋」字有二義：一指同類、朋友。孔穎達疏：同門曰朋，同志曰友。李鼎祚《周易集解》引侯果曰：朋，類也。二指古代貨幣單位。五貝爲一朋，一說兩貝爲一朋，又說五貝爲一繫，二繫爲一朋。猶損卦六五、益卦六二「或益之十朋之龜」。喪，失去的意思。喪朋，帛書本作「亡朋」。安貞吉，安，安靜，取坤體的至靜之象。焦循《易章句》云：安，猶定也。朱熹《周易本義》

曰：安，順之爲也。貞，貞正，指安於自己的正道，即安靜、順承之道。坤體至靜而柔順，以陰趨陽，可得其常道，吉祥，所以說「安貞吉」。

依文王圖，西南坤地爲陰，東北艮山爲陽，以「類」釋「朋」，往西南，以陰往陰，得同類之朋，所以說「西南得朋」；往東北，以陰之陽，則失去朋類，所以說「東北喪朋」。以「貨幣」釋「朋」，西南坤地廣袤柔順，生養而化成萬物，《說卦傳》云「坤也者，地也，萬物皆致養焉」，東北艮山陽剛險峻，有險礙之阻，故「西南得朋，東北喪朋」，猶西南得財，東北失財之義。

彖曰：至哉坤元，萬物資生，乃順承天。坤厚載物，德合无疆，含弘光大，品物咸亨。牝馬地類，行地无疆，柔順利貞。君子攸行，先迷失道，後順得常。西南得朋，乃與類行；東北喪朋，乃終有慶。安貞之吉，應地无疆。

【譯】

彖曰：至極的坤元養生之德，萬物依託它而開始生長，這是承奉天道的法則。地體寬厚含載萬物，情性和合厚載廣遠，寬容弘博昭明廣大，各類物種交感聚合而和宜合禮。牝馬屬地上之物，順行大地的生養之德而廣闊無疆，柔順和宜而貞正。君子有所行動，主動先行會生困惑而失去方嚮，守靜於後順隨其主則歸其常道。西南方嚮得到朋友，是與同類相行；東北方嚮失去同類朋友，但結果會有吉慶。安靜地依循自己的正道行事吉祥，這是順應了大地的柔順寬厚之德。

【記】

「至哉坤元，萬物資生，乃順承天」，坤元與乾元相對，乾元言大哉，坤元言至哉，二義相近。乾元，始創萬物，陽剛之氣昊大；坤元，生養萬物，純陰之氣充盈。至，至極的意思。朱熹《周易本義》曰：至，極也。這是說地能生養至極，與天同德，天博大至極，又大於地，所以乾言大哉，坤言至哉。天創萬物，而地生之，奉天之道，萬物皆資乾而始，資坤而生，這是明天創地生之義，所以乾元說「萬物資始」，坤元說「萬物資生」。孔穎達疏：「初稟其氣謂之始，成形謂之生。乾本氣初，故云資始；坤據成形，故云資生。」乃順承天，承，承奉、順承。承天，指承奉天道。這裡的天，指天道運行的規律和法則。乾、坤二元交合，乃是天地陰陽相交，剛柔相濟，萬物得以創生。

「坤厚載物，德合无疆」，坤厚載物，是說地體寬厚而能含載萬物。德，性質、屬性之義。《莊子．天地》云：物得以生，謂之德。合，和合。无疆，有二義：一是廣博無疆，二是長久無疆。德合无疆，是說坤元淳厚的純陰之氣，與大地的生養之德相和合而厚載廣遠，猶《象》曰：地勢坤，君子以厚德載物。

「含弘光大，品物咸亨」，含，包容、含容。弘，大，廣大的意思。《爾雅．釋詁第一》云「弘，大也」，邢昺疏：弘者，含容之大也。段玉裁《說文解字注．弓部》云：「弘，經傳多叚此篆爲宏大字。宏者屋深，故爾雅曰：宏，大也。」光，同「廣」。程頤《周易程氏傳》云：「以含、弘、光、大四者形容坤道，猶乾之剛、健、中、正、純、粹也。含，包容也。弘，寬裕也。光，昭明也。大，博厚也。」品物，指各類物種。咸，同「感」，感應、交感的意思。亨，同「享」，本爲祭祀、享祀，這裡引伸爲物相聚合而和宜合禮之義，指萬物和合，各依其性。

「牝馬地類，行地无疆，柔順利貞」，乾以龍御天，坤以馬行地，牝馬與地體皆陰，是同爲陰類，所以說「牝馬地類」。行地，猶順行大地的生養之德。无疆，指廣闊無疆，沒有邊際。利，猶和，和宜。貞，猶正，貞正，指依順大地的自然之性。李鼎祚《周易集解》引侯果曰：「地之所以含弘物者，以其順而承天也。馬之所以行地遠者，以其柔而伏人也。而又牝馬，順之至也，誡臣子當至順，故作易者取象焉。」

「君子攸行，先迷失道，後順得常」，攸行，有所往行，這裡指行動。先、後，與卦辭「先迷，後得主」之「先、後」義同。順，順隨。常，常道，即正道。

「西南得朋，乃與類行；東北喪朋，乃終有慶」，西南爲坤，坤體陰柔，往西南可得同類之朋，所以說「乃與類行」。類，同類，這裡指同爲陰類。東北爲艮，艮爲陽類，往東北是以陰之陽，而失其類，所以說「東北喪朋」。東北喪朋雖爲不利，然陰貴從陽，故「乃終有慶」。又，朋，或用作「明」，《周易參同契》云「坤乙三十日，東北喪其朋；節盡相禪與，繼體復生龍」，故「乃終有慶」。

「安貞之吉，應地无疆」，安貞，指堅守自己的正道。孔穎達疏：安，謂安靜；貞，謂貞正。之吉，指「西南得朋」和「乃終有慶」。應地，指順應地道的法則，效法大地的美德。无疆，指大地的寬厚之德博大廣遠沒有邊際。應地无疆，猶《老子》第二十五章所云「人法地，地法天，天法道，道法自然」之義。

象曰：地勢坤，君子以厚德載物。

【譯】

象曰：地體育養萬物寬厚柔順，君子觀此卦象法坤之道而和順寬厚含載萬物。

【記】

勢，《爾雅》、《說文》無「勢」字，段玉裁《說文解字注．丮部》云：《說文》无「勢」字，蓋古用「埶」爲之。鄭珍《說文新附考》云：「勢，經典本皆借作『埶』。古无『勢』字，今例皆從俗書。《史》、《漢》尚多作『埶』。《外黃令高彪碑》、《先生郭輔碑》並有『勢』，是漢『世』字。」埶，《說文．丮部》云：埶，種也。吳大澂《愙齋集古録》云：古「埶」字從木從土，以手持木種之土也。朱駿聲《六十四卦經解》云：「勢，《說文》作『埶』，種也。地之功在樹埶，以厚載物，故君子法之，與『天行』字相對。」由此「勢」字這裡釋爲「種植」，引伸爲「育養」的意思，以明天體運行創始萬物，地體種植生養萬物之義。坤，順的意思。《說卦傳》云：坤，順也。《釋名．釋地》曰：坤，順也，上順乾也。地勢坤，與「天行健」（或作「天行乾」）相對，王弼本或作「地勢順」，注云：地形不順，其勢順。地勢坤，指地體育養萬物而寬厚柔順；天行健，指天體運行剛勁強健而往復不已。

君子以厚德載物，是依據前「地勢坤」之義所顯示的意象而作出的評議之語，猶《老子》「人法地」之義。

文言曰：坤至柔而動也剛，至靜而德方，後得主而有常，含萬物而化光。坤道其順乎，承天而時行。

〔譯〕

文言曰：坤性至爲柔順卻也能夠由微積漸而至堅剛，至爲安靜而德行和宜，守靜於後得遇其主而守其恒常之道，含載萬物而化育廣大。坤道和順寬厚，承奉天道而按四時之序運行。

〔記〕

此明坤之德。

坤至柔而動也剛，動，指事物由微積漸而至堅剛的變化過程，與初六「履霜堅冰至」相應。孔穎達疏：「六爻皆陰，是至柔也，體雖至柔，而運動也剛，柔而積漸，乃至堅剛，則上云『履霜堅冰』是也。又地能生物，初雖柔弱，後至堅剛而成就。」

至靜而德方，靜，靜止、安靜。《玉篇・青部》云：靜，息也。《增韻・靜韻》云：靜，无爲也。德，生物所得之質。方，和宜的意思。德方，指大地的德行和宜。《老子》第五十八章云：是以聖人方而不割，廉而不害，直而不肆，光而不曜。方，或釋爲四方之義，指大地的德行寬闊弘大而流佈四方。李鼎祚《周易集解》引荀爽曰：坤性至靜，得陽而動，佈於四方也。

後得主而有常，後，安靜於後，指不爲物先，待唱乃和之義。得，猶遇。主，指陽剛之主。陽主健進，陰主卑順，陰柔之體當順隨其主而守其恒常之道。常，恒常，這裡指陽唱陰和，陰承於陽的恒常之道。

含萬物而化光，含，含載、蘊含。光，通「廣」。王引之《經義述聞》云：光之爲言，猶廣也。化光，化育廣大。李鼎祚《周易集解》引干寶曰：光，大也，謂坤含藏萬物，順承天施，然後化光也。

「坤道其順乎，承天而時行」，順，柔順、和順。承天，承奉天道。時行，指依循四時規律而運行。李鼎祚《周易集解》引荀爽曰：承天之施，因四時而行之也。孔穎達疏：坤道柔順，承奉於天，以量時而行，即不敢爲物之先，恒相時而動。

初六，履霜堅冰至。

【譯】

初六，踩到寒霜就知道嚴寒冰凍即將來到。

【記】

爻辭釋說觀事之幾微，而能預知事物的發展結果，明漸進之理。

履，猶踐，踩踐之義，帛書本作「禮」。陸德明《經典釋文》云：鄭讀「履」爲「禮」。初爲足、爲趾、爲拇，坤爲地，足踐於地，故言履。坤乾旁通，陰盛陽潛，乾爲寒、爲冰，初寒爲霜，所以說「履霜堅冰」。履霜，秋日之象；堅冰，冬日之象，這裡指嚴寒冰凍。孔穎達疏引褚氏云：履霜者，從初六至六三；堅冰者，從六四至上六。坤卦六爻皆陰，初居坤始，陰氣始微，猶如初寒，始凝而成霜。然微而積漸，乃至堅冰，施於人事，當見微知顯，及早準備，防微杜漸。

象曰：履霜堅冰，陰始凝也，馴致其道，至堅冰也。

[譯]

象曰：踩到寒霜就知道嚴寒冰凍即將來到，因爲陰氣已經開始凝結，依照循序積漸的自然規律，嚴寒冰凍必然會來到。

[記]

「履霜堅冰，陰始凝也」，堅冰，指嚴寒冰凍。凝，凝結。履霜堅冰，明漸進之義，疑爲「履霜堅冰至」省文。陰始凝也，釋「履霜」之義，指陰氣已開始凝聚，結而爲霜。

朱熹、高亨認爲「履霜堅冰」當爲「初六履霜」。《周易本義》曰：《魏志》作「初六履霜」，今當從之。《周易大傳今注》云：「『履霜堅冰』一句，《三國志·魏志·文帝紀》許芝引作『初六履霜』。朱熹、項安世、惠棟等皆從之。按《魏志》所引是也。」

「馴致其道，至堅冰也」，馴，順從、依循。李鼎祚《周易集解》引九家易曰：馴，猶順也。陸德明《經典釋文》云：「馴，似遵反；向秀云：從也。」孔穎達疏：馴，猶狎順也，若鳥獸馴狎。程頤《周易程氏傳》云：馴，謂習，習而至於盛，習，因循也。道，指由微積漸的自然規律。這二句是說因循由微積漸的自然規律，霜既已至，則嚴寒冰凍的季節必然會來到。言於人事，是告誡人們爲事要見微知顯，及早準備。孔穎達疏：陰陽之氣无爲，故積馴履霜，必至于堅冰，以明人事有爲，不可不制其節度，故于履霜而逆，以堅冰爲戒，所以防漸慮微，愼終于始也。

文言曰：積善之家，必有餘慶；積不善之家，必有餘殃。臣弑其君，子弑其父，非一朝一夕之故，其所由來者漸矣，由辯之不早辯也。易曰「履霜堅冰至」，蓋言順也。

【譯】

文言曰：累積善行的家庭，必定福及子孫；累積不善的家庭，必定殃流後世。臣子弑殺其君，兒子弑殺其父，不是一朝一夕的原故，其原由皆是由於長期逐漸累積而造成的，祇是發生的幾微變化沒有被及時明察。易曰「履霜堅冰至」，大概就是說事物循著趨勢由微積漸的發展規律。

【記】

釋初六爻辭之義。

天下之事，無不由積漸而成，由小至大，由微至著。善由小積而至大，終得福報，惡由少積而成多，終至禍亂。「積善之家，必有餘慶；積不善之家，必有餘殃」，進一步釋明「履霜堅冰至」的道理。這兩句善惡並言，是告誡後人行有善惡，事由漸積，而至於有吉凶之報。餘慶，餘福的意思，指遺予給後人的福澤。殃，凶、災禍。《說文．歺部》云「殃，咎也」，段玉裁注：「殃，凶也。各本作『咎』也，今依《易》釋文。」《廣雅．釋言》云：殃，禍也。陸德明《經典釋文》云：「殃，於良反；鄭云：禍惡也；說文云：凶也。」李鼎祚《周易集解》云：「聖人設教，理貴隨宜。故夫子先論人事，則不語怪力亂神，絕四毋必。今於易象，闡揚天道，故曰『積善之家，必有餘慶；積不善之家，必有餘殃』者，以明陽生陰殺，天道必然，理國脩身，積善爲本。故於坤爻初六陰始生時，著此微言，永爲深戒。欲使防萌杜漸，災害不生，開國承家，君臣同德者也。故繫辭云：『善不積，不足以成名；惡不積，不足以滅身。』是其義也。」

「其所由來者漸矣，由辯之不早辯也」，辯，同「辨」，前面的「辯」，變化之義；後面的「辯」，分辨、明察的意思。陸德明《經典釋文》云：「辯，馬云：別也；荀作『變』。」高亨《周易大傳今注》云：辯讀爲辨，察也。這二句是告誡居於上位的人，要愼防臣子之惡。

「易曰『履霜堅冰至』，蓋言順也」，蓋，大概的意思。孔穎達疏：稱蓋者，是疑之辭。順，猶「馴致其道」的「馴」義，這裡就是指「馴致其道」的意思。這一句是總述，複明事物由微積漸的發展規律。

六二，直方大，不習无不利。

［譯］

六二，中正不邪、安靜得宜、寬厚博大，順天應時安靜無爲無所不利。

［記］

直方大，釋說地體的品性。直，中正不邪；方，安靜得宜；大，寬厚博大。《文言》曰：直，其正也；方，其義也。孔穎達疏：生物不邪，謂之直也；地體安靜，是其方也；无物不載，是其大也。又，朱熹《周易本義》曰：柔順正固，坤之直也；賦形有定，坤之方也；德合无疆，坤之大也。習，作爲的意思。不習，指順其本性，陽唱陰和，安靜無爲，順承於陽剛之義。坤爲柄，居中且正，是其直；其性柔順，履得其位，是其方；順天應時，行地之道，是其大，所以說「直方大，不習无不利」。王弼注：「居中得正，極於地質；任其自然，而物自生；不假脩營，而功自成。故不習焉，而无不利。」李鼎祚《周易集解》引干寶曰：「陰出地上，佐陽成物，臣道也，妻道也。臣之事君，妻之事夫，義成者也。臣貴其直，義尚其方，地體其大，故曰直方大。士該九德，然後可以從王事，女躬四教，然後可以配君子。道成於我，而用之於彼，不妨以仕學爲政，不妨以嫁學爲婦，故曰不習无不利也。」

又，惠棟《周易述》疏云：「習者，重襲，故與『襲』通。《春秋傳》者，『哀十年』傳文。《禮·表記》曰：卜筮不相襲。鄭注《大司徒》云：故書『襲』爲『習』。是『習』爲古文『襲』。」又云：「不習者，言不煩再筮也。」、「乾坤二卦唯九五、六二爲天地之中，陰陽之正，故云坤善六二，不習，无不利也。」朱駿聲《六十四經解》云：「又，習，重也，與襲通。傳曰：卜不襲，吉。表記曰：卜筮不相襲。」

「直方大，不習无不利」，聞一多《古典新義》云：「《熊氏經說》曰『鄭氏古《易》云，坤爻辭履霜、直方、含章、括囊、黃裳、玄黃協韻，故《象傳》、《文言》皆不釋大，疑大字衍。』案大蓋即下文不之訛衍。方謂方國，古直省同字，直方疑即省方。觀《象傳》曰『先王以省方觀民設教』，復《象傳》曰『后不省方』，《呂氏春秋・知分》篇曰『禹南省方』……。省方猶後世之巡狩，《東京賦》『省方巡狩』，其事勞民耗財，不宜常行，故曰『不習，无不利。』」

象曰：六二之動，直以方也，不習无不利，地道光也。

〔譯〕

象曰：六二的行爲，中正不邪而安靜得宜，順天應時安靜無爲而無所不利，這就是地道的昭明廣大。

〔記〕

六二居內之中，履得其位，有中正端方之德，動止皆合於其道而不忤於物，所以說「直以方也」。以，猶而。

地道光也，光，同「廣」，昭明廣大的意思，與「含弘光大」的「光」義同。

文言曰：直其正也，方其義也。君子敬以直內，義以方外，敬義立而德不孤。直方大，不習无不利，則不疑其所行也。

〔譯〕

文言曰：直就是德行中正，方就是行事得宜。君子以恭敬的態度使內心中正不邪，以得宜的方式使行事和順得宜，做到內心恭敬行事得宜，其德行就會受到擁戴而不會孤單。中正不邪、安靜得宜、寬厚博大，順天應時安靜無爲無所不利，是說其德行已獲信賴而無人質疑其所行所爲。

〔記〕

釋六二爻辭之義。

「直其正也，方其義也」，其，高亨訓爲「乃」。義，指行事和順得宜。《周易大傳今注》云：其，猶乃也，直乃存心之正，方乃行事之義。

「君子敬以直內，義以方外，敬義立而德不孤」，敬，恭敬、誠敬。內，指內心。外，外在，這裡指外在行事。立，確立，這裡指做到的意思。《論語．里仁》子曰：德不孤，必有鄰。

「直方大，不習无不利，則不疑其所行也」，陸德明《經典釋文》云：張璠本此上有「易曰」，衆家皆無。疑，質疑，指陰柔之體的順隨行爲不爲陽剛所疑，所以說「不習无不利」。又，李鼎祚《周易集解》引荀爽曰：

「直方大，乾之唱也。不習无不利，坤之和也。陽唱陰和，而无所不利，故不疑其所行也。」疑，或釋爲「疑慮」之義，孔穎達疏：直則不邪，正則謙恭，義則與物无競，方則凝重不躁，既不習无不利，則所行不須疑慮，故曰即不疑其所行。按：孔氏所言「所行不須疑慮」的「所行」有主動之意，然陰之道不爲物先，唯承陽而已。

六三，含章可貞，或從王事，无成有終。

【譯】

六三，懷有嘉美的才德可以持續下去，或順從於王事，功不自居會有好的結果。

【記】

坤爲腹、爲吝嗇，故言含；陽剛之位，故言章；以陰居陽，陰顯陽潛，故言「含章」。含，懷有、蘊含的意思。章，指文采、美德。孔穎達疏：章，即陽之美也。含章，含美於內。六三陰爻居陽剛之位，可造陽剛之事，然陰柔之體不爲事始，待唱乃行，是陽事猶在，而得陽剛之美。李鼎祚《周易集解》引虞翻曰：以陰包陽，故含章。可貞，可以持續下去。貞，持续、坚持的意思。王事，指陽事，陽本乾體，乾爲王，故稱「王事」。或從王事，釋所以「含章可貞」之義，三有潛陽，故言「或從王事」。无成有終，三體陰失位，不爲事首，不自擅其美，功不自居，故言「无成」；居臣之位，含章晦美，唯奉於陽，待陽唱而陰和，盡臣之道，順命而終，故言「有終」，

《文言》曰「地道无成而代有終也」、《老子》第二章云「萬物作焉而不辭，生而不有，爲而不恃，功成而弗居，夫惟弗居，是以不去」。有終，指有好的結果。

象曰：含章可貞，以時發也。或從王事，知光大也。

［譯］

象曰：懷有嘉美的才德可以持續下去，等待時機加以發揮。或順從於王事，志嚮廣大。

［記］

「含章可貞，以時發也」，以時，待時，等待時機的意思。發，發揮。以時發也，是說六三陰柔，失位不正，謹守其道，不爲物首，含嘉美之德於內，待時而發。李鼎祚《周易集解》引崔憬曰：陽命則發，非時則含也。

「或從王事，知光大也」，知光大也，釋「或從王事」之義，是說其志嚮廣大。知，通「志」，志嚮、志氣。光，同「廣」，廣大之義。高亨《周易大傳今注》云：光借爲廣。李鼎祚《周易集解》引干寶曰：位彌高德彌廣也。

文言曰：陰雖有美，含之以從王事，弗敢成也，地道也，妻道也，臣道也。地道无成而代有終也。

［譯］

文言曰：陰柔之體雖有潛陽之美，然含而不顯以順從於王事，功成而不自居，這就是地道，妻道，臣道。地道功不自居而順承天道會有好的結果。

[記]

釋六三爻辭之義。

「陰雖有美，含之以從王事，弗敢成也」，美，指六三的含陽之美。含之，指內含嘉美的才德而不彰顯。之，指陽剛之美。從，順隨、順從。成，成就，猶《繫辭上》「乾知大始，坤作成物」的「成」義。弗敢成也，指成就功業而不自居。

「地道也，妻道也，臣道也」，乾爲天、爲夫、爲君，坤爲地、爲妻、爲臣，所以說「地道也，妻道也，臣道也」。孔穎達疏：地道也，妻道也，臣道也者，欲明坤道處卑，待唱乃和，故歷言此三事，皆卑應於尊，下順於上也。

地道无成而代有終也，代，順承、承襲的意思。代有終，指順承天道會有好的結果。李鼎祚《周易集解》引宋衷曰：「臣子雖有才美，含藏以從其上，不敢有所成名也。地得終天功，臣得終君事，婦得終夫業，故曰『而代有終也』。」孔穎達疏：其地道卑柔，无敢先唱成物，必待陽始先唱，而後代陽有終也。

六四，括囊，无咎无譽。

【譯】

六四，紮緊袋口，沒有咎害也沒有讚譽。

【記】

括，紮結、紮緊。坤爲囊，故言「括囊」。陸德明《經典釋文》云：「括，古活反，結也；方言云：閉也；廣雅云：塞也。」李鼎祚《周易集解》引虞翻曰：括，結也。孔穎達疏：「括，結也。囊，所以貯物，以譬心藏知也。閉其知而不用，故曰括囊。」

六四處近君之位，卻無相得之義，得位失中，少含章之美。言於人事，自處以正，不顯於外，括結閉隔，無出無入，謹言慎行，不與物爭杵而無咎，功不顯物而無譽，所以說「括囊，无咎无譽」。

象曰：括囊无咎，慎不害也。

【譯】

象曰：紮緊袋口沒有咎害，謹言慎行能免除禍害。

【記】

慎，指謹言慎行。不害，指免除禍害。

文言曰：天地變化，草木蕃；天地閉，賢人隱。易曰「括囊，无咎无譽」，蓋言謹也。

[譯]

文言曰：天地交匯變化，草木茂盛；天地閉塞否隔，聖賢潛隱。易曰「括囊，无咎无譽」，大概是說要謹言慎行吧。

[記]

釋六四爻辭之義。

「天地變化，草木蕃」，指天地陰陽二氣交匯而生養萬物，因此天下草木茂盛。變化，指陰陽二氣交匯。蕃，茂盛。《說文》云：蕃，茂也。「天地閉，賢人隱」，是說若天地間陰陽二氣不相交通，則是天地否閉，賢人潛隱。閉，否閉、閉塞。隱，潛隱。這四句連起來是說若天地通，則草木蕃而百業興；若天地閉，則賢人隱而世道窮。

六四陰氣漸盛，居近君之位而不相得，猶天地閉隔，聖賢幽隱，作易者在此告誡後世賢人君子，於此之時，當謹言慎行，儉德避難，不榮以祿，不顯揚於外，可得無咎。謹，謹言慎行，與《象曰》「慎不害也」的「慎」字義同。

六五，黃裳元吉。

[譯]

六五，穿上華貴的黃色下衣大吉。

[記]

黃，中色。裳，古指下衣。坤爲裳，五居中位，故稱「黃裳」。王弼注：黃，中之色也；裳，下之飾也。孔穎達疏：裳，下之飾，則上衣比君，下裳法臣也。朱熹《周易本義》曰：黃，中色；裳，下飾。又，坤爲地，《文言》云：天玄而地黃。惠棟《周易述》疏引九家說卦曰：乾爲衣，坤爲裳。又曰：坤爲黃。乾陽爲上，坤陰爲下，六五以柔居剛而履尊位，是臣之極貴，故言之「黃裳」。秉柔順之性，而行中正之道，乃得元吉。又，黃爲吉祥、尊貴之色，既得黃裳，故言「元吉」。元，大。李鼎祚《周易集解》引干寶曰：「言必忠信，行必篤敬，然後可以取信於神明，无尤於四海也，故曰黃裳，元吉也。」

又，程頤《周易程氏傳》云：「五，尊位也。在他卦，六居五，或爲柔順，或爲文明，或爲暗弱；在坤，則爲居尊位。陰者，臣道也、婦道也。臣居尊位，羿、莽是也，猶可言也。婦居尊位，女媧氏、武氏是也，非常之變，不可言也，故有黃裳之戒而不盡言也。或疑在革，湯、武之事猶盡言之，獨於此不言，何也？曰：廢興，理之常也；以陰居尊位，非常之變也。」

占得此爻者，恐爲非常之變，而得盛極之位，雖有元吉之辭，亦當以黃裳爲戒，和順卑遜，忠信不遺，反身脩己，亦或激流勇退。

象曰：黃裳元吉，文在中也。

[譯]

象曰：穿上華貴的黃色下衣大吉，柔順之體履得中位。

[記]

文，柔順的意思，指六五。中，指六五居於中位。坤爲文，五居中，故言「文在中也」。孔穎達疏：既有中和，又奉臣職，通達文理，故云文在中，言不用威武也。

文言曰：君子黃中通理，正位居體，美在其中，而暢於四支，發於事業，美之至也。

[譯]

文言曰：君子居貴位守中正之道通曉恒常之理，得中正之位而奉承臣職，和順柔美之德蘊含其中，而暢達於四方，呈現在他的成就上，這真是美德的極至啊。

[記]

釋六五爻辭之義。

「君子黃中通理，正位居體」，黃中，黃爲貴，五居中履貴，故言「黃中」。程頤《周易程氏傳》云：黃中，文居中也。通理，通曉恒常之理，指陽唱陰和，陰承於陽之理。高亨《周易大傳今注》云：通理，通達事理。這裡是說六五雖居貴位，但通曉陰陽之理，不爲物首，而奉承臣職。正位，指居中而正。居體，猶得體，指六五得中正之位而履臣職。孔穎達疏：居中得正，是正位也；處上體之中，是居體也。

「美在其中，而暢於四支，發於事業，美之至也」，五陰居貴位，是其美；履得中位，是其中，所以說「美在其中」。暢，通暢、通達。《玉篇．申部》云：暢，達也，通也。支，同「肢」。四支，指四方。坤乾旁通，乾天坤地，四方上下，故言「暢於四支」。孔穎達疏：四支，猶人手足，比于四方物務也。發，顯現、呈現。《毛傳》云：發，猶見也。事業，指成就。身居貴位，履奉臣職，是「發於事業」。孔穎達疏：所營謂之事，事成謂之業。位得功成，外內俱善，美莫甚之，所以說「美之至也」。

上六，龍戰于野，其血玄黃。

[譯]

上六，龍在曠野中交合，天地玄黃交融創生萬物。

[記]

龍戰于野，龍爲陽，指乾。戰，猶接，交合之義。《小爾雅．廣言》曰：戰，交也。《說文》「王」下云「易曰龍戰于野。戰者，接也」，段玉裁注：「釋易之戰字。引易者證陰極陽生也。乾鑿度曰：陽始於亥。」尚秉和《周易尚氏學》引《乾鑿度》云：乾坤合氣戌亥，合氣即接。消息位，坤在亥，其下潛乾，乾居戌亥，乾坤同居，陰陽合氣，陽主動，陰主靜，所以說「龍戰」。李鼎祚《周易集解》引荀爽曰：消息之位，坤在於亥，下有伏乾，爲其嗛于陽，故稱龍也。引侯果曰：「坤，十月卦也。乾位西北，又當十月。陰窮於亥，窮陰薄陽，所以戰也。」《說卦傳》云「戰乎乾，乾，西北之卦也，言陰陽相薄也」。上六處坤之極，九瞿之地，故稱野，所以說「龍戰于野」。

其血玄黃，血，這裡指陰陽交合之物。玄黃，李鼎祚《周易集解》引《九家易》曰：玄黃，天地之雜，言乾坤合居也。玄，天之色；黃，地之色。天地交合，其血玄黃，是說陰陽相交，萬物重生，終而復始，《繫辭下》云「男女構精，萬物化生」。

又，依《文言》之義，陰之爲道，卑順而不盈，和順而從於陽，乃全其美，然坤體皆陰，盛而不已，上六處坤之極，陰柔至盛而與陽爭，陰陽相薄於外，猶二龍交戰於野，戰則有傷，所以說「其血玄黃」。野，曠野，指上六處坤之極，已至曠極無位之地。

象曰：龍戰于野，其道窮也。

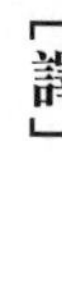
【譯】

象曰：龍在曠野中交合，是說其道窮盡，万物終而復始。

【記】

上六處卦之極，所以說「其道窮也」。窮則變，變則通，陰陽相合，萬物終而復始。李鼎祚《周易集解》引干寶曰：「天道窮，至於陰陽相薄也；君德窮，至於攻戰受誅也；柔順窮，至於用權變矣。」窮，困窮、窮盡。

文言曰：陰疑於陽必戰，爲其嫌於无陽也，故稱龍焉。猶未離其類也，故稱血焉。夫玄黃者，天地之雜也，天玄而地黃。

【譯】

文言曰：陰柔之氣亢極而自比擬於陽則必有一戰，因爲其自覺勝過於陽，而自稱爲龍。然其仍未脫離陰類，與陽相戰則必相傷，故用「血」來描述。所說的玄黃，是指天地混雜的顏色，天爲玄，地爲黃。

【記】

釋上六爻辭之義。

陰疑於陽必戰，疑，通「擬」，比擬。陸德明《經典釋文》云：疑，荀虞姚信蜀才本作「凝」。《正字通·疋部》云：疑，又與「擬」通。朱駿聲《說文通訓定聲·頤部》云：疑，叚借爲擬。王引之《經義述聞》云：疑之言擬也。朱熹《周易本義》曰：疑，謂鈞敵而无小大之差也。李鼎祚《周易集解》引孟喜曰：陰乃上薄，疑似于陽，必與陽戰也。又，王弼注：辯之不早，疑盛乃動，故必戰。孔穎達疏：陰疑於陽必戰者，陰盛爲陽所疑，陽乃發動，欲除去此陰，陰既強盛，不肯退避，故必戰也。這一句釋說陰柔之氣由少積漸而至於亢，不知進退，自擬於陽，而爲陽所疑，故必有一戰，猶初六《文言》所云「其所由來者漸矣，由辯之不早辯也」。

「爲其嫌於无陽也，故稱龍焉」，李鼎祚《周易集解》「嫌」作「兼」，「陽」前面沒有「无」字。嫌，陸德明《經典釋文》云：戶謙反，注同，鄭作「謙」，荀虞陸董作「兼」。兼，兼勝、勝過之義。《論語．先進》子曰：由也兼人，故退之。鄭玄訓「兼」爲「勝尚」。「嫌於陽」比「疑於陽」更進一步。上六陰盛似陽不知進退，因此而自稱爲龍，猶有初六《文言》所云「臣弒其君，子弒其父」之事。

「猶未離其類也，故稱血焉」，類，指陰類。上六雖自擬爲龍，但實爲坤體，仍未脫離陰類，所以說「未離其類」。故稱血焉，指陰陽相戰，戰必相傷，故以「血」來描述，喻指事有凶險。王弼注：猶與陽戰而相傷，故稱血。

「夫玄黃者，天地之雜也，天玄而地黃」，「天地之雜」是釋明「玄黃」之象。前面二句釋上六卦辭「龍戰于野，其血玄黃」之義，指陰陽相交，天地之色混雜而晦闇不明。天玄而地黃，是說天青地黃，上下分明，比喻至極而反，終而復始，重生之義。雜，混雜，指天地之色混雜而混沌不明。

用六，利永貞。

【譯】

用六，恒久貞正則利。

【記】

用六，帛書本作「迵六」，詳見乾卦用九［記］。利，吉利、順利。永，恒久、長久。貞，猶正，貞正，指柔順承陽，陽唱陰和。這是總述坤卦六爻之辭，六爻皆陰，所以用六之道，在於自守其性，柔順相承，奉天行事。言之於人，坤爲臣道、妻道，用六之義，旨在臣盡其職，婦守其道，恒久守其正道則利，所以說「用六，利永貞」，《文言》有曰：坤道其順乎，承天而時行。

象曰：用六永貞，以大終也。

【譯】

象曰：用六恒久貞正，可以得到好的結果。

【記】

用六，總述坤卦六爻之辭，以闡釋用陰之道。「用六永貞，以大終也」，其義與卦辭「安貞吉」同。大終，指好的結果。

屯卦第三

【釋文音訓：屯，張倫反；注音：zhūn】

【序卦傳】

云：盈天地之間者唯萬物，故受之以屯。屯者，盈也；屯者，物之始生也。

【雜卦傳】

云：屯，見而不失其居。

䷂ **震下坎上**

屯，元亨，利貞，勿用有攸往，利建侯。

【譯】

萬物初生，進行盛大的祭祀，適宜貞固，不要有所往進，利於建立部落封立諸侯。

【記】

屯，草木初生之象，有艱難、險阻之義。《說文．屮部》云：「屯，難也。屯，象艸木之初生，屯然而難。从屮貫一，屈曲之也。一，地也。」《彖》曰：屯，剛柔始交而難生。又，引伸爲盈滿、充滿之義。陸德明《經典釋文》云：屯，張倫反，難也，盈也。《序卦傳》云：「盈天地之間者唯萬物，故受之以屯。屯者，盈也。」《廣雅．釋詁一》云：屯，滿也。

屯卦，陽剛之氣來而居下成震，雷動之象；往而處上成坎，雲雨之象。動之以雷，潤之以雨，萬物生發，故《序卦傳》云：「有天地，然後萬物生焉。屯者，物之始生也。」然混沌初開，雷雨並作，世道初創，其物未寧，內震外坎，動則遇險，呈險難之境。施於人事，唯堅定貞固，不要有所往進，聚合同類，建邦封侯，則可得安居之所，故《雜卦傳》云：屯，見而不失其居。

「屯，元亨，利貞」，屯，萬物初生之義。元，大。亨，同「享」，享祀、祭祀。元亨，即大亨，指進行盛大的祭祀。萬物初生，充滿艱難險阻，進行盛大的祭祀，以明神祈福。利貞，適宜貞固，與乾卦的「利貞」之義不同。貞，猶定，貞定、貞固之義，指守正而不妄動，即後半句的「勿用有攸往，利建侯」。

「勿用有攸往，利建侯」，明「利貞」之義。用，《說文．用部》云：用，可施行也。勿用，不可施行，指不可施行某事。攸，所。《爾雅．釋言第二》云：攸，所也。侯，古时有国者的通称，取下體震的意象，震爲侯，這裡亦指部落酋長之類。利建侯，指利於聚合同類建國封侯而得安居之義，王弼注：得主則定。這二句爲占斷之辭，明人事。建侯，指興利，猶休養生息，鞏固基礎之例。

彖曰：屯，剛柔始交而難生，動乎險中，大亨貞。雷雨之動滿盈，天造草昧，宜建侯而不寧。

[譯]

彖曰：屯卦的意象，陰陽之氣開始交匯而險難隨之產生，萬物萌動在險難之中，進行盛大的祭祀，堅定貞固而不妄動。雷震雨行充盈宇宙，天地初開草創萬物於幽冥闇昧之中，利於建邦封侯安定不寧之象。

[記]

「屯，剛柔始交而難生，動乎險中」，以卦象釋「屯」之義。剛柔，指陰陽二氣。始交，指剛來居初與坤柔交而成雷，剛往處中與坤柔交而成雨。難，取雷雨並作之象。動，取象於下體震，震爲動，一陽來而處坤之底，陰氣猶重，故釋之爲萌動、孕育之義。險，取象於上體坎，坎爲險，一陽往而居川（即坤）之中。震在坎下，動於險中，所以說「動乎險中」。

大亨貞，大亨，進行盛大的祭祀。貞，猶定，貞固而不妄動。指在萬物初生於險難冥昧之際進行祭祀，當正固安居而不妄動。

雷雨之動滿盈，屯義或爲險難，或爲充盈。剛柔始交而難生，釋屯的險難之意；雷雨之動滿盈，明屯的充盈之象。

天造草昧，乾開天地，坤生萬物，雷行雨施，陰陽之氣盈滿宇宙，造物於冥昧，蓄積而後發，萬物始生，稱之屯，所以說「天造草昧」。天造，指上天開創萬物，焦循《易章句》云：造，亦始也。草昧，指天地初開時的混沌狀態。孔穎達疏：草謂草創，昧謂冥昧，言天造萬物於草創之始，如在冥昧之時也。李鼎祚《周易集解》引虞翻曰：造，造生也；草，草創物也；坤冥爲昧，故天造草昧。陸德明《經典釋文》云：「廣雅云：草，造也；董云：草昧微物。」

宜建侯而不寧，宜建侯，即利建侯，焦循《易章句》云：宜，即利也。而，猶「能」，動詞安定之義。陸德明《經典釋文》云：鄭讀「而」曰「能」，能，猶安也。《集韻．登韻》曰：而，安也。寧，安靜、安定。焦循《易章句》云：寧，猶定也。不寧，即不安靜、不安定，這裡指屯難之時，萬物不得安靜之義。高亨《周易大傳今注》附考云：「而不寧」即「能不寧」，「能不寧」即「寧不寧」，言定國家之不寧也。王弼注：處造始之時，所宜之善，莫善建侯也。李鼎祚《周易集解》引干寶曰：「水運將終，木德將始，殷周際也。百姓盈盈，匪君子不寧。天下既造屯險之難，後王宜蕩之以雷雨之政，故封諸侯以寧之也。」

象曰：雲雷，屯，君子以經綸。

〔譯〕

象曰：雲起雷動，這就是屯卦的意象，君子觀此卦象法屯之道而努力籌畫治理國家大事。

【記】

屯卦，震下坎上，震爲雷，坎爲雲，所以說「雲雷，屯」。經綸，整理絲縷，理出絲緒叫經，編絲成繩叫綸，統稱經綸。陸德明《經典釋文》引黃穎云：經論，匡濟也，本亦作「綸」。孔穎達疏：「經，謂經緯；綸，謂繩綸。言君子法此屯象有爲之時，以經綸天下，約束於物，故云『君子以經綸』也。」這裡指籌畫治理國家大事。

初九，磐桓，利居貞，利建侯。

【譯】

初九，徘徊不進，適宜安居貞固，利於建邦封侯。

【記】

磐桓，同「盤桓」，徘徊不進的樣子。孔穎達疏：「磐桓，不進之貌。處屯之初，動即難生，故磐恒也。」陸德明《經典釋文》云：「磐，本亦作『盤』，又作『槃』，步干反；馬云：槃桓，旋也。」朱熹《周易本義》曰：磐桓，難進之貌。焦循《易章句》云：磐桓，不進也。

初爲震主，其義在動，上爲坎險，往則遇險，故而徘徊不進。又卦體震艮相接，艮爲宮室、爲止，震動艮止，所以說「利居貞」。居，安居之義。貞，猶定，貞固之義。正應在四，四體爲坤，坤爲民，震爲侯，初陽處下，以貴下賤，大得其民，所以說「利建侯」。王弼《畧例》云：初體陽爻，處首居下，應民所求，合其所望，故大得民也。邢璹注：江海處下，百川歸之；君能下物，萬人歸之。屯之初，世有險難，民心思安，唯建邦封侯，安居貞固，可釋險阨，故「利居貞，利建侯」。

象曰：雖磐桓，志行正也。以貴下賤，大得民也。

[譯]

象曰：雖然徘徊不進，但志嚮和行動均符合正道。以尊貴之身甘居卑賤之下，因此大得民心。

[記]

志行正也，指初九與六四陰陽正應，欲動而應，是爲正；貞而得民，亦爲正，所以說「雖磐桓，志行正也」。

以貴下賤，貴爲陽，賤爲陰。下，謙讓、謙退之義。王弼注：陽貴而陰賤也。孔穎達疏：貴，謂陽也；賤，謂陰也。初九以剛陽之體而處三陰之下，居無位卑微之地，所以稱「下賤」。陰爲民，以貴下賤，合衆所望，所以說「大得民也」。「以貴下賤，大得民也」，釋所以「利建侯」之義。

六二，屯如邅如，乘馬班如，匪寇婚媾，女子貞不字，十年乃字。

[譯]

六二，處艱難之中難行不進，拉著馬相牽不前，不是正配的婚姻，女子貞正未嫁，十年後才得出嫁。

[記]

「屯如邅如，乘馬班如」，屯，艱難、險難。邅，難行不進。如，語氣辭。陸德明《經典釋文》引子夏傳云：如，辭也。王引之《經傳釋詞弟七》云：如，詞助也。馬，指初九，初體爲乾，乾爲馬。乘馬，指二乘於初。陸德明《經典釋文》云：「乘，鄭云：馬牝牡曰乘；子夏傳音繩。」班，通「般」，徘徊不進。班如，陸德明《經典釋文》云：「子夏傳云：相牽不進皃；鄭本作『般』。」焦循《易章句》云：班，旋也。

六二居初九之上，初二比臨，相牽之象。當屯之世，初陽動爲艮止，二陰乘淩陽剛，乘非其道，正應在五，而與初牽，所以說「屯如邅如，乘馬班如」。李鼎祚《周易集解》引荀爽曰：陽動而止，故屯如也；陰乘於陽，故邅如也。

「匪寇婚媾，女子貞不字」，二得位履中，與九五陰陽相應，是其正配，然近於初九，比而不親，守貞未嫁，近而不相得，所以說「匪寇婚媾，女子貞不字」。匪，同「非」，帛書本作「非」。寇，指九五，五爲坎主，坎爲寇，爲六二正配，非盜寇之「寇」。婚媾，婚姻。婚，古同「婚」。媾，陸德明《經典釋文》云：「古后反，馬云：重婚；本作『冓』。」「匪寇婚媾，女子貞不字」，是說二雖與初相牽，但不是與九五的正配婚姻，因此雖近而不得，貞而未嫁。女子，指六二。貞，猶正，貞正、守正。字，古時指女子出嫁，也指生育。孔穎達疏：字，訓愛也。朱熹《周易本義》曰：「字，許嫁也。禮曰：女子許嫁，笄而字。」李鼎祚《周易集解》引虞翻曰：

「匪，非也。寇謂五，坎爲寇，盜應在坎，故匪寇。陰陽德正，故婚媾。字，妊娠也。」

十年乃字，十，河圖之數，數之極，極則變，變則通。二久守其節，應於其正，必能獲通，十年屯難止息可返常道，與應者相合，所以說「十年乃字」。王弼《畧例》云：近不必比，遠不必乖。邢璹注：「近爻不必親比，遠爻不必乖離。屯六二、初九爻雖相近，守貞不從；九五雖遠，十年乃字，此例是也。」

象曰：六二之難，乘剛也。十年乃字，反常也。

[譯]

象曰：六二的艱難，是因爲乘淩在陽剛之上。十年才得出嫁，是返歸於常道。

[記]

乘剛，指六二陰柔居初九陽剛之上。乘，乘淩。高亨《周易大傳今注》云：乘，淩也，柔乘剛謂以女淩男。

反常，返歸於常道，指六二與九五的正配之道。反，同「返」，返歸之義。

六三，即鹿无虞，惟入于林中，君子幾不如舍，往吝。

[譯]

六三，田獵之時到達山腳卻沒有虞官，獨自進入山林中，君子不如放棄，往進會有恨惜。

【記】

「即鹿无虞，惟入于林中」，即，就，到達的意思。李鼎祚《周易集解》「即」作「即」，引虞翻曰：即，就也。鹿，通「麓」，山腳。六三處艮之底，艮爲山，山在前，所以說「即鹿」。陸德明《經典釋文》云：「王肅作『麓』，云：山足。」朱駿聲《六十四卦經解》云：鹿，當作「麓」，山足也。虞，指虞官，古代掌管山澤禽獸的官，稱虞人。《周禮．地官司徒第二》云：山虞，掌山林之政令，物爲之厲，而爲之守禁；澤虞，掌國澤之政令，爲之厲禁，使其地之人守其財物，以時入之于玉府，頒其餘于萬民。李鼎祚《周易集解》引虞翻曰：虞，謂虞人，掌禽獸者。孔穎達疏：即鹿无虞者，即，就也；虞，謂虞官。三上無應，故「无虞」。惟，獨自、單獨。林，六三潛陽成坎，坎爲叢棘，其於木爲堅多心，處於山底，故稱林。李鼎祚《周易集解》引虞翻曰：「艮爲山，山足稱鹿。鹿，林也。三變體坎，坎爲叢木，山下故稱林中。」

「君子幾不如舍，往吝」，君子，指占筮的人。幾，語辭。王弼注：幾，辭也。陸德明《經典釋文》云：幾，徐音祈，辭也，注同。王引之《經傳釋詞弟五》云：幾，詞也。舍，同「捨」，停止、放棄。陸德明《經典釋文》云：舍，式夜反，止也。《廣韻．馬韻》云：舍，同「捨」。吝，恨惜之義。《說文．口部》云：吝，恨惜也，从口，文聲。陸德明《經典釋文》云：「吝，力刃反，又力愼反；馬去（云）：恨也。」李鼎祚《周易集解》引虞翻曰：吝，疵也。

六三居坤之中，坤爲田，其上爲坎，坎爲豕，田上有豕，本爲震體，震爲行爲動，田獵之象。處艮山之底，田獵逐豕而至山腳之象。履非其位，不中不正，不足自濟，上無其應，進則有危，往遇坎陷，惟入於林中，則必有吝，王弼《畧例》云「不揆則往，彼必相違」，所以說「君子幾不如舍，往吝」。

又，鹿，或釋爲「鹿獸」。《說文》云：「鹿，鹿獸也，象頭角四足之形。鳥鹿足相比，从比。」孔穎達疏：「如人之田獵，欲從就於鹿，當有虞官助，己商度形勢可否，乃始得鹿。若无虞官，即虛入于林木之中，必不得鹿，故云唯入于林中。」唯，猶徒。另，鹿，也有「祿」的意思，指爲官受祿之人，需得人引介，方得升階，反之，當適時而止。

象曰：即鹿无虞，以從禽也。君子舍之，往吝窮也。

〔譯〕

象曰：到達山腳沒有虞官，是說田獵時追逐禽獸。君子應當放棄，往進會有恨惜，因爲已到了困窮之地。

〔記〕

從禽，指田獵時追逐禽獸，釋所以「即鹿」之義，是說因爲追逐禽獸而到達山腳。往吝窮也，窮，困窮、窮盡，釋所以「往吝」之義。又，孔穎達疏：君子舍之，往吝窮者，君子見此之時，當舍而不往，若往則有悔吝窮苦也。

六四，乘馬班如，求婚媾，往吉，无不利。

〔譯〕

六四，拉著馬相牽不前，求婚配，往應吉祥，無所不利。

〔記〕

四下爲震，震爲善鳴之馬，四於其上，乘馬之象。正應在初，初二相近，四慮二妨己，故而「班如」，然二雖近於初而志在五，不礙於己。初安居建侯，而求婚媾，四得位且正，陰陽相匹，秉正而應，故「往吉，无不利」。求，陽主動，陰主靜，指初求四。往，猶應，指初求婚配，四往而相應，非由內之外而稱「往」的「往」。王弼《畧例》云：見彼之情，往必得志。又，乘馬班如，亦或指六二。

象曰：求而往，明也。

〔譯〕

象曰：求婚配而往應，是光明之道。

〔記〕

明，指光明之道。象辭明四初爲陰陽正配，初求而四應，是光明之道。

九五，屯其膏，小貞吉，大貞凶。

［譯］

九五，吝惜於廣施恩澤，小貞吉祥，大貞不吉利。

［記］

屯，吝惜、固守的意思。《字彙．屮部》云：屯，吝也。惠棟《周易述》注云：屯者，固也。膏，恩澤。孔穎達疏：屯其膏者，膏，謂膏澤、恩惠之類。貞，猶正。小貞，指六二；大貞，指九五。

五爲坎主，坎爲雨，潤澤萬物，物皆生發，故稱膏。居二陰之間，陽剛爲陰柔所揜，中正之德未能光大，不能恢弘博施，拯微濟滯，所以說「屯其膏」。二五相應，皆得中且正，故爲貞。陰小陽大，二得五應，十年乃字，故「小貞吉」；屯難之際，五處中履尊，當無物不與，惠澤萬物，然唯係於二，所施褊狹，故言「大貞凶」。

象曰：屯其膏，施未光也。

［譯］

象曰：吝惜於廣施恩澤，施佈未能廣大。

〔記〕

光，同「廣」，指施佈廣大而惠澤萬物。五處二陰之間，陽爲陰揜，得位居尊，而唯係於二，是「屯其膏，施未光也」。

上六，乘馬班如，泣血漣如。

〔譯〕

上六，拉著馬相牽不前，極其悲痛無聲地垂淚哭泣。

〔記〕

泣血，極其悲痛而無聲的哭泣。血，指悲痛的淚水。漣如，淚流不止的樣子。

上六處屯之極，進無所之，居九五之上，以柔乘剛，下無應援，居不獲安，所以說「乘馬班如，泣血漣如」。馬，指九五。五自乾元而來，乾爲馬，上居其上，所以說「乘馬」。又，五爲坎主，坎爲美脊之馬。上爲坎體，坎爲雨、爲血卦，「泣血漣如」之象。

象曰：泣血漣如，何可長也。

〔譯〕

象曰：極其悲痛無聲的垂淚哭泣，怎麼可以長久呢。

〔記〕

上六處卦之極，物極則反，不可長久。

蒙卦第四

〔釋文音訓：蒙，莫公反；注音： méng**〕**

〔序卦傳〕

云：物生必蒙，故受之以蒙。蒙者，蒙也，物之穉也。

〔雜卦傳〕

云：蒙，雜而著。

䷃ 坎下艮上

蒙，亨，匪我求童蒙，童蒙求我，初筮告，再三瀆，瀆則不告。利貞。

[譯]

卜兆爲蒙，祭祀，不是我問蒙昧的人，是蒙昧的人問我，初次占筮告訴他結果，或再或三則是輕慢褻瀆，就不告訴他了。貞正則利。

[記]

蒙，蒙昧、愚昧，亦或爲卜兆之義。陸德明《經典釋文》云：「蒙，莫公反；蒙，蒙也，稚也；稽覽圖云：無以教天下曰蒙；方言云：蒙，萌也。」又，《尚書・洪范》「七・稽疑」云：「擇建立卜筮人，乃命卜筮，曰雨、曰霽、曰蒙、曰驛、曰克、曰貞、曰悔，凡七。卜五，占用二，衍忒。」孔穎達疏：其卜兆用五，雨、齊、蒙、驛、克也；其筮占用二，貞與悔也。又云：「龜曰卜，蓍曰兆」、「此上五者，灼龜爲兆，其璺拆形狀有五種，是卜兆之常法也」。

蒙亨，蒙，這裡指卜兆。亨，同「享」，享祀、祭祀。「匪我求童蒙，童蒙求我，初筮告，再三瀆，瀆則不告」爲祭祀之辭。

「匪我求童蒙，童蒙求我」，以九二、六五二爻釋卦義。匪，同「非」。我，指九二，喻指易道。求，請求，猶問的意思。《增韻．尤韻》云：求，乞也。童蒙，指六五，本爲幼稚而無知的兒童，這裡指卜筮的人事有不明。童，有淺陋、癡愚的意思；蒙，此爲蒙昧、愚昧之義。陸德明《經典釋文》云：「童，字書作『僮』；鄭云：未冠之稱；廣雅云：癡也。」五處坤艮之體，坤爲闇爲迷，艮爲少，故稱「童蒙」。二五相應，二爲陽，五爲陰，以娶女言，爲陽求陰，以發蒙言，則陰求陽，闇求明，所以說「匪我求童蒙，童蒙求我」。

「初筮告，再三瀆，瀆則不告」，初筮，指首次占筮。陸德明《經典釋文》云：筮，市制反，決也；鄭云：問。又云：告，古毒反，示也，語也。初筮告，指首次占筮，「我」告知占筮的人所問之事的吉凶禍福。瀆，通「嬻」，輕慢、褻瀆。陸德明《經典釋文》云：瀆，音獨，亂也；鄭云：褻也。朱駿聲《說文通訓定聲．需部》云：瀆，叚借爲嬻。段玉裁《說文解字注．女部》云：嬻，今人以溝瀆字爲之，「瀆」行而「嬻」廢矣。這段卦辭是說占筮之時當依首占所得之辭而斷，如就同一件事在同一時間內再而三進行占筮，則是輕慢褻瀆，而得不到結果。凡有不明之事而進行占筮當依二占二不占的原則，即「依時而占，依位而占，非誠不占，非義不占」，或再或三，則失之誠信，不得其求。王弼注：「童蒙之來求我，欲決所惑也。決之不一，不知所從，則復惑也，故初筮則告，再三則瀆，瀆蒙也。能爲初筮，其唯二乎。」

利貞，斷辭，貞正則利的意思。利，吉利、順利。貞，猶正。二五失位，居中得正，故特誡之貞正則利，《彖》曰「蒙以養正，聖功也」。

彖曰：蒙，山下有險。險而止，蒙。蒙亨，以亨行，時中也。匪我求童蒙，童蒙求我，志應也。初筮告，以剛中也。再三瀆，瀆則不告，瀆蒙也。蒙以養正，聖功也。

〔譯〕

彖曰：蒙卦的意象，山下有險。退則處險，進爲山止，進退不得，所以說蒙。卜兆爲蒙，進行祭祀，依祭祀之辭行事，適時中正。不是我問蒙昧的人，是蒙昧的人問我，二五心志相應。初次占筮告訴他結果，因爲九二有剛正中信之德。或再或三則是輕慢褻瀆，就不告訴他了，是說猶疑輕慢也是一種蒙昧。蒙昧之際而蓄養中正之德，可成至聖之功。

〔記〕

蒙卦，坎下艮上，坎爲險，艮爲山，所以說「山下有險」。

「險而止，蒙」，坎險艮止，山下有險，行不能進，居不得安，不知所適，所以說「險而止，蒙」。

「蒙亨，以亨行，時中也」，以亨行，指依祭祀之辭行事，即：匪我求童蒙，童蒙求我，初筮告，再三瀆，瀆則不告。時中，時，指適時；中，指中正。

「匪我求童蒙，童蒙求我，志應也」，志應，心志相應，指九二和六五陰陽相應。「我」指九二，「童蒙」指六五。

「初筮告，以剛中也」，剛中，指九二剛爻居於中位，是說九二是發蒙之人。王弼注：謂二也，二爲衆陰之主也。

「再三瀆，瀆則不告，瀆蒙也」，瀆蒙，是說猶疑輕慢也是一種蒙昧。這是告訴占筮之人卜筮必須心懷誠敬，做到二占三不占。

「蒙以養正，聖功也」，養，畜養、頤養。聖功，至聖之功。這一句進一步釋明卦辭「利貞」之義。李鼎祚《周易集解》引干寶曰：武王之崩年九十三矣，而成王八歲，言天後成王之年，將以養公正之道，而成三聖之功。

象曰：山下出泉，蒙，君子以果行育德。

〔譯〕

象曰：山下流出泉水，這就是蒙卦的意象，君子觀此卦象法蒙之道而果決行動育養德行。

〔記〕

蒙卦，下坎爲水，上艮爲山，水自下出，所以說「山下出泉」。王弼注：山下出泉，未知所適，蒙之象也。

君子以果行育德，果，果敢決斷。育，育養、培育。李鼎祚《周易集解》引虞翻曰：育，養也。王弼注：果行者，初筮之義也；育德者，養正之功也。孔穎達疏：「君子當法此蒙道，以果決其行，告示蒙者，則初筮之義。育德謂隱默懷藏，不自彰顯，以育養其德。果行育德者，自相違錯，若童蒙來問，則果行也，尋常處衆，則育德，是不相須也。」

初六，發蒙，利用刑人，用說桎梏，以往吝。

[譯]

初六，除去蒙昧，適宜利用刑罰來規範人們，使人們免於咎害，但長久下去會有恨惜。

[記]

發蒙，啓發、除去蒙昧。發，啓發、除去。《廣雅．釋詁》云：發，開也。高亨《周易大傳今注》云：發，除去也。初二相比，初無位卑微，以陰承陽，二陽處中，得中正之道，能明照闇昧，發去初之蒙昧，所以稱「發蒙」。

「利用刑人，用說桎梏」，刑人，加刑於人，這裡指用刑罰來規範人們。用說，猶以脫。說，通「脫」，解脫、脫去。桎梏，刑具，腳鐐手銬，後用指束縛人的事物。陸德明《經典釋文》云：「桎，音質；梏，古毒反，在足曰桎，在手曰梏；小爾雅云：杻謂之梏，械謂之桎。」用說桎梏，指使人們脫離刑獄，引伸爲使人們免於咎害。

這二句是說發蒙之事可用刑罰來規範人們，而使人們免於咎害。

以往吝，法正可端其風，刑久則必害其物，專以刑治，則蒙雖去而不能終明，以此而久行，則必有憾惜，所以說「以往吝」。往，同「往」。

象曰：利用刑人，以正法也。

[譯]

象曰：適宜利用刑罰來規範人們，用來端正法紀。

[記]

以正法也，釋「利用刑人」之義。正法，端正法紀。利用刑人，以正法制，則不可不刑，然刑不可過重，過則為暴，刑不可過久，久則有吝。

九二，包蒙吉，納婦吉，子克家。

[譯]

九二，包容蒙昧吉祥，娶妻吉祥，子能夠治理家事。

[記]

包蒙吉，包，包容、包含。孔穎達疏：包，謂包含。陸德明《經典釋文》作「苞蒙」，云：「鄭云：苞，當作彪，彪，文也。」焦循《易章句》云：「包，容也。一云作彪，文也。」九二據初應五，是爲包蒙。以剛居中，得中正之道，故而吉祥。

納婦吉，納，娶妻之義。婦，謂配，指六五。王弼注：婦者，配己而成德者也。二五陰陽相應，五以柔應剛，二容而受之，納婦之象，二五相匹，所以吉祥。

子克家，克家，指能治理家事。克，能、勝任。二爲震主，爲長子，長子主器，爲內之主，發蒙之事皆於二，所以說「子克家」。

占得此爻，寬闊仁厚，可成家立業。

象曰：子克家，剛柔接也。

[譯]

象曰：子能夠治理家事，已成家立業。

[記]

剛柔接也，釋「子克家」之義。剛柔接，指二五陰陽相應，剛柔相合而成家立業。剛，指九二；柔，指六五。接，交合的意思。《說文．手部》云：接，交也。《廣雅．釋詁二》云：接，合也。

六三，勿用取女，見金夫，不有躬，无攸利。

【譯】

六三，不要迎娶女子，因爲其遇見剛健男子，就會失去節操（或譯爲：因爲會遇到強勁的對手，恐自身難保或遭傷害），無所利益。

【記】

勿用取女，斷辭。勿用，不可、不要。取，同「娶」。女，指六三。三以陰乘陽，履失其位，不中不正，故不可娶女。猶姤卦一陰而遇五陽，淫壯至甚，故姤卦卦辭曰：女壯，勿用取女。

「見金夫，不有躬，无攸利」，見，遇見。金夫，指九二。李鼎祚《周易集解》引虞翻曰：金夫謂二。二本乾體，乾爲金，故稱金夫。躬，指身體。不有躬，指失身，或指身體受到傷害。无攸利，無所利益。

六三應在上九，陰陽相匹，處蒙之際，當闇者求明，陰者求陽，三以陰柔之體，當遠而從上。然履失其位，近比於二，二履中居柔，有中正謙和之德，三見群蒙順而求明，遂捨應求近，而失其節，所以說「見金夫，不有躬」。既捨其應，又失其節，故而「无攸利」。女之如此，行不順節，不可取之，程頤《周易程氏傳》云：「正應在上，不能遠從，近見九二爲羣蒙所歸，得時之盛，故捨其正應而從之，是女之見金夫也。女之從人，當由正禮，乃見人之多金，說而從之，不能保有其身者也。」

又，金夫，或指強而有力的對手。不有躬，指自身難保。爻辭是說，所問之事不可爲，會遇到強而有力的對手，或遭傷害而無所利益。

象曰：勿用取女，行不順也。

〔譯〕

象曰：不要迎娶女子，因爲她行爲不順禮節（或釋爲：因爲行動不順利）。

〔記〕

行不順也，釋所以「勿用取女」之義，指女子行爲不順禮節，或指行動不順利。

六四，困蒙，吝。

〔譯〕

六四，困於蒙昧之中，有恨惜。

〔記〕

六四處互坤之體，坤爲迷，居二陰之中而無其應，位震艮交際之所，動則爲艮所止，居則處險之上，進退不能，困於蒙昧之中，所以說「困蒙」。履得其位，故無凶咎之害，然去二既遠，無人發去其蒙，力有不及，亦不能自發，故而有吝。

象曰：困蒙之吝，獨遠實也。

［譯］

象曰：困於蒙昧之中有恨惜，因爲獨自遠離了剛實之體。

［記］

獨遠實也，釋所以「困蒙之吝」。逺，同「遠」，遠離。實，陽剛之體，指九二、上九。四處三、五二陰之中，下不比九二，上不承上九，是爲「逺實」。卦中四陰，初三比臨九二，六五下應九二、上承上九，唯六四不比不臨，無承無應，所以說「獨逺實」。六四陰柔，遠離陽剛之體，不獲剛健之濟，故而有「困蒙之吝」。

六五，童蒙，吉。

［譯］

六五，像幼童般蒙昧，吉祥。

【記】

童蒙，指六五。五處艮坤之體，艮爲少，坤爲迷，所以稱「童蒙」。當蒙之際，以陰柔之質而居貴位，行中正之道，斂其睿智，愚若童蒙，上承陽剛，得天之吉，下應九二，委事與能，故而得吉。

象曰：童蒙之吉，順以巽也。

【譯】

象曰：像幼童般蒙昧吉祥，因爲能順承於上，謙遜於下。

【記】

順以巽也，釋所以「童蒙之吉」。順，爲順承；巽，爲謙遜。六五童蒙，陰居貴位，具柔順謙遜之德。上臨陽剛，柔順相承，是爲順；下應九二，不妄自尊貴，委事與能，是爲巽，所以說「順以巽也」。

上九，擊蒙，不利爲寇，利禦寇。

【譯】

上九，治理蒙昧，不宜與六三應合，適宜制止六三的不順行爲。

【記】

擊，治、治理的意思，取艮之象，艮爲手，所以稱擊。陸德明《經典釋文》云：「擊，經歷反，王肅云：治也。」朱駿聲《六十四卦經解》云：擊，治也，艮爲手，故擊。擊蒙，指治理蒙昧。王弼注：處蒙之終，以剛居上，能擊去童蒙，以發其昧者也，故曰擊蒙也。

「不利爲寇，利禦寇」，利，利於、適宜。寇，指六三，三爲坎體，坎爲寇。爲寇，指與六三應合。禦，制止、阻止。上爲艮主，艮爲止，故言禦。惠棟《周易述》注云：禦，止也。禦寇，指制止六三的不順之爲。上九與六三陰陽相應，然三行不順節，非婚配之象，上當治其蒙而發其明，故言「擊蒙，不利爲寇，利禦寇」。

象曰：利用禦寇，上下順也。

【譯】

象曰：適宜制止六三的不順行爲，因爲上九與六三上下順應。

【記】

上下順也，釋所以「利用禦寇」之義。上，指上九；下，指六三。上爲艮體，艮爲止，三爲坎體，坎爲寇，以上禦下，是爲順。又，上九與六三陰陽相應，陽去陰之蒙，亦爲順，所以說「上下順也」。

需卦第五

【釋文音訓：需，音須；注音：xū】

【序卦傳】

云：物穉不可不養也，故受之以需。需者，飲食之道也。

【雜卦傳】

云：需，不進也。

䷄ 乾下坎上

需，有孚光亨，貞吉，利涉大川。

【譯】

萬物待養之際，懷著恭敬誠信之心進行盛大的祭祀，貞固吉祥，順利渡過江河大川。

【記】

需，猶須，等待、不進的意思。《彖》曰：需，須也。孔穎達疏：需者，待也。《雜卦傳》云：需，不進也。「需」字从雨，《說文·雨部》云「需，䇓也，遇雨不進止䇓也，从雨而」，段玉裁注：「䇓者，待也。以疊韻爲訓。易彖傳曰：需，須也。須即䇓之叚借也。」《爾雅·釋詁下》云：䇓，待也。又，需，亦有潤澤、滋養之義。《序卦傳》云：「物稺不可不養也，故受之以需。需者，飲食之道也。」此「需」即有滋養之義。

需，帛書本作「襦」。張立文《帛書周易注譯》云：「襦，假借爲『需』。《說文》：『襦，从衣，需聲。』襦、需同聲系，且音同。襦，《集韻》：『音須』；《釋文》：『襦，女俱反，或音須』。需，《集韻》、《韻會》：『音須』；《釋文》：『需，音須』。音同古相通。」

卦體乾下坎上，乾體剛健，知險在前，須而待時；坎在上爲雲，在下爲雨，水在天上，是將雨之象，所以稱需。

有孚光亨，有孚，指懷著恭敬誠信之心。孚，猶信。《說文·爪部》云：孚，一曰信也。陸德明《經典釋文》云：孚，徐音敷，信也，又作「旉」。光亨，猶大亨，指進行盛大的祭祀。光，大、廣的意思。《大雅·皇矣》毛傳及《左傳·昭二十八年》杜注、《周語》韋注皆曰：光，大也。王引之《經義述聞》云：「《易》言『光』者有二義。有訓爲光煇者，《觀》六四『觀國之光』、……，是也。有當訓爲廣大者，『光』之爲言猶『廣』也。《需·彖辭》『有孚光亨』，『光亨』猶大亨也。」亨，同「享」。

「貞吉，利涉大川」，貞，猶定，貞固之義。指唯貞固而不妄行，方可得吉祥，得吉而後方可順利渡過江河大川。利，順利。涉，同「涉」，徒步過水。大川，比喻險難。李鼎祚《周易集解》引何妥曰：大川者，大難也。利涉大川，指脫離險難，擺脫困境。此以九五言，上本爲坤，坤即川，帛書本作「川」，剛往位乎天位而正中，故彖曰「利涉大川，往有功也」。

彖曰：需，須也。險在前也，剛健而不陷，其義不困窮矣。需，有孚光亨，貞吉，位乎天位，以正中也。利涉大川，往有功也。

[譯]

彖曰：需，等待的意思。險難就在前面，剛健之體待而不陷，其理當不會困窮。萬物待養之際，懷著恭敬誠信之心進行盛大的祭祀，貞固吉祥，是因爲九五陽剛處天子之位，居中且正的緣故。可以順利渡過江河大川，待機往進必能建功立業。

[記]

「需，須也」，釋「需」之義。須，停留、等待的意思。

「險在前也，剛健而不陷，其義不困窮矣」，卦體乾下坎上，坎爲險，故說「險在前也」。剛健，指下體乾。陷，沉陷、沉淪，此指墜入險陷之中。乾體剛健以行，知險而止，待機而進，所以說「剛健而不陷」。乾爲天，天道不窮，循環往復，健行不已，知險而不陷，則必出於險，所以說「其義不困窮矣」。義，理當、理所當然的意思。

「位乎天位，以正中也」，此以九五之爻釋所以「需，有孚光亨，貞吉」之義。五本天位，今九居之，得中且正，行天之德，所以說九五是「位乎天位，以正中也」。位，處的意思。正中，指不偏不邪，品行端正。居中則不偏，得正則不邪，是「以正中」之義。

「利涉大川，往有功也」，爲斷辭。利涉，指順利渡河。功，指功業。

象曰：雲上於天，需，君子以飲食宴樂。

〔譯〕

象曰：雲在天上，這就是需卦的意象，君子觀此卦象法需之道而行滋養身心脩養德行之事。

〔記〕

需卦，坎上於乾，所以說「雲上於天」。雲上於天，是將雨之象，成雨而潤澤萬物，君子當此之時，行滋養身心、增進德行之事，待雨成之時而惠澤萬民。

雲上於天，陸德明《經典釋文》云：上，時掌反，干寶云：升也；王肅本作「雲在天上」。飲食宴樂，這裡指滋養身心，脩養德行之事。陸德明《經典釋文》云：「宴，烏練反，徐烏殄反，安也，干同；鄭云：享宴也。」

焦循《易章句》云：宴，與燕同。

初九，需于郊，利用恒，无咎。

[譯]

初九，等待在郊外，保守其常道則利，沒有咎害。

[記]

需，等待的意思。郊，上古時代國都外百里以內的地區稱「郊」，周時距離國都五十里的地方叫近郊，百里的地方叫遠郊。《說文．邑部》云：郊，岠國百里爲郊，从邑，交聲。《爾雅．釋地第九》云：邑外謂之郊，郊外謂之牧，牧外謂之野，野外謂之林，林外謂之坰。孔穎達疏：郊者，是境上之地，亦去水遠也。利，吉利、順利。用恒，指保守其常道。恒，猶常。《說文．二部》云：恒，常也。常道，即卦辭所說的「有孚」之道。孔穎達疏：「利用恒，无咎者，恒，常也。遠難待時，以避其害，故宜利保守其常，所以无咎。猶不能見幾速進，但得无咎而已。」

初體剛實，正應在四，四爲坎體，坎爲險陷，己處無位之地，動則遇險，是爲有咎。然當需之際，需於郊，最遠於難，若能恒以自守，靜以待時，可得「无咎」。

象曰：需于郊，不犯難行也。利用恒，无咎，未失常也。

【譯】

象曰：等待在郊外，不要冒險行動。保守其常道則利，沒有咎害，因爲沒有偏離常道。

【記】

不犯難行也，難，取上坎的意象，坎爲險難。犯難，指冒險而進。初雖有應，然知險而不應，是爲不犯難。

未失常也，釋所以「利用恒，无咎」之義。常，常道，指需於郊，不冒進，靜以待時之道。孔穎達疏：未失常者，不敢速進，遠難待時，是未失常也。此「常道」與「利用恒」的恒常之道義有不同。恒，指卦辭所說的「有孚」之道。

九二，需于沙，小有言，終吉。

【譯】

九二，等待在水傍之地，小有過失，結果吉祥。

【記】

沙，孔穎達疏：沙是水傍之地。九二處兌之始，兌爲澤、爲剛鹵，去水漸近，沙是近水之地，所以說「需于沙」。朱駿聲《六十四卦經解》云：互兌于地，爲剛鹵，故稱沙。

小有言，指有小的過失。言，通「愆」，過失之義。聞一多《古典新義》云：「言，皆讀爲愆。……《易》凡言『有言』，讀爲『有愆』，揆諸辭義，無不允洽。」愆，《說文．心部》云：愆，過也。九二失位，上無其應，所以說「小有言」。然履中得正，有中正謙和之德，在中而不進，雖漸近於險，而未及於險，雖近於難而不爲其害，雖小有言，而小言無傷，故而「終吉」。李鼎祚《周易集解》引荀爽曰：體乾處和，美德優衍，在中而不進也。

又，小有言，言，或釋爲「責言」之義。二爲兌體，兌爲小，爲口舌之象，故說「小有言」。高亨《周易古經今注》云：《易》此「言」字乃訶譴之義。

象曰：需于沙，衍在中也，雖小有言，以吉終也。

【譯】

象曰：等待在水傍之地，守中正謙和之道，雖有小的過失，結果吉祥。

【記】

衍在中也，指九二趨嚮九五，意思是說九二志在堅守中正謙和之道。衍，寬衍、趨嚮的意思。中，指九五。

李鼎祚《周易集解》引虞翻曰：衍，流也，中謂五也。《說文．水部》云：衍，水朝宗於海也。朱駿聲《六十四卦經解》云：「水朝宗曰衍，從水行，流也，寬也。」孔穎達疏：衍，謂寬衍。程頤《周易程氏傳》云：衍，寬綽也。焦循《易章句》云：衍，流也。二處澤傍，需於沙，五位水中，澤旁之水必流於水中，所以說「衍在中也」。二五同位而不應，是爲「小有言」，然二剛健而不陷，與五同德，寬柔以中，故而雖小有言，亦可得終吉。吉終，猶「終吉」。

九三，需于泥，致寇至。

〔譯〕

九三，等待在泥水中，招來了盜寇。

〔記〕

泥，泥水之義。孔穎達疏：泥者，水傍之地，泥溺之處。九三居坎水之旁，兌澤之中，所以說「需于泥」。致，招致、引來。段玉裁《說文解字注．夊部》云：致，引申爲招致之致。寇，盜寇。陸德明《經典釋文》云：寇，鄭王肅本作「戎」。

三多凶，正應在上，而爲四乘，四爲坎體，坎爲險爲寇，己之躁進，去險愈近，而致近寇，所以說「致寇至」，言寇由自己所招致。

象曰：需于泥，災在外也。自我致寇，敬慎不敗也。

［譯］

象曰：等待在泥水中，災難就在外面。由於自身原因招來了盜寇，恭敬謹慎才不會陷於禍敗。

［記］

「需于泥，災在外也」，外，指外卦。災，取坎卦的意象，坎爲險陷，因而有災。九三處下卦之極，與上坎相臨，所以說「災在外也」。

「自我致寇，敬慎不敗也」，寇害雖由己之躁進而致，但若能敬慎以行，相時而動，則可免於禍敗。自，由的意思。敬慎，恭敬謹慎。慎，《說文》云：慎，謹也。《爾雅．釋詁第一》云：慎，誠也。敗，災禍、禍敗的意思。

六四，需于血，出自穴。

［譯］

六四，等待在險阨之地，結果自穴中逃出。

【記】

凡陰陽相傷，必有血。九三剛進，而四乘其上，以陰乘陽，欲塞其路，則必相傷，故而有血。以卦象看，四已入坎體，處險阨之地，坎爲險陷、爲穴、爲血卦，所以說「需于血」，指六四陷於險難之中。

出自穴，穴，安居之所。王弼注：穴者，陰之路也，處坎之始，居穴者也。四以陰柔之質而居險難之中，雖得位且正，有應在初，然初守其常，最遠於險，未能濟之以陽剛，四遂不能固處，而出自穴，離開所安之處。李鼎祚《周易集解》引九家易曰：「雲從地出，上升于天。自地出者，莫不由穴，故曰需于血，出自穴也。」

象曰：需于血，順以聽也。

【譯】

象曰：等待在險阨之地，（結果能從穴中逃出），是因爲能柔順而服從。

【記】

「需于血」爲「需于血，出自穴」的省文。順以聽也，釋所以「需于血，出自穴」之義。聽，順從、服從。《國語．周語下．單穆公諫景王鑄大鐘》云：神是以寧，民是以聽。韋昭注：聽，從也。

六四處險難之中，履得其位，九三剛進，欲塞其路，然己陰柔，無有應援，力不能拒，唯順應時勢，上承於五，以柔承剛，順而聽命，遂得出穴而避。四體陰柔，故言順；處坎之體，坎爲耳，故言聽。

九五，需于酒食，貞吉。

[譯]

九五，在等待中行滋養之事，貞固吉祥。

[記]

九五處水火交匯之所，有酒食之象，所以說「需于酒食」。《序卦傳》云「需者，飲食之道也」、《象》曰「君子以飲食宴樂」，皆指九五得位履尊，而行滋養之事，蓄積己德。當需之際，五居光明之極，守中正之道，進德脩業，待以時日而惠澤萬民，乃得吉祥，所以說「需于酒食，貞吉」。需，這裡除有等待之義外，還有滋養潤澤之義。貞，猶定，貞定、貞固。貞吉，指貞固自守可獲吉祥。

象曰：酒食貞吉，以中正也。

[譯]

象曰：酒食之中貞固吉祥，因爲能堅守中正之道。

[記]

以中正也，釋所以「酒食貞吉」之義，猶《彖》曰：需，有孚光亨，貞吉，位乎天位，以正中也。中正，有二義，一指九五居中且正，二指九五品行端正，不肆意妄爲。酒食之道在於正，非正則淫，所以說「酒食貞吉，以中正也」。

上六，入于穴，有不速之客三人來，敬之終吉。

【譯】

上六，進入穴中，有三位不速之客來到，恭敬相待結果吉祥。

【記】

六四出自穴，因其乘於三，不與三相得而欲塞其路，三體剛強，遂不得不出自穴而避。上六入于穴，是因其居需之極，往無所之，正應在三，三來之己，不爲己害，無所畏懼，因此入于穴而居。穴，取坎卦的意象，坎爲穴。

有不速之客三人來，不速之客，指下體三陽，即初九、九二、九三。速，召的意思。陸德明《經典釋文》云：「速，馬云：召也；釋詁云：疾也；釋言云：徵也，召也。」依卦體言，下體爲乾，剛強健行，上處無位之地，陷險難之中，雖正應在三，然有乘剛之逆，無敢召喚。三獨上進，而慮其上有險，遂時至而三陽並行，不待召喚而自往進，以上六來看，則爲「有不速之客三人來」。

敬之終吉，上六體質陰柔，與三爲應，三來之己，是爲己援，柔順以下，順而敬之，則可得入穴而居，所以說「敬之終吉」。反之，若不恭敬，則有咎害。敬，恭敬之義，恭在外表，敬存內心。之，指下體三陽。

象曰：不速之客來，敬之終吉，雖不當位，未大失也。

【譯】

象曰：有不速之客來到，恭敬相待結果吉祥，雖然居位不當，但沒有大的損失。

【記】

「雖不當位，未大失也」，釋「敬之終吉」之義，敬則無失，慢則有咎。不當位，一指上六處無位之地，二指上六以陰柔之體而乘九五陽剛。

訟卦第六

【釋文音訓：訟，才用反；注音：sòng】

【序卦傳】

云：飲食必有訟，故受之以訟。

［雜卦傳］

云：訟，不親也。

䷅ 坎下乾上

訟有孚，窒惕，中吉，終凶。利見大人，不利涉大川。

［譯］

爭訟之際保持誠信，窒塞不通之時警惕戒懼，中途吉祥，結果不吉利。得見大德之人，不宜繼續訟事。

［記］

訟，爭訟的意思。《序卦傳》云：飲食必有訟，故受之以訟。孔穎達疏：凡訟者，物有不和，情相乖爭，而致其訟。朱熹《周易本義》曰：訟，爭辯也。朱駿聲《六十四卦經解》云：「訟，反爭也，言之于公也。又辯財曰訟。」從卦象看，上乾爲天，下坎爲水，天體運行東升西落，江河運行西流東注，天水違行，兩相背離，必興訟事。

「訟有孚，窒惕，中吉，終凶」，訟有孚，指爭訟之際而保有誠信之德。有，保有、保持。孚，信、誠信。窒，窒塞、塞止。王弼注：窒，謂窒塞也。陸德明《經典釋文》云：「窒，張栗反，徐得悉反，又得失反；馬作『至』，云：讀爲『躓』，猶止也；鄭云：至，覺悔皃。」李鼎祚《周易集解》引虞翻曰：窒，塞止也。惕，警惕、戒懼。惠棟《周易述》云：惕，懼也。《玉篇．心部》云：惕，懼也。中吉，中途吉祥，指若能中途停止爭訟，則可得吉祥，取互體離巽之象，離爲明，巽爲號令，猶訟事裁定之辭，二卦意象相合，即爲吉祥之兆，所以說「中吉」。終凶，指結果不吉利，取乾卦上九亢龍有悔之象。

利見大人，猶可得貴人相助之義。利，順利。大人，大德之人，指九五。

不利涉大川，指不可繼續訟事，會有不好的結果。孔穎達疏：不利涉大川者，以訟不可長，若以訟而往涉危難，必有禍患，故不利涉大川。

彖曰：訟，上剛下險，險而健，訟。訟有孚，窒惕，中吉，剛來而得中也。終凶，訟不可成也。利見大人，尚中正也。不利涉大川，入于淵也。

【譯】

彖曰：訟卦的意象，上體剛健，下體險陷，內險而外健，爭訟之象。爭訟之際保持誠信，窒塞不通之時警惕戒懼，中途吉祥，是因爲陽剛者來到而得中正之道。結果不吉利，是說爭訟不能成功。得見大德之人（或：得貴人相助），是說九五具中正之德。不宜繼續訟事，因爲会陷入深淵。

［記］

訟卦，上乾剛健，下坎險陷，所以說「上剛下險，險而健」，這就是訟卦所呈現的意象。

剛來而得中也，釋所以「訟有孚，窒惕，中吉」之義。剛，指九二，九二自乾元而來，處下卦中位。剛來居中而成坎，是有孚；二五不應，是爲窒；爲坎之主，坎爲心、爲加憂，是爲惕；居中得正，故言「中吉」。來，三畫卦中二陰一陽爲陽來，二陽一陰爲陰來，三陽或三陰則不言來。又，凡爻由外至內，稱來；由內之外，稱往。

「終凶，訟不可成也」，訟不可成也，釋「終凶」之義。其義可從二個方面去理解，一是告誡，指爭訟之事不宜持久進行下去。可，猶宜；成，猶終。二爲斷辭，指訟事不會成功。

「利見大人，尚中正也」，尚中正也，釋「利見大人」之義。尚，同「上」，與「大人」皆指九五。九五剛實，得位履尊，故稱大人。中正，指九五居中且正，具中正之德。孔穎達疏：所以於訟之時，利見此大人者，以時方鬭爭，貴尚居中得正之主而聽斷之。

「不利涉大川，入于淵也」，此句是說爭訟之事不宜持續，若長久下去必會入於深淵，陷於險難之中，既是告誡九五訟事當適可而止，又是釋說上九「或錫之鞶帶，終朝三褫之」之義。

象曰：天與水違行，訟，君子以作事謀始。

[譯]

象曰：天與水違行，這就是訟卦的意象，君子觀此自然之象明訟之理而在行事之時謀劃在先。

[記]

古人仰觀天文，俯察地理，天體運行自東嚮西，江河奔流由西往東，相違而行，言人彼此，兩相乖戾，必生訟事，故說「天與水違行，訟」。李鼎祚《周易集解》引荀爽曰：天自西轉，水自東流，上下違行，成訟之象也。《逸周書．武順》云「天道尚右，日月西移；地道尚左，水道東流」，是天與水違行。

君子以作事謀始，這是評議之語，亦有告誡之義。指行事之時，要察其幾微，謀在其始，防患於未然。王弼注：「无訟在於謀始，謀始在於作制。契之不明，訟之所以生也。物有其分，職不相濫，爭何由興？訟之所以起，契之過也。故有德司契，而不責於人。」孔穎達疏：「凡欲興作其事，先須謀慮其始。若初始分職分明，不相干涉，即終无所訟也。」謀，考慮、謀劃。《說文．言部》云：謀，慮難曰謀。《玉篇．言部》云：謀，計也。始，猶先。

初六，不永所事，小有言，終吉。

[譯]

初六，不可長久於訟事，小有過失，結果吉祥。

【記】

「不永所事，小有言」，永，長久的意思。《說文》云：永，長也。孔穎達疏：永，長也。所事，指爭訟之事。所，相當於「此」、「這」。小有言，言，同「愆」，過失之義。程頤《周易程氏傳》云：有言，災之小者也。初居訟始，柔順卑下，應於九四，然四履非其位，失其中正，當訟之際，非理犯己。初體雖柔，然見犯乃訟，雖不能不訟，但以柔應剛，亦不可久長，所以說「不永所事」。訟必有爭，爭而失和，故而「小有言」。雖四犯己，己能辯訟，訟既已始，必辯分明，乃得「終吉」。

象曰：不永所事，訟不可長也。雖小有言，其辯明也。

【譯】

象曰：不可長久於訟事，因爲爭訟不可長久。雖然小有過失，但其可以辯明事理。

【記】

訟不可長也，釋所以「不永所事」之義。「雖小有言，其辯明也」，釋所以「終吉」之義。辯明，申明、分辯明白。

九二，不克訟，歸而逋其邑，人三百戶，无眚。

［譯］

九二，爭訟失敗，心懷危懼返回而逃匿在其邑中，這是個衹有三百戶邑人的村邑，因而沒有眚災。

［記］

不克訟，克，勝的意思。孔穎達疏：克，勝也。克訟，猶言勝訟。不克訟，不能勝訟，即爭訟失敗。二五同位不與而興訟，二自外來，剛居柔而失正，處坎之中，以非正之位居險訟上，五居中履尊而得其正，二力不克，其上爲巽，巽爲不果，無終之象，故而「不克訟」。

歸而逋其邑，訟既不勝，心懷危懼而返回，逃匿在其邑中。歸，返回，這裡是說恐懼而歸。逋，逃匿、躲藏。《說文·辵部》云：逋，亡也。《廣雅·釋言》云：逋，竄也。李鼎祚《周易集解》引荀爽曰：逋，逃也，謂逃失邑中之陽人。九二以陽剛之體居坎之中，訟而不勝，歸爲坎主，坎爲隱伏，所以說「歸而逋其邑」。邑，取坤之象，下本爲坤，坤爲邑。

人三百戶，釋說「其邑」的規模。孔穎達疏：「三百戶者，鄭注《禮記》云：小國下大夫之制。又鄭注《周禮·小司徒》云：方十里爲成，九百夫之地，溝渠、城郭、道路，三分去其一，餘六百夫，又以田有不易，有一易，有再易，定受田三百家，即此三百戶者，一成之地也。鄭注云：不易之田，歲種之，一易之田，休一歲乃種，再易之地，休二歲乃種，言至薄也。」

无眚，眚，眚災，自內爲眚，自外爲災。李鼎祚《周易集解》引虞翻曰：眚，災也。陸德明《經典釋文》曰：「眚，子夏傳云：妖祥曰眚，馬云：災也；鄭云：過也。」爭訟失敗，反歸其邑，苟自藏隱，不敢與五相敵，可無眚災。王弼注：「若能以懼歸竄其邑，乃可以免災。邑過三百，非爲竄也，竄而據強，災未免也。」孔穎達疏：「人三百戶，无眚」者，若其邑狹少，唯三百戶，乃可也。「人三百戶，无眚」，是說九二歸而藏於卑微之地，乃得「无眚」。

這段爻辭，前三句說明占筮之人的情狀，「无眚」爲斷辭。

象曰：不克訟，歸逋竄也。自下訟上，患至掇也。

【譯】

象曰：爭訟失敗，歸來而逃亡藏匿。下與上爭訟，是自己招致的禍患。

【記】

「不克訟，歸逋竄也」，描述占筮之人的情狀。

「自下訟上，患至掇也」，是說訟事由九二自己而起，自下訟上，是悖逆之道，「不克訟，歸逋竄也」的禍患是自己招致的。

竄，隱藏、藏匿。《爾雅．釋詁下》云：竄，微也。郭璞注：微謂逃藏也。患，禍患、災難。《說文》曰：患，憂也。掇，拾取、招致。《說文．手部》云：掇，拾取也。孔穎達疏：掇，猶拾掇也。朱熹《周易本義》曰：掇，自取也。

六三，食舊德，貞厲，終吉。或從王事，无成。

［譯］

六三，享受祖上先人的福蔭，如此下去有危險，結果吉祥。或順從於王事，功成而不自居。

［記］

食，享受、安享。《漢書．敘傳下》云「食厥舊德」，顏師古注：食猶饗也。舊德，指祖上先人的恩德，或指昔日的功業。貞，如此下去、固守現狀的意思。程頤《周易程氏傳》云：貞，謂堅固自守。厲，危險。終吉，指結果吉祥。或，李鼎祚《周易集解》引荀爽曰：或者，疑之辭也。孔穎達疏：凡言或者，或之言有也，言或有如此，故言或，則上云「或從王事无成」，及坤之六三「或從王事无成」之類是也。從，順從、隨從。王事，指陽事，此指上九先王之事。无成，沒有成就，指功不自居。

對照坤卦六三「含章可貞，或從王事，无成有終」，爻辭猶爲「食舊德貞厲；或從王事，无成終吉」。坤六三「含章可貞」，訟六三「食舊德貞厲」，坤得「有終」，訟得「終吉」，皆爲斷辭，辭意相同。

六三，陰柔之體居不正之位，非是爭訟之人。其應在上，上爲宗廟之位，柔順相從，可得剛濟，所以說「食舊德」。朱駿聲《六十卦經解》云：雖失位而專心應上，故能保全舊恩，食舊德者也。下乘二剛，非其所乘，上承四陽，四訟在初，三居二剛之間，近不相得，處險陷之極，多凶之地，非乘無承，食舊德不可久，故說「貞厲」。然處險知危，順應於上，不與爭訟，上爲終，故得「終吉」。三上相應，上爲乾，乾爲王，故稱「王事」。以陰從陽，陽唱陰和，不敢爲先，功不自居，所以說「无成」。

又，李光地《周易折中》引徐氏幾曰：王事，即訟事；无成，即《彖》之訟不可成也。

象曰：食舊德，從上吉也。

[譯]

象曰：享受祖上先人的福蔭，順從上九吉祥。

[記]

釋爻辭「終吉」之義。從上，指六三與上九相應。上，指上九。以柔順上，可獲剛濟，得食舊德，因而得吉，所以說「從上吉也」。朱熹《周易本義》曰：「從上吉，謂隨人則吉。明自主事，則无成功也。」

九四，不克訟，復即命渝，安貞，吉。

〔譯〕

九四，爭訟失敗，返歸本理即可使爭訟情況發生改變，安於正道，吉祥。

〔記〕

不克訟，四處離極，初爲坎始，離爲火，坎爲水，水火不相容而生訟。四以剛居柔，失位不正，剛躁不安，以不正之位而淩初興訟，初以柔應之，辯之以事，明之以理，而得終吉。四處巽體，訟而不果，遂「不克訟」。

「復即命渝，安貞，吉」，復即，猶九二「歸而」。復，返、返歸，這裡指返歸本理，即初四本爲陰陽相應而不相訟之理。命，使。《說文》曰：命，使也。渝，改變。《爾雅·釋言第二》云：渝，變也。李鼎祚《周易集解》引虞翻曰：渝，變也。命渝，意思是「使……發生改變」，這裡指使訟事發生改變。四已出坎陷而居明體，訟既不勝，乃反從本理，克己剛忿欲訟之心，革心平氣，變而安貞，棄訟而與初應合，乃得吉祥。貞，猶正，指初四陰陽相應之正。

朱駿聲《六十四卦經解》云：初即辯明，四訟妄也，訟既不克，當反就前理，變其訟命，則安靜貞吉而不失初也。

象曰：復即命渝，安貞不失也。

〔譯〕

象曰：返歸本理即可使爭訟情況發生改變，安於貞正則不會失去其相應之道。

〔記〕

不失也，釋所以「吉」之理，指沒有失去正道，因而得吉。正道，指與初六陰陽相應之道。

九五，訟，元吉。

〔譯〕

九五，爭訟之事，大吉。

〔記〕

元，大。元吉，即大吉。二五相訟，五得位中正，二既「不克訟，歸而逋其邑」，五遂得大吉，所以說「訟，元吉」。

又，或將此「訟」釋爲聽訟、斷決獄訟之義。王弼注：「處得尊位，爲訟之主。用其中正，以斷枉直，中則不過，正則不邪，剛无所溺，公无所偏，故訟，元吉。」惠棟《周易述》注云：聽訟得其中正，故元吉。

象曰：訟，元吉，以中正也。

［譯］

象曰：爭訟之事，大吉，因爲能夠秉持中正之道。

［記］

中正，指九五居中且正，中則不有過差，正則不有邪曲，以中正爲德，訟不失度，故得元吉。

上九，或錫之鞶帶，終朝三褫之。

［譯］

上九，君王賞賜命服大帶，但由始至終三次被褫奪。

［記］

或錫之鞶帶，或，「域」的本字，釋作國，邦國、封國，這裡指國君、君王，九五。《說文·戈部》云「或，邦也」，段玉裁注：「邑部曰：『邦者，國也。』蓋或、國在周時爲古今字。古文衹有或字，旣乃複製國字。」錫，通「賜」，賜予。《爾雅．釋詁第一》云：錫，賜也。朱駿聲《說文通訓定聲．解部》云：錫，叚借爲賜。鞶帶，指命服大帶，宗廟之服。孔穎達疏：鞶帶，謂大帶也。陸德明《經典釋文》曰：「鞶，步干反，馬云：大也；徐云：王肅作『槃』。」李鼎祚《周易集解》引荀爽曰：「鞶帶，宗廟之服。三應於上，上爲宗廟，故曰鞶帶也。」胡煦《周易函書》約注云：「鞶帶，大帶，命服之飾。男鞶帶，女鞶絲，革爲之。」上九居宗廟之地，有應在三，三五同體爲巽，巽爲繩，帶之象，五爲君，三「或從王事」，故言「或錫之鞶帶」。

終朝三褫之，乾爲日出，故言朝，上居卦終，所以說「終朝」，指由始至終之義。陸德明《經典釋文》云：「終朝，馬云：旦至食時爲終朝。」褫，猶奪，奪去衣服的意思。《說文．衣部》云：褫，奪衣也。陸德明《經典釋文》云：「褫，徐致紙反，又直是反；本又作『補』，音同；王肅云：解也；鄭本作『拕』，徒可反。」三褫之，指二失位訟上，不克訟，歸而逋其邑；四以不正之位，淩初興訟，不克訟；上處無位之地，終凶。

上九陽剛處亢極之地，亢何以久？雖得賜予鞶帶，但終不可久長，終朝之間，三被褫奪。言於人事，失正而訟，雖得其利，但終將失去，比喻凡非正之得，不可保有，猶卦辭「終凶」之義。

象曰：以訟受服，亦不足敬也。

【譯】

象曰：因爭訟而得受福祿，實在是不值得尊敬。

【記】

象辭釋所以「終朝三褫之」之義，指非正之得，不值得稱頌。訟，爭訟。服，指「或錫之鞶帶」的「鞶帶」，引伸爲指官爵、祿位等賞賜。亦，猶實、實在的意思。《後漢書．竇融傳贊》云「悃悃安豐，亦稱才雄」，李賢注：亦，猶實也。不足，不值得。敬，指尊敬、敬慕。

師卦第七

[注音：shī]

[序卦傳]

云：訟必有衆起，故受之以師。師者，衆也。

[雜卦傳]

云：比樂師憂。

䷆ **坎下坤上**

師貞，丈人，吉，无咎。

[譯]

使衆人皆正，這是大德之人，吉祥，沒有咎害。

【記】

師有二義，一爲「衆」。《序卦傳》、《彖傳》、《大象》皆釋爲「衆」，卦辭「師貞」的「師」亦爲「衆」義。二爲「師旅」，引伸爲出師，經文爻辭「師」字皆爲此義。李鼎祚《周易集解》引何晏曰：「師者，軍旅之名。故周禮云：二千五百人爲師也。」

丈人，疑當爲「大人」（「丈人」一詞《易》中僅此一處）。李鼎祚《周易集解》引陸績曰：丈人者，聖人也；引崔憬曰：子夏傳作「大人」，竝王者之師也。又云：「此彖云：『師，衆；貞，正也。能以衆正，可以王矣。』故老子曰：『域中有四大，而王居其一焉。』由是觀之，則知夫爲王者，必大人也，豈以丈人而爲王哉！故乾文言曰：『夫大人與天地合德，與日月合明，先天而天不違，後天而奉天時，天且不違，而況於人乎？』況於行師乎？以斯而論，子夏傳作『大人』是也。」

「師貞，丈人」，貞，猶正，堅守正道之義。意思是使衆人皆堅守正道，這就是大德之人，《彖》曰：能以衆正，可以王矣。經中大人皆得中位，或五，或二，這裡指九二。

卦體一陽五陰，陽來處下而履中，爲卦之主，秉中和之道，五陰順而應之，是爲「師貞」。凡大事者必剛，二以剛居柔，中正謙和，具大人之德，成將帥之象，五履君位，拜將用師，委事與二，故稱九二爲大人。

「吉，无咎」，斷辭。衆人皆正，何咎之有，所以說「吉，无咎」。

又，卦辭之義或可理解爲指正義之師，出師之人可獲吉祥而沒有咎害，如此，則卦辭亦當讀爲「師貞，丈人吉，无咎」。

彖曰：師，衆也。貞，正也。能以衆正，可以王矣。剛中而應，行險而順，以此毒天下而民從之，吉又何咎矣。

【譯】

彖曰：師，衆的意思。貞，正的意思。能夠使衆人皆堅守正道，則可以治理天下了。陽剛者居中而有應和，行於險中而能柔和通順，以此來治理天下則民衆順從，吉祥，又哪裡會有什麼咎害呢。

【記】

「能以衆正，可以王矣」，「能以」的「以」，猶使。九二剛履中位，爲卦之主，得中正之道而孚信於衆，則民衆應從，因而能使衆人皆堅守正道。王，統治、治理的意思。來知德《周易集注》云：「以者，謂能左右之也。一陽在中，而五陰皆所左右也。左右之使衆人皆正，則足以宣佈人君之威德，即王者仁義之師矣，故可以王。」

「剛中而應，行險而順」，前半句明爻象，後半句釋卦德。剛中，謂九二，陽剛來而居下卦中位。而應，謂六五，指九二與六五陰陽相應。行，取互體震的意象，震爲行。險，取下卦坎的意象，坎爲險。行險，指九二居坎險之中，又爲震主，有剛健以行之德。順，取上卦坤的意象，坤爲順。而順，是說九二身在險中，其行剛健，初雖有險，而終將化險爲順。從卦象看，卦體坎、震、坤相互交錯，由下至上，是行險而順之象。

以此毒天下而民從之，毒，通「督」，治理、安定。朱駿聲《說文通訓定聲·孚部》云：毒，叚借爲督。高亨《周易大傳今注》引俞樾曰：毒讀爲督，治也。王弼注：毒，猶役也。陸德明《經典釋文》云：「毒，徒篤反，役也；馬云：治也。」王引之《經義述聞》云：「《廣雅》：『毒，安也。』毒天下者，安天下也。……《廣雅》訓『毒』爲『安』，蓋《周易》舊注也，視諸說爲長。」

吉又何咎矣，明先吉而後乃得「无咎」。

象曰：地中有水，師，君子以容民畜衆。

【譯】

地中有水，這就是師卦的意象，君子明師之道法此自然之象而包容百姓畜養民衆。

【記】

師卦，下坎爲水，上坤爲地，水處地下，所以說「地中有水」。李鼎祚《周易集解》引陸績曰：「坎在坤內，故曰地中有水。師，衆也。坤中衆者，莫過於水。」

君子以容民畜衆，猶休養生息之義。畜，頤養、畜養。陸德明《經典釋文》云：畜，敕六反，聚也；王肅許六反，養也。李鼎祚《周易集解》引虞翻曰：「君子謂二。容，寬也。坤爲民衆，又畜養也。陽在二，寬以居之，五變執言，時有頤養象，故以容民畜衆矣。」

初六，師出以律，否臧凶。

【譯】

初六，師旅出動要嚴格律令，失去律令無論功敗皆不吉利。

【記】

師，指師旅。律，律令、軍紀。《爾雅．釋詁第一》云：律，常也。刑昺疏：律者，常法也。《廣韻．術韻》云：律，律法也。《正字通．彳部》云：律，刑律。否臧，成敗善惡之義，否是惡，臧是善。孔穎達疏：否，謂破敗；臧，謂有功。陸德明《經典釋文》云：否，音鄙，惡也，注同；馬鄭王肅方有反；臧，作郎反，善也。

初六爲師之初，居坎險之始，師出而險隨。行師之道，當出以嚴律，明律齊令，若棄失律令，不奉法而行，縱使失令有功而法所不赦，雖臧而何異於否，所以說「師出以律，否臧凶」。李鼎祚《周易集解》云：「初六以陰居陽，履失其位，位既匪正，雖令不從，以斯行師，失律者也。凡首率師，出必以律，若不以律，雖臧亦凶，故曰『師出以律，失律凶也』。」

象曰：師出以律，失律凶也。

【譯】

象曰：師旅出動要嚴格律令，失去律令不吉利。

[記]

失律凶也，釋所以「師出以律」之義。失律，指行軍無紀律。凶，不吉利，也指出師不利。

九二，在師中，吉无咎，王三錫命。

[譯]

九二，在中軍中，吉祥沒有咎害，獲得君王委任授命。

[記]

師中，指中軍。在師中，指大人九二居於中軍而爲統帥。九二位內卦之中，值行師之際，所以稱中軍。朱駿聲《六十四卦經解》云：在師中，所謂中軍也。

王三錫命，王，指六五。三錫命，指君王委任授命。《周禮·春官宗伯第三·大宗伯》云：「以九儀之命正邦國之位：壹命受職，再命受服，三命受位，四命受器，五命賜則，六命賜官，七命賜國，八命作牧，九命作伯。」《禮記·曲禮》云：夫爲人子者，三賜不及車馬。鄭玄注：「三賜，三命也。凡仕者，一命而受爵，再命而受衣服，三命而受車馬。」來知德《周易集注》云：「錫命者，乃寵任其將，非褒其成功也。曰錫命，則六五信任之專可知矣。」三，五與二間三爻，故言三。錫，同「賜」。陸德明《經典釋文》云：錫，星歷反，徐音賜，鄭本作「賜」。高亨《周易古經今注》云：錫借爲賜。

九二處震之始，震爲侯、爲長子，長子帥師，爲師之主，陽剛之體居中履柔，行剛正中和之道而獲衆從服。其應在五，王三錫命，任大役重，行險而順，事克功成，成則得吉，吉而無咎。李鼎祚《周易集解》引九家易曰：「二非其位，蓋謂武王受命而未即位也。受命爲王，定天下以師，故曰在師中，吉。」

吉无咎，指受王錫命，無功則凶，功成則吉，吉則「无咎」。

象曰：在師中，吉，承天寵也。王三錫命，懷萬邦也。

【譯】

象曰：在中軍中，吉祥，因爲受君王寵任。君王委任授命，是爲了使天下諸侯歸附。

【記】

承天寵，指承受君王寵任。天，天子，即君王，指六五。承，受、承受。《說文．手部》云：承，受也。寵，寵任的意思。萬邦，指各諸侯國。懷，歸附、依附。《玉篇．心部》云：懷，歸也。《爾雅．釋言第二》云：懷，來也。懷萬邦，指使天下諸侯歸附。

六三，師或輿尸，凶。

〔譯〕

六三，出師邦國載尸而歸，不吉利。

〔記〕

師，出師、出征。或，「域」的本字，釋作國，邦國、封國。《說文．戈部》云：或，邦也。段玉裁注：「邑部曰：『邦者，國也。』蓋或、國在周時爲古今字。古文衹有或字，既乃複製國字。」輿尸，以車載尸。

三多凶，失位乘剛，處險行師，往而無應，師出無名，力微而任重，貪功而妄進，以此行師，必有大敗，功業大喪，所以說「師或輿尸，凶」。居坤坎之體，坤爲大輿，坎爲血卦、爲馬、爲曳，其於輿爲多眚，輿尸之象，言其輿尸之凶來自於內。

象曰：師或輿尸，大无功也。

〔譯〕

象曰：出師邦國載尸而歸，好大喜功沒有功業。

【記】

大无功也，釋「師或輿尸」之義。大，指好大、自大，非陽剛之大。六三以陰居陽，下乘九二之剛，盲目自大，貿然而進，必有輿尸之凶，所以說「大无功也」。

六四，師左次，无咎。

【譯】

六四，師旅停留駐紮，沒有咎害。

【記】

師，師旅、軍隊。左次，退止、退守駐紮的意思。朱熹《周易本義》曰：左次，謂退舍也。左，有退守之義，右進左退，右陽左陰。胡煦《周易函書》約注云：古人尚右，故右前左後，蓋乾先坤後，故右乾而左坤。次，駐留、止歇。《廣雅．釋詁四》云：次，舍也。王念孫疏證：爲舍止之舍，也指行軍在一處駐留二宿以上。《左傳．莊公三年》云：凡師一宿爲舍，再宿爲信，過信爲次。又特指途中止宿的住所。

四體陰柔，居震之極，動則劇動，無所應與，不可往進，處坎之上，退則入險，是爲有咎。然處上下進退之際履得其位，無應不可以行，得位則可以處，因此唯有停留駐紮方得無咎，所以說「師左次，无咎」。

象曰：左次无咎，未失常也。

[譯]

象曰：師旅停留駐紮，沒有咎害，因爲沒有偏離常道。

[記]

「左次无咎」是「師左次，无咎」的省文。未失常，指沒有偏離常道。常道，指行師量宜進退之道。這裡是說六四處上卦之初，居險之上，進無應援，退則有險，因此而暫時停留駐紮，這是師之常道，因此可得「无咎」。

六五，田有禽，利執言，无咎。長子帥師，弟子輿尸，貞凶。

[譯]

六五，田裏有禽獸，順利捕獲，沒有咎害。長子統率師旅出征，弟子載尸而歸，如此下去不吉利。

[記]

禽，禽獸。朱駿聲《六十四卦經解》云：禽，獸也。利，順利。執，獵取。言，通「訊」，指俘虜。聞一多《古典新義》云：「『言』當讀爲『訊』。……是古音『言』、『訊』亦近。音近則義通，故訊問之『訊』謂之『言』，俘訊之『訊』亦謂之『言』。……田而獲禽，猶之戰而執訊矣。」訊，西周時對俘虜的稱謂。執言，指捕獲獵物。

六五陰柔，失位有咎，然處中履尊，陰不先唱，柔不犯物，犯而後應，猶田中有禽，而來犯苗，往而獵之，何咎之有，所以說「田有禽，利執言，无咎」。

又，田，或釋田獵之義。李鼎祚《周易集解》引荀爽曰：田，獵也。禽，陸德明《經典釋文》曰：徐本作「擒」。

「長子帥師，弟子輿尸，貞凶」，是說九五的使人之事。長子，指九二，取震之象，二爲震主，震爲長子。帥，統領、率領。師，指師旅、軍隊。六五居尊而爲用師之主，陰柔之體不可爲帥，不躬行必授之與陽。其應在二，二以陽居中，得中和之道，五陰委信，授之爲帥，所以說「長子帥師」。六三陰柔，陰爲小，爲坎之體，坎爲次子，故稱弟子，處險未脫，失位不正，以陰柔之質而行陽剛之事，使不當，有凶，所以說「弟子輿尸，貞凶」。胡煦《周易函書》約注云：使不當，歸咎于五也。貞凶，指如此下去則有凶的意思。

象曰：長子帥師，以中行也。弟子輿尸，使不當也。

[譯]

象曰：長子統率師旅出征，是授命中正得宜。弟子載尸而歸，是使人不當。

[記]

長子，指九二；弟子，指六三。中行，行中和之道。二居中位，爲震之始，震爲行，故言中行。使不當也，指委任不當。使，委任。

上六，大君有命，開國承家，小人勿用。

［譯］

上六，先王有詔令，建立國家承繼家業，小人不可使用。

［記］

大君，指天子。上六下有伏乾，乾爲君、爲大，故稱大君，處宗廟之位，所以這裡的大君指先王。有命，指有發佈詔令。

開國承家，孔穎達疏：若其功大，使之開國爲諸侯，若其功小，使之承家爲卿大夫。李鼎祚《周易集解》引荀爽曰：開國，封諸侯；承家，立大夫也。開，創始、開始。承，承繼。李鼎祚《周易集解》引虞翻曰：承，受也。

爻辭總說全卦之義，九二大人可得開國之功，吉而無咎，六三小人則有輿尸之凶。

象曰：大君有命，以正功也。小人勿用，必亂邦也。

［譯］

象曰：先王有詔令，以論功行賞。小人不可使用，因爲必將禍亂國家。

【記】

正功，指確定功績大小而予以不同的封賞。正，這裡是動詞，確定、確立的意思。亂邦，禍亂國家。邦，指國家。

比卦第八

【釋文音訓：比，毗志反；注音：ㄅㄧˇ，舊讀：ㄅㄧˊ】

【序卦傳】

云：衆必有所比，故受之以比。比者，比也。

【雜卦傳】

云：比樂師憂。

䷇ 坤下坎上

比吉，原筮：元永貞，无咎，不寧方來，後夫凶。

［譯］

相親相輔吉祥，占筮繇文：親比之際心胸寬大、誠信長存、貞正不邪，沒有咎害，不寧之方皆來親附，猶疑不定而後來的不吉利。

［記］

比，親比、相輔的意思。孔穎達疏：比者，人來相輔助也。朱熹《周易本義》曰：比，親輔也。《說文·比部》云：「比，密也。二人爲从，反从爲比。」《玉篇·比部》曰：比，近也，親也。《爾雅·釋詁下》曰：比，俌也。

比吉，人能親輔，必得吉祥。孔穎達疏：比吉者，謂能相親比而得其吉。李鼎祚《周易集解》引子夏傳曰：「地得水而柔，水得土而流，比之象也。夫凶者生乎乖爭，今既親比，故云比吉也。」程頤《周易程氏傳》云：以二體言之，水在地上，物之相切比无間，莫如水之在地上，故爲比也。卦九五一陽居上卦之中，而得其正，成比之主，上下五陰，皆比而從之。言之於人，志合相親，意同相比，必得其吉。

原筮，指占筮的繇文。原，《說文．灥部》作「厵」，云：原，篆文，从泉。段玉裁注：以小篆作「原」（原），知「厵」乃古文，籀文也。又，籀，亦借「繇」字爲之，《春秋傳》卜筮繇辭，今皆作「繇」。《周禮．春官宗伯第三．大卜》云：掌三兆之法，一曰玉兆，二曰瓦兆，三曰原兆。李鼎祚《周易集解》引干寶曰：「原，卜也。周禮三卜，一曰原兆。」

又，朱熹、來知德、惠棟釋「原」爲「再」。《周義本義》曰：然必再筮以自審；《周易集注》云：原者，再也；《周易述》注云：原，再也。孔穎達釋「原」爲「原窮」，疏云：原，謂原窮，比者根夲。高亨釋「原筮」爲「原有之占筮」，《周易古經今注》云：原筮者，後人追稱舊筮之辭也。王夫之釋「原」爲「本」，俞樾釋「原」爲「始」、爲「本」。

《周易》六十四卦唯蒙、比卦辭言筮，凡筮皆不明而求明，故「蒙」曰「匪我求童蒙，童蒙求我，初筮告，再三瀆，瀆則不告」，由此，今文釋「原筮」爲「占筮的繇文」之義。

「元永貞，无咎；不寧方來，後夫凶」爲「原筮」的內容。

「元永貞，无咎」，元，大，指心胸寬大；永，久、長久；貞，正，中正不邪。指人相親比，當心胸寬大、誠信長存、貞正不邪，方得「无咎」。孔穎達疏：欲相親比，必能原窮其情，筮決其意，唯有元大、永長、貞正，乃得无咎。程頤《周易程氏傳》云：「所謂元永貞，如五是也，以陽剛居中正，盡比道之善者也。以陽剛當尊位爲君德，元也。居中得正，能永而貞也。」

不寧方來，「不寧方」猶「不寧之方」，高亨《周易古經今注》云：不寧之邦謂之不寧方。又云：不寧方來謂不寧之邦來朝也。寧，安寧、安定。《廣韻．青韻》云：寧，安也。或將「寧」釋爲安分、順從之義。方，指周邊小國。來，指來親比、來歸附。凡天地之物無不相親比而自存的，當比之際，元永貞而得「无咎」，不寧之方，皆來親附。

後夫凶，指親比之時，當盡其速，後則有凶。後，後來者，指上六，處比之極，比道已終，來時已晚，以柔乘剛，不得其寧，故而有凶。夫，語辭。孔穎達疏：「親比貴速，若及早而來，人皆親己，故在先者吉，若在後而至者，人或疏己，親比不成，故後夫凶。或以夫爲丈夫，謂後來之人也。」

又，「不寧方來，後夫凶」，亦或釋爲不安寧之事將要來到，然後有凶險。方來，釋爲將要來到之義。

彖曰：比，吉也。比，輔也，下順從也。原筮「元永貞无咎」，以剛中也；不寧方來，上下應也；後夫凶，其道窮也。

［譯］

彖曰：相親相輔，吉祥。比，相親輔的意思，是陰順從於陽。占筮繇文「親比之時心胸寬大、誠信長存、貞正不邪，沒有咎害」，是因爲陽剛者能秉持中正之道；不寧之方皆來親附，是說上下衆陰皆順應陽剛；猶疑不定而後來的不吉利，因爲其親比之道已至窮盡。

【記】

比，吉也，複明卦辭「比吉」之義。朱熹《周易本義》曰：此三字，疑衍文。

比，輔也，下順從也，釋「比」之義。輔，親近輔助的意思。下，指陰爻。九五爲比之主，與六二陰陽正應，二爲陰主，以中應中，相親相輔，上下衆陰皆從，所以說「比，輔也，下順從也」。

以剛中也，釋所以「元永貞，无咎」之義，指九五陽剛居於上體中位，得剛實中正之德。

「不寧方來，上下應也」，上爲陽，下爲陰，指九五爲比之主，一陽五陰，五得位中正，陰皆順從於陽，與九五親比，因此得上下順應。以卦象看，李鼎祚《周易集解》引虞翻曰：水性流動，故「不寧」；坤陰爲方，上下應之，故「方來」也。

「後夫凶，其道窮也」，後夫，指上六。上六處比之極，居無位之地，往無所適，乘九五陽剛，五非其乘，居不獲安，因此其比道已至窮盡。

象曰：地上有水，比，先王以建萬國，親諸侯。

【譯】

象曰：地上有水，這就是比卦的意象，先王觀此卦象悟比之道而建立萬國，親近諸侯。

【記】

比卦，下坤爲地，上坎爲水，所以說「地上有水」。水得地而入，地遇水而潤，這就是親比之道。物相親比而無間，莫如水土相遇，所以說「地上有水，比」。

「先王以建萬國，親諸侯」，爲評議之語。親，親近。孔穎達疏：「建萬國親諸侯，非諸侯已下之所爲，故特云先王也。建萬國，謂割土而封建之；親諸侯，謂爵賞恩澤而親友之。萬國據其境域，故曰建也；諸侯謂其君身，故云親也。地上有水，猶域中有萬國，使之各相親比，猶地上有水流通，相潤及物，故云地上有水，比也。」

初六，有孚比之，无咎。有孚盈缶，終來有它吉。

【譯】

初六，保持誠信與六二親比，沒有咎害。誠信充盈如同美酒盈滿酒器，終將有其它吉祥之事。

【記】

「有孚比之，无咎」，有孚，保持誠信。有，保有、保持的意思。比，親比。之，指六二。初無位無應是有咎，與二相比，二應在五，居此之時，初若比不以信，則咎莫大焉，若能保持誠信，而相親比，著信立誠，終始如一，则可得「无咎」。

「有孚盈缶，終來有它吉」，這裡的「有孚」指誠信。盈，充滿、盈滿。缶，盛酒漿的瓦器。《說文．缶部》云：缶，瓦器，所以盛酒漿。《爾雅．釋器第六》云：盎謂之缶。有孚盈缶，指誠信充盈，猶若佳釀美酒充滿盛酒的瓦器。終來，猶終將。有它吉，指有其它吉祥之事。它，相當於「別的」、「其它的」。《玉篇．它部》云：它，異也。初二相比，虽得無咎，而無其吉，然其上無應，心無私吝，孚信盈溢，以此待物，終有親比之人來到，所以必有它吉。王弼《畧例》云：无咎吉者，先免于咎，而後吉從之也。朱熹《周易本義》曰：「比之初，貴乎有信，則可以无咎矣。若其充實，則又有它吉也。」它吉，指九五的顯比之吉。

象曰：比之初六，有它吉也。

[譯]

象曰：與六二親比的初六，會有其它吉祥之事。

[記]

初六「有孚盈缶」，必得九五「顯比」之吉，因此而有它吉。

六二，比之自內，貞吉。

【譯】

六二，發自內心與九五親比，貞正吉祥。

【記】

六二處比之際，得位中正，爲內之主，係應在五，親比之情發自於內，九五中正，爲比之主，因此而得吉祥。然二獨與五應，因此僅得貞正之吉而已，不若初六有它吉。之，指九五。內，內心，指六二爲內卦之主。貞，猶正，指與九五陰陽正應。

象曰：比之自內，不自失也。

【譯】

象曰：與九五親比是發自內心，沒有自己失去正道。

【記】

不自失也，指沒有自己失去與九五的正應之道，是說二五陰陽正應而相親比是其正道。

六三，比之匪人。

【譯】

六三，親比於不該親比的人。

【記】

之，相當於「於」。王引之《經傳釋詞弟九》云：之，猶於也。匪，同「非」，帛書本作「非」。陸德明《經典釋文》云：「馬云：匪，非也；王肅本作『匪人凶』。」阮元《周易注疏校勘記》云：石經岳本、閩監毛本同釋文匪人，王肅本作「匪人，凶」。匪人，不是親近的人。比之匪人，指親近於不該親近的人。

三多凶，履非其位，不中不正，下比於二，二中正應五，上比於四，四得位承剛，近不相得，遠無其應，所欲親比，皆非己親，所以說「比之匪人」。

象曰：比之匪人，不亦傷乎。

【譯】

象曰：親比於不該親比的人，不是很悲傷的事嗎。

【記】

所親比的人都是本不該親比之人，真是很悲傷的事。亦，語助詞。王引之《經傳釋詞弟三》云：凡言「不亦」者，皆以「亦」爲語助。

六四，外比之，貞吉。

【譯】

六四，與九五親比，貞正吉祥。

【記】

外比之，指與外相比。外，指九五。下稱內，上稱外，九五居四之上，所以稱外。比之，與……相比。

六四與九五相比，五爲比主，居尊且正，有中孚之德，多懼之地，與之親比，柔順相承，可得吉祥。貞，猶正，指得位承陽之道。

象曰：外比於賢，以從上也。

【譯】

象曰：外與賢能之人親比，而順從於九五。

【記】

九五得位居中，具剛健中正之德，故稱贒。五在四上，稱爲外，四臨而比之，以柔承剛，是順從於上。於，猶與。贒，同「賢」，指才能、德行皆好的人。上，指九五。

九五，顯比。王用三驅，失前禽，邑人不誡，吉。

【譯】

九五，與天下人親比。君王用三驅之法狩獵，失去前方的禽獸，屬邑中人沒有設戒攔截，吉祥。

【記】

顯，顯貴、尊貴，指有名聲、有權勢地位的人。《玉篇．頁部》云：顯，著也。顯比，指九五居尊貴之位而與天下人親比。五一陽居尊，剛健中正，爲比之主，群陰皆來親比，所以稱「顯比」。

「王用三驅，失前禽，邑人不誡」，王，君王。王用三驅，是說君王用「三驅」之法狩獵，即三面合圍，獨留前面，狩獵之時，前面奔逃的，任其而去，不予追擊，所以「失前禽」。邑人不誡，邑人，指屬邑中人。誡，同「戒」，帛書本作「戒」。這段爻辭釋說王者親比天下，不獨斷專行，順者容而納之，逆者寬而去之，故而可獲吉祥。前禽，指上六。孔穎達疏：顯比之道，與己相應者則親之，與己不相應者則疏之。

象曰：顯比之吉，位正中也。舍逆取順，失前禽也。邑人不誡，上使中也。

〔譯〕

象曰：與天下人親比吉祥，得位居中且正。寬恕背逆者容納順從者，猶如采用三驅之法狩獵而失去前方禽獸。屬邑中人沒有設戒攔截，是因爲君王行使中正寬厚之道。

〔記〕

舍逆取順，舍，通「赦」，寬恕、免罪的意思。《正字通．舌部》云：舍，與「赦」通。取，收取、容納。《玉篇．又部》云：取，收也。上使中也，上，指九五；使，用、行使；中，指中正寬厚之道。

上六，比之无首，凶。

〔譯〕

上六，親比之際沒有先行，不吉利。

【記】

之，語助詞。首，首先、先行之義。《洪武正韻．有韻》云：首，先也。无首，王弼注：「无首，後也。處卦之終，是後夫也。」爻辭與卦辭「後夫凶」對應，孔穎達疏：「无首，凶者，謂无能爲頭首，它人皆比，己獨在後，是親比於人，无能爲頭首也。它人皆比，親道已成，己獨在後，衆人所棄，宜其凶也。」朱駿聲《六十四經解》云：「首，始也。陰道无成而代有終，无首凶，迷後失道，故无所終也。」從卦象看，乾爲首，五爲乾體，上居其上，而乘於五，不見其首，故言「比之无首」。五爲比主，上處無位窮途之地，以柔乘剛，故而有凶。

又，无首，指昊大、沒有端際的意思，猶乾卦「用九，見羣龍无首」。乾爲大，陰爲小，乾卦用九陽氣昊大，上六爲陰，則不用大，而指窮途之義，是說上六處卦之極，比道窮途。李鼎祚《周易集解》引荀爽曰：陽欲无首，陰以大終，陰而无首，不以大終，故凶也。

象曰：比之无首，无所終也。

【譯】

象曰：親比之時沒有先行，沒有什麼好結果。

【記】

无所終也，釋「比之无首」之義。親比之時不能爲先，猶豫遲疑於後，即被人所棄，無人親比，因此沒有好的結果。終，結果。无所終，指沒有好的結果。朱熹《周易本義》曰：「以上下之象言之，則爲无首；以終始之象言之，則爲无終。无首則无終矣。」

小畜卦第九

[釋文音訓：畜，本又作「蓄」，同敕六反，鄭許六反；注音：xiǎoxù，舊讀：shǎoxù]

[序卦傳]

云：比必有所畜，故受之以小畜。

[雜卦傳]

云：小畜，寡也。

☴☰

乾下
巽上

小畜亨，密雲不雨，自我西郊。

[譯]

以小聚大進行祭祀，有少量的雲沒有降雨，積聚在我西郊。

[記]

畜，畜止、積聚的意思。陸德明《經典釋文》云：「畜，本又作『蓄』，同敕六反，積也，聚也，卦內皆同；鄭許六反，養也。」阮元《周易注疏校勘記》云：石經岳本、閩監毛本同釋文本又作蓄。程頤《周易程氏傳》曰：畜，止也，止則聚矣。朱熹《周易本義》曰：「小，陰也。畜，止之之義也。」

小畜，以小畜大，猶以小聚大之義。卦體乾下巽上，乾陽爲大，巽陰爲小，以陰畜陽，以小畜大，故稱小畜。大畜爲卦，乾下艮上，艮爲山爲陽，以山止乾，以陽畜剛，所以稱大畜。以卦象看，四陰得位且正，爲畜之主，上下五陽皆應，是爲小畜，《彖》曰：小畜，柔得位而上下應之曰小畜。惠棟《周易述》注云：陰稱小，畜，斂聚也，以陰畜陽，故曰小畜。疏又云：一陰畜五陽，故曰小畜。

又，小畜，所畜者小，聚積者少，猶下「密雲」之義。《雜卦傳》云：小畜，寡也。朱駿聲《六十四卦經解》云：「玄田爲畜，養也，積也，聚也，又止也。巽爲入，爲近利，爲長女，乾爲金玉，金玉入於長女之手，畜亦无幾，故《雜卦傳》曰：小畜，寡也。」孔穎達疏：「若大畜，乾在於下，艮在於上，艮是陽卦，又能止物，能止此乾之剛健，所畜者大，故稱大畜。此卦則巽在於上，乾在於下，巽是陰柔，性又和順，不能止畜在下之乾，唯能畜止九三，所畜狹小，故名小畜。」

來知德《周易集注》云：「小者，陰也。畜者，止也。乾下巽上，以陰畜陽。又一陰居四，上下五陽皆其所畜，以小畜大，故爲小畜。又畜之未極，陽猶尚往，亦小畜也。」

小畜亨，亨，同「享」，享祀、祭祀。卦辭或指大旱之際，收穫微薄，以小聚大而行祭天之事，以求天祐。

密雲不雨，密，小、少的意思。李鼎祚《周易集解》引虞翻曰：「密，小也。兌爲密。」密雲，指小雲，或少雲。六四爲小畜之主，居兌之體，兌爲小、爲少，於乾之上，處風澤交匯之所，水隨風上於天而成雲，所以稱「密雲」。又，雨，陰陽之氣相薄之物，四處兌澤、離日、巽風交際之處，澤氣上升，日氣升騰，而風以散之，不雨之象，故云「密雲不雨」。李鼎祚《周易集解》云：「雲雨者，陰之氣也。今小畜五陽，而一陰既微少，纔作密雲，故未能爲雨。」朱駿聲《六十四卦經解》云：凡雲自東而西則雨，自西而東則不雨。

自我西郊，自，相當於「在」、「於」。西郊，取乾兌之象，四居乾上，乾爲西北，稱郊，兌爲西方，故稱「自我西郊」。或解爲六四本從坤體而來，爲巽之主，坤巽同位西南，亦可稱爲西郊。

「密雲不雨，自我西郊」，是說有少量的雲在我西郊積聚，但沒有降雨。雨可潤澤萬物，但雲少而未能成雨，則萬物未得滋養，比喻聖人君子積德尚小不足以施惠天下百姓。李鼎祚《周易集解》引崔憬曰：雲如不雨，積我西邑之郊，施澤未通，以明小畜之義。朱熹《周易本義》曰：「畜未極而施未行，故有密雲不雨，自我西郊之象。

蓋密雲，陰物；西郊，陰方。我者，文王自我也。文王演《易》於羑里，視岐周爲西方，正小畜之時也。」

彖曰：小畜，柔得位而上下應之，曰小畜。健而巽，剛中而志行，乃亨。密雲不雨，尚徃也。自我西郊，施未行也。

[譯]

彖曰：小畜卦的意象，陰柔者居得其位而上下應之，所以稱小畜。剛健而順巽，陽剛者居中而其志得行，於是進行祭祀。有少量的雲沒有降雨，因爲陽剛之氣已嚮上往去。積聚在我西郊，恩澤佈施還沒有施行。

[記]

柔得位而上下應之，釋說小畜卦的意象。柔，指六四。上下，指五個剛爻。卦體六四一陰得位且正，體無二陰以分其應，爲小畜之主，上下皆應，所以說「柔得位而上下應之」。

健而巽，此以二體之象釋。卦體下乾爲健，上體爲巽，所以說「健而巽」。

剛中而志行，此以二五之爻釋。剛中，指九二、九五陽剛居得中位。志行，指陽剛之體志在用事，剛健不息。

「密雲不雨，尚徃也」，小畜之際，陰氣微小，以陰畜陽，以小畜大，畜而不能極。陽剛之氣本在上行，陰不能盡畜而相薄，故而不能成雨，唯密雲而已。尚，通「上」。《正字通．小部》云：尚，與「上」通。朱駿聲《說文通訓定聲．壯部》云：尚，叚借爲上。朱熹《周易本義》曰：尚往，言畜之未極，其氣猶上進也。

「自我西郊，施未行也」，施，佈施，指恩澤佈施。《集韻．寘韻》云：施，惠也。行，施行。這句是說，密雲還在我的西郊，恩澤佈施還沒有施行。

象曰：風行天上，小畜，君子以懿文德。

〔譯〕

象曰：風行天上，這就是小畜卦的意象，君子觀此卦象法小畜之道而專一長久地施行禮樂教化。

〔記〕

小畜卦，下乾爲天，上巽爲風，風行而不止，所以說「風行天上」。朱熹《周易本義》曰：風有氣而无質，能畜而不能久，故爲小畜之象。李鼎祚《周易集解》引九家易曰：「風者，天之命令也。今行天上，則是令未下行，畜而未下，小畜之義也。」孔穎達疏：風爲號令，若風行天下，則施附於物，不得云施未行也；今風在天上，去物既遠，无所施及，故曰風行天上。

君子以懿文德，懿，美、美德。《爾雅．釋詁下》云：懿，美也。《說文．壹部》云：懿，專久而美也。段玉裁注：專壹而後可久，可久而後美。邵瑛群經正字云：今經典不省，作懿。文德，指禮樂教化。

初九，復自道，何其咎，吉。

【譯】

初九，返回自己的正道，會有什麼咎害呢，吉祥。

【記】

復，返回。自道，指初九本是在上之物，小畜之際，居無位之地，正應在四，志欲上進，是其正道。返回自己的正道，與四相應，這會有什麼咎害呢，所以說吉祥。

象曰：復自道，其義吉也。

【譯】

象曰：返回自己的正道，理當吉祥。

【記】

義，猶宜，理當的意思。初九本當在上，今居於下，與六四正應，欲返其正道而與四應，理當是吉祥的。

九二，牽復，吉。

【譯】

九二，相牽而返，吉祥。

【記】

三陽志同，皆欲上行，二雖無其應，然居內之中，得中而正，與初相比，同類相與，相牽而返，乃得吉祥。牽，牽連、相牽。

初九有應，故言自復，九二無應，衹能與初九相牽而返，才能得吉。施於人事，是說初九主動，九二被動。

象曰：牽復在中，亦不自失也。

【譯】

居得中位相牽返回，沒有自己失去正道。

【記】

在中，指九二陽剛居於內卦中位。二雖居不得位，然爲內之主，與初九牽復，沒有自己失去中正之道。此指九二既有與初九牽復而被動的一面，也有剛中而居主動的一面。

九三，輿說輻，夫妻反目。

［譯］

九三，車廂脫離輪軸，夫妻背離不和。

［記］

輿，本指車箱，後來泛指車。說，同「脫」，脫離、解脫。輻，同「輹」，指綁縛車廂與輪軸使之相連的繩帶。陸德明《經典釋文》作「車說輻也」。云：「說，吐活反，說（文）云：解也；輻，音福，本亦作『輹』，音服，馬云：車下縛也；鄭云：伏菟。」阮元《周易注疏校勘記》云：石經岳本、閩監毛本同釋文輻，本亦作輹。《說文．車部》云：輹，車軸縛也。段玉裁注：謂以革若絲之類纏束於軸，以固軸也。輿說輻，指車廂與輪軸分離而不能行，比喻協作之人失去相結合的紐帶，彼此乖離，不能成事。

三處乾體，乾為圓、為健行，車輪滾動嚮前之象。其上為巽，巽為繩，其下伏陰成兌，兌為毀折，上無其應，為四所畜而不能進，輿說輻之象。施於人事，三四人道，同為兌體，陰陽比而相悅，猶夫妻之象，然其志不同，陽不乘陰反為陰乘，四以陰柔之體止三之行，三體躁不能平，遂與四爭，故而「夫妻反目」。夫，陽，指九三；妻，陰，指六四。反目，背離，指爭吵、不和，取兌離巽三卦的意象。四處三卦之體，兌為口舌，離為目，巽，其於人為多白眼，因而有反目之象。

象曰：夫妻反目，不能正室也。

〔譯〕

象曰：夫妻背離不和，不能匡正家室。

〔記〕

正，匡正、端正。夫妻之道，夫唱婦隨，猶陰陽之道，陽唱陰和，男正位乎外，女正位乎內。今妻逆乘於夫，陰外陽內，所以說不能端正家室。李鼎祚《周易集解》引九家易曰：「四互體离，离爲目也。离既不正，五引而上，三引而下，故反目也。輿以輪成車，夫以妻成室，今以妻乘夫，其道逆，故不能正室。」胡煦《周易函書》約注云：男外女內，位之正也，今男內女外，妻乘夫，故不能正室。

六四，有孚，血去惕出，无咎。

〔譯〕

六四，獲得信任，憂患已去戒懼消除，沒有咎害。

〔記〕

孚，猶信，指九五。有孚，指獲得九五信任。有，獲取、獲得。小畜之際，六四居得其位，上比於五，五體剛健，中正有孚，四爲卦主，秉正相承，得五之信，故言「有孚」。

血，憂慮的意思。陸德明《經典釋文》云：「血，馬云：當作『恤』，憂也。」惕，警惕、戒懼。《玉篇．心部》曰：惕，懼也。李鼎祚《周易集解》引虞翻曰：惕，憂也；引荀爽曰：惕，疾也。六四乘九三之上，近不相得，三志在進，爲四所畜，進則以剛犯柔，四懼三害己，故有「血」之象。然今得位且正，畜陽有道，爲五所信，承五應初，守正之德，因而「血去惕出」，乃得「无咎」。

象曰：有孚惕出，上合志也。

【譯】

象曰：獲得信任戒懼消除，是因爲與九五心志相合。

【記】

上合志也，釋所以「有孚惕出」之義。上，指上位者，這裡指九五。六四承奉於五，志意相合，得五所信而與初應，故而「血去惕出」。「有孚惕出」是「有孚，血去惕出」的省文。

上，孔穎達認爲指上九。疏曰：「象曰有孚惕出，上合志者，釋惕出之意。所以惕出者，由己與上九同合其志，共惡於三也。」

九五，有孚攣如，富以其鄰。

［譯］

九五，中正有信係引他人，富實惠及其鄰裏。

［記］

有孚攣如，有孚，指九五。五剛實居中，故言有孚。四柔順相承，二與初牽挽而來，五中正不偏，無有私係，來而不拒，是有信而係引，故言「有孚攣如」。攣，係引的意思。五爲巽體，巽爲繩，係引之象。《說文．手部》云：攣，係也。段玉裁注：「係者，絜束也。易小畜：有孚攣如。馬曰：連也；虞曰：引也。攣者，係而引之，其義近擢。」陸德明《經典釋文》云：「攣，力專反，馬云：連也。」阮元《周易注疏校勘記》云：石經岳本、閩監毛本同釋文攣，子夏傳作戀。如，孔穎達疏：如，語辭。

富以其鄰，富，即實，信實、富實的意思。信實，指誠信而言；富實，指財富而說。巽爲近利市三倍，故言富。以，猶及、達及。王引之《經傳釋詞弟一》云：以，猶及也。引虞翻注曰：以，及也。其鄰，李鼎祚《周易集解》引九家易曰：鄰謂四也。又，孔穎達疏：「富以其鄰者，五是陽爻，即必富實，心不專固，故能用富以與其鄰。

鄰，謂二也。」余認爲：五有孚中正，無有私應，心無偏狹，又居君位，天下皆爲其鄰。

象曰：有孚攣如，不獨富也。

[譯]

象曰：中正有信係引他人，是說九五富實惠及天下。

[記]

不獨富也，釋「有孚攣如」之義，指九五富實惠及天下，不獨自專有。處離之極，明照四方，昭顯中正富實之德，所以說不獨富而富以其鄰。

上九，既雨既處，尚德載，婦貞厲。月幾望，君子征凶。

[譯]

上九，已經降雨並且停止了，得車而乘，婦人如此下去有危險。月亮幾近圓滿，君子行動不吉利。

[記]

既雨既處，既，已經、已然的意思。《廣雅．釋詁四》云：既，已也。李鼎祚《周易集解》引虞翻曰：既，已也。處，中止、停止。《廣雅．釋詁三》云：處，止也。俞樾平議云：「既雨既處者，既雨既止也。止謂雨止，猶言既雨既霽也。」程頤《周易程氏傳》曰：既雨，和也；既處，止也。小畜，以巽畜乾，至上而成，上有伏陰爲坎，居乾之上，雲雨之象，故說「既雨」。然陰終不能止陽，至極則止，陽剛顯見，故「既處」。

「尚德載，婦貞厲」，尚，同「上」，指上九。德，同「得」，帛書本、李鼎祚《周易集解》皆作「得」。載，猶乘，取伏坎之象，坎爲輿，陽顯陰伏，故曰乘。尚德載，指上九得車而乘。三爲四所畜，「輿說輻」而不能行，上居小畜之極，畜道已成，得車而載，知得而不知止之象。婦貞厲，爲告誡之語，指婦人如此下去會有危險。婦，取上體巽的意象，巽爲長女，故稱婦。上伏坎爲盜、爲血卦，其於輿爲多眚，所以說「尚德載，婦貞厲」。貞，如此下去的意思。

「月幾望，君子征凶」，是說在月亮幾近圓滿的時候，君子行動不吉利。上伏陰成坎，坎爲月，居極而伏，所以說「月幾望」。又，月爲陰之至美，上處巽極，巽能畜陽，故稱月。然陰畜陽而不能極，故言「月幾望」。幾，將近、幾乎。陸德明《經典釋文》云：幾，子夏傳作「近」。李鼎祚《周易集解》引虞翻曰：幾，近也。望，滿月，農曆每月十五日前後。《釋名．釋天》曰：望，月滿之名也。征，出行、行動。君子，指占筮的人，或居於高位的人。

又，爻辭或釋爲：上處卦極，畜德已成，然至極則止，所以說「既雨既處」。尚德載，德，指小畜之德。載，充滿、盈滿。陰柔之氣至盛，故說「月幾望，君子征凶」。此釋與《象》合。

象曰：既雨既處，德積載也。君子征凶，有所疑也。

[譯]

象曰：已經降雨並且停止了，小畜之德已經滿盈。君子行動不吉利，因爲有所疑忌。

[記]

德積載也，釋「既雨既處」之義。積載，猶充盈、滿盈之義。

有所疑也，釋所以「君子征凶」之義。陰盛則必害於陽，小畜之際，月亮已近圓滿，陰柔至盛而陽剛有所疑忌，所以說「有所疑也」。

履卦第十

[釋文音訓：履，利恥反；注音：ㄌㄩˇ]

[序卦傳]

云：物畜然後有禮，故受之以履。

［繫辭傳］

云：履，德之基也；履，和而至；履，以和行。

［雜卦傳］

云：履，不處也。

䷉ 兌下乾上

履虎尾，不咥人，亨。

［譯］

踩到老虎尾巴，老虎沒有咬人，進行祭祀。

［記］

履，以禮而行之義，《繫辭下》有云「履，德之基也；履，和而至；履，以和行」。一．指鞋，引伸爲「行」

義，戰國以前一般衹作動詞使用。卦辭「履」，猶踐行、踩踐之義。《小爾雅．廣服》云：在足謂之履。《論語．鄉黨》云：行不履閾。朱駿聲《六十四卦經解》云：履，从舟，象履形，从彳从夊，取行義也。又云：統之于心曰禮，踐而行之曰履。二．同「禮」，取謙順合禮之義。《序卦傳》云：物畜然後有禮，故受之以履。韓康伯注：履者，禮也，禮所以適用也。《說文．履部》云：履，足所依也。段玉裁注：引伸之訓踐，如君子所履是也；又引伸之訓禮，《序卦傳》、《詩長發傳》是也。李鼎祚《周易集解》引崔憬曰：「履，禮也。物畜不通，則君子先懿文德，然後以禮導之，故言物畜然後有禮也。」

王弼《畧例》云：「履，雜卦曰：履，不處也。又曰，履者，禮也。謙以制禮，陽處陰位，謙也。故此一卦，皆以陽處陰爲美也。」

「履虎尾，不咥人」，卦體乾上兑下，乾爲金，西北之卦；兑，西方之卦，虎爲西方金龍，故以虎爲喻，乾前兑後，所以說「履虎尾」。兑體和順，文明有禮，沒有咎害，故「履虎尾，不咥人」，猶九四「履虎尾，愬愬，終吉」之義。咥，咬的意思。《廣雅．釋詁三》云：咥，齧也。陸德明《經典釋文》云：咥，直結反，齧也；馬云齕。又，兑爲少女，乾爲父，女隨父行，理當「不咥人」。

亨，同「享」，猶指遇大險而無難後行祭祀之事。李鼎祚《周易集解》「亨」字後有「利貞」二字。

彖曰：履，柔履剛也。說而應乎乾，是以履虎尾，不咥人，亨。剛中正，履帝位而不疚，光明也。

【譯】

履卦的意象，陰柔謙順合禮地順應陽剛。和悅地應合剛健之體，因此踩到老虎尾巴，老虎也沒有咬人，進行祭祀。陽剛之體居中行正，履帝位而不施咎害，前途光明。

[記]

「履，柔履剛也」，釋卦象所顯示的意涵。卦體下兌爲柔，上乾爲剛，所以說「柔履剛也」。履，猶禮，指和悅謙順而合禮地應合陽剛。以卦變言，一陰來而居下體之極，成卦之主，是爲柔履剛。履，猶行。以爻言，六三陰柔而居九二陽剛之上，亦爲柔履剛。履，猶踐。李鼎祚《周易集解》引荀爽曰：謂三履二也。孔穎達疏：六三陰爻，在九二陽爻之上，故云柔履剛也。

「說而應乎乾，是以履虎尾，不咥人，亨」，說，同「悅」，取兌卦的意象。此以二體之象釋，下兌陰爲悅，上乾陽爲剛，陽唱而陰和，所以說「說而應乎乾」。李鼎祚《周易集解》引虞翻曰：「說，兌也。明兌不履乾，故言應也。」施於人事，陰柔之人若能和悅地應合剛強之體，行事之時即使踩到老虎尾巴，老虎也不會咬人，偶有冒犯，也沒有咎害。亨，同「享」。

「剛中正，履帝位而不疚，光明也」，此與「說而應乎乾」從二個不同的角度分釋所以「履虎尾，不咥人」之義。剛中正，指九五陽剛居上卦中位，得位且正。帝位，指九五之位。疚，災病、咎害。陸德明《經典釋文》云：「疚，久又反，馬云：病也；陸本作『疾』。」《國語．齊語．管仲佐恒公爲政》云「設之以國家之患而不疚」，韋昭注：疚，病也。不疚，指不施咎害。這句是說九五具中正之德，居天子之位，面對謙順合禮的陰柔之體而不施咎害。光明，指陰柔之體和悅地順應陽剛，因而前途光明，取乾卦的意象，乾爲日出、爲大明。

象曰：上天下澤，履，君子以辯上下，定民志。

[譯]

象曰：上天下澤，這就是履卦的意象，君子觀此卦象法履之道而分別尊卑上下之序，安定民衆心志。

[記]

履卦，上乾爲天，下兌爲澤，所以說「上天下澤」。乾體剛健居上而尊，兌性柔順處下而卑，乾位上而臨下，兌以禮而承上，是謂尊卑有序，上下有別。

「君子以辯上下，定民志」，君子觀此卦象，而明辨事物的上下尊卑之序，以安定民心。辯，通「辨」，分別。朱駿聲《說文通訓定聲·坤部》云：辯，叚借爲辨。李鼎祚《周易集解》引虞翻曰：辯，別也。

初九，素履往，无咎。

[譯]

初九，淳樸合禮地往進，沒有咎害。

【記】

素，質樸，不加裝飾的意思。履，猶禮，指謙順合禮。徃，往進，指行事。初九處無位之地，其上無應，無有私念，行事之初，淳樸無華，隱而不章，往入離體，離爲明，遂得「无咎」。素履徃，猶《禮記．中庸》「君子素其位而行，不願乎其外」之義。

李鼎祚《周易集解》引荀爽曰：「初九者，潛位，隱而未見，行而未成。素履者，謂布衣之士，未得居位，獨行禮義，不失其正，故无咎也。」

又，素，或釋爲始。惠棟《周易述》疏云：「乾鑿度曰：太素者，質之始。鄭注尚書大傳曰：素猶始也。初爲履始，故云素。」

象曰：素履之徃，獨行願也。

【譯】

象曰：淳樸合禮地往進，不隨俗浮沉而保持自己原本的質樸心願行事。

【記】

獨行願也，釋「素履之徃」之義，是說他人尚華，唯己獨素，何咎之有。獨行，指志節高尚，不隨俗浮沉。願，心願、志嚮。

九二，履道坦坦，幽人貞吉。

［譯］

九二，履踐之道平易，隱居之士貞正則吉。

［記］

履道坦坦，履，履踐。坦坦，孔穎達疏：坦坦，平易之貌。又，履爲禮，履道尚謙。九二剛實履中，處文明之始，以陽處陰，履於謙退，故而履道坦坦，平易無險。

幽人貞吉，幽人，指隱居之人。二處澤中，爲陰所揜，上無其應，伏陰成艮，艮爲山爲徑爲小石爲室爲門闕，山上有木，猶隱居之人居於山下草木澤水陋室之象。貞，猶正，指堅守正道，即中正謙和之道。九二履道坦坦，既無險難，隱居之人當守其正道，乃得吉祥。

象曰：幽人貞吉，中不自亂也。

［譯］

象曰：隱居之士貞正則吉，是說要秉守中正謙和之道而不自亂妄爲。

[記]

中不自亂也，告誡之語，釋「幽人貞吉」之義。中，指九二居下體中位而有中正謙和之德。自亂，指亂行妄爲。

六三，眇能視，跛能履，履虎尾，咥人，凶，武人爲于大君。

[譯]

六三，目小而視，足跛而行，踩到虎尾，老虎咬人，不吉利，如同勇武的人行事而自詡如大君。

[記]

「眇能視，跛能履」，眇，小目。《說文・目部》云：眇，一目小也。《正字通・目部》云：眇，目偏小不盲亦曰眇。陸德明《經典釋文》云：「眇，妙小反，字書云：盲也；說文云：小目。」視，看。《說文・見部》云：視，瞻也。跛，指足瘸，行不健之義。陸德明《經典釋文》云：跛，波我反，足跛也，依字作破。《說文・足部》云：跛，行不正也。履，行、行走。兩個「能」字，猶「而」。王引之《經傳釋詞弟六》云：「能，猶『而』也。『能』與『而』古聲相近，故義亦相通。」李鼎祚《周易集解》兩「能」字皆作「而」。

三爲離體，離爲目爲明，陰爲小，又爲兌主，兌亦小，所以說「眇能視」。李鼎祚《周易集解》引虞翻曰：离目不正，兌爲小，故眇而視。失位不正，是爲跛，處巽之體，巽爲風，風行不止，是爲行，所以說「跛能行」。「履虎尾，咥人，凶」，虎，指上體乾。三應在上，然失位不中，柔居剛而危，陰乘陽而逆，猶履虎尾，危至甚而有咥人之凶。處兌之口，兌爲毀折，咥人之象。李鼎祚《周易集解》云：「六三爲履卦之主，體說應乾，下柔上剛，尊卑合道，是以履虎尾，不咥人，通。今於當爻以陰處陽，履非其位，互體离兌，水火相刑，故獨唯三被咥，凶矣。」「履虎履，咥人」，猶指自致於險境。

武人爲于大君，武人，勇武的人，指六三。爲，施爲、行事。于，猶如、好像。王引之《經傳釋詞弟一》云：于，猶如也。大君，先王，指上九。三體陰質柔而居陽位，應在上九，其下潛陽，志懷剛武，眇視跛履，智小謀大，猶武人爲于大君。孔穎達疏：武人爲于大君者，行此威武，加陵於人，欲自爲于大君，以六三之微，欲行九五之志，頑愚之甚。王弼《畧例》云：形躁好靜，質柔愛剛，體與情反，質與願違。

象曰：眇能視，不足以有明也。跛能履，不足以與行也。咥人之凶，位不當也。武人爲于大君，志剛也。

【譯】

象曰：目小而視，不足爲明辨。足跛而行，不足與遠行。老虎咬人之凶，因爲居位不當。勇武的人行事而自詡如大君，因爲心志剛愎。

【記】

不足以有明也，有，相當於「爲」。王引之《經傳釋詞弟三》云：「家大人曰：有，猶『爲』也。爲、有一聲之轉，故『爲』可訓爲『有』，『有』亦可訓爲『爲』。」

不足以與行也，與，相當於「有」。高亨《周易大傳今注》引裴學海曰：與，猶「有」也。

位不當也，指六三陰爻而居陽剛之位，是處位不當。志剛，指心志剛愎。李鼎祚《周易集解》云：「以陰居陽，武人者也。三互离爻，离爲嚮明，爲于大君，南面之象。與乾上應，故曰志剛。」

九四，履虎尾，愬愬，終吉。

【譯】

九四，踩到老虎尾巴，十分恐懼，結果吉祥。

【記】

愬愬，恐懼的樣子。陸德明《經典釋文》云：「子夏傳云：恐懼皃；何休注公羊傳云：驚愕也；馬本作『虩虩』，音許逆反，云恐懼也，說文同；廣雅云：懼也。」李鼎祚《周易集解》引侯果曰：愬愬，恐懼也。

九四居乾之始，失位不正，以陽承陽，迫九五之尊，處多懼之地，猶履虎尾，故而愬愬。然剛居柔位，禮謙以讓，戒懼以行，遂得其志，終吉。

象曰：愬愬終吉，志行也。

〔譯〕

象曰：恐懼但結果吉祥，心志遂行。

〔記〕

志行也，釋「愬愬終吉」之義。孔穎達疏：以謙志得行，故終吉也。志行，志願得行、目的達到。來知德《周易集注》云：志行者，柔順以事剛決之君，而得行其志也。

九五，夬履，貞厲。

〔譯〕

九五，果決行事，持續下去有危險，（但終沒有咎害）。

〔記〕

夬，決、果決的意思。孔穎達疏：夬者，決也。李鼎祚《周易集解》引干寶曰：夬，決也。

九五陽剛之體，具中正之德而履帝位，得位且正，體剛行健，當履之際，凡事必行，無所疑礙，故稱「夬履」。然其下無應，剛不可久行，故誡之言「貞厲」。

觀《象》曰「夬履貞厲，位正當也」，疑「貞厲」後有「无咎」二字，即「夬履，貞厲无咎」，語意即與噬嗑六五「乾肉，得黃金，貞厲无咎。象曰：貞厲无咎，得當也」同，與《象》曰「剛中正，履帝位而不疚」亦相合。如此，象辭「位正當也」即爲釋所以「无咎」之義。反之，則象辭難解。

象曰：夬履貞厲，位正當也。

〔譯〕

象曰：果決行事，持續下去有危險，（但終沒有咎害），因爲居位適當。

〔記〕

位正當也，釋所以「夬履，貞厲，（无咎）」之義。「夬履貞厲」後疑有「无咎」二字。位正當也，指九五以陽居剛，得中且正，是居位適當。

上九，視履考祥，其旋元吉。

【譯】

上九，檢視自己的所行所事，觀察其吉凶徵兆，適時而返大吉。

【記】

視履考祥，上九處卦之終，履道已成，而檢視自己的所行所事，觀察其吉凶徵兆，以趨吉避凶。視，檢視。考，考察、觀察。祥，指吉凶徵兆。孔穎達疏：祥謂徵祥。考祥，李鼎祚《周易集解》「祥」作「詳」，引虞翻曰：考，稽；詳，善也。惠棟《周易述》疏云：「大戴四代曰：天道以視，地道以履，人道以稽，所謂人與天地相參也。詳，古文祥。呂氏春秋曰：天必先見祥。高誘云：祥，徵應也。故謂詳爲徵也。中庸曰：國家將興，必有禎祥。是吉祥也。豐上六象傳曰：天際祥也。昭十八年春秋傳曰：將有大祥。尚書大傳曰：時則有青眚、青祥。是凶祥也，則祥兼吉凶，故云：以三之視履，稽其禍福之祥。」

旋，返回、歸來的意思。孔穎達疏：旋，謂旋反也。朱駿聲《六十四卦經解》云：旋，反也。其旋元吉，指上九履道已成，處極亢之地，下應在三，當「視履考祥」，適時而返，可得元吉。反之，知進而不知返，則會有亢龍之悔。《易》經文上九多不言「吉」，是警示占筮之人多衹知進知得，而不知返知捨之理。

又，程頤《周易程氏傳》云「旋爲周旋完備，无不至也」，將「旋」釋爲周旋完備之義。指上九與六三相應，六三「武人爲于大君，志剛也」，上九視己既往，察其吉凶徵兆，周旋完備，可得大福大吉，所以說「其旋元吉」。

象曰：元吉在上，大有慶也。

〔譯〕

象曰：上九大吉，大有福慶。

〔記〕

元吉而致大有福慶。元吉在上，上，指上九。大有慶也，慶，福慶。朱駿聲《六十四卦經解》云：王者履禮于上，居上能下，則萬方有慶也。

泰卦第十一

〔注音：tài〕

〔序卦傳〕

云：履而泰，然後安，故受之以泰。泰者，通也。

〔雜卦傳〕

云：否泰，反其類也。

䷊ 乾下坤上

泰小往大來，吉，亨。

【譯】大通之際小的往去大的來到，吉祥，進行祭祀。

【記】泰，通，大通、通泰的意思。王弼注：泰者，物大通之時也。《廣雅·釋詁一》云：泰，通也。陸德明《經典釋文》云：「泰，大通也；鄭云：通也；馬云：大也。」李鼎祚《周易集解》引崔憬曰：「以禮導之，必通，通然後安，所謂君子以辯上下，定民志，通而安也。」朱熹《周易本義》曰：泰，通也。爲卦天地交而二氣通，故稱泰。

小往大來，以卦體言，下體爲乾，上體爲坤，乾大坤小，乾本在上，今來而居下，坤本在下，今往而處上，是爲「小往大來」之象。程頤《周易程氏傳》曰：「小爲陰，大爲陽；往，往之於外也；來，來居於內也。陽氣下降，陰氣上交也。陰陽和暢，則萬物生遂，天地之泰也。」又，《雜卦傳》云：否泰，反其類也。故以否言泰，是為乾來而居下，坤往而處上，亦為小往大來之義。泰為正月消息卦，是陽氣漸長，陰氣漸消的季節，由十二月臨卦來看，二陽長而為三，稱為大來；四陰消而為三，謂之小往，所以說「小往大來」。

又，小，指陰，喻指不好的事或物；大，指陽，喻指好的事或物。小往大來，一．指所失者小，所得者大，猶失小而得大之義；二．指不好的事情就要過去，好的事情即將來到。三．指所為之事將由小漸大，由弱漸強。

「吉，亨」，吉，吉祥。亨，同「享」，記事之辭，亦或為告誡之語，指在大通吉祥之際，應保持恭敬戒懼之心，不可得而忘失，安而忘危。又，注者多將「亨」釋為「亨通」之義，然「泰」本為「大通」，又何須再繫以「亨通」之辭。

彖曰：泰小往大來，吉，亨，則是天地交而萬物通也，上下交而其志同也。內陽而外陰，內健而外順，內君子而外小人，君子道長，小人道消也。

[譯]

彖曰：大通之際小的往去大的來到，吉祥，進行祭祀，於是天地二氣相交而萬物通達，君臣上下交應而志同道合。內陽剛而外陰柔，內剛健而外柔順，內為君子而外為小人，君子之道漸長，小人之道衰退。

[記]

「泰小往大來，吉，亨」，複述卦辭之文。

「則是天地交而萬物通也，上下交而其志同也」，則是，猶於是。天地交，指天地陰陽二氣交匯，亦指祭祀之時天人交合之義。萬物通，萬物通達。卦體乾下坤上，乾元之氣本在上，今來而居下；坤元之氣本在下，今往而處上，一來一往，二氣相交，萬物始生，流佈成形，乃「天地交而萬物通」之象。施之於人，指君臣、父子、夫妻，上下交通，求同存異，是爲「上下交而其志同」。李鼎祚《周易集解》引何妥曰：「上之與下，猶君之與臣，君臣相交感，乃可以濟養民也。天地以氣通，君臣以志同也。」此二句是以天道而明人事，天地交而萬物通，是說天道通泰；上下交而其志同，是明人道與天道應合。上爲天，下爲民，祭祀之時，秉恭敬虔誠之心敬獻天帝，是人道順應天道，上下交而其志同之義。

「內陽而外陰，內健而外順，內君子而外小人」，卦體內乾爲陽、爲健、爲君子；外坤爲陰、爲順、爲小人，所以說「內陽而外陰，內健而外順，內君子而外小人」。

「君子道長，小人道消也」，長，增長、漸長。《集韻．養韻》曰：長，進也。消，削減、衰退。《釋名．釋言語》曰：消，削也，言減削也。《字彙．水部》曰：消，衰也，退也。君子爲陽爲大，小人爲陰爲小，君子道長，指大來；小人道消，指小往。下乾陽剛之氣，其勢上進，所以說「君子道長」；上坤陰柔之氣，其勢下沉，所以說「小人道消」。李鼎祚《周易集解》引九家易曰：「謂陽息而升，陰消而降也。陽稱息者，長也。起復成巽，萬物盛長也。陰言消者，起姤終乾，萬物成熟，成熟則給用，給用則分散，故陰用特言消也。」又，泰爲正月之卦，是陽氣漸長，陰氣漸消之季，亦爲「君子道長，小人道消」之義。

象曰：天地交，泰，后以財成天地之道，輔相天地之宜，以左右民。

〔譯〕

象曰：天地陰陽二氣交合，這就是泰卦的意象，君主觀此卦象而裁節成就天地之道，幫助天地所生之物各安其性，各得其宜，以助養民衆。

〔記〕

天地交，指天地陰陽二氣交合。天氣爲陽，地氣爲陰，乾下坤上，陽來陰往，故言「天地交」。李鼎祚《周易集解》引荀爽曰：「坤氣上升，以成天道；乾氣下降，以成地道。天地二氣，若時不交，則爲閉塞，今既相交，乃通泰。」

后以財成天地之道，后，指君主。《說文·后部》云：后，繼體君也。段玉裁注：「釋詁、毛傳皆曰：后，君也。許知爲繼體君者，后之言後也，開刱之君在先，繼體之君在後也。析言之如是，渾言之則不別矣。」《爾雅·釋詁第一》、孔穎達疏、李鼎祚《周易集解》引虞翻所云，皆曰：后，君也。財，通「裁」，節制、裁制。朱駿聲《說文通訓定聲·頤部》云：財，叚借爲裁。陸德明《經典釋文》云：財，音才，徐才載反，荀作「裁」。李鼎祚《周易集解》引鄭玄曰：財，節也。天地之道，落實到現象界，指自然界的規律法則以及人類的行爲規範准則。

「輔相天地之宜，以左右民」，輔相，幫助、輔助。孔穎達疏：相，助也。宜，適宜、得宜。《說文》云：宜，所安也。左右，助養、輔翼的意思。陸德明《經典釋文》云：「左，音佐，注同；右，音佑，注同；左右，助也。」

王弼注：「泰者，物大通之時也。上下大通，則物失其節，故財成而輔相，以左右民也。」朱熹《周易本義》曰：財成以制其過，輔相以補其不及。

初九，拔茅茹，以其彙，征吉。

[譯]

初九，拔茅草其根相互牽連，連同其周圍的一起拔出來，外出吉祥。

[記]

茅，茅草。王弼注：茅之爲物，拔其根而相牽引者也。茹，相牽引的樣子。王弼注：茹，相牽引之貌也。陸德明《經典釋文》云：「茹，汝據反，牽引也，鄒湛同；王肅音如。」《玉篇．艸部》云：茹，相牽引皃。又，茹，或釋爲茅草的根莖。李鼎祚《周易集解》引虞翻曰：茹，茅根。惠棟《周易述》注云：茹，茅根。以，王引之《經傳釋詞弟一》云：以，猶及也。彙，類。孔穎達疏：彙，類也。陸德明《經典釋文》云：彙，音胃，類也。

李鼎祚《周易集解》引虞翻曰：彙，類也。

泰卦，從卦體看，三陽居下，類同而志合，初爲其始，處無位之地，正應在四，進則二、三相行，同類相牽，以拔茅之象喻之，所以說「拔茅茹，以其彙」。三陽皆有應於外，進則皆得陰陽相應，因此得吉，所以說「征吉」。征，行，這裡指外出。

爻辭猶指在冬春交替之際，舊糧將盡，新糧未下，因而拔起茅草來食用，此時外出尋找食物吉祥。

象曰：拔茅征吉，志在外也。

［譯］

象曰：拔茅草外出吉祥，因爲志嚮在外。

［記］

志在外也，釋所以「拔茅征吉」之義。三陽皆有應在外，進皆得志，以象言之，居於內而應在外，所以說「志在外也」。

九二，包荒，用馮河，不遐遺，朋亡，得尚于中行。

［譯］

九二，廚房空虛沒有食物，因此徒步涉水渡河外出尋找，沒有依靠遺人的給與，鄰裏鄉親也沒有食物了，結果得到了貴人的祐助。

【記】

包荒，包，通「苞、庖」，指廚房。陸德明《經典釋文》作「苞荒」。云：苞，本又作「包」。姤卦九二「包有魚」的「包」，陸德明《經典釋文》云：本亦作庖。《集韻．爻韻》云：庖，通作包。李鼎祚《周易集解》引虞翻曰：或以包爲庖廚。荒，虛、空的意思。陸德明《經典釋文》云：「荒，鄭讀爲康，云：虛也。」李鼎祚《周易集解》作「巟」，引翟玄曰：巟，虛也。包荒，是說廚房已經空虛，沒有食物了。

用馮河，用，相當於「於是」、「因此」。馮，徒涉、蹚水的意思。馮河，指徒步涉水渡河。《爾雅．釋訓第三》云：馮河，徒涉也。李鼎祚《周易集解》引虞翻曰：馮河，涉河。焦循《易章句》云：徒涉曰馮河。

不遐遺，遐，也作「假」，憑借、依恃。《增韻．麻韻》云：遐，亦作假。《國語．晉語一．優施教驪姬譖申生》云：鈞之死也，無必假手於武王。韋昭注：假，借也。遺，音「魏」，給與、馈赠的意思。《廣雅．釋詁三》云：遺，與也。《廣韻》、《集韻》、《韻會》云：投贈也，餽也。這裡指「遺人」，周時官名。不遐遺，指沒有依靠遺人的給與。《周禮．地官司徒第二．遺人》云：「遺人：掌邦之委積，以待施惠。鄉里之委積，以恤民之艱阨；門關之委積，以養老孤；郊里之委積，以待賓客；野鄙之委積，以待羇旅；縣都之委積，以待凶荒。」注：遺，以物有所餽遺也。

朋亡，朋，指鄰里鄉親；亡，指沒有食物。

得尚于中行，尚，佐助、祐助。《爾雅．釋詁下》云「尚，右也」，邢昺疏：「郭云：紹、介、勸、尚，皆相祐助。」《廣韻．漾韻》云：尚，佐也。得尚，得到了祐助。九二與六五陰陽相應，二由內往外，必得五應，因此而得祐助。中行，指六五，五履得中位，故稱中行。

又，包荒，亦或指包容荒穢的意思，指度量大，能容忍，引伸指包容廣大。包，包容、包含。李鼎祚《周易集解》引虞翻曰：在中稱包。荒，荒穢、大川，引伸指廣大之義。李鼎祚《周易集解》作「巟」，引虞翻曰：巟，大川也。陸德明《經典釋文》云：「荒，本亦作『㐬』，音同；鄭注禮云：穢也；說文：水廣也，又大也。」王弼注：能包含荒穢，受納馮河者也。孔穎達疏：能包含荒穢之物，故云包荒也。

用馮河，用，采用、受納。馮河，比喻魯莽頑愚之人。

不遐遺，遐，疏遠。《說文》云：遐，遠也。焦循《易章句》云：遐，遠也。遺，捨棄、遺棄。孔穎達疏：遐，遠也；遺，棄也。

朋亡，指無朋黨之私。朋，朋黨。《廣韻．登韻》云：朋，朋黨也。亡，沒有的意思。孔穎達疏：亡，无也。

尚，通「當」，相當、匹配的意思。朱駿聲《說文通訓定聲．壯部》云：尚，叚借爲當。中行，指六五。王弼注：尚，猶配也；中行，謂五。

爻辭釋說九二以陽居陰，得中正謙和之道，剛而不妄，秉謙卑之心，用心弘大，無所遐棄，無私於朋黨之事，終得與六五匹配的道理。李光地《周易折中》引胡氏炳文曰：「若有包容而无斷制，非剛柔相濟之中也。必包容荒穢，而又果斷剛決，則合乎中矣。雖不遺遐遠，而或自私于吾之黨類，則易至偏重，非輕重不偏不中也。唯不遺遐遠，而又不昵朋比，是不忘遠又不泄邇，合乎中矣。」

象曰：包荒，得尚于中行，以光大也。

〔譯〕

象曰：廚房空虛沒有食物，得到了貴人的祐助，因爲九二的中正謙厚之德廣大。

〔記〕

以光大也，釋所以「包荒，得尚于中行」之義。光，同「廣」，廣大的意思。

九三，无平不陂，无往不復。艱貞无咎，勿恤，其孚，于食有福。

〔譯〕

九三，沒有平坦而不傾斜凹凸的道路，沒有衹進而不返的事情。在艱難中堅持下去沒有咎害，不用憂慮，陽氣已經升起，去墾耕會有福慶。

【記】

「无平不陂，无往不復」，平，平坦。陂，傾斜、凹凸不平。《玉篇．阜部》云：陂，傾也，邪也。陸德明《經典釋文》云：陂，彼僞反，徐甫寄反，傾也，注同，又破河反，偏也。焦循《易章句》云：陂，猶傾也。復，回復、返回。《爾雅．釋言第二》云：復，返也。這句是說在日常生活中沒有平坦而不傾斜凹凸的道路，也沒有衹一味嚮前而不回復的事情，告訴人們寒冷的冬季即將過去，溫暖的春天馬上就要來到。

「艱貞无咎，勿恤」，艱，艱難。貞，堅持下去。恤，憂慮。《說文．心部》云：恤，憂也。這句是說冬春交替的季節，在艱難中堅持下去沒有咎害，不用憂慮。

「其孚，于食有福」，其，語辭。孚，猶初生之義，這裡指陽氣已升起。《說文．爪部》云：「孚，卵卽孚也，从爪子。」段玉裁注：「卵化曰孚，音方赴反。廣雅：孚，生也。謂子出於卵也。方言：雞卵伏而未孚。於此可得孚之解矣。卵因伏而孚，學者因卽呼伏爲孚。」「孚」字也有作「旉」，《說卦傳》云「震爲旉」，三體互震，故言「其孚」。于食，去耕種的意思。于，往、去。《詩．周南．桃夭》云「之子于歸，宜其室家」，毛傳：于，往也。食，這裡指耕種、墾耕。《禮．檀弓》云：我死則擇不食之地而葬我焉。注：不食謂不墾耕。《墨子．非攻下》云：此皆十倍其國之衆，而未能食其地也。孫詒讓閒詁：食謂治田以耕者。福，福慶。這句是說陰氣消退，陽氣已經升起，此時外出墾耕會有福慶。

又，或將「勿恤」、「其孚」四字爲句，連讀爲「勿恤其孚」，釋「孚」爲「信」。「勿恤其孚，于食有福」，孔穎達疏：「恤，憂也；孚，信也。信義先以誠著，故不須憂其孚信也。信義自明，故於食祿之道，自有福慶也。」

象曰：无往不復，天地際也。

［譯］

象曰：沒有衹進而不返的事情，九三已處在天地交會之處。

［記］

天地際也，釋「无往不復」之義。際，交會、會合。《廣雅．釋詁四》云：際，會也。九三處下乾之極，與上六坤極相應，乾爲天，坤爲地，所以說「天地際也」，預示時將大變，應合「无平不陂，无往不復」之理。李鼎祚《周易集解》引宋衷曰：「位在乾極，應在坤極，天地之際也。地平極則險陂，天行極則還復，故曰无平不陂，无往不復也。」

又，九三居下卦之極，處上卦之下，下乾爲天，上坤爲地，天地交匯之所，亦稱「天地際也」。

六四，翩翩，不富以其鄰，不戒以孚。

［譯］

六四，輕盈快捷地與初相應，沒有豐富的食物惠及鄉里鄰居，不需憂慮戒懼會慢慢好起來。

【記】

翩翩，指動作或形態輕疾生動的樣子，有轻盈快捷之義。陸德明《經典釋文》作「篇篇」，云：子夏傳作「翩翩」，向本同，云：輕舉皃；古文作「偏偏」。程頤《周易程氏傳》云：翩翩，疾飛之貌。六四居震之體，震爲行，爲兑之主，兑爲悅、爲少女，正應在初，悅而順之，翩翩之象。

不富以其鄰，不富，沒有豐盛的財富，此指食物。陽實陰虛，小畜九五陽剛，故言富，今卦六四陰柔，故不言富，而言不富。朱熹《周易本義》曰：陰虛陽實，故凡言不富者，皆陰爻也。以，猶及，逹及、惠及的意思。王引之《經傳釋詞弟一》云：以，猶及也。引虞翻注曰：以，及也。孔穎達疏：以，用也。

不戒以孚，戒，指憂慮而戒懼。以，王引之《經傳釋詞弟一》云：以，猶而也。孚，猶卵孵出，此指初四相應，陽氣漸升，情況會逐漸好起來。

爻辭是說初四正應，上下通達，初志在外，四翩翩而應，悅而相助，雖亦沒有豐富的食物，然得位且正，故不需憂慮戒懼，情況會逐漸好轉。

象曰：翩翩不富，皆失實也。不戒以孚，中心願也。

【譯】

象曰：輕盈快捷地與初相應，沒有豐富的食物，因爲初四都離開了其原本所處的位置。不需憂慮戒懼而會慢慢好起來，是因爲這是他們發自內心的愿望。

【記】

皆失實也，釋所以「翩翩不富」之義。初體陽剛，本在上，四體陰柔，本在下，今陽下陰上，皆失其本居之所，故言「皆失實也」。失實，指事物失去其本來的狀態。朱熹《周易本義》曰：陰本居下，在上爲失實。

中心願也，釋所以「不戒以孚」之義。中心，指內心。願，指初四陰陽正應的心願。

六五，帝乙歸妹以祉，元吉。

【譯】

六五，帝乙嫁妹而得福，大吉。

【記】

六五陰柔，居君之位，故稱帝妹。下應於二，陰陽相感，婚配之象，所以稱「帝乙歸妹」。歸，出嫁。王弼注：婦人謂嫁曰歸。五居天位，二處地道，以中應中，陰陽相交，天地相合，可得至福，所以說「帝乙歸妹以祉，元吉」。以，猶而。祉，猶福，福祉。《說文》云：祉，福也。《左傳．哀公九年》云：祉，祿也。李鼎祚《周易集解》引虞翻曰：祉，福也。

王弼注：「泰者，陰陽交通之時也。女處尊位，履中居順，降身應二，感以相與，用中行願，不失其禮。帝乙歸妹，誠合斯義，履順居中，行願以祉，盡夫陰陽交配之宜，故元吉也。」李鼎祚《周易集解》引九家易曰：「五者帝位，震象稱乙，是爲帝乙。六五以陰處尊位，帝者之姊妹。五在震後，明其爲妹也。五應於二，當下嫁二。婦人謂嫁曰歸，故言帝乙歸妹。謂下居二，以中和相承，故元吉也。」程頤《周易程氏傳》云：「自古帝女，雖皆下嫁，至帝乙然後制爲禮法，使降其尊貴，以順從其夫也。六五以陰柔居君位，下應於九二剛明之賢。五能倚任其賢臣而順從之，如帝乙之歸妹然，降其尊而順從於陽，則以之受祉，且元吉也。」

帝乙，商青銅器銘文和周原甲骨文作文武帝乙（廟號），商王名羨，文丁之子，紂和微子啓之父。《史記．殷本紀》云：「帝乙長子曰微子啓，啓母賤，不得嗣。少子辛，辛母正後，辛爲嗣。帝乙崩，予辛立，是爲帝辛，天下謂之紂。」因文丁殺周季曆，即位次年，周人伐商，曾兩次征伐人方。

經文中帝乙，或指成湯，或指紂父，具體指商代哪個帝王，歷來衆說紛紜。《子夏傳》、京房、荀爽皆以爲此帝乙即商湯，虞翻以爲商紂王之父，《左傳．哀公九年》傳解此爻以帝乙爲微子啓父。程頤認爲商代叫乙的帝王有好幾個，不知此「帝乙歸妹」中的帝乙是指哪一個。因襲程頤之說，朱駿聲《六十四卦經解》云：「湯曰天乙，後有六世王祖乙，亦賢王也。又紂父帝乙，見《多士》，又有小乙，此不知何王也。」據《史記．殷本紀》所載，商湯之前有報乙，商湯之後商代帝王有祖乙、小乙、武乙、帝乙。然商代叫帝乙又當過帝王的就一個，即紂王之父。

帝乙歸妹，商王文丁殺了周族首領季曆以後，商周關係惡化。季曆之子姬昌繼位後，積極蓄聚兵力，準備爲父報仇。此時，位於商王朝東南的夷方也先後同孟方、林方等部落叛亂，反對商朝。文丁後，其子帝乙爲了避免東西兩方同時受敵，也爲了修好因其父殺季曆而緊張的商周間的臣服關係，於是採用和親的辦法來緩和商周矛盾，將其妹嫁與文王。姬昌審時度勢，認爲滅商時機還未成熟，遂同意與商聯姻，此事史稱「帝乙歸妹」。高亨《周易古經今注》云：帝乙歸妹者，嫁少女於文王也。

象曰：以祉元吉，中以行願也。

【譯】

象曰：（帝乙嫁妹）而得福，大吉，因爲其秉持中正之道而行其所願。

【記】

中以行願也，釋所以「以祉元吉」之義。「以祉元吉」當是爻辭「帝乙歸妹以祉，元吉」的省文。中，指六五居得中位，而得中正之道。行，施行。程頤《周易程氏傳》云：所以能獲祉福且元吉者，由其以中道合而行其志願也。高亨《周易大傳今注》云：蓋其事結兩國婚姻之好，得其正矣，又出於兩君之所願，故得福而大吉也。

上六，城復于隍，勿用師，自邑告命。貞吝。

［譯］

上六，城牆傾覆在城壕裏，不要使用軍隊，這是從城中傳來的命令。繼續下去會有恨惜。

［記］

城復于隍，復，通「覆」，傾覆。隍，指沒有水的護城壕。《爾雅．釋言第二》云：隍，壑也。郭璞注：城池空者爲壑。《說文》云：「隍，城池也。有水曰池，无水曰隍。」陸德明《經典釋文》云：隍，音皇，城塹也，子夏作「堭」，姚作「湟」。孔穎達疏：子夏傳云隍是城下池也。

「勿用師，自邑告命」，猶「自邑告命，勿用師」。上居坤極，至極當返，城既覆，故「勿用師」。自邑告命，指九三。三上正應，處震兌之體，震爲行，兌爲口，所以說「自邑告命」。自，由、從。邑，城中。告命，傳來命令。孔穎達疏：勿用師者，謂君道已傾，不煩用師也。

乾之三爻陽剛並進，泰道將盡，三陰各返其性，將復於下，所以說「城復于隍」。世道將轉之際，上當順勢而爲，柔順應三，適時而返，不可強而行師，故說「勿用師，自邑告命」。

貞吝，告誡之語，指凡事不可力取，當順時而爲。貞，繼續下去的意思，指上六居上而不返。

象曰：城復于隍，其命亂也。

【譯】

象曰：城牆傾覆在城壕裏，事物的發展趨勢已經發生轉化。

【記】

其命亂也，釋「城復于隍」之義。命，天命，指事物發展的必然趨勢。亂，混亂、沒有秩序，這裡指事物的發展趨勢已經發生了轉化。

否卦第十二

【釋文音訓：否，備鄙反；注音：pǐ】

【序卦傳】

云：物不可以終通，故受之以否。

【雜卦傳】

云：否泰，反其類也。

䷋ 坤下乾上

否之匪人，不利君子貞，大往小來。

［譯］

天地閉塞，陰陽不相交通，不利於君子所問之事繼續下去，大的往去小的來到。

［記］

否，否閉、閉塞不通。地本在下，天本在上，卦體坤下乾上，各得其所，不相交通，是爲天地不交，上下否閉，閉塞不通之象。陸德明《經典釋文》云：否，備鄙反，卦內同，閉也，塞也。朱熹《周易本義》曰：否，閉塞也。朱駿聲《六十四卦經解》云：否，閉塞不通也。《廣雅．釋詁一》云：否，隔也。《廣韻．旨韻》云：否，塞也。

否之匪人，指天地閉塞不通。匪，同「非」。匪人，即非人。《易》有天地人三材，今既非人，即爲天地。孔穎達疏：否之匪人者，言否閉之世，非是人道交通之時，故云匪人。又，朱熹《周易本義》曰：或疑「之匪人」三字衍文，由《比》六三（比之匪人）而誤也。

不利君子貞，指君子值此之際，所爲之事不可繼續下去，當安於退守。君子，指占筮的人，又指上體乾，乾爲君子。貞，堅持下去。天地閉塞之際，坤陰漸長，乾陽漸消，小人道長，君子道消，所以說「不利君子貞」。

大往小來，從卦體看，泰卦乾下坤上，是「小往大來」，今否卦坤下乾上，是「大往小來」。大爲陽，泛指好的事物；小爲陰，泛指不好的事物。一．指得小而失大。二．指好的事物即將過去，不好的事物就要來了。三．指事業或將由大而小，由盛而衰。李鼎祚《周易集解》引蜀才曰：「此本乾卦。大往，陽往而消；小來，陰來而息也。」

又，否爲七月消息卦，是陰氣漸長，陽氣漸消的季節。由六月遯卦來看，四陽消而爲三，謂之大往，二陰長而爲三，稱爲小來，所以說「大往小來」。

彖曰：否之匪人，不利君子貞，大往小來，則是天地不交而萬物不通也，上下不交而天下无邦也。內陰而外陽，內柔而外剛，內小人而外君子，小人道長，君子道消也。

【譯】

彖曰：天地閉塞，陰陽不相交通，不利於君子所問之事繼續下去，大的往去小的來到，這是說天地陰陽二氣不相交合則萬物生養之道就不能亨通，在上位的人和在下位的人不相交流則天下就會沒有邦國。內陰柔而外陽剛，內柔順而外剛健，內小人而外君子，小人之道漸長，君子之道漸消。

【記】

則是天地不交而萬物不通也，天地不交，指天地陰陽二氣不相交合；萬物不通，指萬物的生養之道不得亨通。通，亨通、通暢。

上下不交而天下无邦也，上，指在上位的人；下，指居下位的人。這一句言人事，與泰卦彖辭「上下交而其志同」意思相反，猶言「上下不交則其志不同」。今時處天地閉塞之際，非但其志不同，上下乖隔，邦國也會消亡，故言「天下无邦」。邦，指邦國。

從卦象來看，內卦爲坤，坤爲柔、爲陰、爲小人；外卦爲乾，乾爲剛、爲陽、爲君子，所以說「內陰而外陽，內柔而外剛，內小人而外君子」。

「小人道長，君子道消也」，按四時之序來看，七月之卦當是陰長陽消之時，猶秋季即將來到，而夏季即將過去。言於人事，李鼎祚《周易集解》引崔憬曰：君子在野，小人在位之義也。

象曰：天地不交，否，君子以儉德辟難，不可榮以祿。

【譯】

象曰：天地陰陽二氣不相交合，這就是否卦的意象，君子觀此卦象而含藏內斂脩養德行避免災難，不可顯耀富貴貪圖祿位。

[記]

儉，收斂，指言行約束而有節制。《說文．人部》云「儉，約也」，段玉裁注：約者，纏束也；儉者，不敢放侈之意。辟，同「避」，避開、避免。榮，榮顯、富貴。祿，官吏的俸給，這裡指祿位。

孔穎達疏：「言君子於此否塞之時，以節儉爲德，辟其危難，不可榮華其身，以居祿位。此若據諸侯公卿言之，辟其羣小之難，不可重受官賞。若據王者言之，謂節儉爲德，辟其陰陽阨運之難，不可重自榮華而驕逸也。」朱熹《周易本義》曰：收斂其德，不形於外，以避小人之難，人不得以祿位榮之。

初六，拔茅茹，以其彙，貞吉，亨。

[譯]

初六，拔茅草其根相互牽連，連同其周圍的一起拔出來，貞固吉祥，進行祭祀。

[記]

爻辭與泰卦初九意近（見泰卦初九）。

初居否之始，三陰並列，其類同，故以拔茅之象喻之。施之於人，陰爲小，猶小人結黨之象。由卦象看，否道之際，雖應在四，然四失位不正，上不在天，下不田，中不在人，雖應而情僞，又爲山所止，上下應而不通。

陰柔之體處卑微之地，當謹小而愼微，不可妄行，懷恭敬之心而行祭祀之事，承奉於上，安於貞固，待機而進，方得吉祥，所以說「貞吉，亨」。貞，猶定，貞定、貞固。亨，同「享」。

泰下三爻利進，否下三爻利靜，是爲陽主動，陰主靜，故泰初「征吉」，否初「貞吉」。又，初爻皆云「拔茅茹，以其彙」，是爲初居而無位，所處卑微，故泰三陽並進，否三陰爲伴。小人結黨，君子獨往，泰唯志同並進而已，陰則當防小人結黨。

象曰：拔茅貞吉，志在君也。

〔譯〕

象曰：拔茅草其根相互牽連貞固吉祥，因爲其心志在於順從君王。

〔記〕

「拔茅貞吉」是初六爻辭的省文。

志在君也，釋所以「拔茅貞吉」之義。君，指上體「乾」，乾爲君。否卦坤下乾上，坤爲陰，乾爲陽，陰之道是陽唱乃和，不爲陽先，所以說「志在君也」。施於人事，指陰柔之人值此世道閉塞之時，需居而靜守，以下順上，以柔承剛，不懷諂苟進，可得吉祥。

六二，包承，小人吉，大人否，亨。

【譯】

六二，包容順承，小人吉祥，大人閉塞小人之道，進行祭祀。

【記】

包，包容。承，承應、承奉。孔穎達疏：包承者，居否之世而得其位，用其至順，包承於上。包爲包容萬物，承爲承順於陽，二爲坤主，坤爲地，容萬物而生萬物，是爲包；二五正應，順而相承，是爲承，所以說「包承」。時天地閉隔之際，二得位且正，居中順應，陰爲小，所以說「小人吉」。大人，指九五。五處中履尊，天地否閉，小人有應，當閉隔其道，故說「大人否」。否，取互艮意象，二爲艮始，艮爲小爲止，五處艮體之上，因而可止隔小人之道。亨，同「享」。

天地閉塞之際，二居得其位，當安於靜守，雖有應在五，然五得位履尊，當閉小人進長之道，故二唯順承九五，待唱乃和，方得吉祥。又，陽大陰小，陽主動，陰主靜，因此，小人吉，指守靜則吉；大人否，指動則閉塞不利。

高亨疑「承」當讀爲「脀」，引《說文》云：脀騃也，从肉，丞聲，讀若丞。認爲脀既从肉，其本義當屬於肉，故曰：由此觀之，脀者，祭禮宴饗之時所升之肉也。（見《周易古經今注》否第十二）

依高亨釋「承」義，爻辭或可釋爲：廚房裏有供享禮的肉，小人得吉，欲行享祀，然大人阻止小人行享祀之禮。

象曰：大人否亨，不亂羣也。

[譯]

象曰：大人閉塞小人之道進行祭祀，使小人不能危亂群體。

[記]

不亂羣也，釋所以「大人否亨」之義。小人漸盛，當防之以得其道，故大人否之，所以說「大人否亨，不亂羣也」。

六三，包羞。

[譯]

六三，承受羞辱。

[記]

包羞，承受羞辱，指所作所爲違義失正，會蒙受恥辱。包，承擔、承受的意思。羞，羞恥、羞辱。《廣雅》云：羞，恥也。孔穎達疏：言羣陰俱用小人之道，包承於上，以失位不當，所包承之事，唯羞辱也。

值否閉之際，三履非其位，應在上九，非正而應，違義失正，懷諂奉承，處巽之始，應而不果，惟承其辱，所以說「包羞」。

又，高亨認爲「包羞」者，以茅葦包熟肉也，此有所饋獻之象。引《說文》云：羞，進獻也，从羊，羊所進也，从丑，丑亦聲。又認爲初六、六二、六三爻辭當爲：初六「拔茅茹，以其彙，貞吉」，六二「亨包承，小人吉，大人否」，云：初六爻辭「亨」字當在本爻「包」字上，蓋後人增六二兩字錯置其位也。六三「亨包羞」，云：六二爻辭「亨」字當在本爻「包」字上，蓋後人增六三兩字錯置其位也。釋「亨」爲「享」。（見《周易古經今注》否第十二）

象曰：包羞，位不當也。

【譯】

象曰：承受羞辱，因爲居位不當。

【記】

位不當也，釋所以「包羞」之義。六三陰居陽位，所以說「位不當也」。

九四，有命无咎，疇離祉。

[譯]

九四，奉承天命沒有咎害，同類相附可得福祉。

[記]

有命，指天命，這裡指奉承天命。天命，指乾元之道。尚秉和《周易尚氏學》云：有命，言有所使命也。有，助詞。命，朱熹《周易本義》曰：命，謂天命。值此天地閉塞之際，陰長陽消之勢漸成，九四處乾之始，乾爲天，又爲艮主，艮爲止，當順天行命，止陰轉否，阻其漸長，可得「无咎」。言於人事，其下陰衆，小人漸長，則必消君子之道，因此告誡人們要閉隔小人之勢。朱駿聲《六十四卦經解》云：巽爲命，謂受五之命，以據三陰，故无咎。

疇離祉，疇，種類、同類。《字彙．田部》云：疇，類也。《尚書．洪範》云：帝乃震怒，不畀洪範九疇，彝倫攸斁。孔傳：疇，類也。焦循《易章句》云：疇，類也。又，孔穎達疏：疇離祉者，疇，謂疇匹，謂初六也。文依「類」釋，指九四、九五、上九三陽。離，通「麗」，附著的意思。孔穎達疏：離，麗也，麗謂附著也。祉，猶福、福祉。疇離祉，指同類相附可得福祉。九四一陽，居不得位，面對三陰俱進之勢，唯同類相附，方可得福。爻辭告誡占筮之人在世勢不通，小人之道漸盛之時，君子應同道相合，阻止小人之勢。

象曰：有命无咎，志行也。

【譯】

象曰：奉承天命沒有咎害，因爲志意得行。

【記】

高亨《周易大傳今注》云：志行，志願得行。指初六貞固不進，處於窮下，因此四阻小人之勢的志意得以實現。

九五，休否，大人吉。其亡其亡，繫于苞桑。

【譯】

九五，嘉美地閉塞小人之道，大人吉祥。居安思危，可得繫於苞桑之固。

【記】

「休否，大人吉」，休，嘉美之義。孔穎達疏：休，美也，謂能行休美之事於否塞之時。陸德明《經典釋文》云：休，虛虬反，美也。否，指否六二之道。大人吉，大人，指九五。九五以陽剛之體，居中且正，所以稱大人。天地閉塞之際，阻小人得道，使卑不犯尊，乃得吉祥，所以說「休否，大人吉」。

其亡其亡，將要消亡了，將要消亡了，這裡是居安思危的意思。其，王引之《經傳釋詞弟五》云：其，猶將也。繫于苞桑，拴在桑樹的主幹上，取巽卦的意象，五居互巽之極，巽爲木爲繩，比喻好的局面如同繫結在桑樹的主幹上那樣牢固而穩定。繫，拴、繫結的意思。《廣韻·霽韻》云：繫，縛繫。苞桑，桑樹的本幹，也作「包桑」。孔穎達疏：苞，本也。李鼎祚《周易集解》引陸績曰：「包，本也。言其堅固不亡，如以巽繩繫也。」否之道小人道長而君子道消，大人處此恒以戒懼，常憂其患，心存將危，乃得安固，所以說「其亡其亡，繫于苞桑」。《繫辭下》子曰：「危者，安其位者也；亡者，保其存者也；亂者，有其治者也。是故君子安而不忘危，存而不忘亡，治而不忘亂，是以身安而國家可保也」。又，李鼎祚《周易集解》云：「其亡其亡，近死之嗟也，『其』與『幾』同。幾者，近也。九五居否之時，下包六二，二互坤艮，艮山坤地，地上即田也。五互巽木，田上有木，莫過於桑，故曰其亡其亡，繫於苞桑。言五二包繫根深蒂固，若山之堅，如地之厚者也。雖遭危亂，物莫能害矣。」

象曰：大人之吉，位正當也。

〔譯〕

象曰：大人吉祥，處位正當。

〔記〕

位正當也，釋所以「大人之吉」。九五陽居剛位，是「位正當」，處中且正，可遏絶小人，故得吉祥。

上九，傾否，先否後喜。

【譯】

上九，否道傾覆，先閉塞而後有喜悅。

【記】

傾，傾覆，有扭轉、消除的意思。否覆爲泰，泰爲大通，故而有喜，所以說「先否後喜」。孔穎達疏：否道未傾之時，是先否之道，否道已傾之後，其事得通，故云後有喜也。李鼎祚《周易集解》引侯果曰：「傾爲覆也。否窮則傾矣。傾猶否，故『先否』也。傾畢則通，故『後喜』也。」

象曰：否終則傾，何可長也。

【譯】

象曰：閉塞到了極點情況就會扭轉，怎麼可以長久不變呢。

【記】

否終則傾，泰極則覆，天道如此，何可長久。告誡後人萬事當須知進知退，知始如終，至極則反。

同人卦第十三

［注音：tóngrén］

［序卦傳］

云：物不可以終否，故受之以同人。

［雜卦傳］

云：同人，親也。

䷌ **離下乾上**

同人于野，亨，利涉大川，利君子貞。

［譯］

與人和同聚合心胸如曠野般寬廣，進行祭祀，順利渡過江河大川，利於君子所問之事繼續下去。

【記】

同人，與人和同的意思。《雜卦傳》云：同人，親也。陸德明《經典釋文》云：同人，和同也。孔穎達疏：同人，謂和同於人。朱熹《周易本義》曰：同人，與人同也。李鼎祚《周易集解》引崔憬曰：否終則傾，故同於人，通而利涉矣。

同人之義，以體言之，離下乾上，離爲日，乾爲日出，上下同心，故稱同人。又，乾天在上，離火在下，火炎上而從之，其性應於天，同人之象。程頤《周易程氏傳》曰：「以二象言之，天在上者也，火之性炎上，與天同也，故爲同人。以二體言之，五居正位，爲乾之主，二爲離之主，二爻以中正相應，上下相同，同人之義也。又卦唯一陰，衆陽所欲同，亦同人之義也。他卦固有一陰者，在同人之時而二五相應，天火相同，故其義大。」

同，亦爲聚合之義，《說文》云：同，合會也。同人，即聚合衆人、彙集人心。《繫辭下》云「何以守位曰仁，何以聚人曰財」，即明守位聚人之道。卦內體爲離，具光明、網羅之象。帛書本「離」作「羅」，《繫辭下》又云：作結繩而爲罔罟，以佃以漁，蓋取諸離。由此卦象可知，同人卦是告誡占筮之人要內懷光明之心而網羅聚合天下之人，人同則聚，欲聚必同。

「同人于野，亨」，于，相當於如、好像。王引之《經傳釋詞弟一》云：于，猶如也。野，曠野，這裡是借其野名，喻其曠遠，指與人和同，必須胸襟寬廣，用心無私，無所不同。朱熹《周易本義》曰：于野，謂曠遠而无私也。亨，同「享」，享祀、祭祀，指爲求天下和同聚合而進行祭祀，猶上九「同人于郊」之義。李鼎祚《周易集解》引崔憬曰：以离文明而合乾健，九五中正，同人於二，爲能通天下之志，故能利涉大川，利君子之貞。利涉大川，指能擺脱困難，脱離險境。貞，堅持下去，指秉寬廣之心，持中正之道而與人和同聚合。

彖曰：同人，柔得位得中而應乎乾，曰同人。同人曰「同人于野，亨，利涉大川」，乾行也。文明以健，中正而應，君子正也，唯君子爲能通天下之志。

［譯］

彖曰：同人卦的意象，柔得位居中而應合乾剛，故稱同人。同人卦所說的「與人和同聚合心胸如曠野般寬廣，進行祭祀，順利渡過江河大川」，是因爲能剛健以行。文采光明而順合剛健之德，秉中正之道而相互應和，這就是君子所堅持的正道，衹有君子才能夠通曉天下人的心志。

［記］

柔得位得中而應乎乾，柔，指六二。得位得中，陰居柔位，是得位；處下體中位，是得中。乾，指九五。應乎乾，指六二與九五陰陽正應。同人之際，二五皆履得其位，居中且正，剛柔相濟，乃得同人之道。

「同人曰『同人于野，亨，利涉大川』，乾行也」，複述卦辭內容，明所以「利涉大川」之義。乾行，剛健而行，這是天道的本性，猶乾卦《象》曰「天行健」（也作「天行乾」）之義。又，朱熹認爲「同人曰」三字爲衍文，可刪去。程頤《周易程氏傳》言：同人曰，此三字羨文。

「文明以健，中正而應，君子正也」，文明，文采光明、文德輝耀的意思。二本坤體，坤爲文，爲離之主，離爲明，故稱文明。以，王引之《經傳釋詞弟一》曰：以，猶而也。健，剛健，取上體乾卦的意象，乾爲天、爲健。中正，指二五居中且正。應，指二五陰陽正應。「君子正也」的「正」指正道，即二五得位中正，陰陽相應之道。孔穎達疏：「此以二象明之，故云文明以健。中正而應，謂六二、九五皆居中得正，而又相應，是君子之正道也，故云君子正也。若以威武而爲健，邪僻而相應，則非君子之正也。」李鼎祚《周易集解》引何妥曰：「离爲文明，乾爲剛健，健非尚武，乃以文明，應不以邪，乃以中正，故曰利君子貞也。」

唯君子爲能通天下之志，唯，衹有。君子，九五，指堅守中正之道的人。爲，相當於「其」。裴學海《古書虛字集釋》卷二曰：「爲，猶其也。『爲』訓『其』，猶『於』訓『其』也，爲、於古字通用。」通，通曉。《釋名·釋言語》云：通，洞也，无所不洞貫也。志，心志、志意，心之所嚮。《說文》云：志，意也。此句與《繫辭上》「是故，聖人以通天下之志」義同，李鼎祚《周易集解》引崔憬曰：「君子謂九五，能舍己同人，以通天下之志。若九三、九四，以其人臣，則不當矣，故爻辭不言同人也。」

象曰：天與火，同人，君子以類族辨物。

〔譯〕

象曰：天與火，這就是同人卦的意象，君子法同人之道而分辨事物使各依其性，各聚其類。

［記］

同人卦，下離爲火，上乾爲天，天體在上，火性炎上，其性同，這就是同人卦的意象，所以說「天與火，同人」。

君子以類族辨物，類族，猶類聚，因同類而相族聚。辨物，分辨事物。辨，辨別、區分。孔穎達疏：「族，聚也，言君子法此同人，以類而聚也。辨物，謂分辨事物，各同其黨，使自相同，不間雜也。」

初九，同人于門，无咎。

［譯］

初九，出門與人和同，沒有咎害。

［記］

于，猶往、去的意思。《詩．周南．桃夭》曰「之子于歸，宜其室家」，毛傳：于，往也。

初九，同人之初，爲明之體，心明無係，相比於二，出則爲巽，順巽同人，誰與爲咎，所以說「同人于門，无咎」。初九伏陰成艮，艮爲門闕，所以說「于門」。又，朱駿聲《六十四卦經解》云：兩戶爲門，陰畫偶，有門形，指二也。

象曰：出門同人，又誰咎也。

〔譯〕

象曰：出門與人和同，又有誰會帶來咎害呢。

〔記〕

又誰咎也，即無咎的意思，是說既然心無係吝，出門逢人皆同，又有誰會帶來咎害呢。也，王引之《經傳釋詞弟四》云：也，猶邪也，歟也，乎也。

六二，同人于宗，吝。

〔譯〕

六二，僅與相應的人和同，會有憾惜。

〔記〕

于，猶與、和的意思。宗，有宗室、朋黨、同類之義。李鼎祚《周易集解》引侯果曰：宗，謂五也。朱熹《周易本義》曰：宗，黨也。

六二正應在五，唯和同於主，不能弘闊，用心褊狹，是鄙吝之道，所以有憾惜。這是告誡占筮之人和同之時要心胸寬大，不能僅限於自己的朋黨、同類、宗族及相應的人而已，要善於和同不同意見的人。

又，同人于宗，或釋爲在宗廟與人聚合。同，聚合的意思。于，猶在。宗，宗廟。

象曰：同人于宗，吝道也。

[譯]

象曰：僅與相應的人和同，是鄙吝之道。

[記]

吝，鄙吝的意思。這是告誡後人，同人之際當和同於天下之衆，不可用心偏狹，而僅局限於應己之人。

九三，伏戎于莽，升其高陵，三歲不興。

[譯]

九三，往草叢中藏匿兵士，登上高高的山丘察視，三年不能興起。

[記]

伏，藏匿、隱蔽。《廣雅・釋詁四》云：伏，藏也。戎，兵士。《說文》云：戎，兵也。于，猶去、往的意思。莽，叢生的草，或指草木叢生的地方。陸德明《經典釋文》云：「莽，鄭云：叢木也。」升，猶登、上。《正字通・十部》云：升，登也。高陵，指高的山丘。興，興起。《說文・舁部》云：興，起也。

九三在同人之際，上無其應，下據二陰，欲與和同，然二應在五，三欲拒五而同二，五體剛健，居中履尊，三與五爭，爭而不能勝，與二相比，比而不相得，故而「伏戎于莽」，三歲不能興。以象言之，三體離巽，離爲甲冑、爲兵戈，巽爲號令，指三拒五而同二，必有兵戈之爭。又巽爲草木，故而有「伏戎于莽」之象。李鼎祚《周易集解》云：三互离巽，巽爲草木，离爲戈兵，伏戎于莽之象也。引崔憬曰：「與二相比，欲同人焉。盜憎其主而忌於五，所以隱兵于野，將以襲之，故曰伏戎于莽。」

升其高陵，其解有二，一指九五登上高陵之地而察視。高陵是光明之地，九五爲乾之體，乾爲日出爲明，居巽之上，因而稱之爲「升其高陵」。李鼎祚《周易集解》引崔憬曰：五既居上，故曰升其高陵。二指九三登上高地觀察。三居下體之極，其下伏陰成震，震爲行，又成艮，艮爲山，本爲陽，陽氣上升，有登高之象，故言「升其高陵」。

同人之道，各有其類而相分別，今九三欲拒九五而與六二和同，違其同人之道，故而「三歲不興」。三歲，三爲離體，離數三，故言「三歲」。

爻辭之義施於人事，指九三有強敵在前，祇能隱而不發，待三年之後再圖進取。

象曰：伏戎于莽，敵剛也。三歲不興，安行也。

【譯】

象曰：往草叢中藏匿兵士，因爲敵人強大。三年不能興起，又如何能行動呢。

【記】

敵剛也，釋所以「伏戎于莽」之義。剛，指九五。三欲和同於二，然二五正應，因而三視五爲敵，所以稱「敵剛也」。安行，朱熹《周易本義》曰：言不能行。安，表示疑問，相當於「豈」、「怎麼」。孔穎達疏：安，語辭也，猶言何也。李鼎祚《周易集解》引崔憬曰：一爻爲一年，自三至五，頻遇剛敵，故「三歲不興，安行也」。

九四，乘其墉，弗克攻，吉。

【譯】

九四，登上對方城牆，卻沒有攻進城裏，吉祥。

【記】

乘其墉，三爲下體之極，四以剛乘陽而處其上，故稱「乘其墉」。乘，登上的意思。《釋名．釋姿容》云：

乘，升也，登亦如之也。墉，城牆、高牆。《說文·土部》云：墉，城垣也。《爾雅·釋宮第五》云：牆謂之墉。陸德明《經典釋文》云：墉，徐音容，鄭作「庸」。

弗克攻，是說九四沒有攻進城內。四下無應，故「弗克攻」。弗，沒有。克攻，指攻進。克，能。攻，攻下。這裡的弗克攻，是指主觀上的知過而改，主動放棄，而不是能力上的不行。

九四居三之上而求同於二，二應在五，三欲同二而拒五未成，亦未犯己，不為己敵。四剛居柔，失位不中，若攻三而求二，則違於義理，故雖乘其墉而未攻進城內，所以說「乘其墉，弗克攻」。居乾之始，其義在上，知錯改過，未克攻而返，歸於其義，可得吉祥。王弼注：「處上攻下，力能乘墉者也。履非其位，以與人爭，二自五應，三非犯己，攻三求二，尤而效之，違義傷理，衆所不與，故雖乘墉而不克也。不克則反，反則得吉也。不克乃反，其所以得吉，困而反則者也。」

象曰：乘其墉，義弗克也。其吉，則困而反則也。

［譯］

象曰：雖然登上對方城牆，但道義上是不能攻進城內。吉祥，是因為能夠知道困境而返回正道上來。

［記］

義弗克也，指四攻三求二，違於道義，而不能攻克。義，道義。

則困而反則也，釋所以「其吉」之義。則，語辭。困，困境，指九四雖已登上對方城牆，但卻違反道義，因而陷於困境。反，同「返」。後面的「則」，指法則，即九四的正道，其體爲乾，其義在上。

九五，同人先號咷而後笑，大師克相遇。

[譯]

九五，與人和同先啼呼悲傷而後歡笑欣喜，因爲大軍在克敵後而能相遇。

[記]

號咷，也作「嚎啕」、「噭咷」，小孩不住聲地哭，也泛指大聲哭。陸德明《經典釋文》云：號咷，啼呼也。大師，指大部隊，或釋爲衆人。

九五正應在二，同人之際，與二和同，二爲同人之主，以柔處中，衆人皆與，五爲三四所隔，應而不能同，故而「號咷」。然剛履尊位，中正用直，上下同心，行師征伐，戰必克勝，勝而能遇，因此而「後笑」。《繫辭上》子曰：「君子之道，或出或處，或默或語，二人同心，其利斷金，同心之言，其臭如蘭」。

李鼎祚《周易集解》引侯果曰：「乾德中直，不私於物，欲天下大同，方始同二矣。三四失義而近據之，未獲同心，故先號咷也。時須同好，寇阻其途，以言相克，然後始相遇，故笑也。」

象曰：同人之先，以中直也。大師相遇，言相克也。

〔譯〕

象曰：與人和同首要的事，是持守中正之道。大軍相遇，是說能相互應援而克敵。

〔記〕

先，指首要的事情。《禮記．學記》云：是故古之王者，建國君民，教學爲先。中直，猶中正。高亨《周易大傳今注》引王引之曰：直者，正也。

言相克也，釋所以「相遇」之義。孔穎達疏：以其用大師，與三四相伐，而得克勝，乃與二相遇，故言相克也。

上九，同人于郊，无悔。

〔譯〕

上九，在祭祀天地中祈禱天下和同，沒有悔恨。

〔記〕

于，猶在。郊，祭祀名，古代祭天地的典禮。《六書故．工事二》云：郊，祀天於郊，故亦謂之郊。《字彙．

邑部》云：「郊，祭名。冬至祀天南郊，夏至祀地北郊，故謂祀天地爲郊。」《左傳・桓公五年》云：凡祀，啓蟄而郊。杜預注：啓蟄，夏正建寅之月，祀天南郊。《史記・孝武本紀》云：「有司曰：陛下肅祗郊祀，上帝報享，錫一角獸，蓋麟云。」《禮記・中庸》云：「郊社之禮，所以事上帝也；宗廟之禮，所以祀乎其先也。」高亨《周易古經今注》云：「同人于郊，疑指祭祀之事而言。古者祀上帝於郊，因而此祭亦名郊。」

同人之際而不通泰皆至用師，猶二有同宗之吝，三有伏戎之難，四有不克之困，五有大師之患。上九處同人之極，居宗廟之地，遠離兵戈，祭於天地，以求大同，故而沒有悔恨，猶卦辭「同人于野，亨」之義。

又，郊，或釋爲「郊外」。朱熹《周易本易》曰：郊，在野之內，未至於曠遠，但荒僻无與同耳。言上九處同人之時，最在於外，不獲和同，但遠於內爭，也無悔吝之事。

象曰：同人于郊，志未得也。

【譯】

象曰：在祭祀天地中祈禱天下和同，是因爲心志還沒有實現。

【記】

志未得也，釋所以「同人于郊」之義。指同人之際，己雖能遠於內爭，但天下仍紛爭不斷，心志未能實現，和同之志未得。

大有卦第十四

[注音：dàyǒu]

[序卦傳]云：與人同者，物必歸焉，故受之以大有。

[雜卦傳]云：大有，衆也。

䷍ 乾下離上

大有元亨。

[譯]

盛大豐有之際進行盛大的祭祀。

【記】

從卦體看，同人卦，乾在上，離在下，猶網羅聚合天下衆人之義；大有卦，離在上，天在下，網在天上，猶天下之物無不歸於己有，所以稱「大有」。

大有，無所不有，盛大豐有。以卦象看，柔處尊位，群陽並應，所有之大，豐盛至極。《序卦傳》云：與人同者，物必歸焉，故受之以大有。王弼注：大有，包容之象也。陸德明《經典釋文》云：大有，包容豐富之象。朱熹《周易本義》曰：大有，所有之大也。朱駿聲《六十四卦經解》云：「有者，盛多之義。乾施澤流，互兌爲澤，離夏則長茂，兌秋則收成，大富有也。春秋書大有年，此其義也。」李鼎祚《周易集解》引崔憬曰：以欲從人，物必歸己，所以成大有。

大有元亨，指在大富有之際進行大祭。元，大；亨，同「享」。程頤《周易程氏傳》云：「有元亨者四卦：大有、蠱、升、鼎也。唯升之象，誤隨他卦，作大亨。曰：諸卦之元與乾不同，何也？曰：元之在乾，爲元始之義，爲首出庶物之義，他卦則不能有此義，爲善爲大而已。」

彖曰：大有，柔得尊位大中，而上下應之，曰大有。其德剛健而文明，應乎天而時行，是以元亨。

【譯】

彖曰：大有卦的意象，陰柔之爻居得尊位守持中正之道，上下都來應合，所以稱大有。其德行剛健而文明，應合天的法則而與時偕行，因此而進行盛大的祭祀。

【記】

「大有，柔得尊位大中，而上下應之，曰大有」，此句式與同人彖辭相同。柔得尊位大中，指六五陰柔之體履尊且處得上卦的中位。這裡言「大中」，指尊大而居中，經文僅此一卦，五本是陽位，陽爲大，今一陰居之，而得中正之德，五陽皆應，所擁者大，所以稱大中。同人卦一陰未處尊位而居柔位，故說「得位得中」，不言「大中」，非「大中」，則不能「大有」。王弼注：處尊以柔，居中以大，體無二陰以分其應，上下應之，靡所不納，大有之義也。而上下應之，是說六五爲大有之主，上下陽爻皆來應從。

其德剛健而文明，此以二體之象釋「大有」之德，卦體乾下離上，乾體剛健，離體文明。文明，指文采光明、文德輝耀。

應乎天而時行，五處離中，下應九二，二居乾體，乾爲天，所以說應乎天。應乎天，指應於天道。時行，指順應四時之序而行，也指順應天道適時而行。孔穎達疏引褚氏莊氏云：「六五應九二，九二在乾體，故云應乎天也。」李鼎祚《周易集解》引虞翻曰：「謂五，以日應乾，而行於天也。時謂四時也。」又云：「比初動成震爲春，至二兌爲秋，至三离爲夏，坎爲冬，故曰時行，以乾亨坤，是以元亨。」元亨，與卦辭「元亨」義同，猶「大亨」，亨，同「享」。

象曰：火在天上，大有，君子以遏惡揚善，順天休命。

［譯］

象曰：火在天上，這就是大有卦的意象，君子觀此卦象明大有之道而抑止邪惡顯揚善德，順應天道美妙的自然法則。

［記］

大有卦，下乾爲天，上離爲火，所以說「火在天上」。火在天上，無所不照，光明昭顯，以納萬物，所以稱「大有」。

「君子以遏惡揚善，順天休命」，遏，抑止。陸德明《經典釋文》云：遏，於葛反，止也，徐又音謁。揚，顯揚。李鼎祚《周易集解》引虞翻曰：遏，絶；揚，舉也。順天，順應天道。休命，指美妙的自然法則。休，陸德明《經典釋文》云：虛虬反，美也。命，指自然法則。

初九，无交害，匪咎，艱則无咎。

［譯］

初九，沒有相互爲害，沒有過咎，雖然艱困但沒有咎害。

【記】

无交害，高亨《周易古經今注》云：交害，猶言相賊也。交，交互、相互。匪咎，匪，同「非」，沒有。咎，指過咎、過錯。後面的「无咎」之「咎」爲咎害。艱，指艱難、艱困。

卦體乾金離火，火金相剋，上剋下之象，必有害於乾，然初四不應，上下不交，不惹禍患，所以說「大有初九，无交害，匪咎」。大有之際，陽剛之體潛處微地，是爲艱困之時，當艱中自守，隱而待時，乃得無咎，所以說「艱則无咎」。

象曰：大有初九，无交害也。

【譯】

象曰：大有卦初九，沒有相互爲害。

【記】

複明爻辭之義。

九二，大車以載，有攸往，无咎。

[譯]

九二，乘坐大車，有所往進，沒有咎害。

[記]

大車，牛車，指六五。李鼎祚《周易集解》作「大轝」。孔穎達疏：大車，謂牛車也。車，陸德明《經典釋文》云：王肅剛除反，蜀才作「輿」。大有之際，二失其位，是爲有咎，然體剛履柔，行謙和之道，與五相應，得君所信，受委重任，得乘大車，故往而「无咎」。五體爲坤，坤爲大輿、爲牛，二得五應，大車以載之象。載，猶乘。大車以載，指二得五應而受重任，比喻時值上位者廣羅天下賢人達士之時而受重用，故凡有所行，必皆無咎害。

象曰：大車以載，積中不敗也。

[譯]

象曰：乘坐大車，是說九二已畜積中正謙和之德乃至不會傾覆。

[記]

積中不敗也，釋所以「大車以載」之義。積，累積、畜積。積中，指蓄積中正之德。敗，二失位，故言敗。今居中而正，行謙和之道，獲大中之信，能堪受重任，而得大車以乘，所以說「積中不敗」。

九三，公用亨于天子，小人弗克。

【譯】

九三，三公獻享於天子，小人不能。

【記】

公，三公，指九三，三爲三公之位，古時輔助國君掌握軍政大權的最高官員。《尚書·周官》云：立太師、太傅、太保，茲惟三公，論道經邦，燮理陰陽。惠棟《周易述》易例引乾鑿度曰：初爲元士，二爲大夫，三爲三公，四爲諸侯，五爲天子，上爲宗廟。用亨，猶獻享。亨，同「享」，獻享、享祀的意思。《正字通·亠部》云：亨，即古「享」字。陸德明《經典釋文》云：「京云：獻也；干云：享宴也；姚云：享祀也。」又，《左傳·僖公二十五年》「筮之，遇《大有》之《睽》，曰：『吉，遇「公用享于天子」之卦。戰克而王享，吉孰大焉。且是卦也，天爲澤以當日，天子降心以逆公，不亦可乎？《大有》去《睽》而復，亦其所也。』」中作「亨」爲「享」，釋爲饗。高亨《周易古經通說》第五篇「元亨利貞解·二釋亨」云：「按享祀者，以酒食獻於鬼神。宴享者，以酒食獻於賓客。且古代宴享大禮在宗廟中舉行，故享祀之享轉爲宴享之享，此一義之引申也。又余疑此享字乃由致祭之義，引申爲貢物與助祭之義。」天子，此指上九。上居天位，三得位且正，與上同德，故在大有豐大之際而行獻享之禮。

小人弗克，指小人德薄，不勝其位，不能行獻享之事；亦或指大有之際，小人不能戒懼恭敬，有得意妄爲之嫌。小人，猶指女子、民衆、百姓。弗克，指不能。

爻辭告誡占筮之人，在大有盛極之際，不可得意而妄爲，凡事皆須恭敬戒懼，德才位俱備乃行，三者相合，缺一不行，反之則有害。《象》曰「公用亨于天子，小人害也」即爲此義。

又，用，特指吃喝。《韓非子．外儲說左下》云：「孔子侍坐于魯哀公，哀公賜之桃與黍。哀公曰：請用。仲尼先飯黍而後啗桃。」亨，釋享宴之義。陸德明《經典釋文》云：「亨，干云：享宴也。」意指大有之時，三公可與天子享用宴席，民衆百姓卻不能。三上無應，與五同體，三爲兌始，五爲兌極，兌爲口爲悅，宴席之象。五處中履尊，居天子之位，所以說「公用亨于天子」。

象曰：公用亨于天子，小人害也。

【譯】

象曰：三公獻享於天子，小人則會招致傷害。

【記】

小人害也，指小人在大有之時，不能恭敬戒懼而招致傷害。害，指招致傷害。《國語．楚語上．左史倚相儆申公子亹》云：子實不叡聖，於倚相何害。韋昭注：害，傷也。

九四，匪其彭，无咎。

［譯］

九四，去其壯盛驕滿之態，沒有咎害。

［記］

匪，通「分」，分別、排開的意思。《集韻．文韻》云：「分，《說文》別也。一曰與也。《周禮》作匪。」朱駿聲《說文通訓定聲．履部》云：匪，叚借爲分。俞樾平議云：匪其彭者，言下之三陽雖盛，而能分別之不與合也。彭，猶盛，指壯盛驕逸。陸德明《經典釋文》云：「彭，干云：彭亨，驕滿皃；王肅云：壯也。」程頤《周易程氏傳》云：彭，盛多之貌。朱駿聲《六十四卦經解》云：彭，盛滿皃，壯也。匪其彭，指去其壯盛驕滿之態，而行謙損之道，猶不自大、不炫耀富有之義。

九四履失其位，是爲有咎。處多懼之地，大有之時，四已過中，大有之盛者，上臨尊威，有迫君之嫌，然處光明之始，能明察事理，以陽居陰，剛不失謙，遂去其盛壯，行謙柔之道，則可得「无咎」。李光地《周易折中》引沈氏該曰：以剛處柔，謙以自居，而懼以戒其盛，得明哲保身之義，故无咎也。

又，彭，或釋爲「旁」。孔穎達疏：彭，旁也。陸德明《經典釋文》云：「彭，子夏作『旁』；姚云：彭、旁，俗音同。」李鼎祚《周易集解》作「尫」，引虞翻曰：尫，或爲彭，作旁聲，字之誤。

象曰：匪其彭，无咎，明辯晳也。

〔譯〕

象曰：去其壯盛驕滿之態，沒有咎害，其才智能明察事理。

〔記〕

明辯晳也，釋「匪其彭，无咎」之義。明，王弼注：明，猶才也。晳，猶明。段玉裁《說文解字注．日部》云：昭晳皆從日，本謂日之光，引伸之爲人之明晳。朱熹《周易本義》曰：晳，明貌。四處光明之體，近君之位，體剛行謙，故能明察事理。

六五，厥孚交如，威如，吉。

〔譯〕

六五，其誠信上下交應，順人心願，委任於賢，吉祥。

〔記〕

厥孚交如，孔穎達疏：厥，其也；孚，信也；交，謂交接也；如，語辭也。六五爲大有之主，居離之中，其體文明，其德中順，與二相應，二亦中正，誠信相交，所以說「厥孚交如」。

「威如，吉」，威，帛書本作「委」，顺隨、顺從的意思。《说文·女部》云：委，随也。六五以柔居尊，謙和中正，有應在二，謙以待下，順人心願，委任於賢，乃得吉祥。

又，或將「威」釋爲「畏、威嚴」之義。孔穎達疏：「威如，吉者，威，畏也。既誠且信，不言而教，行所爲之處，人皆畏敬，故云威如。以用此道，故得吉也。」朱駿聲《六十四卦經解》云：君有威不用，惟行簡易，无所防備，物感其盛德，翻更畏威，威如之吉也。

象曰：厥孚交如，信以發志也。威如之吉，易而无備也。

〔譯〕

象曰：其誠信上下交應，真心實意可以激發他人心志。順人心願委任於賢吉祥，是說能與人和悅而不包藏心機。

〔記〕

信以發志也，信，誠信、真心誠意。《說文》云：信，誠也。發志，激發心志。

易而无備也，易，和悅、平易，取兌之象，六五居兌之極，兌爲悅。无備，不設防，指不包藏心機。

王弼注：「居尊以柔，處大以中，无私於物，上下應之，信以發志，故其孚交如也。夫不私於物，物亦公焉；

不疑於物，物亦誠焉，既公且信，何難何備。」

上九，自天祐之，吉，无不利。

〔譯〕

上九，獲得上天祐助，吉祥，無所不利。

〔記〕

祐，祐助，指上天神明的祐助。《繫辭上》子曰：「祐者，助也。天之所助者，順也；人之所助者，信也。履信思乎順，又以尚賢也。是以自天祐之，吉，无不利也。」王弼注：「大有，豐富之世也。處大有之上，而不累於位，志尚乎賢者也。餘爻皆乘剛，而己獨乘柔，順也。五爲信德，而己履焉，履信之謂也。雖不能體柔，而以剛乘柔，思順之義也。居豐有之丗，而不以物累其心，高尚其志，尚賢者也。爻有三德，盡夫助道，故繫辭具焉。」

象曰：大有上吉，自天祐也。

〔譯〕

象曰：大有之際居上位的人吉祥，因爲得到上天的祐助。

【記】

自天祐也，釋所以「大有上吉」之義。大有，指盛大豐有之際；上，指上九。高亨《周易大傳今注》云：上謂在上位之人，上吉謂在上位之人得吉也。王弼《畧例》云「物競而獨安于靜者，要其終也」，邢璹注：「物甚爭競，己獨安靜，會其終也。大有上九『自天祐之，吉，无不利』，餘並乘剛，競其豐富，己獨安靜，不處於位，由居上極，『要其終也』。」這是說處大有之極，下無其應，當無爲而守靜，因任自然，可免亢龍之悔而得吉祥。

謙卦第十五

【注音：qiān】

【序卦傳】

云：有大者不可以盈，故受之以謙。

【繫辭傳】

云：謙，德之柄也；謙，尊而光；謙，以制禮。

[雜卦傳]

云：謙輕而豫怠也。

艮下
坤上

謙亨，君子有終。

[譯]

恭敬虔誠地進行祭祀，君子會有好的結果。

[記]

謙，恭敬、謙遜。《說文·言部》云：謙，敬也。《玉篇·言部》云：謙，輕也，讓也。《字彙·言部》云：謙，不自滿也。朱熹《周易本義》曰：謙者，有而不居之義。謙，帛書本作「嗛」，歸藏作「兼」。

卦體內艮爲山爲剛，外坤爲地爲柔，山於地下，內實而外虛，內剛而外柔，謙之象。李鼎祚《周易集解》引鄭玄曰：艮爲山，坤爲地，山體高，今在地下，其於人道，高能下下，謙之象。亨，同「享」，祭祀之義。謙亨，指恭敬虔誠地進行祭祀。

謙之爲道，小人行謙，卑於色而悅於容，不可久長；君子行謙，斂於內而順於外，才高而不自許，德高而不自矜，功高而不自居，名高而不自譽，位高而不自傲，謙而有終，故「君子有終」。君子，占筮的人，指九三。三爲艮主，《說卦傳》云「終萬物始萬物者，莫盛乎艮」，故言「君子有終」。有終，指有好的結果。朱熹《周易本義》曰：有終，謂先屈而後伸也。李鼎祚《周易集解》引虞翻曰：君子謂三，艮終萬物，故君子有終；引鄭玄曰：謙者，自貶損以下人，唯艮之堅固，坤之厚順，乃能終之，故君子之人有終也。

彖曰：謙亨，天道下濟而光明，地道卑而上行。天道虧盈而益謙，地道變盈而流謙，鬼神害盈而福謙，人道惡盈而好謙。謙尊而光，卑而不可踰，君子之終也。

[譯]

彖曰：恭敬虔誠地進行祭祀，天道嚮下普濟萬物而光明，地道卑順而上行。天道的法則是減損盈滿而增益謙虛，地道的法則是削減高大而益注低凹，鬼神的規律是傷害驕盈而福祐卑順，人道的規范是厭惡自滿而喜愛謙遜。謙道節制而能廣大，卑遜之德不可逾越，這就是君子之終。

[記]

「謙亨，天道下濟而光明，地道卑而上行」，天道，即陽道。濟，普濟、救助。《字彙．水部》云：濟，賙救也。卦體艮下坤上，艮爲陽，陽本在上，而今在下，是爲天道下濟。從卦變來看，六三陽剛本爲乾體，乾爲天，來而居下體之上，互體坎月，有月明之象，是爲「天道下濟而光明」。地體陰柔卑順，本在下，而今在上，是「卑而上行」。來知德《周易集注》云：光明者，生成萬物，化育昭著而不可掩也；上行者，地氣上行，而交乎天也。

天道虧盈而益謙，虧盈，減損盈滿。孔穎達疏：虧，謂減損。陸德明《經典釋文》云：馬本作「毀盈」。虧，減損、減少。盈，盈滿、充盈。益，增益。謙，謙虛。這一句廣說謙德之美。虧盈益謙，盈者減損，謙者受益，猶謙受益，滿招損之義。

地道變盈而流謙，變，改變、削減。高亨《周易大傳今注》引俞樾曰：變，毀也。盈，這裡指高大。流，流佈、益注。謙，這裡指低凹。這一句描述地理法則，若丘陵川谷之類，高者漸下，低者益高之象。

鬼神害盈而福謙，害，傷害、損害。盈，這裡指驕盈。而福，陸德明《經典釋文》云：京本作「而富」。福，降福、保祐。謙，這裡指卑順。

人道惡盈而好謙，惡，憎恨、厭惡。盈，指自滿。好，喜愛、親善。謙，謙遜。

「謙尊而光，卑而不可踰，君子之終也」，尊，通「撙」，謙遜、節制。光，同「廣」，廣大。踰，同「逾」，逾越、越過。《說文．足部》云：踰，越也。不可踰，猶不可及之義。這句是說謙道有節制而能廣大，謙卑之德不可逾越，所以君子能有好的結果。「君子」指有謙德的人，與卦辭「君子」義有不同。

象曰：地中有山，謙，君子以裒多益寡，稱物平施。

[譯]

象曰：地中有山，這就是謙卦的意象，君子觀此卦象法謙之道而削減多餘彌補不足，衡量事物多寡而公平施與。

[記]

謙卦，下艮爲山，上坤爲地，所以說「地中有山」。李鼎祚《周易集解》引劉表曰：「地中有山，以高下下，故曰謙。謙之爲道，降己升人。山本地上，今居地中，亦降體之義，故爲謙象也。」

裒多益寡，削減多餘彌补不足。裒，削減的意思。陸德明《經典釋文》云：「裒，蒲侯反，鄭荀董蜀才作『捊』，云：取也；字書作『掊』，廣雅云：掊，減。」李鼎祚《周易集解》本「裒」作「捊」，引虞翻曰：捊，取也。又，孔穎達釋爲「聚」義，疏：「裒多者，君子若能用此謙道，則裒益其多。言多者得謙，物更裒聚，彌益多也，故云裒多。」文取「減」義。

稱物平施，根據物品的多少，做到施與均衡。稱，稱量，測物的輕重。《說文·禾部》云：稱，銓也。王筠句讀：稱本動字，謂稱量之也。

初六，謙謙君子，用涉大川，吉。

[譯]

初六，君子謙遜卑順，可以渡過江河大川，吉祥。

[記]

謙謙君子，也可讀作「君子謙謙」。君子，指占筮的人。謙謙，謙遜卑順的樣子。高亨《周易古經今注》云：謙謙者，謙而又謙也。用，《說文》云：用，可施行也。用涉大川，指可以渡過江河大川。大川，比喻險難。

初六處謙之下極，無位之地，卑微之至，謙謙之象。李鼎祚《周易集解》引荀爽曰：初最在下，爲謙；二陰承陽，亦爲謙，故曰謙謙也。言於人事，初體陰位微，唯當謙遜卑順，方得避過險難而獲吉祥。

象曰：謙謙君子，卑以自牧也。

[譯]

象曰：君子卑順謙遜，謙卑而自養其德。

[記]

卑以自牧也，自牧，猶自養，指自我調養、自我脩養。牧，猶「養」。《廣雅·釋詁一》云：牧，養也。王弼注：牧，養也。

六二，鳴謙，貞吉。

【譯】

六二，謙卑之德聲名廣遠，貞正吉祥。

【記】

鳴謙，指謙卑之德聲名廣遠。鳴，聞名、著稱。王弼注：鳴者，聲名聞之謂也。《廣雅．釋詁三》云：鳴，名也。陸德明《經典釋文》作「名」。

二三相比，三爲謙主，又爲震始，震爲善鳴之馬，二上無應，以柔承三，故稱「鳴謙」。當謙之時，履得其位，居中且正，乃得其吉，所以說「貞吉」。貞，正，指六二居中且正，而得中正之道。李鼎祚《周易集解》引姚信曰：「三體震爲善鳴，二親承之，故曰鳴謙；得正處中，故貞吉。」

象曰：鳴謙貞吉，中心得也。

【譯】

象曰：謙卑之德聲名廣遠，貞正吉祥，發自內心地順承九三。

〔記〕

中心，指內心。中心得也，指六二與九三柔順相承是發自內心。

九三，勞謙君子，有終，吉。

〔譯〕

九三，君子有功而不自滿，有好的結果，吉祥。

〔記〕

句式與初六「謙謙君子」同，也可讀作「君子勞謙」。君子，指占筮的人。勞謙，指有功勞而不自滿，勤謹謙卑。勞，功勞，取象於坎卦，三爲坎主，坎爲勞。

九三互坎爲勞，剛實而正，卑微居下，謙遜以行，居坎行謙，故稱「勞謙」。其應在上，上爲謙終，故「有終」。《象》曰「謙尊而光，卑而不可踰，君子之終也」，所以吉祥。

象曰：勞謙君子，萬民服也。

〔譯〕

象曰：君子有功而不自滿，萬民敬服。

【記】

萬民，指卦中五陰。謙卦一陽五陰，陰爲民，陰皆順從於陽，故言「萬民服也」。

六四，无不利，撝謙。

【譯】

六四，言行舉止謙遜，無所不利。

【記】

「无不利，撝謙」，猶「撝謙（君子），无不利」，與九三「勞謙君子，有終，吉」句式相同。

撝，同「揮」，發揮、宣揚的意思。陸德明《經典釋文》云：「撝，毀皮反，指撝也，義與『麾』同，書云：右秉白旄以麾是也；馬云：撝，猶離也；鄭讀爲宣。」李鼎祚《周易集解》引荀爽曰：撝，猶舉也。撝謙，指言行舉止謙遜，時時發揮謙遜的美德。四處震體，震爲行，體陰居柔，得位且正，所以說「撝謙」。爻辭與坤卦六五《文言》「美在其中，而暢於四支，發於事業，美之至也」義近。

六四柔順得正，履得其位，據三用謙，已出下體，上行之道，發其謙德，無所不利。

象曰：无不利，撝謙，不違則也。

〔譯〕

象曰：言行舉止謙遜，無所不利，沒有違背法則。

〔記〕

不違則也，指六四居九三之上，本有乘剛之逆，然已出下體，居得其位，廣發謙卑之德，故而不違其則。

六五，不富以其鄰，利用侵伐，无不利。

〔譯〕

六五，虛懷謙卑之德對待近鄰鄉里，若有驕逆不服適宜出兵征伐，無所不利。

〔記〕

不富以其鄰，富爲實，五體陰柔，故稱「不富」，這裡指虛懷謙卑之義。朱駿聲《六十四卦經解》云「坤虛，故不富」。五爲坤體，謙卑柔順，厚德載物，然居處尊位，不可盡謙，當寬嚴相濟，恩威並行，方得天下歸心。處震之極，震爲雷爲行，其下潛陽成離，離爲甲冑、爲兵戈，侵伐之象，若有驕逆不服，則「利用侵伐」，而「无不利」。程頤《周易程氏傳》云：「五以君位之尊而執謙順以接於下，衆所歸也，故不富而能有其鄰也。鄰，近也。」又云：「君道不可專尚謙柔，必須威武相濟，然後能懷服天下，故利用行侵伐也。威德並著，然後盡君道之宜而无所不利也。」

象曰：利用侵伐，征不服也。

【譯】

象曰：適宜出兵征伐，征討驕逆不順從的。

【記】

征不服也，釋「利用侵伐」之義。服，順從，這裡指順應自然規律，即「天道虧盈而益謙，地道變盈而流謙，鬼神害盈而福謙，人道惡盈而好謙」。不服，指違背自然法則。程頤《周易程氏傳》云：文德所不能服，而不用威武，何以平治天下？非人君之中道，謙之過也。

上六，鳴謙，利用行師，征邑國。

[譯]

上六，愚昧地謙遜卑順，適宜行師征伐，平治驕逆不服的諸侯之國。

[記]

鳴謙，與六二「鳴謙」辭同義異。鳴，猶「冥」。上六處坤之極，坤爲闇、爲迷，處闇極無位之地，謙卑至極而至於昧，故稱「冥謙」。尚秉和《周易尚氏學》引俞樾云：「『六二鳴謙，傳曰中心得，此曰志未得，何相反若是？疑鳴當作冥，與豫升上六同例。』按俞說是也。《豫．上六》『冥豫』，《釋文》云『鄭讀爲鳴』。鳴、冥古蓋同聲相假，猶『孚』之作『褎』也。」

上有應在三，三體一陽，得「萬民服也」，然謙卑至極，則易生驕逆之徒，當至極而反，剛柔相濟，所以說「鳴謙，利用行師，征邑國」，猶六五「利用侵伐，无不利」。利用，猶適宜。行師，征伐之象，除害之義。邑國，指諸侯之國。建侯爲興利，行師爲除害，征邑國，明行師之義，指征伐平治驕逆之諸侯。此剛武之事爲自治其私，而非侵害他國，猶六五《象》曰「征不服也」之義。程頤《周易程氏傳》云：「上，謙之極也，至於太甚，則反爲過矣。故利在以剛武自治。邑國，己之私有。行師，謂用剛武。征邑國，謂自治其私。」

象曰：鳴謙，志未得也。可用行師，征邑國也。

[譯]

象曰：愚昧地謙遜卑順，心志沒有實現。可以行師征伐，平治驕逆不服的諸侯之國。

【記】

志未得也，志，指「裒多益寡，稱物平施」的心志。上六冥谦，昧於行事，故其志难得。用，猶以。「可用行師，征邑國」，意思是至極當反，柔極當剛，用之以剛武，以自治其私。

豫卦第十六

【釋文音訓：豫，餘慮反；注音：yù】

【序卦傳】

云：有大而能謙必豫，故受之以豫。

【繫辭傳】

云：重門擊柝，以待暴客，蓋取諸豫。

【雜卦傳】

云：謙輕而豫怠也。

坤下
震上

豫，利建侯行師。

【譯】

逸豫之際不忘戒備，利於建國封侯，用兵征伐。

【記】

豫，陸德明《經典釋文》云：「豫，餘慮反，悅豫也，備豫也；馬云：豫樂。」其義有二：一．悅豫、逸豫。孔穎達疏：謂之豫者，取逸豫之義，以和順而動，動不違衆，衆皆說豫，故謂之豫也。程頤《周易程氏傳》云：豫者，安和悅樂之義。朱熹《周易本義》曰：豫，和樂也，人心和樂以應其上也。朱駿聲《六十四卦經解》云：豫象之大者，不害于物，借爲娛字，樂也。二．也作「預」，預備、戒備的意思。《玉篇．象部》云：豫，逆備也，或作預。《廣雅．釋言》云：豫，早也。《繫辭下》云：重門擊柝，以待暴客，蓋取諸豫。韓康伯注：取其備豫。以二體之象言，和順而動，是爲豫，雷出地上，萬物驚懼，亦爲豫。

建侯爲興利，行師爲除害，利建侯行師，指利於行興利除害之事。以象言之，坤下震上，互體坎艮，震爲侯，艮爲止爲宮室，坤爲民，建侯之象；又，坤爲衆、爲師，坎爲弓輪、爲馬、爲大輿，行師之象。卦體一陽居五陰之中而爲豫主，行不違衆，衆皆悅豫，爲長子，長子主器，雷出地上，震驚百里而不喪匕鬯，所以說「利建侯行師」。李鼎祚《周易集解》引鄭玄曰：「坤，順也；震，動也。順其性而動者，莫不得其所，故謂之豫。豫，喜佚說樂之貌也。震又爲雷，諸侯之象；坤又爲衆，師役之象，故利建侯行師矣。」

屯卦，有震無坤，言侯不言師；師卦，有坤無震，言師不言侯；豫卦，二者兼之。

彖曰：豫，剛應而志行，順以動，豫。豫順以動，故天地如之，而況建侯行師乎。天地以順動，故日月不過而四時不忒。聖人以順動，則刑罰清而民服，豫之時義大矣哉。

【譯】

彖曰：豫卦的意象，陽剛者得到順應而志嚮得以施行，和順而動，所以稱豫。和樂相順而動，天地皆如此，何況建國封侯用兵征伐呢。天地順應時序運動，因此日月運行不會失度而四時循環不有偏差。聖人順應人道行事，則刑罰清明而民衆順服，豫卦順時隨宜的道理真是太宏大了。

【記】

「豫，剛應而志行，順以動，豫」，剛應而志行，剛，指九四；應，指一陽爲主，五陰皆應。志行，指九四一陽得五陰應和而志嚮得到施行。順以動，從卦體看，下坤爲順，上震爲動，所以說「順以動」。順，或指順合四時之序，或指順應自然法則、社會規范等。

「豫順以動，故天地如之，而況建侯行師乎」，釋說所以「利建侯行師」之義，以天道而明人事。豫順，指和樂順應。豫，樂、和樂。況，何況。

「天地以順動，故日月不過而四時不忒」，故，王引之《經傳釋詞弟五》云：故，猶則也。過，指失度。忒，指偏差。陸德明《經典釋文》云：「忒，他得反，鄭云：差也，京作『貸』。」李鼎祚《周易集解》引虞翻曰：過，謂失度；忒，差迭也。此句與「豫順以動，故天地如之」，猶萬物靜觀皆自得之象。

「聖人以順動，則刑罰清而民服」，此句明人事。聖人能以理順而動，則不赦有罪，不濫無辜，因而刑罰清明，賞罰適當，衆人順服。

豫之時義大矣哉，時義，指順時隨宜的道理。時，順時隨宜。義，指道理。

象曰：雷出地奮，豫，先王以作樂崇德，殷薦之上帝，以配祖考。

〔譯〕

象曰：雷震而出大地震動，這就是豫卦的意象，先王用盛大的禮樂來歌頌上天和先人的功德，隆重地祭獻天帝和先祖。

[記]

豫卦，下坤爲地，上震爲雷爲動，雷震而出，大地震動，萬物戒懼而後和樂，所以說「雷出地奮，豫」。豫，豫樂，先戒懼而後和樂的意思。雷是陽氣，象辭猶指陽氣升起，萬物和樂，欣欣嚮榮之象。奮，震動。《廣雅・釋詁一》云：奮，動也。李鼎祚《周易集解》引鄭玄曰：奮，動也。

孔穎達疏：「案諸卦之象，或云『雲上于天』，或云『風行天上』，以類言之，今此應云『雷出地上』。乃云『雷出地奮，豫』者，雷是陽氣之聲，奮是震動之狀，雷既出地，震動萬物，被陽氣而生，各皆逸豫，故云『雷出地奮，豫』也。」李鼎祚《周易集解》作「雷出地，奮豫」，引崔憬曰：「震在坤上，故言雷出地。雷，陽氣，亦謂龍也。夏至後陽氣極而一陰生，陰陽相擊而成雷聲。雷聲之疾，有龍奮迅豫躍之象，故曰奮豫。」

「先王以作樂崇德，殷薦之上帝，以配祖考」，先王值此萬物悅豫之際，不忘時時戒懼，保有恭敬虔誠之心進行盛大的祭祀。以，用、使用。《玉篇・人部》云：以，用也。崇，尊崇、歌頌。高亨《周易大傳今注》云：崇猶尊也，崇德謂尊崇其德而歌頌之也。殷薦，奏盛大的樂歌，祭祀天地鬼神。殷，盛大、隆重。《說文》云：殷，作樂之盛稱殷。陸德明《經典釋文》曰：「殷，於勤反，馬云：盛也。」薦，進獻、祭獻。上帝，李鼎祚《周易集解》引鄭玄曰：上帝，天帝也。配，配享。古帝王祭天，以先祖配祭。《孝經》云：昔者周公郊祀后稷以配天，宗祀文王於明堂以配上帝。祖考，指先祖。

初六，鳴豫，凶。

[譯]

初六，聲名在外，耽於逸樂，不吉利。

[記]

鳴豫，指聲名在外，耽於逸樂而忘了戒備，與「鳴謙」語意相同。初應在四，四爲震主，震爲善鳴，當豫之際，故稱「鳴豫」。初無位，獨得四應，得寵而自鳴不節，是小人之道，故而有凶。

象曰：初六鳴豫，志窮凶也。

[譯]

象曰：初六聲名在外，耽於逸樂，志嚮短淺不吉利。

[記]

此句猶爲「初六鳴豫，凶，志窮也」，窮，窮盡、匱乏，指胸無大志，志嚮短淺。逸樂至甚，過則荒淫，淫乃失志，志窮則凶。

六二，介于石，不終日，貞吉。

【譯】

六二，心志堅貞如石，不敢終日逸樂，時時戒備，貞正吉祥。

【記】

介于石，介，堅固、堅定。《正字通．人部》云：凡堅確不拔亦曰介。陸德明《經典釋文》云：介，古文作「砎」。砎，堅硬的意思。于，如、好像。王引之《經傳釋詞弟一》云：于，猶如也。處豫之際，二上爲坎，往無其應，然履得其位，獨守中正，豫不違中，逸不失正，其介如石。石，取艮之象，二爲艮體，艮爲石。孔穎達疏：介于石者，得位履中，安夫貞正，不苟求逸豫，上交不諂，下交不瀆，知幾事之初始，明禍福之所生，不苟求逸豫，守志耿介似於石。

不終日，指不終日逸樂，時時戒備。六二秉中正之道而明禍福所生，見幾微之跡即知吉凶徵兆，雖身在豫中但能深知安逸不可長久之理，而時時戒備。

爻辭是說六二身在豫中，居得其位，履中正之道，心志堅定，能時時有所戒備，居安思危，而終得吉祥，《禮記．大學》有云「安而後能慮，慮而後能得」。《繫辭下》子曰：「知幾其神乎！君子上交不諂，下交不瀆，其知幾乎！幾者，動之微，吉之先見者也。君子見幾而作，不俟終日。易曰：介于石，不終日，貞吉。介如石焉，寧用終日，斷可識矣。君子知微知彰，知柔知剛，萬夫之望。」

又，介于石，亦或釋爲：介，通「哲」，明白的意思。《老子》第五十三章云：使我介然有知，行於大道，唯施是畏。石，堅剛之地，比喻險境。《漢書・地理志下》注：石，山險之限。意思是說六二明白自己雖在安逸之中，但卻如履險境，因而能居安思危，應時即改，終得吉祥。

象曰：不終日，貞吉，以中正也。

〔譯〕

象曰：不敢終日逸樂，時時戒備，貞正吉祥，因爲得位中正。

〔記〕

以中正也，指六二陰居柔位，得中且正，釋所以「不終日，貞吉」之義。李鼎祚《周易集解》引侯果曰：「得位居中，柔順正一，明豫動之可否，辯趣舍之權宜。假如堅石不可移變，應時則改，不待終日，故曰豫之正，吉。」

六三，盱豫悔，遲有悔。

〔譯〕

六三，小人佞媚求豫，有悔恨；行動遲疑不前，有悔恨。

【記】

盱豫，佞媚而求豫的意思。孔穎達疏：「盱，謂睢盱，睢盱者，喜說之貌。若睢盱之求豫，則悔吝也。」李鼎祚《周易集解》引向秀曰：睢盱，小人喜說佞媚之貌也。陸德明《經典釋文》云：「盱，香于反，睢盱也；向云：睢盱，小人喜悅之皃。」

六三以陰居陽，失位不正，當豫之際，上比於四，四爲豫主，仰而求豫，佞媚求樂，必生悔恨，所以說「盱豫悔」。又，處坎艮之體，居爲坎險，往爲艮止，進退不得其所，遲疑不決，故而有悔，所以說「遲有悔」。遲，同「遲」。三位不當，進退皆悔，溺逸之象，是小人之道。

又，以象辭看，遲有悔，或是針對「盱豫悔」的告誡之語，指六三居位不當，不中不正，要及早改過，遲疑了則必另生咎害悔吝。

象曰：盱豫有悔，位不當也。

【譯】

象曰：小人佞媚求豫有悔恨，是因爲處位不當。

【記】

位不當也，釋所以「盱豫有悔」之義，指六三陰爻而居陽位，是居位不當。

九四，由豫，大有得，勿疑朋盍簪。

[譯]

九四，衆陰歸從而得逸豫，大有收穫，不要猜忌，朋類合聚会疾速而來。

[記]

九四剛健，爲豫之主，衆陰所宗，莫不由之，而得其豫，所以說「由豫，大有得」。由，陸德明《經典釋文》云：由，從也。李鼎祚《周易集解》引虞翻曰：由，自，從也。大有得，衆陰歸從，故「大有得」。

「勿疑朋盍簪」是針對前面「由豫，大有得」的誡語，指在由豫之際，要以誠待物，不可妄忌，則群物歸依。勿疑，不要猜忌。四失位不正，故誡之言「勿疑」。朋盍簪，指衆陰群朋合聚疾速而來。盍，合、合聚。王弼注：盍，合也。陸德明《經典釋文》云：盍，胡臘反，合也。簪，王弼注：簪，疾也。陸德明《經典釋文》云：「簪，徐側林反，子夏傳同『疾』也，鄭云：速也；埤蒼同。」又，李鼎祚《周易集解》「簪」作「戠」，引虞翻曰：「小畜兌爲朋；盍，合也，坤爲盍；戠，聚會也，坎爲聚，坤爲衆，衆陰竝應，故朋盍戠。戠，舊讀作撍，作『宗』也。」

象曰：由豫大有得，志大行也。

[譯]

象曰：衆陰歸從而得逸豫，大有收穫，心志得以踐行。

【記】

「志大行也」釋「由豫大有得」之義。大行，猶踐行，指九四心志得到施行。

六五，貞疾，恒不死。

【譯】

六五，如此下去會生疾患，但終不會死亡。

【記】

六五以陰柔之質而處剛位，力有不及，下乘九四，四體剛健，爲豫之主，非己所乘。主將至而違乘之，如此以往，將生疾患，所以說「貞疾」。然己居中履尊，當豫之際，其道未亡，不可滅，故而「恒不死」。以象言之，五居坎震之體，坎爲疾、爲耳痛、爲心病、爲加憂，震爲反生，東方生氣之卦，有生發之象，所以說「貞疾，恒不死」。

又，貞疾，或指常病、痼疾，亦引伸指不好的習慣。尚秉和釋「貞疾」爲「常疾」之義。《周易尚氏學》云：五以陰柔處尊位，乘剛勢逆，故常疾。

象曰：六五貞疾，乘剛也。恒不死，中未亡也。

[譯]

象曰：六五如此下去會生疾患，是因爲乘凌陽剛。終不會死亡，是因爲中正之道不會消亡。

[記]

乘剛也，釋所以「貞疾」之義，指六五陰爻居於九四陽剛之上。

中未亡也，釋所以「恒不死」之義，指六五雖然乘剛，但居中得正，中正之道不會消亡。未，猶不會。未亡，指不會消亡。

上六，冥豫成，有渝无咎。

[譯]

上六，沉迷於逸樂已到極點，有所改變則沒有咎害。

[記]

冥豫，沉迷於逸樂。冥，昏闇、沉迷。陸德明《經典釋文》云：「冥，覓經反，馬云：冥昧，眈於樂也；王廣云：深也。」朱駿聲《六十四卦經解》云：「冥，昧也，深也。古冥字，俗作眠，張目爲盱，翕目爲冥，謂耽于樂也。」成，指事物發展到一定狀態而到了極點。渝，改變。《爾雅·釋言第二》云：渝，變也。朱駿聲《六十四卦經解》云：渝，變也。

卦體上本爲坤，坤爲闇、爲迷，冥昧之象，上處豫極，故言「冥豫成」。至極當反，處震動之體，若能自思改變，補過遷善，則可得無咎，所以說「有渝无咎」。王弼注：「處動豫之極，極豫盡樂，故至于冥豫成也。過豫不已，何可長乎，故必渝變，然後无咎。」

象曰：冥豫在上，何可長也。

【譯】

象曰：沉迷於逸樂已到極點，怎麼可以長久呢。

【記】

上，指上六的爻位。在上，指處於上六的位置，已到了終極之地。

何可長也，是說逸樂之道已到了盡頭，仍然沉迷其中，是不能長久的。這是告誡後人凡事至終極之時則須思謀改變，反之則會有樂極生悲之事。

隨卦第十七

［注音：suí］

［序卦傳］

云：豫必有隨，故受之以隨。

［繫辭傳］

云：服牛乘馬，引重致遠，以利天下，蓋取諸隨。

［雜卦傳］

云：隨，无故也。

䷐ **震下兌上**

隨元亨，利貞，无咎。

［譯］

萬物順隨進行盛大的祭祀，貞正則利，沒有咎害。

［記］

隨，順從、順隨。《說文．辵部》云：隨，從也。《廣雅．釋詁一》云：隨，順也。陸德明《經典釋文》云：隨，從也。李鼎祚《周易集解》引韓康伯曰：順以動者，衆之所隨。

隨元亨，卦體內震剛而動，外兌柔而悅，動而後悅，悅而應動，上下相隨，所以稱「隨」。李鼎祚《周易集解》引鄭玄曰：「震，動也；兌，說也。內動之以德，外說之以言，則天下之人咸慕其行而隨從之，故謂之隨也。」元亨，即大亨，指進行盛大的祭祀。元，大。亨，同「享」，享祀、祭祀。

「利貞，无咎」，隨之爲義，必守其正，乃得「无咎」。若隨之不正，則爲邪僻之道，必生咎害，二五得中且正，上下相應，所以說「利貞，无咎」，《彖辭》有曰「貞无咎」。

從卦變來看，卦體下本爲坤，坤爲牛，剛來而爲震主，稱之爲服牛；上本爲乾，乾爲馬，柔往居上而爲兌主，稱之爲乘馬，故《繫辭下》云：服牛乘馬，引重致遠，以利天下，蓋取諸隨。言隨物所之，各得其宜。

彖曰：隨，剛來而下柔，動而說。隨大亨，貞无咎，而天下隨時。隨時之義大矣哉。

〔譯〕

隨卦的意象，剛強者來到柔順者之下，動而和悅。萬物順隨進行盛大的祭祀，貞正則沒有咎害，因爲天下萬物皆能順隨時宜。隨卦這種順時隨宜的道理真是太宏大了。

〔記〕

「隨，剛來而下柔，動而說」，明隨卦的意象。剛來而下柔，從卦象看，剛謂震，柔謂兌，震處兌下，是「剛來而下柔」。從卦變看，初九一陽自乾元而來，處二陰之下，是「剛來而下柔」。動而說，以二體之象言，下震爲動，上兌爲悅，所以說「動而說」。說，同「悅」，猶和悅順隨之義。

「隨大亨，貞无咎」，複述卦辭之文；「而天下隨時」，明卦辭之義。貞无咎，猶「利貞无咎」，陸德明《經典釋文》云：本又作「大亨利貞」。隨時，陸德明《經典釋文》云：王肅本作「隨之」。朱熹《周易本義》曰：「王肅本『時』作『之』，今當從之。釋卦辭，言能如是，則天下之所從也。」王弼注：爲隨而令大通利貞，得於時也，得時則天下隨之矣。孔穎達疏：大亨，貞无咎，而天下隨時者，以有大亨貞正，无有咎害，而天下隨之。李鼎祚《周易集解》引鄭玄曰：「內動之以德，外說之以言，則天下之人咸慕其行而隨從之，故謂之隨也。」皆作「之」字。尚秉和認爲當爲「隨時」，《周易尚氏學》云：「王肅本『隨時』皆作『隨之』，將卦義全失。朱子從之，過矣。故夫讀《易》，以明理乃先也。」今「天下隨時」之句從尚義作「隨時」。隨時，即順隨時宜。

「隨時之義大矣哉」的「隨時之義」當爲「隨之時義」，猶豫卦「豫之時義大矣哉」、遯卦「遯之時義大矣哉」、姤卦「姤之時義大矣哉」、旅卦「旅之時義大矣哉」之例。陸德明《經典釋文》云：王肅本作「隨之時義」。

象曰：澤中有雷，隨，君子以嚮晦入宴息。

〔譯〕

澤中有雷，這就是隨卦的意象，君子觀此卦象法隨之道而順隨自然規律在天將入黑时就安靜休息。

〔記〕

隨卦上兌爲澤，下震爲雷，雷處澤下，所以說「澤中有雷」。雷匿於澤中，宴息之象，君子順隨此象而適時宴息，所以說「君子以嚮晦入宴息」，這就是「日出而作，日入而息」之理。《禮》曰：君子晝不居內，夜不居外，隨時之道也。嚮晦，天將入黑，傍晚的意思。嚮，陸德明《經典釋文》云：本又作「向」，許亮反，王肅本作「鄉」，音同。晦，日暮、夜晚。宴息，安寢、休息。宴，安逸、閒適。王引之《經義述聞》云：宴之言安，非謂宴寢也。

初九，官有渝，貞吉，出門交有功。

〔譯〕

初九，執掌之職（或譯：館舍）發生變化，順隨中正之道吉祥，出門與人交往會有成效。

【記】

官有渝，官，孔穎達疏：官，謂執掌之職，人心執掌與官同稱，故人心所主謂之官。又，官，或作「館」。官有，陸德明《經典釋文》云：蜀才作「館有」。館，指君王所居之宮室。渝，變化、改變。孔穎達疏：渝，變也。

貞吉，貞，猶正，指中正之道。

出門交有功，釋「貞吉」之義。交，結交、交往。功，成效、功效。初爲震主，震爲行、爲大塗，所以說「出門交有功」。

初爲震主，震爲長子、爲諸侯，四處諸侯之位，二剛同位而不相與，是爲「官有渝」。又，四爲艮主，艮爲宮室，初四不應，是館舍有變，亦爲「官有渝」。當隨之際，上無其應，心無偏係，動不以欲，而能隨時，陽剛之體，主動而不主靜。初二相比，二處中守正，具中正之德，雖應在五，然近於初，初見善則往，動而無違，交而有功，所以說「出門交有功」。門，取互艮之象，二處艮體，艮爲門闕。

象曰：官有渝，從正吉也。出門交有功，不失也。

【譯】

象曰：執掌之職（或譯：館舍）發生變化，順隨中正之道吉祥。出門與人交往會有成效，是因爲沒有失去隨從中正之道的心志。

〔記〕

象辭進一步釋明爻辭之義。從，順隨、順從。不失，指初九雖處無位之地但也沒有失去隨從中正之道的心志。

六二，係小子，失丈夫。

〔譯〕

六二，牽係小子，失去成年男子。

〔記〕

小子，指初九。初體陽剛而居卑微之地，故稱「小子」。丈夫，指九五。五履尊位，剛中有實，故而稱「丈夫」。王弼注：五處己上，初處己下，故曰係小子，失丈夫也。孔穎達疏：「小子，謂初九也；丈夫，謂九五也。初九處卑，故稱小子；五居尊位，故稱丈夫。」

六二陰柔，處隨之際而不能獨立自守，必有所係，正應在五，然近於初，初出門交之，二近而相隨，而失五應，所以說「係小子，失丈夫」，猶有從正不專，爲近所惑，係小而失大之義。

象曰：係小子，弗兼與也。

[譯]

象曰：牽係小子，（失去成年男子），因爲不能兼得。

[記]

「係小子」後省去了「失丈夫」。弗兼與也，釋所以「係小子，失丈夫」之義，指初九和九五不可兼得。與，猶得。張相《詩詞曲語辭彙釋》卷四云：與，猶得也。

六三，係丈夫，失小子，隨有求得，利居貞。

[譯]

六三，牽係成年男子，失去小子，順隨相求有所收穫，適宜安居貞固。

[記]

「係丈夫，失小子」，其象與六二相反。丈夫，指九四。小子，指初九。六三陰柔，處隨之際，陰柔之體必有其隨，其上無應而比於四，以柔承剛，順而相隨，稱之「係丈夫」。與初同體，然初爲二係，所以說「失小子」。孔穎達疏：「六三陰柔，近於九四，是係於丈夫也。初九既被六二之所據，六三不可復往從之，是失小子也。」

隨有求得，三四近而相比，四無他應，三順隨相求，四不逆於己，必有所得，所以說「隨有求得」。隨，追逐、追求。高亨《周易古經今注》云：隨有求得，謂追逐而有所求則得也。《廣雅．釋詁三》云：隨，逐也。

利居貞，這是誡語。三居位不正，以係於人，有邪媚之嫌。本爲艮體，動爲山止，艮爲門闕、爲宮室，有安居之象。爲巽之主，巽爲利，又爲不果，既隨有求得，又往而不果，故「利居貞」。居，猶安，安居之義。貞，猶定，貞定、貞固。

象曰：係丈夫，志舍下也。

［譯］

象曰：牽係成年男子，（失去小子），因爲六三已決意捨棄處在下位的小子。

［記］

「係丈夫」爲「係丈夫，失小子」的省文。志舍下也，是說初九既被二係，己隨求於四，四不逆己，遂決心意而捨初係四。舍，同「捨」，捨棄、放棄。《廣韻．馬韻》云：舍，同「捨」。

九四，隨有獲，貞凶。有孚在道，以明，何咎。

［譯］

九四，順隨於下而有所得，如此下去不吉利。若能保持誠信之心在爲臣的正道上，對神明發誓立約，會有什麼咎害呢。

［記］

「隨有獲，貞凶」，四三相近，三求係已，不拒而獲，所以說「隨有獲」。獲，獲得、得到。《廣雅．釋詁三》云：獲，得也。居臣之地，近君之體，當唯隨於君，今履非其位，擅爲人隨，有違逆結黨之虞，失於臣道，其義爲凶，所以說「貞凶」。貞，如此下去的意思。

「有孚在道，以明，何咎」，當隨之際，居不得位，下據二陰，雖有違常義，但若能心存公誠，秉守臣道，下以剛濟民，上順隨於君，則上安而下從，如此則著信於正道，其心可明，又哪來什麼咎害呢，所以說「有孚在道，以明，何咎」。孚，信。道，指爲臣的正道。以，相當於「而」。明，通「盟」，對神發誓立約的意思。聞一多《古典新義》曰：明，亦當讀爲盟，以讀爲已，言已祭則无咎也。

象曰：隨有獲，其義凶也。有孚在道，明功也。

［譯］

象曰：順隨於下而有所得，理當不吉利。保持誠信之心在爲臣的正道上，指行事要光明磊落，上天可鑒。

［記］

義，猶宜，理當、當然的意思。四居失其位，隨而得三，有違臣道，所以「其義凶也」。明功，指行爲處事光明磊落，上天可鑒。

九五，孚于嘉，吉。

〔譯〕

九五，處嘉美之際而能保持誠信，吉祥。

〔記〕

九五以陽居尊，履得其位，中正有信。當嘉美之際，從善守信，秉中正之德而誠信天下，故而吉祥，所以說「孚于嘉，吉」。嘉，善、美的意思。《爾雅·釋詁第一》云：嘉，善也。《說文·壴部》云：嘉，美也。

象曰：孚于嘉，吉，位正中也。

〔譯〕

象曰：處嘉美之際而能保持誠信，吉祥，是說九五得位中正。

〔記〕

位正中也，釋「孚于嘉，吉」之義。九五剛居陽位是爲正，處上卦中位是爲中，所以說「位正中也」。陸德明《經典釋文》云：一本作「中正」。

上六，拘係之乃從。維之，王用亨于西山。

[譯]

上六，拘係才順從。君王排除險阻，而捆綁他。

[記]

拘係之乃從，拘，拘係、拘禁。從，順從、依順。上六處隨之極，極則有反，反而不隨，隨道已成，而特不從，下乘九五陽剛，唯「拘係之乃從」。

「維之，王用亨于西山」，猶「王用亨于西山，維之」。維，係、捆綁。《廣雅·釋詁二》云：維，係也。《玉篇·糸部》云：維，繫也。王，指九五。五處巽體，巽爲繩，故言「維」。用，猶施行。王引之《經義述聞》云：用者，施行也。亨，王弼釋爲「通」義。注云：「率土之濱，莫非王臣，而爲不從，王之所討也，故維之，王用亨于西山也。兌爲西方之卦，山者，塗之險隔也。處西方而爲不從，故王用通于西山。」西山，取象於兌，上爲兌極，兌爲西方之卦，其下伏艮爲山，所以稱「西山」。孔穎達疏：山謂險阻，兌處西方，故謂西山。山有險阻之意，指有不從者而欲前往拘係，則必有困阻。用亨于西山，指排除險阻。

爻辭意指隨道已成，若有不從，則須爲民除害。

又，「王用亨于西山」之句，注者多釋爲文王於西山祭祀。尚秉和《周易尚氏學》引《西谿易說》云：先儒說《易》，遇西山西鄰，皆曰文王事也，可謂大謬。

象曰：拘係之，上窮也。

〔譯〕

象曰：拘係他，是因爲他已處於亢極之地而不肯順隨。

〔記〕

上窮也，釋所以「拘係之」之義。上，指卦終的上六之位。窮，困窮、窮盡。朱熹《周易本義》曰：窮，極也。

上窮，指亢極困窮之地。王弼注：處于上極，故窮也。

蠱卦第十八

[釋文音訓：蠱，音古，徐又姬祖反，一音故；注音：gǔ]

[序卦傳]

云：以喜隨人者必有事，故受之以蠱。蠱者，事也。

[雜卦傳]

云：蠱則飾也。

☶☴ **巽下艮上**

蠱元亨，利涉大川，先甲三日，後甲三日。

[譯]

整治惑亂之事進行盛大的祭祀，順利渡過江河大川，先甲三日，後甲三日，（吉祥）。

[記]

蠱，一．《說文．蟲部》云：蠱，腹中蟲也。二．《序卦傳》云：蠱者，事也。《廣雅．釋詁三》云：蠱，事也。

李鼎祚《周易集解》云：「今言蠱者，是卦之惑亂也。時既漸澆，物情惑亂，故事業因之而起惑矣。」又引伏曼容曰：「蠱，惑亂也。萬事從惑而起，故以蠱爲事也。」陸德明《經典釋文》云：蠱，音古，事也，惑也，亂也。程頤《周易程氏傳》云：「蠱，事也。蠱非訓事，蠱乃有事也。」又云：蠱之義，壞亂也。朱熹《周易本義》曰：蠱，壞極而有事也。朱駿聲《六十四卦經解》云：「王引之曰，蠱之訓事，蓋叚借爲『故』字，《尚書大傳》五帝之蠱事，是也。非爲『蠱』本字有事之訓。按此論極正，當從之。」三．《雜卦傳》云：蠱則飭也。韓康伯注：飭，整治也，蠱所以整治其事也。按：飭，南宋初刻本《周易注疏》經傳及唐李鼎祚《周易集解》皆作「飾」；清嘉慶刊本《十三經注疏》經注皆作「飭」。王弼注：蠱者，有事而待能之時也。

卦體下巽爲風，上艮爲山，風在山下，遇山而迴，遇木而摧，亂草木之正，惑百物之性，物皆撓亂，爲蠱之象。巽下艮上，巽爲長女，艮爲少男，長女下於少男，惑亂其情，有事之象。《左傳．昭公元年》云：「晉侯求醫於秦，秦伯使醫和視之，曰：『疾不可爲也，是謂：近女室，疾如蠱。非鬼非食，惑以喪志。良臣將死，天命不祐。』……。趙孟曰：『何謂蠱？』對曰：『淫溺惑亂之所生也。於文，皿蟲爲蠱。穀之飛亦爲蠱。在周易，女惑男，風落山，謂之蠱。皆同物也。』」以象言之，陰來居內而隱於下，蠱之事由此而生，陽往處外而止於上，蠱之事由此而終，陰生陽止，有蠱乃治，爲蠱之義。

蠱之爲物，腹中之蟲，言壞亂之事由內而起。有蠱則治，治之有令，先甲三日，後甲三日，行大祭之禮，拯難於危，蠱患之風，終爲山止，所以說「利涉大川」。大川，比喻險難。

「先甲三日，後甲三日」，對照臨卦「至于八月有凶」及巽卦九五「先庚三日，後庚三日，吉」，疑其後當有「吉」字。臨卦屬十二月消息卦，至于八月有凶，間七個月，先甲三日爲辛壬癸，後甲三日爲乙丙丁，前後共七日，據此可知「先甲三日，後甲三日」指在此七日內行正蠱之事吉祥。

甲庚皆十日之名，蠱卦「後甲三日」與巽卦「先庚三日」皆爲丁，前後相續，立先申後，而有終始。先甲三日爲祭祀之時，後甲三日行治蠱之事，七日來復，吉。巽卦九五「先庚三日，後庚三日」，七日之期，申命行事，悔亡有終，吉。王引之《經義述聞》云：「蠱爲有事之卦，巽爲申命行事之卦，而事必諏日以行，故蠱用先後甲之辛與丁，巽用先後庚之丁與癸也。古人行事之日多有用辛與丁祭者，《郊特牲》曰：郊之用辛也，周之始郊日以至。……。『先甲三日，後甲三日』、『先庚三日，後庚三日』，皆行事之吉日，故卦之行事者取焉。」

「先甲三日，後甲三日」，先賢之釋各異。

一．王弼於彖辭注云：甲者，創制之令也。又於巽卦九五爻辭注云：申命令謂之庚；甲庚，皆申命之謂也。

唐人編五經正義，采王弼之說。

二．《子夏傳》云：先甲三日者，辛壬癸也；後甲三日者，乙丙丁也。

三．馬融曰：甲在東方，艮在東北，故云先甲。巽在東南，故云後甲。所以十日之中唯稱甲者，甲爲十日之首，蠱是造事之端，故舉初而明事始也。言所以三日者，不令而誅謂之暴，故令先後各三日，欲使百姓遍習，行而不犯也。

四．虞翻曰：謂初變成乾，乾爲甲；至二成離，離爲日；謂乾三爻在前，故先甲三日，賁時也。變三至四體離，至五成乾，乾三爻在後，故後甲三日，無妄時也。

五．鄭玄曰：甲者造作新令之日。甲前三日取自新之義，故用辛；甲後三日，取丁寧之義，故用丁。

彖曰：蠱，剛上而柔下，巽而止，蠱。蠱元亨，而天下治也。利涉大川，往有事也。先甲三日，後甲三日，終則有始，天行也。

【譯】

彖曰：蠱卦的意象，陽剛處上而陰柔居下，风行而止，稱爲蠱。整治惑亂之事進行盛大的祭祀，因而天下安定太平。順利渡過江河大川，往進會成就事業。先甲三日，後甲三日，前事終結又是後事的開始，終始相續，這就是天道運行的法則。

【記】

「蠱，剛上而柔下，巽而止，蠱」，此以象釋卦義。剛上而柔下，從卦體看，剛上，指艮陽居於上體；柔下，指巽陰處於下體。從卦變看，剛上，指一陽往而居上以成艮；柔下，指一柔來而居下以成巽。巽而止，以二體之象言，下巽上艮，艮爲止，所以說「巽而止」。巽，指風，巽爲風。

卦體內柔外剛，剛柔相濟，下陰上陽，尊卑得位，上下順理，這就是治蠱之道。王弼注：上剛可以斷制，下柔可以施令。治蠱之時號令如風而無所不至，惑亂之事因而終止，治蠱有成。

「蠱元亨，而天下治也」，治，指社會安定太平，與「亂」相對。治蠱有道，得天之助，因而天下太平。

「利涉大川，往有事也」，利涉大川，指順利渡過艱難險阻。大川，比喻險難。往有事也，事，事業、功業，指往進會成就功業。此句與需卦彖辭「利涉大川，往有功也」義同。

「先甲三日，後甲三日，終則有始，天行也」，天行，指天道，這裡指亂極必有治，事至終則始之義。

象曰：山下有風，蠱，君子以振民育德。

【譯】

象曰：山下有風，這就是蠱卦的意象，君子觀此卦象明治蠱之道而振興民風培育賢德。

【記】

蠱卦，下巽爲風，上艮爲山，風在山下，所以說「山下有風」。風爲號令，主教化之事，所以能「振民」；山爲靜止，主育養之事，所以能「育德」。李鼎祚《周易集解》引何妥曰：山者高而靜，風者宣而疾，有似君處上而安靜，臣在下而行令也。

育，陸德明《經典釋文》云：王肅作「毓」，古「育」字。

初六，幹父之蠱，有子考，无咎，厲終吉。

【譯】

初六，匡正父親的惑亂之事，子能成功，沒有咎害，有危險但結果吉祥。

【記】

幹父之蠱，幹，猶正，匡正、端正的意思。李鼎祚《周易集解》引虞翻曰：幹，正；蠱，事也。「有子考，无咎」，有子，猶子。李鼎祚《周易集解》云：位陽令首，父之事也；爻陰柔順，子之質也。考，猶成，成功之義。《逸周書．謚法》云：考，成也。《釋名》云：考，成也。有子考，是說子能治蠱成功。陸德明《經典釋文》以「有子考无咎」絶句，並云：周依馬王肅以考絶句。

厲終吉，厲，誡語；終吉，斷辭。指有危險，而有所防范戒備，結果吉祥。

初體陰柔，處無位之地，上無所應，其志難行，始而有厲。然初涉蠱未深而事易濟，其意正弊，去蠱而承先輩之業，遂知危而進，戒懼防范，終獲吉祥。

象曰：幹父之蠱，意承考也。

【譯】

象曰：匡正父親的惑亂之事，本意在於承繼父輩的事業。

[記]

意承考也，釋所以「幹父之蠱」。意，本意。初六處卦之初，初爲本，因而將「意」釋爲「本意」。承，承繼、繼續。高亨《周易大傳今注》云：言子幹其父之事，志在繼承其父也。考，父，亦指父輩或家族中的長者。《爾雅．釋親第四》云：父爲考。《說文》云：考，老也。按：此「考」非爻辭「有子考」之「考」。

九二，幹母之蠱，不可貞。

[譯]

九二，匡正母親的惑亂之事，不可以貞固執守。

[記]

內之中位，爲母之事，今九處之，以剛而治其蠱。然居不得位，不可長久，有應在五，以中應中，可往而不可貞，所以說「幹母之蠱，不可貞」。貞，猶定，貞固、執守之義。朱駿聲《六十四卦經解》云：漢唐母后垂簾，其蠱不可貞也，巽以行權，爲不可貞，婦人之性，可曲喻，不宜直逆，尤重幾諫也。

象曰：幹母之蠱，得中道也。

【譯】

象曰：匡正母親的惑亂之事，因爲得中正謙和之道。

【記】

得中道也，釋所以「幹母之蠱」，意指「幹母之蠱」，雖處不得位，但猶不失中正謙和之道，所以說「得中道也」。中道，指九二處下卦中位。

九三，幹父之蠱，小有悔，无大咎。

【譯】

九三，匡正父親的惑亂之事，小有悔恨，沒有大的咎害。

【記】

九三，當蠱之際，幹父之蠱，上無其應，小有悔。處兌之體，兌爲小，故言「小」。以陽居剛，得位且正，爲震之主，身爲長子，健而往行，又爲巽體，巽爲利，故雖小有悔而終無大咎，所以說「幹父之蠱，小有悔，无大咎」。

象曰：幹父之蠱，終无咎也。

【譯】

象曰：匡正父親的惑亂之事，結果沒有咎害。

【記】

終无咎也，指九三雖上無其應，但得位且正，故而終無咎害。

六四，裕父之蠱，往見吝。

【譯】

六四，寬容父親的惑亂之事，往進會有憾惜。

【記】

六四爲兌之體，少女之象，以陰居柔，履得其位，當蠱之際，幹事不以剛威而以柔和，能寬裕父輩之事。然質柔無應，無有剛濟，爲艮所止，往而見吝，所以說「裕父之蠱，往見吝」。裕，寬容。《廣雅．釋詁四》云：裕，容也。王念孫疏證：裕爲寬容之容。陸德明《經典釋文》云：「裕，羊樹反，馬云：寬也。」惠棟《周易述》

注云：裕，不能爭也。

象曰：裕父之蠱，往未得也。

〔譯〕

象曰：寬容父親的惑亂之事，往進沒有收穫。

〔記〕

六四初入上體，所以稱「往」。以陰居柔，雖得其位，但力有不濟，又無其應，往無所得，而生憾惜。得，指收穫。

六五，幹父之蠱，用譽。

〔譯〕

六五，匡正父親的惑亂之事，受到讚譽。

〔記〕

六五以柔處尊，秉中正之德，上承阳剛，下得剛應，以斯幹父之蠱，非以威力，而以中和，故得讚譽。用譽，受到讚譽。二五相應，二多譽，所以說「用譽」，指五得二應。用，受到、得到。譽，讚譽、稱譽。李鼎祚《周易集解》引荀爽曰：體和應中，承陽有實，用斯幹事，榮譽之道也。

象曰：幹父用譽，承以德也。

［譯］

象曰：匡正父親的惑亂之事受到讚譽，因爲能秉承中正謙和的品德。

［記］

「幹父用譽」是爻辭「幹父之蠱，用譽」的省文。承以德也，釋所以「幹父用譽」之義。六五居中，奉承父事，以中正謙和之德而不以威力，所以說「承以德也」。承，持守、秉承。德，品德，指中正謙和之德。

上九，不事王侯，高尚其事。

［譯］

上九，不事奉於君王諸侯，而崇尚於歸養田園之事。

【記】

乘五之上，五爲王位，三上不應，三爲震主，震爲侯，「不事王侯」之象。李鼎祚《周易集解》引荀爽曰：年老事終，不當其位，體艮爲止，故不事王侯。事，猶奉，事奉。《玉篇·史部》云：事，奉也。上爲艮主，止蠱之人，處蠱之極，蠱事已終，其下無應，心無所係而不累於位，超然物外，高潔自守，所以說「高尚其事」，猶功成而退之義，《老子》第九章有云：功成名遂身退，天之道。事，來知德《周易集注》云：下事字，以高尚爲事也，耕于有莘之野，而樂堯舜之道是也。

象曰：不事王侯，志可則也。

【譯】

象曰：不事奉於君王諸侯，其心志可以效法。

【記】

不事王侯，其志清虛高潔，其意可法，其志可則。則，效法。《爾雅·釋詁第一》云：則，法也。

臨卦第十九

【注音：ㄧㄣˊ】

【序卦傳】

云：有事而後可大，故受之以臨。臨者，大也。

【雜卦傳】

云：臨觀之義，或與或求。

䷒ 兌下坤上

臨元亨，利貞，至于八月有凶。

【譯】

陽氣進升之際進行盛大的祭祀，適宜繼續下去，到了八月將不吉利。

【記】

臨，《序卦傳》云：臨者，大也。李鼎祚《周易集解》引鄭玄曰：臨，大也，陽氣自此浸而長大，陽浸長矣。

朱駿聲《六十四經解》云：臨，監臨也。《說文．臥部》云：臨，監臨也。《爾雅．釋詁下》云：臨，視也。郭璞注：謂察視也。又，臨，淩逼之義。來知德《周易集注》云：臨者，進而臨逼于陰也。帛書本「臨」作「林」。《爾雅．釋詁第一》云：林，君也。君爲陽爲大，民爲陰爲小，故，臨有陽氣進升，以大臨小，君臨民衆，監督臨視之義。

元亨，猶大亨，即舉行盛大的祭祀。亨，同「享」。

利貞，貞，繼續下去的意思。臨，十二月消息卦，陽氣漸盛之時，故適宜繼續下去。

至于八月有凶，此爲警示之語，意在告誡占筮之人在行順之時當不忘「无平不陂，无往不復」之理，故誡之曰「至于八月有凶」。臨覆爲觀，觀爲八月消息卦，二陽居上，四陰處下，陽剛消退，陰柔漸長之勢已成，所以說「八月有凶」。

彖曰：臨，剛浸而長，說而順，剛中而應。大亨以正，天之道也。至于八月有凶，消不久也。

[譯]

彖曰：臨卦的意象，陽剛之氣逐漸增長，和悅而柔順，剛居中位而有應合。秉持中正之道進行盛大的祭祀，這是應合天道。到了八月不吉利，是說八月之時陽氣衰退，不可長久。

[記]

「臨，剛浸而長，說而順，剛中而應」，此明臨卦的意象。

剛浸而長，浸，相當於「漸漸」。《廣韻．沁韻》云：浸，漸也。臨爲十二月消息卦，二陽在下，進而浸長，所以說「剛浸而長」。剛，初九、九二二個陽爻，指陽剛之氣。

說而順，依卦體而言，下兌爲悅，上坤爲順，所以說「說而順」。說，同「悅」。此指在陽氣浸長之時，不可剛健用武，當和悅謙順。

剛中而應，剛中，指九二陽剛居於下體中位。而應，指九二與六五陰陽相應。

「大亨以正，天之道也」，以正，指秉持正道。天之道，指天道的法則。

「至于八月有凶，消不久也」，消，衰退，指陽剛之氣漸消。高亨《周易大傳今注》云：卦辭云「至于八月有凶」者，言八月之時，陽氣已消衰，不能長久也。

象曰：澤上有地，臨，君子以教思无窮，容保民无疆。

【譯】

象曰：澤上有地，這就是臨卦的意象，君子觀此卦象明臨之道而教化民衆不有止息，容受保護百姓使皆得其所不有遺漏。

【記】

臨卦，下兌爲澤，上坤爲地，所以說「澤上有地」。

「君子以教思无窮，容保民无疆」，教思，猶教化。思，思考。《說文．思部》云：思，睿也。《集韻．志韻》云：思，慮也。无窮，相當於不懈、不止息的意思。容，容蓄、容受。孔穎達疏：容，謂容受也。无疆，指容受廣大而不有遺漏。「教思无窮，容保民无疆」，取坤厚德載物之義，與師卦大象「地中有水，師，君子以容民畜衆」之義近。

初九，咸臨，貞吉。

【譯】

初九，相感而臨，貞正吉祥。

【記】

咸，交感、感應。王弼注：咸，感也，感應也。李鼎祚《周易集解》引虞翻曰：咸，感也。

初九，居臨之初，正應在四，上下相感，陰陽相應，以此監臨，因正得吉，所以說「咸臨，貞吉」。咸，猶感，指初四陰陽相感，取兌卦和悅柔順之象。貞，猶正，指陰陽正應之道。惠棟《周易述》注云：咸，感也，得正應四，故貞吉。

象曰：咸臨貞吉，志行正也。

〔譯〕

象曰：相感而臨貞正吉祥，心志和行爲都在正道上。

〔記〕

志行正也，釋「咸臨貞吉」之義。初四陰陽相匹，是其志正，和悅相應，是其行正，所以說「志行正也」。志行皆正，所以吉祥。

九二，咸臨，吉，无不利。

〔譯〕

九二，威嚴而臨，吉祥，無所不利。

〔記〕

「咸臨」之辭與初九同，然其位不同，故其義亦別。咸，這裡相當於「苦」，咸臨即苦臨。《爾雅·釋言第二》云：咸，苦也。苦，有超過、過分之義。苦臨，指嚴苛、威嚴地監臨，與六三「甘臨」相對，猶節卦「苦節」與

「甘節」之相對。高亨《周易古經今注》云：一卦之筮辭，其文有相同者，其旨趣必異。又云：疑此爻咸當作威，形近而譌，威臨者，以威臨民也。

時值陽氣進升之際，二爲四陰所乘，剛進則柔危，衆陰未順於陽，意欲阻二浸長，然二爲震主，有剛健雷動之勢，陽氣既起，居中得正，有應在五，衆陰未從，唯以苦臨，可得吉祥而無所不利。

象曰：咸臨吉，无不利，未順命也。

【譯】

象曰：威嚴而臨吉祥，無所不利，因爲民衆還沒有順從王命。

【記】

未順命也，釋所以「咸臨吉，无不利」之義。未順命，指在陽氣漸長之際，衆陰尚未順從王命。

六三，甘臨，无攸利。既憂之，无咎。

【譯】

六三，佞悅而臨，無所利益。已然開始憂慮這事了，沒有咎害。

[記]

甘，猶美，三爲兌主，取兌卦的愉悅之象，這裡爲佞悅的意思。王弼注：甘者，佞邪說媚，不正之名也。既，相當於已經、已然。《廣雅．釋詁四》云：既，已也。

六三，剛長之際，失位乘剛，體柔無應，佞悅而臨，無所利益，是爲有咎。時值於此，若能誠憂其危，反躬自省，改過自脩，可得「无咎」。

象曰：甘臨，位不當也。既憂之，咎不長也。

[譯]

象曰：佞悅而臨，（無所利益），因爲處位不當。已然開始憂慮這事了，則咎害不會長久。

[記]

甘臨，爲「甘臨，无攸利」的省文。位不當也，釋所以「甘臨，无攸利」之義，指六三陰爻居剛位，又乘九二陽剛，是爲位不當。

六四，至臨，无咎。

【譯】

六四，與初九相感而臨，沒有咎害。

【記】

至，猶下，指初九。李鼎祚《周易集解》引虞翻曰：至，下也，謂下至初應，當位有實，故无咎。六四得位且正，處坤之始，坤爲順，正應在初，不忌剛長，履柔應剛，得剛應援，所以說「至臨，无咎」。

象曰：至臨无咎，位當也。

【譯】

象曰：與初九相感而臨沒有咎害，是因爲居位適當。

【記】

位當也，釋所以「至臨无咎」之義。六四陰爻而居柔位，是位當。位當，猶當位。

六五，知臨，大君之宜，吉。

【譯】

六五，智明而臨，這是天子的得宜之事，吉祥。

[記]

知，同「智」，智慧、明智。《集韻·寘韻》云：智，或作知。大君，指天子。宜，得宜、適宜。

六五處天子之位，故稱「大君」。柔居中履尊，下應於二，然居不得位，唯秉中正之德，行中和之道，納剛以柔，智明而臨，不忌剛長而能任之，乃得吉祥，故稱「知臨」。

象曰：大君之宜，行中之謂也。

[譯]

象曰：天子的得宜之事，就是行謙和中正之道。

[記]

行中之謂也，釋「大君之宜」，指天子應該施行謙和中正之道，使政策合適得宜。中，指六五居於上體中位。謂，猶意思。

上六，敦臨，吉，无咎。

【譯】

上六，敦厚而臨，吉祥，沒有咎害。

【記】

敦，質樸、敦厚。孔穎達疏：敦，厚也。《老子》第十五章云：敦兮其若朴。河上公注：敦者，質厚。上六，處坤之極，坤性寬厚，當臨之際，剛長之時，志行敦厚，剛不爲害，而得其吉，吉乃「无咎」。上體「至、知、敦」皆取坤卦的意象，《繫辭上》有云「安土敦乎仁」。坤爲土。

象曰：敦臨之吉，志在內也。

【譯】

象曰：敦厚而臨吉祥，因爲心志在於天下民衆。

【記】

志在內也，釋所以「敦臨之吉」，指其心志在於天下民衆。志，指心志。內，指下卦。上爲官，下爲民，上體寬厚，無有不容，所以說「志在內也」。

觀卦第二十

[釋文音訓：觀，官喚反；注音：guān；或讀：guàn]

[序卦傳]

云：物大然後可觀，故受之以觀。

[雜卦傳]

云：臨觀之義，或與或求。

䷓ 坤下巽上

觀盥而不薦，有孚顒若。

[譯]

觀宗廟祭祀盥禮的莊嚴盛大，而不觀其後的進獻之事，懷著誠信虔誠之心而莊嚴恭敬。

【記】

李鼎祚《周易集解》引鄭玄曰：「坤爲地、爲衆，巽爲木、爲風。九五，天子之爻。互體有艮，艮爲鬼門，又爲宮闕。地上有木而爲鬼門宮闕者，天子宗廟之象也。」

觀盥而不薦，疑「不薦」的「薦」字前漏脫「觀」字，或爲「不觀薦」的省文，是說在進行宗廟祭祀之時，衹觀其盥禮的莊嚴盛大，而不觀其後的進獻之事。《論語．八佾》子曰：禘自既灌而往者，吾不欲觀之矣。王弼注：「王道之可觀者，莫盛乎宗廟；宗廟之可觀者，莫盛於盥也。至薦簡略，不足復觀，故觀盥而不觀薦也。」孔穎達疏：今所觀宗廟之祭，但觀其盥禮，不觀在後籩豆之事，故云觀盥而不薦也。李鼎祚《周易集解》云：鬼神害盈，禍淫福善，若人君脩德，至誠感神，則「黍稷非馨，明德惟馨」，故「觀盥而不觀薦」，饗其誠信者也。引馬融曰：「盥者，進爵灌地以降神也，此是祭祀盛時。及神降薦牲，其禮簡略，不足觀也。國之大事，唯祀與戎，王道可觀在於祭祀，祭祀之盛莫過初盥降神。」

卦辭「觀」爲「觀視」之義，作爲卦名，亦有「示人、觀己」的意思。示人，即爲衆人所觀；觀己，即察己省身。朱熹《周易本義》曰：觀者，有以中正示人，而爲人所仰也。《朱子語類》云：自上示下曰觀，自下觀上曰觀，故卦名之觀去聲，而六爻之觀皆平聲。孔穎達疏：觀者，王者道德之美而可觀也，故謂之觀。惠棟《周易述》云：以五陽觀示坤民，故稱觀。

盥，祭名，指祭祀開始時以酒灌地以禮神，所以又稱爲灌祭。《集韻．緩韻》云：盥，灌祭也。李鼎祚《周易集解》引馬融曰：盥者，進爵灌地以降神也。

薦，進獻祭品。孔穎達疏：薦者，謂既灌之後陳薦籩豆之事，其禮卑也。《玉篇．艸部》云：薦，進獻也。程頤《周易程氏傳》曰：薦，謂獻腥獻熟之時也。朱熹《周易本義》曰：薦，奉酒食以祭也。

又，朱駿聲《六十四卦經解》云：「觀，諦視也。常事曰視，非常曰觀。盥、祼、瓘、灌古通字，祭之初迎尸入廟，天子涚手而後酌鬯，涚謂之盥，酌鬯獻尸，尸得之灌地而祭謂之祼。所以降神，一事而有三節，肆者實以彝而陳之，祼者將以瓚而行之，獻者奉以爵而進之，大宗伯所謂肆獻祼也。此是祭祀感時，及神降，三獻而薦腥，五獻薦熟，謂之薦，其禮簡略，不足觀也。國之大事，在祀與戎，王道可觀，在于祭祀，祭之感莫過于初盥，故孔子既灌而往不欲觀。」

有孚顒若，指懷著誠信虔誠之心而莊嚴恭敬。孚，信也。顒若，壯嚴、肅敬的樣子。孔穎達疏：顒是嚴正之貌，若爲語辭。李鼎祚《周易集解》引馬融曰：顒，敬也。程頤《周易程氏傳》曰：顒，仰望也。王者之德，剛實而有信，中正而不邪，盥祭之時禮誠而事恭，其德美善，其行肅敬，下觀此禮盛，觀其大而不觀其細，莫不感化，故言「有孚顒若」。

彖曰：大觀在上，順而巽，中正以觀天下。觀盥而不薦，有孚顒若，下觀而化也。觀天之神道，而四時不忒。聖人以神道設教，而天下服矣。

【譯】

象曰：美善的德行展現在上位，柔順而謙遜，以中正之德而示天下。觀宗廟祭祀盥禮的莊嚴盛大，而不觀其後的進獻之事，懷著誠信虔誠之心而莊嚴恭敬，百姓瞻觀而受教化。仰觀天之神妙不測的造化自然之道，四時運行沒有偏差。聖人效法天道的神妙法則施陳教化，因而天下百姓順服。

【記】

王弼注：「統說觀之爲道，不以刑制使物，而以觀感化物者也。神則無形者也，不見天之使四時，而四時不忒；不見聖人使百姓，而百姓自服也。」

大觀在上，大觀，指九五中正不邪的美善德行。大，指陽爻九五，陽爲大。觀，示人而爲衆人所仰之義。在上，指九五居於上體，在衆陰之上。上爲君，下爲民，故此指美善的德行展現在上位而爲天下人仰觀。五爲觀主，居中履正，信而有實，其德甚大，當觀之際，四陰居下，所以說「大觀在上」。李鼎祚《周易集解》云：柔小浸長，剛大在上，其德可觀，故曰大觀在上也。

順而巽，以二體之象言。順，指下卦坤。巽，指上卦巽。坤爲柔順，巽爲謙遜。

中正以觀天下，中正，指九五陽爻得位中正。以，猶而。觀天下，猶示天下。

「觀盥而不薦，有孚顒若，下觀而化也」，下，指百姓、民衆。觀，觀視、觀看。化，教化。此句是說祭祀之時觀盥而不觀薦，虔誠而恭敬，百姓觀此而受教化。

「觀天之神道，而四時不忒」，觀，仰觀。天之神道，指天道神妙不測的造化自然之道。神，神妙。四時，本指春夏秋冬四時，這裡指萬物運行的次序和規律。忒，偏差。這句是說天道無爲，神妙而不測，使萬物運行不有偏差，順正而自然。

「聖人以神道設教，而天下服矣」，此句明法天道而明人事之理。設教，施陳教化。這句是說聖人效法天道無爲而施陳不言之教，天下民衆則自然順服。《老子》第二章云：「是以聖人處無爲之事，行不言之教。萬物作焉而不辭，生而不有，爲而不恃，功成而弗居，夫惟弗居，是以不去。」

上巽爲木，木於地上，爲人所觀，又爲風，風行大地，無處不入，化及萬物，百姓自受感化而順服。

象曰：風行地上，觀，先王以省方觀民設教。

〔譯〕

象曰：風行地上，這就是觀卦的意象，先王效法此自然之象而巡視邦國察視民情施陳教化。

〔記〕

觀卦，下坤爲地，上巽爲風，巽在坤上，所以說「風行地上」。

先王以省方觀民設教，省，巡視、察看。方，殷、周稱邦國之辭。觀，察視、觀察。巽爲風，主號令，先王觀風行之象而省察四方，觀視民俗，施德設教，以中正之德而化天下。

初六，童觀，小人无咎，君子吝。

〔譯〕

初六，像幼童那樣觀視，小人沒有咎害，君子有憾惜。

〔記〕

初六居觀之始，柔居微地，體弱至甚，不可自進，距地上之木遙遠，觀而不能察，猶童子之稚遠觀而無所能爲，故稱「童觀」。童爲陰、爲小人，朱駿聲《六十四卦經解》云：「童，童蒙之義，稚也。百姓日用而不知，愚無所見，如童稚也。」童觀，比喻所觀浮淺、幼稚。當觀之際，上無其應，遠觀之主而無應援，所觀淺薄，爲小人之道，小人處之，可得「无咎」，君子處之，大觀之際而以童觀，則爲鄙吝，故而有憾。小人，指平常百姓。君子，指有地位的人。

象曰：初六童觀，小人道也。

〔譯〕

象曰：初六，像幼童那樣觀視，是小人之道。

［記］

初六陰柔，陰爲小，所觀愚淺，所以說「小人道也」。

六二，闚觀，利女貞。

［譯］

六二，偷偷觀視，女子貞正則利。

［記］

闚，竊視，從門縫中偷看之象。李鼎祚《周易集解》引虞翻曰：竊觀稱闚。陸德明《經典釋文》云：闚，苦規反，本亦作「窺」。朱駿聲《六十四卦經解》云：闚，閃也，竊視之象。闚觀，比喻所觀狹隘。

二上爲艮，艮爲門闕，有闚觀之象。大觀之際，得正而應五，以內觀外，稱之「闚觀」。闚觀朝美，不能大觀，爲內之主，居中守正，女正則利，所以說「利女貞」。

象曰：闚觀女貞，亦可醜也。

［譯］

象曰：偷偷觀視的女子雖然堅守正道，但也實在不是什麼好的事情。

[記]

亦可醜也，告誡之語。醜，指不好的事物。

亦可醜也，或釋爲「在男子來說就是可羞恥的事了」。朱熹《周易本義》曰：在丈夫則爲醜也。此釋由初六爻辭「童觀，小人无咎，君子吝」推斷六二爻辭「闚觀，利女貞」後當有「不利夫子貞」之辭，以相對應。

六三，觀我生進退。

[譯]

六三，觀視自己的所行所爲以抉擇進取或後退。

[記]

觀我生進退，我，指自己。我生，指自己的所行所爲。朱熹《周易本義》曰：我生，我之所行也。生，《公羊傳．桓公八年》注云：生猶造也。造，作爲。

六三居坤之極，其上爲巽，巽爲風爲進退。居觀風之地，應在上九，觀風相機，時至則進，時未至則退，所以說「觀我生進退」。爻辭與履卦上九「視履考祥，其旋元吉」皆爲釋說反觀內視之義。孔穎達疏：「觀我生進退者，我生，我身所動出。三居下體之極，是有可進之時，又居上體之下，復是可退之地。遠則不爲童觀，近則未爲觀國，居在進退之處，可以自觀我之動出也，故時可則進，時不可則退。」

象曰：觀我生進退，未失道也。

［譯］

象曰：觀視自己的所行所爲以抉擇進取或後退，沒有偏離正道。

［記］

當觀之際，觀於外而脩於內，審時度勢，慎其進退，而未失其道，猶乾卦九三象曰「終日乾乾，反復道也」之義。

六四，觀國之光，利用賓于王。

［譯］

六四，能觀視國家的盛明光煇，適宜作爲君王的谋士而發揮才智。

[記]

觀國之光，指觀視國家的盛明光煇。國之光，本指九五至尊，剛實中正，這裡比喻國家的盛明光煇。光，光煇、光采。四爲五臣而近於五，比尊而居，可觀國之光。

利用賓于王，賓，一解爲慕賓，指王侯的謀士、師爺，或現在稱的智庫。孔穎達疏：以居近至尊之道，志意慕尚爲王賓也。于，通「爲」。二解爲服從、歸順。《爾雅·釋詁第一》云：賓，服也。郭璞注：謂喜而服從。四得其位，承順九五，志在於君王，舉賢進仕，施澤天下，周濟百姓，所以說「利用賓于王」。

王弼注：「居觀之時，最近至尊，觀國之光者也。居近得位，明習國儀者也，故曰利用賓于王也。」李祚鼎祚《周易集解》引崔憬曰：得位比尊，承於王者，職在搜揚國俊，賓薦王庭，故以進賢爲尚賓也。

象曰：觀國之光，尚賓也。

[譯]

象曰：能觀視國家的盛明光煇，（適宜作爲君王的謀士而發揮才智），因爲其志嚮就是作爲君王的謀士。

[記]

觀國之光，是爻辭「觀國之光，利用賓于王」的省文。

尚賓也，尚，志嚮、志意。程頤《周易程氏傳》曰：尚謂志尚，其志意願慕賓于王朝也。

九五，觀我生，君子无咎。

[譯]

九五，能觀視自己的所行所爲，君子沒有咎害。

[記]

六三處下體之上，「觀我生」指觀己以察時應勢，或進或退，偏嚮於進取。九五剛實，處中履尊，「觀我生」指觀己以察己之行，反躬自省，戒愼盈滿，偏嚮於脩身而化育天下。《彖》曰「大觀在上，順而巽，中正以觀天下」，即指觀我生而示天下，爲天下衆人所觀。君子，指占筮的人。又，生，指六二。二五正應，二爲其民，觀我生，指觀我生民。李鼎祚《周易集解》引虞翻曰：我身也，謂我生，生謂生民。

象曰：觀我生，觀民也。

[譯]

象曰：觀視自己的所行所爲，就是觀視民生風化。

【記】

九五中正而昭示天下，自觀其道，德令如風，周無不至。其應在二，五爲君二爲民，觀君子之行善惡，可觀民之俗，民俗善則君子德顯，民欲不善則君子德揜，觀民以察己道，觀我以察民俗。孔穎達疏：象曰觀我生，觀民者，謂觀民以觀我，故觀我即觀民也。

朱熹《周易本義》曰：此夫子以義言之，明人君觀己所行，不但一身之得失，又當觀民德之善否，以自省察也。

上九，觀其生，君子无咎。

【譯】

上九，觀視六三的所行所爲，君子沒有咎害。

【記】

上應在三，三體陰柔，陰爲民，上處天位，故「觀其生」，察民情。君子，指占筮的人。

又，王弼注：「觀我生，自觀其道者也；觀其生，爲民所觀者也。不在於位，最處上極，高尚其志，爲天下所觀者也。處天下所觀之地，可不愼乎，故君子德見，乃得无咎。」

象曰：觀其生，志未平也。

【譯】

象曰：觀視六三的所行所爲，心志未能寧靜。

【記】

志未平也，釋所以「觀其生」之義，指心有所係而不能安靜。志，心志。平，寧靜、平舒。《說文·亏部》云：平，語平舒也。段玉裁注：引申爲凡安舒之稱。《玉篇·干部》云：平，舒也。

上九居五之上，處天之位，當高尚其志，安靜自守，然今係應在三，所以說「志未平也」。

噬嗑卦第二十一

【釋文音訓：噬，市制反；嗑，胡臘反；注音：shìhé】

【序卦傳】

云：可觀而後有所合，故受之以噬嗑。嗑者，合也。

【繫辭傳】

云：日中爲市，致天下之民，聚天下之貨，交易而退，各得其所，蓋取諸噬嗑。

【雜卦傳】

云：噬嗑，食也。

䷔ 震下離上

噬嗑亨，利用獄。

【譯】

物聚相合進行祭祀，利於刑獄之事。

【記】

噬嗑，物聚而相合。《彖》曰「頤中有物，曰噬嗑」，《象》曰「雷電噬嗑」，《繫辭下》云「日中爲市，致天下之民，聚天下之貨，交易而退，各得其所，蓋取諸噬嗑」，皆爲物聚相合之義，聚以象言，合以義言。

卦取口中有物之象，物聚口中，齧而融之，上下乃合，稱之「噬嗑」。四爲物，伏陰成頤，下動上止，人食物之象，故《彖》曰「頤中有物」，《雜卦傳》云「噬嗑，食也」，王弼注「噬，齧也；嗑，合也」，陸德明《經典釋文》云「噬，市制反，齧也；嗑，胡臘反，合也」，《序卦傳》云「嗑者，合也」。

亨，同「享」，享祀、祭祀。

物之初始，各居其所，分而不合，天下之事，如雷如電，如市如民，無不如此，唯明之以則，施之以刑，乃得相合，所以說「利用獄」。獄，指刑獄、法則。王弼注：「凡物之不親，由有間也；物之不齊，由有過也。有間與過，齧而合之，所以通也。刑克以通，獄之利也。」以象言之，艮爲室、爲門闕、爲閽寺、爲犬，坎爲叢棘、爲險陷，離爲兵戈、爲甲冑，一陽居中，獄之象，震爲侯、爲雷，有威嚴之勢，電爲光明之象，故言「利用獄」。

又，以二體之象言，下震爲雷爲動，上離爲電爲明，若貪欲動於下，則刑罰威明於上，故象曰「先王以明罰勑法」。

彖曰：頤中有物，曰噬嗑。噬嗑而亨，剛柔分，動而明，雷電合而章。柔得中而上行，雖不當位，利用獄也。

【譯】

彖曰：口中有物，稱噬嗑。物聚相合而進行祭祀，剛柔相分，動而光明，雷電交合而事理彰顯。柔順者得中位而上行，雖然居不當位，但利於刑獄之事。

【記】

「頤中有物，曰噬嗑」，釋噬嗑之義，取口之象，口中有物，齧而合之。李鼎祚《周易集解》引虞翻曰：「物謂四，則所噬，乾脯也。頤中無物，則口不噬。故先舉頤中有物曰噬嗑也。」頤中，指口中。

噬嗑而亨，亨，同「享」，享祀、祭祀。

「剛柔分，動而明，雷電合而章」，此以二體之象釋所以「利用獄」之義。卦體震剛在下，離柔在上，震雷爲動，離電爲明，剛柔相濟，內外相分，动而光明，雷電相合而事理彰顯，所以說「剛柔分，動而明，雷電合而章」。

「柔得中而上行，雖不當位，利用獄也」，柔得中而上行，指六五。上行，王弼注：「上行，謂所之在進也。凡言上行，皆所之在貴也。」柔往而居五，以陰處陽，雖位不當，然居中履尊，處明之體，文明以中，斷制枉直，所以說「利用獄」。王弼注：剛柔分動，不溷乃明；雷電併合，不亂乃章，皆利用獄之義。章，顯明、彰明。

象曰：雷電噬嗑，先王以明罰勑法。

【譯】

象曰：雷電交合，先王觀此卦象法噬嗑之道而嚴明刑罰整頓法治。

〔記〕

雷動而威，電動而明，二者相合則其道彰明。用刑之道，威明相兼，若威而不明，則恐致淫濫；若明而無威，則不能伏物，當須雷電噬嗑，而明罰勑法。噬嗑，此指交合之義。雷電噬嗑，即雷電交合。

明罰勑法，嚴明刑罰，整飭法度。勑，陸德明《經典釋文》云：「恥力反，此俗字也；字林作『㔹』，鄭云：勑，猶理也，一云：整也。」

初九，屨校滅趾，无咎。

〔譯〕

初九，戴上腳鐐遮沒了腳，沒有咎害。

〔記〕

屨校，戴上腳鐐的意思。孔穎達疏：屨謂著而履踐也，校謂所施之械也。來知德《周易集注》云：「校，足械也。屨者，以械加于足，如納屨于足也。」趾，指腳。《爾雅·釋言第二》云：趾，足也。郭璞注：足，腳。釋玄應《一切經音義》卷一引《字林》云：趾，足也。陸德明《經典釋文》作「滅止」，云：本亦作「趾」，趾，足也。李鼎祚《周易集解》引虞翻曰：屨，貫也；趾，足也。引干寶曰：趾，足也；屨校，貫械也。

初爲震始，震爲足，所以稱趾，其義爲行，然初四不應，四爲艮體，艮爲山爲止，行爲山止。又，四爲坎主，坎爲險陷，有滅趾之象，所以說「屨校滅趾」。校，指九四。屨校滅趾而不能行，是爲有咎。言於人事，初居卑微無位之地，處噬嗑之初，爲受刑而非施刑之人，其過尚微，惡止於初，罰始於足，小懲大誡，善補無過，可得「无咎」。凡過之所始必始於微，積而不已，遂至於大，罰之所始必始於薄，薄而不已則至於誅，過而能改，是其福也，故《繫辭下》子曰：小人不恥不仁，不畏不義，不見利不勸，不威不懲，小懲而大誡，此小人之福也。

象曰：屨校滅趾，不行也。

〔譯〕

象曰：戴上腳鐐遮沒了腳，不能繼續行動了。

〔記〕

不行也，初九上無其應，爲四所止，故而「不行」，指過止於始而不至於產生咎害的意思。陸德明《經典釋文》云：本或作「止不行也」。王弼注：過止於此。孔穎達疏：小懲大誡，故罪過止息不行也。

六二，噬膚滅鼻，无咎。

[譯]

六二，貪食肥美的肉掩沒了鼻子，沒有咎害。

[記]

膚，柔順之物，指肥美的肉，此指六五。六五陰柔，故稱膚。陸德明《經典釋文》引焉（馬）云：柔色肥美曰膚。噬膚滅鼻，是說貪食肥美的肉以至於掩沒了鼻子，比喻人心貪婪，僭越分際，而受到傷害。

六二處艮之初，艮爲黔喙之屬，有噬膚滅鼻之象。噬，咬、食的意思，指施刑之人。王弼注：「噬，齧也。齧者，刑克之謂也。」膚爲受刑之人，二爲用刑之人，二五不應，二以柔乘剛而刑於五，貪於貴位，不知所節，刑有過盛，以至滅鼻，所以說「噬膚滅鼻」。然五居非其位，二得位中正，刑得其理，故而「无咎」。

象曰：噬膚滅鼻，乘剛也。

[譯]

象曰：貪食肥美的肉掩沒了鼻子，因爲乘淩於陽剛之上。

[記]

乘剛也，釋所以「噬膚滅鼻」之義，指六二陰爻居於初九陽爻之上，僭越分際。

六三，噬腊肉，遇毒，小吝，无咎。

[譯]

六三，咬食腊肉，遇到苦惡之物，有小的憾惜，沒有咎害。

[記]

腊肉，乾肉，指堅硬的肉。陸德明《經典釋文》云：「馬云：晞於陽而煬於日曰腊肉；鄭注周禮小物全乾曰腊。」毒，孔穎達疏：毒者，苦惡之物也。王弼注：噬，以喻刑人；腊，以喻不服；毒，以喻怨生。

六三以柔居剛，履非其位，雖應在上，但爲四剛所隔，爲而力不及，治而人不服，不服則怨生，猶噬腊肉，遇毒之象。腊肉，指上九，上九體剛，故稱「腊肉」。毒，指九四，四失位不正，故稱「毒」。然柔順承四，而不乘剛，雖失其正，刑不侵順，雖有遇毒之吝，而可得「无咎」。以卦象看，三體陰失位，故有吝，爲震艮之體，噬嗑之際，行而有止，順時而爲，則免於罪，故有吝而無咎，所以說「小吝，无咎」。

象曰：遇毒，位不當也。

[譯]

象曰：（咬食腊肉），遇到苦惡之物，因爲居位不當。

[記]

「遇毒」爲「噬腊肉，遇毒」的省文。位不當也，釋所以「遇毒」之義，指六三陰爻而居陽剛之位，沒有安於本分。

九四，噬乾胏，得金矢，利艱貞，吉。

[譯]

九四，咬食帶骨的乾肉，肉中發現金屬製成的箭，在艱困中貞固則利，吉祥。

[記]

乾胏，指帶骨的乾肉。陸德明《經典釋文》云：「乾，音干；胏，緇美反，馬云：有骨謂之胏。」李鼎祚《周易集解》引陸績曰：肉有骨謂之胏。《廣雅．釋器》云：胏，脯也。《玉篇．肉部》云：胏，脯有骨。金矢，指金屬製成的箭，這裡取其剛直之義。王弼注：金，剛也；矢，直也。李鼎祚《周易集解》引陸績曰：金矢者，取其剛直也。

九四，居非其位，失中不正，以斯刑人，人亦不服，猶食肉遇骨之象，所以說「噬乾胏」。乾胏，指初九，初九體剛，稱之「乾胏」，四初不應，故言「噬乾胏」。然四性剛直，雖噬有不服，若能艱中守直，可得吉祥，所以說「得金矢，利艱貞，吉」。得金矢，言四得剛直之德。以象言之，四為離始，離為矢為兵戈，乾離同居，乾為金，金矢之象。艱，指食乾胏，取坎卦的意象，四處坎中，坎為險陷。貞，猶定，貞固之義，指貞固其剛直之德。

象曰：利艱貞，吉，未光也。

【譯】

象曰：在艱困中貞固則利，吉祥，剛直之德尚未光大。

【記】

未光也，釋「利艱貞，吉」之義。陸德明《經典釋文》作「未光大也」，本亦無「大」字。

以卦象來看，九四互坎艮之體，坎為陷，艮為止，上離為明，四初入離體，其德尚未光大，須勉力慎行，乃可得吉。

六五，噬乾肉，得黃金，貞厲无咎。

【譯】

六五，咬食乾硬的肉，得到閃亮的堅硬物體，如此下去有危險沒有咎害。

[記]

噬乾肉，乾肉，堅硬的肉，指潛陽九五。肉本柔順之物，今九五體剛，潛隱於下，六居五位，故稱「噬乾肉」。黃金，取六五得剛柔相濟而有光明之象。黃，中之色，取五中之象。金，本指潛陽九五，其性堅剛，今六居之，其質柔順，其象光明。

六五柔居尊位，履非其位，以斯治人，人非盡服，猶噬乾肉。然秉中而行，得謙和中正光明之德，所以說「得黃金」。人不盡服，執而有厲，所以說「貞厲」。貞厲，是說居非其位，固而執此則有厲。又爲離主，離爲明，處尊履中，心無他應，刑雖有不服，亦無偏狹，可得「无咎」。

又，得黃金，帛書本作「愚毒」。

象曰：貞厲无咎，得當也。

[譯]

象曰：如此下去有危險沒有咎害，因爲其行爲處事恰到好處。

[記]

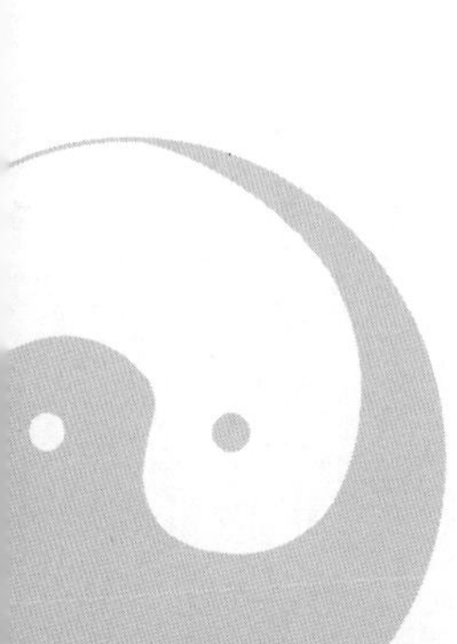

得當也，釋所以「貞厲无咎」之義。有二解，一指六五爲離之主，行事光明磊落，沒有偏狹，是爲得當。二指六五居中履尊，守中正之德，行不偏失，亦爲得當。

上九，何校滅耳，凶。

〔譯〕

上九，戴上枷械刑具遮沒了耳朵，不吉利。

〔記〕

何校，戴上枷械刑具。何，同「荷」，帛書本作「荷」。《說文·人部》云：何，擔也。段玉裁注：何，俗作荷。陸德明《經典釋文》云：「何，本亦作『荷』，音同；王肅云：荷，檐。」朱熹《周易本義》曰：何，負也。校，古代刑具、枷械的統稱。《說文·木部》云：校，木囚也。

卦初九、上九處無位之地，爲受刑之人，中間四爻皆爲施刑之人。

上九有應在三，然非正而應，終不可得，處亢極之地，積惡至深，乃至刑及其首，因而有凶。《繫辭下》有云：「善不積不足以成名，惡不積不足以滅身。小人以小善爲无益而弗爲也，以小惡爲无傷而弗去也，故惡積而不可揜，罪大而不可解」。以卦象看，離爲槁木，坎爲耳，木在耳上，「何校滅耳」之象。

大過上六「過涉滅頂，凶，无咎」，此卦上九「何校滅耳，凶」後無「无咎」二字，大過上六爲陰，體質柔順，柔弱知退，可得「无咎」，此卦上九剛亢至極，積惡不改，故而不言「无咎」。

象曰：何校滅耳，聰不明也。

[譯]

象曰：戴上枷械刑具遮沒了耳朵，因爲察事不明。

[記]

聰不明也，釋所以「何校滅耳」之義。上爲離體，離爲槁木、爲明，居坎之上，坎爲耳，耳爲木所揜，「聰不明」之象。聰，《玉篇．耳部》云：聰，明也，察也。《春秋繁露．五行五事》云：聰者，能聞事而審其意也。陸德明《經典釋文》云：「聰不明也，馬云：耳無所聞；鄭云：目不明耳不聰；王肅云：言其聰之不明。」王弼注：聰不明故不慮，惡積至于不可解也。

賁卦第二十二

[釋文音訓：賁，彼僞反，徐甫寄反，李軌府瓫反，王肅符文反；注音：ㄅㄧˋ]

［序卦傳］

云：物不可以苟合而已，故受之以賁。賁者，飾也。

［雜卦傳］

云：賁，无色也。

䷕ 離下艮上

賁亨，小利有攸往。

［譯］

文飾而進行祭祀，剛柔相飾利於有所往進。

［記］

賁，文飾、裝飾的意思。《序卦傳》云：賁者，飾也。孔穎達疏：賁，飾也，以剛柔二象，交相文飾也。李鼎祚《周易集解》引鄭玄曰：賁，文飾也。《說文》、《玉篇・貝部》、朱熹《周易本義》皆云：賁，飾也。朱駿聲《六十四卦經解》云：賁，變也，飾也，從貝卉聲，貝水蟲，背文如錦，故爲於素而加以文飾之貌。又，色雜稱之賁。《雜卦傳》云：賁，无色也。韓康伯注：飾貴合衆，无定色也。朱駿聲《六十四卦經解》又云：五色不成謂之賁。惠棟《周易述》注云：賁，黃白色，文章雜也。疏引《呂氏春秋》云：「孔子卜得賁，曰：不吉。子貢曰：夫賁亦好矣，何謂不吉乎？孔子曰：夫白而白，黑而黑，夫賁又何好乎！」高誘注云：賁，色不純也。高亨《周易古經今注》云：雜色文飾爲賁。

卦體下離爲火，上艮爲山，程頤《周易程氏傳》云：山者，草木百物之所聚也，下有火，則照見其上，草木品彙皆被其光采，有賁飾之象，故爲賁也。由象言之，卦體由內及外，日月相交，雷電相錯，萬物艱中求合，相生相飾，相爭相長，賁之象。

賁亨，文飾而進行祭祀，指應天道而行人道。《彖》曰：賁亨，柔來而文剛，故亨。亨，同「享」。

小利有攸往，占斷之辭。柔來居中履正，文飾乾剛，增其光采，剛往居處坤極，濟之以健，柔得剛益，剛柔相飾，剛不過亢，柔不溺弱，所以說「小利有攸往」。小，本爲柔順、順隨，這裡引伸爲文飾、相飾之義，指順隨天道的法則剛柔相飾，故《彖辭》有曰：故小利有攸往，天文也。

彖曰：賁亨，柔來而文剛，故亨，分剛上而文柔，故小利有攸往，天文也。文明以止，人文也。觀乎天文，以察時變；觀乎人文，以化成天下。

【譯】

象曰：文飾而進行祭祀，是说柔順者來到而文飾陽剛，進行祭祀，刚柔相分陽剛往上而文飾陰柔，所以說剛柔相飾利於有所往進，這就是天道剛柔交錯的自然法則。以文明禮儀來約束人們的行爲，這就是禮教文化的規範。觀視天道的文飾，可以明察四時變化；觀視人道的文飾，可以教化成就天下之人。

【記】

「賁亨，柔來而文剛，故亨」，以卦象釋卦辭「賁亨」之義。柔來而文剛，柔，指六二；剛，指乾卦。六二陰柔，來居乾中而成離，故言「柔來而文剛」。離爲龜，故亨。柔來文剛，剛主柔輔，使剛不至於亢，以此而行祭祀之事，可得光明之道。

「分剛上而文柔，故小利有攸往，天文也」，分，指剛柔相分，疑「分」字前省「剛柔」二字。高亨《周易大傳今注》云：分謂剛柔分也，承上句省「剛柔」二字。前句「柔來而文剛」爲柔文陽剛，此句「剛上而文柔」爲剛飾陰柔，此二句明剛柔相飾之理。剛，指九二。上，指往而居坤之極。柔，指上體坤。剛上文柔，柔主剛輔，柔得剛益，而不過弱。小利有攸往，指剛柔相互文飾，而利於有所往進。天文也，概釋前面「柔來而文剛」、「剛上而文柔」之義。剛柔交錯是爲文，柔來文剛而成離，剛往文柔而成艮，卦體互有坎震，剛柔相交，陰陽相合，這就是天道所顯現的日月雷山自然之象，所以說「天文也」。天文，指天道所顯現的陰陽交錯的自然現象。

又，或認爲「天文也」前面當有「剛柔交錯」四字，以與下文「文明以止」相對。王弼注：剛柔交錯而成文焉，天之文也。孔穎達疏：天文也者，天之爲體，二象剛柔，剛柔交錯成文，是天文也。朱熹《周易本義》曰：先儒說「天文」上當有「剛柔交錯」四字，理或然也。

「文明以止，人文也」，文明，取下體離的意象。止，取上體艮的意象。下離上艮，所以「文明以止」。人文，指人類禮教文化的規範，或社會的典章制度。文明以內而剛實以外，剛柔相彰，飾之以文德而不以威盛，止之以文明而不以剛武，這就是人道之飾，所以說「文明以止，人文也」。

「觀乎天文，以察時變」，觀，觀視。察，明察、洞察。時變，指四時變化。

「觀乎人文，以化成天下」，化，教化。成，成就。

象曰：山下有火，賁，君子以明庶政，无敢折獄。

【譯】

象曰：山下有火，這就是賁卦的意象，君子觀此卦象悟賁之道而明察各項政務，不輕率地斷獄判案。

【記】

賁卦，下離爲火，上艮爲山，所以說「山下有火」。

明，陸德明《經典釋文》云：蜀才本作「命」。遮政，指各項政務。折獄，斷獄判案。折，陸德明《經典釋文》引鄭云：斷也。獄，指訴訟案件。

初九，賁其趾，舍車而徒。

〔譯〕

初九，文飾其腳，捨棄車子而徒步行走。

〔記〕

趾，指腳。《爾雅·釋言第二》云：趾，足也。郭璞注：足，腳。陸德明《經典釋文》云：「趾，一本作『止』，鄭云：趾，足。」舍，同「捨」，放下、捨棄。車，陸德民《經典釋文》云：車，音居，鄭張本作「輿」，從漢時始有居音。徒，《說文·辵部》云：徒，步行也。李鼎祚《周易集解》引虞翻曰：徒，步行也；引崔憬曰：徒，塵賤之事也。朱駿聲《六十四卦經解》云：徒，出行也。

初九性動，處卦最下，猶人之腳，當賁之際，所以說「賁其趾」。車，大夫所乘，指六二。二自坤來，坤爲大輿，又二爲大夫，初爲元士，其義不可乘，故「舍車而徒」。朱熹《周易本義》曰：君子之取捨，決於義而已。初正應在四，陰陽相與，遂不苟於乘，捨車而徒，賁不失禮，志行高潔。

又，高亨《周易古經今注》云：文其足，乘車則其文不見，捨車而赤足步行，則人皆見之矣，故曰「賁其趾，捨車而徒」。

象曰：舍車而徒，義弗乘也。

［譯］

象曰：捨棄車子而徒步行走，是因爲不應該乘車。

［記］

義弗乘也，釋所以「舍車而徒」之義。車，爲大夫所乘，初居無位之地，理當不乘其車。

六二，賁其須。

［譯］

六二，文飾其鬍鬚。

［記］

須，同「鬚」，鬍鬚。孔穎達疏：須是上附於面。《說文．須部》云：須，面毛也。朱駿聲《六十四卦經解》云：「須，面毛也。毛在頰曰髯，在口曰髭，在頤曰須。凡毛髮之屬，皆陰血之餘。」

六二體陰，得位履中而無其應，上比於三，三爲震主、爲長男，亦無其應，二相親比，二附於三，以柔承剛，近而相得，猶爲其須，以文九三，所以說「賁其須」。

象曰：賁其須，與上興也。

〔譯〕

象曰：文飾其鬍鬚，是順從上位的人共同行動。

〔記〕

與，順從、隨從。興，興起、行動。與上興也，指陽唱陰和之義。

九三，賁如濡如，永貞吉。

〔譯〕

九三，文飾華麗潤澤，持久貞固吉祥。

〔記〕

賁如濡如，孔穎達疏：賁如，華飾之貌；濡如，潤澤之理。濡，滋潤、潤澤。如，語辭。永貞，持久貞固。

九三處文明之極，與六二相比，二柔順相飾，華麗至盛，所以說「賁如」。爲坎之主，得水之濡，有潤澤之象，故而「濡如」。上無其應，得位且正，無應則不可以進，得位則可以安，既得其飾又得其潤，賁飾至盛，光彩潤澤，所以說「永貞吉」。貞，猶定，貞定、貞固。

象曰：永貞之吉，終莫之陵也。

[譯]

象曰：持久貞固吉祥，終究沒有人侵淩。

[記]

終莫之陵也，陵，古同「淩」，侵犯、欺侮。釋玄應《一切經音義》卷九引《蒼頡篇》：陵，侵也。《玉篇．阜部》云：陵，犯也。《廣韻．蒸韻》云：陵，侮也。

六四，賁如皤如，白馬翰如，匪寇婚媾。

[譯]

六四，文飾潔白素樸，白色的馬高大強壯，沒有盜寇可得婚配。

[記]

皤如，潔白素樸的樣子。皤，白色。孔穎達疏：皤是素白之色。李鼎祚《周易集解》曰：皤，亦白素之貌也。朱熹《周易本義》曰：皤，白也。「皤」帛書本作「蕃」，張立文《帛書周易注譯》云：「『蕃』假借爲『皤』。蕃，《說文》：蕃，艸茂也，从艸番聲。皤，《說文》：老人白也，从白蕃聲。蕃、皤古同聲系，故相通假。」翰如，高大強壯的樣子，此指馬高大強壯。陸德明《經典釋文》云：「翰，董黃云：馬舉頭高卬也；馬荀云：高也。」「翰」字帛書本作「榦」。《淮南子．兵略訓》許慎注：榦，強也。

六四陰柔，文以素潔，居坎之極，坎爲月爲美脊之馬，月色皎潔，馬兒強壯高大，所以說「賁如皤如，白馬翰如」。

匪寇婚媾，四乘於三，三爲坎主，坎爲盜，寇之象，然三得永貞之吉，故言「匪寇」。匪，同「非」，沒有的意思。寇，指九三，取坎卦意象。四居得其位，正應在初，二志相感，陰陽相匹，所以說「匪寇婚媾」。婚媾，指與初九正應。

象曰：六四當位，疑也。匪寇婚媾，終无尤也。

[譯]

象曰：六四居位適當，卻有疑慮。沒有盜寇而得婚配，結果沒有尤怨。

[記]

六四當位，指六四陰爻處於柔位。疑，疑慮、遲疑。終无尤也，指結果沒有尤怨。尤，尤怨。程頤《周易程氏傳》曰：尤，怨也，終得相賁，故无怨尤也。

四初陰陽正應，見車無人，遂生疑竇，又乘於三，動則慮三之難，靜則疑初之應，所以說「疑也」。然三得永貞之吉，初已捨車而徒，己得位且正，故終得「匪寇婚媾」，無以尤怨，所以說「終无尤也」。

六五，賁于丘園，束帛戔戔，吝，終吉。

[譯]

六五，文飾丘墟園圃，微薄無華飾尚樸素，吝惜節儉，結果吉祥。

[記]

丘園，指丘墟園圃。孔穎達疏：丘謂丘墟，園爲園圃，唯草木所生，是質素之處，非華美之所。束帛，孔穎達疏：束帛，財物也。朱熹《周易本義》曰：束帛，薄物。戔戔，微少貌。陸德明《經典釋文》云：子夏傳作「殘殘」。朱熹《周易本義》曰：戔戔，淺小之意。高亨《周易古經今注》云：「戔戔當爲少皃。从戔得聲之字，多有少小之義，諓爲小言，箋爲小簡，餞爲小食，棧爲小棚，錢爲小物，醆爲小酒器，𨻵爲小阜，帴爲小巾，綫爲細縷，賤爲賈少，淺爲水少，俴亦訓淺，皆其例，則戔戔爲少皃，允矣。」

丘園，指上九。上處艮極，艮爲山，其於木爲堅多節、爲果蓏，丘園之象。六五下無其應，柔順奉上，所以說「賁于丘園」。六五陰柔，陰爲小、爲少，故曰「束帛戔戔」。

「吝，終吉」，吝，此指吝惜、節儉之義。六五居中履尊，而「賁于丘園，束帛戔戔」是爲吝惜節儉。處君之位，不尚侈華，而貴儉約，故而結果吉祥。

象曰：六五之吉，有喜也。

〔譯〕

象曰：六五吉祥，是因爲使人心喜悅。

〔記〕

有喜也，釋所以「六五之吉」。處尊貴地位之人，崇尚勤儉，而不奢侈，則天下人心盡得喜悅之情。

上九，白賁，无咎。

〔譯〕

上九，返樸歸真不加文飾，沒有咎害。

【記】

白賁，指沒有文飾，返歸本色的意思。白，純潔、樸素。李鼎祚《周易集解》引干寶曰：白，素也。

上九處賁極之地，是爲有咎，然知極而反，本於無色，任其質素，不勞文飾，故而無咎，所以說「白賁，无咎」。朱熹《周易本義》曰：賁極反本，復於无色，善補過矣。

象曰：白賁无咎，上得志也。

【譯】

象曰：返樸歸真沒有咎害，上九實現了心志。

【記】

上得志也，釋「白賁无咎」之義，有二解：一指上九處賁之極，遠離繁華，歸於丘園，得高潔之志；一指上九隱於丘園，六五「賁于丘園，束帛戔戔」，而得伯樂相識，實現心中之志。

剝卦第二十三

【釋文音訓：剥，邦角反；注音：bō】

【序卦傳】

云：致飾然後亨則盡矣，故受之以剥。剥者，剥也。

【雜卦傳】

云：剥，爛也。

䷖ 坤下艮上

剥，不利有攸往。

【譯】

剥落之際，不適宜有所往進。

【記】

剥，剥蝕、剥落之義。《序卦傳》云：剥者，剥也。《雜卦傳》云：剥，爛也。陸德明《經典釋文》云：「剥，馬云：落也。」朱熹《周易本義》曰：剝，落也。朱駿聲《六十四卦經解》云：「剝，裂也，從刀從录。录，刻割也。又落也，萬物零落之象。」

剝爲九月消息卦，陰剝陽之象，觀卦四陰浸長爲五而成剝，陰自下生，浸而至盛，陽剛剝落。以二體來看，下坤上艮，山於地上，日久必見剝蝕之象，故稱「剝」。卦體五陰一陽，陰盛陽衰，萬物凋零，小人道長，君子道消。以卦象看，內坤爲順，外艮爲止，有順應時勢適時而止之象，《象》曰「順而止之，觀象也」，故「不利有攸往」。

又，尚秉和《周易尚氏學》云：「《歸藏》作『僕』，『僕』與『撲』通。《莊子．人間世》：『蚊虻僕緣。』僕緣即撲緣。撲，擊也。而《豳風》『八月剝棗』，傳：剝，擊也，是『僕』與『剝』義同也。」

彖曰：剝，剝也，柔變剛也。不利有攸往，小人長也。順而止之，觀象也。君子尚消息盈虛，天行也。

〔譯〕

彖曰：剝，剝蝕、剝落的意思，陰柔不斷侵蝕改變陽剛。不適宜有所往進，因爲小人之道漸長。順應時勢適時而止，這是觀察卦象所得到的啓示。君子尊崇事物消退生長、盈盛虧虛的規律，就是順應天道運行的法則。

〔記〕

「剝，剝也，柔變剛也」，釋卦辭之義。柔變剛，是說陰柔改變陽剛。變，改變。卦體由乾六陽，至姤一陰五陽，至遯二陰四陽，至否三陰三陽，至觀四陰二陽，再至剥五陰一陽，陰柔之氣漸長，陽剛之氣漸消，所以說「剥，柔變剛也」。

「不利有攸往，小人長也」，小人長也，釋所以「不利有攸往」之義。小人，指陰。

「順而止之，觀象也」，此以二體之象言，下坤爲順，上艮爲止，所以說「順而止之」。象，指卦象，卦體所顯現的意象。

「君子尚消息盈虛，天行也」，尚，尊崇、崇尚。消息，消是消退，息是生長。盈虛，盈是盈滿，虛是虧虛。天行，即天道，指天道運行的法則。孔穎達疏：「君子通達物理，貴尚消息盈虛，道消之時，行消道也；道息之時，行息道也；在盈之時，行盈道也；在虛之時，行虛道也。若值消虛之時，存身避害，危行言遜也。若值盈息之時，極言正諫，建事立功也。」

象曰：山附於地，剥，上以厚下安宅。

〔譯〕

象曰：山依附在地上，這就是剥卦的意象，居上位的人觀此卦象悟剥之道而寬厚對待居下位的人使得安居之所。

〔記〕

剥卦，上艮爲山，下坤爲地，所以說「山附於地」。

上以厚下安宅，上，指上卦，居上位的人。下，指下卦，平民百姓。厚，寬厚、仁厚，取坤卦的意象。安宅，安居，亦指安固根基。宅，住所。

象辭意指山高居上，若下侵蝕日久則可至剝落傾覆，這是告誡後人，居上位的人應當寬厚待下，使人民安居樂業而安固根基，則可防剝蝕之危。王弼注：「厚下者，牀不見剥也；安宅者，物不失處也。厚下安宅，治剥之道也。」李鼎祚《周易集解》引陸績曰：艮爲山，坤爲地，山附於地，謂高附於卑，貴附於賤，君不能制臣也。

初六，剥牀以足，蔑貞，凶。

〔譯〕

初六，剥蝕到牀腳，侵蝕了根基，不吉利。

〔記〕

剥，剥蝕、侵蝕。以，猶及、到的意思。王引之《經傳釋詞第一》云：以，猶及也。蔑，侵蝕、削減。王弼注：蔑，猶削也。朱熹《周易本義》曰：蔑，滅也。貞，猶正，這裡指牀的根基。

剥，始自於下，由下至上，初六陰柔，居剥之始，潛隱於下，剥牀至足，削其根基，處不得安，而至於凶。

占得此爻的人，當注意根基中隱藏的危機，猶須注意身體。

象曰：剝牀以足，以滅下也。

【譯】

象曰：剝蝕到牀腳，侵蝕由下而上。

【記】

以滅下也，是說剝蝕由下而起，漸至於上。孔穎達疏：牀在人下，足又在牀下，今剝牀之足，是盡滅于下也。

李鼎祚《周易集解》引盧氏曰：「蔑，滅也。坤所以載物，牀所以安人。在下故稱足。先從下剝，漸及於上，則君政崩滅，故曰以滅下也。」

六二，剝牀以辨，蔑貞，凶。

【譯】

六二，剝蝕到牀身與牀腿之間的連接部位，侵蝕了據以連接穩固的根本，不吉利。

【記】

辨，王弼注：辨者，足之上也。孔穎達疏：辨，謂牀身之下，牀足之上，足與牀身分辨之處也。陸德明《經典釋文》云：辨，徐音辦具之辦，足上也，馬鄭同。李鼎祚《周易集解》引鄭玄曰：足上稱辨，謂近膝之下，詘則相近，信則相遠，故謂之辨；辨，分也。引崔憬曰：今以牀言之，則辨當在第足之間，是牀梐也。貞，猶正，這裡是根本的意思，指牀身與牀腿之間連接的地方是據以穩固的根本。

六二陰柔，得位而無應，當剝之際，剝道浸長，已至於辨，長陰而消陽，蝕其正固，居而不能自守，處而不能獲安，所以有凶。

象曰：剝牀以辨，未有與也。

[譯]

象曰：剝蝕到牀身與牀腿之間的連接部位，沒有人相助。

[記]

與，相助、支持。《老子》第七十九章云：天道無親，常與善人。馬敘倫校詁：與，讀與助之與。

未有與也，釋所以「剝牀以辨」，指沒有賢人相助。六二體陰，居下體之中，雖得其位，而上無應援，所以說「未有與也」。李鼎祚《周易集解》引崔憬曰：未有與者，言至三則應，故二未有與也。

六三，剝之无咎。

［譯］

六三，剝去同類沒有咎害。

［記］

之，指六三同類上下四陰。卦體群陰長而陽消，剝陽之際，六三居五陰中位，獨與上九陽剛相應，剝小人之爲而應陽剛之道，無剝害之意，是爲失小人而得君子，所以「无咎」。王弼注：「與上爲應，群陰剝陽，我獨協焉。雖處於剝，可以无咎。」

又，李鼎祚《周易集解》作「剝无咎」。陸德明《經典釋文》作「剝無咎」，云：一本作「剝之無咎」，非。

象曰：剝之无咎，失上下也。

［譯］

象曰：剝去同類沒有咎害，是棄離了上下同類的小人之道。

［記］

失上下也，釋所以「剥之无咎」之義。失上下也，上下，指六三上下四陰。朱熹《周易本義》曰：上下，謂四陰。失，棄離、棄絶。朱駿聲《六十四經解》云：「衆皆剥陽，三獨應上，无剥害意，是以无咎。三上下各有二陰，三獨應陽，則失上下也。」

六四，剥牀以膚，凶。

［譯］

六四，剥蝕到牀面，不吉利。

［記］

初六、六二之剥，雖凶，但尚不及身。六四之剥，雖當位，然已及身，凶已迫近。膚，身體的表面爲膚，這裡指牀面。尚秉和《周易尚氏學》云：「足辨膚皆指牀言，膚猶言牀面也。人卧牀，身與牀切，剥及於是，故言近災。」朱熹《周易本義》曰：陰禍切身，故不復言蔑貞，而直言凶也。

象曰：剥牀以膚，切近災也。

［譯］

象曰：剝蝕到牀面，災難已迫近。

【記】

切，迫近、逼近。《廣韻·屑韻》云：切，近也，迫也。陸德明《經典釋文》引鄭云：切，急也。

六五，貫魚以宮人寵，无不利。

【譯】

六五，魚前後相及依次進入宮人的籠中，無所不利。

【記】

貫魚，成串的魚，比喻前後相及而有序。王弼注：貫魚，謂此衆陰也，駢頭相次，似貫魚也。貫，陸德明《經典釋文》云：古亂反，徐音官，穿也。魚，爲陰物，指卦體中的五個陰爻。以，猶之、往，進入的意思。宮人，周時掌管天子六寢打扫整理之人，指六五。六體陰柔，處艮之中，艮爲宮闕，五爲君位，故稱「宮人」。《周禮·天官塚宰第一·宮人》云：宮人，掌王之六寢之修。寵，帛書本作「籠」，盛物的竹器。

卦體五陰並行，前後相及，貫魚之象。貫魚以宮人寵，指魚依次進入宮人的籠中。古人以得魚爲太平吉祥，萬事如意之兆，所以說「无不利」。

剝道之害，在於陰蝕於陽，小人危於君子，今小人入於宮人之寵，則不害於君子。六五居中履尊，衆陰之首，上承陽剛，安於其位，順於陽而無害於陽，故而無所不利。

象曰：以宮人寵，終无尤也。

〔譯〕

象曰：進入宮人的寵中，終將沒有尤怨。

〔記〕

終无尤也，尤，尤怨、怨責的意思。

上九，碩果不食，君子得輿，小人剝廬。

〔譯〕

上九，碩大的果實沒有被採食，居上位的人得到了車馬，居下位的人剝去了屋宇。

〔記〕

上九陽剛，其德剛實，當剝之際，下應在三，三剝小人之道而與上應，故能獨全而不落，猶「碩果不食」。碩果，取艮之象，上處艮極，艮爲山、爲果蓏，陽爲大，故稱「碩果」。碩，碩大。《玉篇．頁部》云：碩，大也。食，一釋爲採食之義；一與「蝕」同，釋爲剝蝕之義，指上九沒有被剝蝕。

「君子得輿，小人剝廬」，君子，占筮的人，這裡指居上位的人。得輿，李鼎祚《周易集解》作「德車」。陸德明《經典釋文》云：京作「德輿」，董作「德車」。得，通「德」。俞樾平議云：古得、德字通用。小人，居下位的人，此指六三。剝廬，奪人庇蔭之所。廬，屋宇，指初二四五四個陰爻。

上九居五陰之上，與三應係，覆蔭於下，得萬民擁戴，所以說「君子得輿」。上爲陽，故稱「君子」。輿，取坤之象，上得三之應，三本坤體，坤爲大輿，故稱「得輿」。又，其下爲坤，坤爲衆、爲大輿，陽居其上，得衆得輿之象。初二三四五本爲同類，共居一體，三處其中，餘下有廬之象，又取象艮卦，艮爲宮闕，三剝其上下，獨與上應，則其廬不存，是爲小人剝廬而應君子，猶居位不正，離家而應人之象。三爲陰，故稱「小人」。

象曰：君子得輿，民所載也。小人剝廬，終不可用也。

【譯】

象曰：君子得到車馬，因爲得到民衆擁戴。小人剝去屋宇，因爲小人之道終究是不可行的。

【記】

民所載也，民，指其下五陰。載，托載、擁戴。

終不可用也，猶六三《象》曰「剥之无咎，失上下也」之義。終，終究。用，猶行。《方言．第六》云：用，行也。

復卦第二十四

【釋文音訓：復，音服；注音：fù】

【序卦傳】

云：物不可以終盡，剝，窮上反下，故受之以復。

【繫辭傳】

云：復，德之夲也；復，小而辯於物；復，以自知。

【雜卦傳】

云：復，反也。

䷗ 震下坤上

復亨，出入无疾，朋來无咎。反復其道，七日來復，利有攸往。

〔譯〕

陽氣重生進行祭祀，日升日落是自然界的恒常現象，陽氣復起是順應天道的法則沒有違離。依循自然規律循環往復，七日一個周期返而復起，利於有所往進。

〔記〕

復，指陽氣重生，陽主動，故又釋爲返而復起之義。朱熹《周義本義》曰：復，陽復生於下也。李鼎祚《周易集解》引何妥曰：「復者，歸本之名。羣陰剝陽，至於幾盡，一陽來下，故稱反復。」《說文．彳部》云：復，往來也。段玉裁注：「辵部曰返還也。還，復也。皆訓往而仍來。」王弼注：復者，反本之謂也。朱駿聲《六十四卦經解》云：復，从彳从畗夊省，行故道也，故爲歸本之名，反也，還也，又往來也。

經文中「復」字兼有「反」和「返」二種意涵，一指事物在某一方面發展到極至則會向相反的方向發生轉化，本卦中有陰至極陽歸而復起之義。復爲復起，《彖辭》爲此義。二指返歸、返回，有靜養恢復以待重新出發的意思，《大象》爲此義。

復亨，指在陽氣重生之際進行祭祀。亨，同「享」，享祀、祭祀。

出入无疾，出入，指日升日落，日升爲出，日落爲入。陽主動，陰主靜，卦中凡言出、入、往、來、反、復，皆指陽剛。疾，古稱輕病，後泛指病。《說文．疒部》疾，病也。无疾，即無病；出入无疾，指日升日落是依循自然法則的正常現象。孔穎達疏：出入无疾者，出則剛長，入則陽反，理會其時，故无疾病也。

朋來无咎，朋，指陽，指初九。王弼注：朋，謂陽也。初九本爲乾體，乾爲日出、爲大明，因此「朋」亦爲「大明」之義。朱駿聲《六十四卦經解》云：朋，讀曰「明」，日爲大明。初九自乾而來，居坤之始，所以稱「朋來」。陽極陰至，陰極陽來，順應自然法則，故「无咎」。咎，違背、違離。无咎，指沒有違離。朱駿聲《六十四卦經解》云：「咎文从人从各。各者，相違。无咎，不相違也。」

又，「朋」字或釋爲朋貝、錢財的意思。朋，古代指貨幣單位，五貝爲一朋，一說兩貝爲一朋，又說五貝爲一繫，二繫爲一朋，猶損卦六五、益卦六二爻辭「或益之十朋之龜」的「朋」義。朋來，即指賺到錢財。又，朋，或釋爲朋友、朋黨之義，猶豫卦九四「勿疑朋盍簪」、咸卦九四「朋從爾思」之例。

「反復其道，七日來復，利有攸往」，反，同「返」，返回。復，回歸。反復，指循環往復。道，即路，這裡指天道的法則和規律。震爲大塗、爲反生，所以說「反復其道」，與小畜初九「復自道」義同。七日來復，七日一個周期返而復起。七日，指一個周期，卦有六爻，至七則返，故稱「七日」。又，自姤卦一陰始生，剝極至坤而覆，一陽復起爲七日。或由姤卦五月一陰始生，至復卦十一月一陽復起，計七個月。惠棟《周易述》注云：陽稱日，消乾六爻爲六日，至初爲七日，故七日來復。王引之《經義述聞》云：「《震》之六二曰：震來厲，億喪貝，躋于九陵，勿逐七日得。《既濟》之六二曰：婦喪其茀，勿逐，七日得。喪而復得，皆以七日爲期，蓋日之數十，五日而得其半，不及半則稱三日，過半則稱七日，欲明失而復得，多不至十日，則云『七日得』，此卦之『七日來復』亦猶是也。」來復，來，猶返；復，此爲「復起」之義。此句爲誡語，《象》云「反復其道，七日來復，天行也」，是告誡占筮之人凡事需遵循循環往復的自然法則，至極則反，時至則進，順時而爲，方得「利有攸往」，故《繫辭上》有云「往來不窮謂之通」。

又，七日來復，注者釋說各異，略舉一二，以供參閱。李鼎祚《周易集解》云：「易軌：『一歲十二月三百六十五日四分日之一，以坎震離兌四方正卦，卦別六爻，爻生一氣；其餘六十卦三百六十爻，爻主一日，當周天之數；餘五日四分日之一，以通閏餘者也。』剝卦陽氣盡於九月之終，至十月末，純坤用事，坤卦將盡，則復陽來。隔坤之一卦六爻爲六日，復來成震，一陽爻生，爲七日，故言『反復其道，七日來復』，是其義也。」朱駿聲《六十四卦經解》云：七日者，冬至至秋分，二百七十七日七時四刻，此九箇月爲萬物生成之時，人所喜悅，冀其來者，除九箇月整數，餘七日奇，舉尾數而言也。

彖曰：復亨，剛反動而以順行，是以出入无疾，朋來无咎。反復其道，七日來復，天行也。利有攸往，剛長也。復，其見天地之心乎。

〔譯〕

彖曰：陽氣重生進行祭祀，陽剛之氣來而復起是順應天道，因爲日升日落是自然界的恒常現象，陽氣升起是順應天道的法則沒有違離。依循自然規律循環往復，七日一個周期返而復起，這就是天道運行的規律。利於有所往進，因爲陽剛之氣已經開始逐漸增長。這種循環往復的自然現象，顯現了天道運行的規律和法則。

【記】

剛反動而以順行，剛反，指初九陽剛來而復起。剛，指初九。反，猶「來」，取「來而復起」之義。動，指陽剛之氣來而上升，取下體震的意象，震爲動。順行，指順應天道。順，順應，取上體坤的意象，坤爲順。行，猶下面的「天行」。朋來，與「剛反」義同。

天行也，指天道的運行規律。天行，即天道。行，指規律和法則。

剛長也，釋所以「利有攸往」之義，指陽剛之氣返而漸長。王弼注：往則小人道消也。

「復，其見天地之心乎」，復，指循環往復。其，大概、几乎的意思。王引之《經傳釋詞弟五》云：其，猶殆也。見，同「現」，顯現。心，本性，指事物運行的根本規律和法則。

象曰：雷在地中，復，先王以至日閉關，商旅不行，后不省方。

【譯】

象曰：雷在地中，這就是復卦的意象，先王觀此卦象法復之道而在冬至之日閉塞關卡，行商旅客不得通行，君主也不巡察邦國。

【記】

復卦，下震爲雷，上坤爲地，震在坤下，所以說「雷在地中」。

至日，本爲冬至日和夏至日，爲卦五陰一陽，陽潛處於下，故僅指冬至之日。李鼎祚《周易集解》引虞翻曰：至日，冬至之日。高亨《周易大傳今注》云：至日，冬至之日。

商旅，指行商旅客。陸德明《經典釋文》引鄭云：資貨而行曰商；旅，客也。

后，指君主，與泰卦《大象》「后以財成天地之道」的「后」義同。高亨《周易大傳今注》云：后，君也。

省方，巡察邦國。省，巡察、視察。方，殷、周稱邦國之辭。

冬至爲至陰之時，一陽初復，五陰居上，陰氣猶重，先王觀此卦象，而「至日閉關，商旅不行，后不省方」。

初九，不遠復，无祇悔，元吉。

【譯】

初九，不遠就返歸復起，沒有大的悔恨，大吉。

【記】

祇悔，大悔。祇，大。陸德明《經典釋文》云：祇，韓伯祁支反，大也。李鼎祚《周易集解》引侯果曰：祇，大也。王引之《經義述聞》云：「九家作『㚇』，是也。《廣雅》：㚇，多也。无祇悔者，无多悔也。」

剝卦一陽被五陰所剝而成坤，故陽有悔。今一陽不遠而復，雖處衆陰之下，然正應在四，而有所行，歸而復起，是爲無大悔，《繫辭下》子曰：「顏氏之子，其殆庶幾乎！有不善，未嘗不知，知之未嘗復行也」，乃得大吉，所以說「不遠復，无祇悔，元吉」。不遠，故「无祇悔」；能復，則得「元吉」。

象曰：不遠之復，以脩身也。

〔譯〕

象曰：不遠返回，而脩正其身。

〔記〕

以脩身也，以，猶而。脩身，指脩正其身，是說陽剛之氣不可盡消，必當返而復起。

六二，休復，吉。

〔譯〕

六二，愉悅地返歸復起，吉祥。

【記】

休，美好、愉悅。《爾雅．釋詁下》云：休，美也。《廣韻．尤韻》云：休，美也，善也。《廣雅．釋詁一》云：休，喜也。高亨《周易古經今傳》云：休復者，欣悅而返也。

六二以陰居柔，得位且正，有中正之德。上無所應，下與初陰陽相比，初體剛實，不遠即復，正應在四，二和順相附而復，是爲休美之復，吉祥。

象曰：休復之吉，以下仁也。

【譯】

象曰：愉悅地返歸復起吉祥，因爲親附於具有仁德的人。

【記】

以下仁也，釋所以「休復之吉」。陸德明《經典釋文》曰：「王肅云：下附於仁」。下，親近、親附的意思。初在二下，二親附於初，所以稱下。仁，具有仁德的人，指初九。尚秉和《周易尚氏學》云：「仁者，初也。陽主生，故曰『仁』」。《論語．學而》子曰：汎愛衆，而親仁。邢昺疏：親仁者，有仁德者則親而友之。

六三，頻復，厲，无咎。

【譯】

六三，頻蹙憂懼而復起，有危險，沒有咎害。

【記】

頻，同「顰」，頻蹙、憂懼。王弼注：頻，頻蹙之貌也。李鼎祚《周易集解》引虞翻曰：頻，蹙也。陸德明《經典釋文》云：「頻，馬云：憂頻也。」

六三柔居剛而失位，處多凶之地，上無其應，故而有厲，而生憂懼。爲震之體，震爲健行，既生憂懼，知險而行，乃得「无咎」。爻辭立意與乾卦九三「君子終日乾乾，夕惕若厲，无咎」同。

象曰：頻復之厲，義无咎也。

【譯】

象曰：頻蹙憂懼而復起，雖有危險，但理當沒有咎害。

【記】

初陽既起，復道已生，三雖失位，不比不應，然知過而補，知懼而行，義乃「无咎」。李鼎祚《周易集解》

引侯果曰：處震之極，以陰居陽，懼其將危，頻蹙而復，履危反道，義亦无咎也。

六四，中行獨復。

〔譯〕

六四，中途獨自返歸。

〔記〕

六四履得其位，居正應初，其情有專，當復之際，獨復而歸，所以說「中行獨復」。中行，指中途、中道。四居五陰之中，故稱中。行，猶道。《爾雅．釋宮第五》云：行，道也。高亨《周易古經今注》云：中行獨復者，與人同往，至中道而己獨返也。獨，指五陰之中獨四有應。

卦下體爲震，震爲行，爲「動」義，故下體三爻「復」爲反歸復起之義，初「不遠複，元吉」、二「休復，吉」、三「頻復，厲无咎」；上體爲坤，坤爲暗，爲「靜」義，故上體三爻「復」爲反歸靜養待時之義，四有應「獨復」、五無應「敦復」、上「迷復，凶」。

象曰：中行獨復，以從道也。

【譯】

象曰：中途獨自返歸，而順從正道。

【記】

以從道也，釋所以「中行獨復」之義。道，正道。得位則可以安，六四得位且正，靜而應初是其正道。

六五，敦復，无悔。

【譯】

六五，受督促而返歸，沒有悔恨。

【記】

敦，督促、促迫。高亨《周易古經今注》云：「敦本督責促迫之意。敦復者，受人之督責促迫而返。其復雖由於被動，然能復則无悔。」

六五體陰，無應失位，是爲有悔。然處中履尊，守中不偏，靜而待時，有敦即復，乃得無悔，所以說「敦復，无悔」。

象曰：敦復无悔，中以自考也。

〔譯〕

象曰：受督促而反歸，沒有悔恨，是因爲居中而能自我省察。

〔記〕

中以自考也，中，指六五居於中位。考，省察、考察。陸德明《經典釋文》云：「考，向云：察也。」六五居於中位，得中正之德，受人督促而能自我省察。孔穎達疏：以其處中，能自考成其身，故无悔也。

上六，迷復，凶，有災眚。用行師，終有大敗，以其國君凶，至于十年不克征。

〔譯〕

上六，迷不知返，不吉利，有天災人禍。若行師征伐，將有大敗，殃及其國君也有凶險，以至於今後十年之久都不能再出征。

〔記〕

迷復，指癡迷不悟而不知返歸。上爲坤體，坤爲迷，故稱「迷復」。陰柔之體而處坤極，往無所之，當安於靜守，反身脩己，待機而進，若癡迷不悟，則凶而有災眚，所以說「迷復，凶，有災眚」。災眚，指天災人禍。陸德明《經典釋文》云：「子夏傳云：傷害曰災，妖祥曰眚；鄭云：異自內生曰眚，自外曰祥，害物曰災。」

「用行師，終有大敗，以其國君凶，至于十年不克征」，用行師，指出兵征伐。卦體震下坤上，震爲行，坤爲師，行師之象。終有，猶將有。上處卦終，故言終。以，王引之《經傳釋詞弟一》云：以，猶及也。朱熹《周義本義》曰：以，猶及也。十，上居坤極，坤數十，所以說十年。克，能。征，征伐、出征。當復之際，陽氣初起，陰氣尚盛，處暗之體，以此行師，往則途窮，必有大敗。李鼎祚《周易集解》云：「坤爲先迷，故曰迷復。坤又爲師象，故曰行師。坤數十，十年之象也。」

象曰：迷復之凶，反君道也。

[譯]

象曰：迷不知返不吉利，是背離了君王之道。

[記]

反君道也，釋所以「迷復之凶」。反，違反、背離。君道，指《大象》所云「先王以至日閉關，商旅不行，后不省方」。復爲十一月之卦，陰氣猶盛，陽氣尚微，若迷不知返，貪而求得，執意行師，則勞民傷財，是背離君王之道。

无妄卦第二十五

[釋文音訓：妄，亡亮反；注音：wúwàng]

[序卦傳]

云：復則不妄矣，故受之以无妄。

[雜卦傳]

云：无妄，災也。

震下乾上

无妄，元亨，利貞。其匪正有眚，不利有攸往。

[譯]

無所虛妄，舉行盛大的祭祀，貞正則利。若不能貞固守正將會有眚災，不利於有所往進。

【記】

妄，荒誕，沒有事實根據。《說文》云：妄，亂也。《廣韻・漾韻》云：妄，虛妄。凡言不當，稱之妄言；凡行不當，稱之妄行。无妄，沒有虛妄、無所妄爲的意思。《序卦傳》云：復則不妄矣，故受之以无妄。李鼎祚《周易集解》引崔憬曰：物復其本，則爲成實，故言復則无妄矣。又，无妄，也作「无望」，沒有期望的意思。望，期望、希望。陸德明《經典釋文》云：「无妄，无虛妄也；說文云：妄，亂也；馬鄭王肅皆云：妄，猶望，謂无所希望也。」朱熹《周易本義》曰：「无妄，實理自然之謂。《史記》作『无望』，謂无所期望而有得焉者，其義亦通。」李光地《周易折中》引胡氏炳文曰：「朱子解《中庸》誠字，以爲真實无妄之謂；此解《无妄》，則以爲實理自然之謂。自然二字，已兼无所期望之意矣。」

「无妄，元亨，利貞」，卦體震雷處下，乾天在上，雷動天下，萬物化育，各依其序，各正其命，是爲無妄。元亨，猶大亨，指進行盛大的祭祀。元，大；亨，同「享」。天下有雷，物皆驚懼脩省，不敢虛妄，故「利貞」。貞，猶正，貞正的意思。

又，上乾爲天，下震爲行，動而應於天，順天之時，行天之道，是爲無妄。動而應乎人，則有偏吝僞邪之虞，失之正道，則爲有妄，而有眚災，不利有攸往，所以說「其匪正有眚，不利有攸往」。其，猶若，假若之義。匪，同「非」，沒有、不能。正，與「妄」相對。眚，眚災。

彖曰：无妄，剛自外來而爲主於內，動而健。剛中而應，大亨以正，天之命也。其匪正有眚，不利有攸往，

无妄之往，何之矣；天命不祐，行矣哉。

［譯］

象曰：无妄卦的意象，初九陽剛自外而來爲內之主，動而剛健。九五陽剛居中得位而有應在二，二秉守中正之德進行盛大的祭祀，這是天命所在。若不能貞固守正將會有眚災，不利於有所往進，是說無妄之際若不能貞固守正而有所妄進，能往哪裡去呢；既然得不到天道的祐助，又怎麼能行動呢。

［記］

剛自外來而爲主於內，剛，指初九。自外來，指初九剛爻自乾元而來。爲主於內，指初九爲內震之主。王弼《略例》云：夫少者多之所貴也，寡者衆之所宗也。

動而健，動，取下體震卦的意象，震爲動；健，取上體乾卦的意象，乾爲健。王弼注：震動而乾健也。

剛中而應，剛中，指九五陽剛居上卦中位。而應，指九五與六二陰陽正應。

「大亨以正，天之命也」，大亨，即卦辭「元亨」。亨，同「享」，享祀、祭祀。以正，指堅守中正之道。二五正應，五爲天，二以中正之德而應於天，所以說「大亨以正，天之命也」。天之命，即天命。

「其匪正有眚，不利有攸往，无妄之往，何之矣？」，「无妄之往，何之矣？」複申「其匪正有眚，不利有攸往」之義。前面的「之」是語辭，後面的「之」是往、去的意思。

「天命不祐，行矣哉」，與前面「大亨以正，天之命也」相呼應，指若不能順應天命，則天道也不會祐助，又怎麼能行動呢。「行矣哉」與前面的「何之矣」皆是感歎。

象曰：天下雷行，物與无妄，先王以茂對時育萬物。

［譯］

象曰：天下雷聲震動，萬物皆不敢虛妄，先王觀此卦象明無妄之道而在天下豐盛之際順應時勢化育萬物。

［記］

无妄卦，下震爲雷爲行，上乾爲天，震在乾下，所以說「天下雷行」。物與无妄，與，通「舉」，全、皆的意思。王弼注：與，辭也，猶皆也。這二句是說雷聲威恐，萬物驚懼，皆不敢虛妄。

象辭「天下雷行，物與无妄」，六十四卦大象除此之外都是先點明上下兩卦的意象，繼而說出卦名，無有例外，由此疑「物與」二字爲衍文或是誤入。然孔穎達疏：「案諸卦之象，直言兩象，即以卦名結之。若雷在地中，復。今无妄，應云天下雷行，无妄。今云物與无妄者，欲見萬物皆无妄，故加物與二字也。其餘諸卦未必萬物皆與卦名同義，故直顯象，以卦結之。至如復卦，唯陽氣復，非是萬物皆復。舉復一卦，餘可知矣。」

先王以茂對時育萬物，茂，盛大、豐盛。王弼注：茂，盛也。陸德明《經典釋文》云：茂，盛也。對時，順應時勢。對，相當、匹配。《廣雅．釋詁三》云：對，當也。《廣韻．隊韻》云：對，配也。陸德明《經典釋文》

引馬云：對，配也。孔穎達疏：對，當也。時，指天下無妄，萬物豐盛之時。

李鼎祚《周易集解》引侯果曰：「雷震天下，物不敢妄，威震驚洽，无物不與，故先王以茂養萬物，乃對時而育矣。時泰，則威之以无妄；時否，則利之以嘉遯，是對時而化育也。」

初九，无妄，往吉。

【譯】

初九，沒有虛妄，往進吉祥。

【記】

往，往進、行動。初九陽剛來而居无妄之初，處二陰之下，以貴下賤，剛實而居微，無妄之象。處震之始，爲內之主，其上爲乾，乾爲天，動而應乎天，順天之道，故「往吉」。

象曰：无妄之往，得志也。

【譯】

象曰：沒有虛妄而往進，實現了心志。

【記】

得志，指初九順應時勢而上行的心志。

六二，不耕穫，不菑畬，則利有攸往。

【譯】

六二，不妄耕而求收穫，不妄墾而求熟田，則利於有所往進。

【記】

不耕，指不妄耕。不菑，指不妄墾。菑，指初耕一年的田，引伸爲「開荒」之義。陸德明《經典釋文》云：「菑，馬云：田一歲也；董云：反草也。」畬，指開墾過二三年的田地，引伸爲熟田。陸德明《經典釋文》云：「畬，音餘，馬曰：田三歲也；董云：悉耨曰畬；說文云：二歲治田也。」

無妄之際，二處艮初，艮爲止，往而爲巽，巽爲不果，故不可妄爲。陰居柔位，得位中正，正應在五，上應君命，下守臣道，行無妄之事，必有所穫，故「利有攸往」。爻辭告誡占筮之人凡事須順時應理，不可貪求。二爲田，故以不耕穫，不菑畬爲喻。程頤《周易程氏傳》云：凡理所然者非妄也，人所欲，爲者乃妄也，故以耕穫菑畬譬之。又云：「耕，農之始，穫，其成終也。田一歲曰菑，三歲曰畬。不耕而穫，不菑而畬，謂不首造其事，因其事理所當然也。首造其事，則是人心所作爲，乃妄也。因事之當然，則是順理應物，非妄也，穫與畬是也。蓋耕則必有穫，菑則必有畬，是事理之固然，非心意之所造作也。」

象曰：不耕穫，未富也。

[譯]

象曰：不妄耕而求收穫，沒有貪求富貴。

[記]

未富也，指不去貪求富貴。朱熹《周易本義》曰：富，如「非富天下」之「富」，言非計其利而爲之也。富爲實，六二陰柔，故言「未富」。

六三，无妄之災，或繫之牛，行人之得，邑人之災。

[譯]

六三，平白無故而生的災難，有人牽牛去耕種，被行人前往牽走，同村落的人因此而受損失。

[記]

无妄之災，指平白無故而生的災難。或，相當於「有人」。繫，猶牽。行人，古時官名，掌朝覲聘問，春秋戰國時各國都有設置。孔穎達疏：行人者，有司之義也。「之得」的「之」猶往，前往。《爾雅·釋詁第一》云：之，往也。得，得到、獲得。行人之得，指被行人前往而牽走。邑人，同村落的人。

三爲艮體，艮爲靜止，無妄之際當不可妄爲，然六三居失其位，不中不正，處震極巽始，震爲行，巽爲躁，有應在上，不正之應，行違謙順，有妄行之象，無妄之際而有妄，故而有災。有妄，指「或繫之牛」。無妄之際僭爲耕事，行人制之妄爲，往而將牛牽走，所以說「或繫之牛，行人之得」。行人，指上九，上爲官下爲民。邑人之災，古時牛爲稼穡之資，同村落的人共有，今因一人之妄行，而使同村落的人利益均受到損害，妄非己爲，害非己至，所以稱「无妄之災」。災，指損失。以象而言，三自坤來，坤爲牛，處艮巽之體，艮爲手，巽爲繩，應在上九，有牽牛之象。

象曰：行人得牛，邑人災也。

【譯】

象曰：行人將牛牽走，同村落的人因此而受損失。

【記】

「行人得牛，邑人災也」，釋「无妄之災」之義。行人得牛，指行人將牛牽走。

九四，可貞，无咎。

［譯］

九四，適宜貞固，沒有咎害。

［記］

九四剛居柔位，行爲謙順，上鄰尊位，處多懼之地，不敢妄爲，可貞而「无咎」。可，適合、適宜。貞，猶定，貞固的意思。《釋名．釋言語》云：貞，定也，精定不動惑也。

占得此爻，不可以有爲。

象曰：可貞无咎，固有之也。

［譯］

象曰：適宜貞固沒有咎害，因爲九四原本就處於多懼之地而不敢妄爲。

［記］

固有之也，釋所以「可貞无咎」之義。固有，來知德《周易集注》云：固有者，本有也。之，指戒懼謹慎而不妄爲。

九五，无妄之疾，勿藥有喜。

[譯]

九五，無所虛妄而生的疾患，不要用藥可以自然痊癒。

[記]

九五，剛實中正而履尊位，爲无妄之主，居中善治，無有虛妄。正應在二，六二陰柔，陽剛之體遇陰柔之物，恐有小疾，所以說「无妄之疾」。然疾非己致，二雖陰柔之物，亦履中且正，故而疾可不治自復，猶人之微恙，非治而癒，所以說「勿藥有喜」。勿藥，不要吃藥。有喜，有喜慶之事，這裡指疾患痊癒而得陰陽正應之喜。高亨《周易古經今注》云：有喜，謂病癒也。

就全卦六爻來看，二五皆居中且正，陰陽正應，二有利，五有慶，《繫辭下》有云「二多譽」、「五多功」，故《彖》曰「剛中而應，大亨以正，天之命也」。

象曰：无妄之藥，不可試也。

〔譯〕

象曰：無妄之疾的藥，不可以嘗試服用。

〔記〕

王弼注：藥攻有妄者也，而反攻无妄，故不可試也。試，嘗試服用的意思。陸德明《經典釋文》云：「試，試驗；一云：用也。」朱熹《周易本義》曰：試，謂少嘗之也。

上九，无妄，行有眚，无攸利。

〔譯〕

上九，無妄之際，妄行有眚災，無所利益。

〔記〕

上九居乾之極，有剛健以行之象，然處无妄之終，行無所之，終極則返，非正而應，是爲有妄，故誡言「无妄，行有眚，无攸利」。王弼注：處不可妄之極，唯宜靜保其身而已，故不可以行也。

象曰：无妄之行，窮之災也。

【譯】

象曰：無妄之際而有所行，有窮途之災。

【記】

窮之災，是說上處卦終，終則窮，有窮途之災，與乾卦《文言》「亢龍有悔，窮之災也」義同。

大畜卦第二十六

【釋文音訓：畜，本又作「蓄」，勑六反；注音：dàxù，舊讀：tàixù】

【序卦傳】

云：有无妄然後可畜，故受之以大畜。

【雜卦傳】

云：大畜，時也。

☶☰ 乾下艮上

大畜利貞，不家食，吉，利涉大川。

[譯]

大畜之際貞正則利，不閑居家中外出自謀生計，吉祥，順利渡過江河大川。

[記]

畜，畜止、畜養，止而養之義。卦體下乾爲日出，上艮爲山，日出而爲山止，畜止之象。乾下艮上，乾爲天，艮爲山，大莫若天，止莫若山，天在山中，艮陽乾剛，以陽畜剛，故稱「大畜」。孔穎達疏：大畜，乾在於下，艮在於上，艮是陽卦，又能止物，能止此乾之剛健，所畜者大，故稱大畜。又，乾在艮下，乾爲金玉，藏於山中，亦大畜之象。又，大，指大人，賢德之人。大畜之義有二：一．以己畜人，使他人不家食，畜養賢德之人，以振濟天下，成就事功，《彖》曰「不家食，吉，養賢也」。二．爲人所畜，而不家食，當外出，或從仕、或經商、或求學之例，堅守正道，皆可獲吉，而脫離險困。

大畜之道在於正，惟正能止健，故「利貞」。貞，猶正，貞正之義。

不家食，指不閑居家中而外出自謀生計。朱熹《周易本義》曰：不家食，謂食祿於朝，不食於家也。乾爲君子賢人，其行剛健，至極成震，義於動，若自食於家，則其道否。今其上爲艮，艮爲宮闕，互體爲兑，兑爲口食，爲賢人居於宮闕之下，「不家食」之象。

「吉，利涉大川」，指占筮之人筮得此卦當堅守正道，不閑處家中，外出謀生，可得吉祥，而「利涉大川」。无妄卦告誡要貞正而不妄爲，反之「其匪正有眚，不利有攸往」，此卦是告誡貞正而不家食，可得吉祥而利有攸往，二者立意相同。

彖曰：大畜，剛健篤實，煇光日新其德。剛上而尚賢，能止健，大正也。不家食，吉，養賢也。利涉大川，應乎天也。

［譯］

彖曰：大畜卦的意象，剛健篤實，光彩輝映日日增新其德行。陽剛者居上而尊崇賢人，能蓄止剛健，這是至大的正道。不閑居家中，吉祥，因爲居上位的人能夠頤養賢才。順利渡過江河大川，這是順應天道。

［記］

「大畜，剛健篤實，煇光日新其德」，剛健，指下卦乾，乾性剛健；篤實，指上卦艮，艮體篤實。煇光，光彩煇映。煇謂日煇，光謂山光，二相交映，所以說光彩煇映。日新其德，日日增進其德行。王弼注：「凡物既厭而退者，弱也；既榮而隕者，薄也。夫能煇光日新其德者，唯剛健篤實也。」此句句讀多有不同，陸德明《經典釋文》作「大畜剛健，篤實煇光，日新其德」，大畜剛健，絕句；篤實煇光，絕句；日新其德，絕句。又云「鄭以日新絕句，其德連下句」。程頤《周易程氏傳》作「大畜剛健、篤實、煇光，日新其德」，朱熹《周易本義》作「大畜，剛健，篤實煇光，日新其德」，高亨《周易大傳今注》作「大畜，剛健篤實，煇光日新。其德剛上而尚賢」，上海古籍《十三经注疏》作「大畜，剛健篤實煇光，日新其德」。文從王弼。

「剛上而尚贒，能止健，大正也」，剛上，指上九。陽剛往而居坤之極，稱剛上。贒，同「賢」，指下卦乾，乾爲賢。尚賢，尊崇賢人。能止健，指能畜止剛健，而不使其剛暴躁進，不使賢人驕狂。止指艮，健指乾。大正，至大的正道。王弼注：健莫過乾，而能止之，非夫大正，未之能也。

「不家食，吉，養贒也」，「養贒也」釋所以「不家食，吉」之義。

「利涉大川，應乎天也」，上陽至而陰伏，伏陰成坤，坤即川，帛書本亦作「川」，所以說「利涉大川」。居天之位，是應乎天，所以說「利涉大川，應乎天也」。

象曰：天在山中，大畜，君子以多識前言往行，以畜其德。

〔譯〕

象曰：天在山中，這就是大蓄卦的意象，君子觀此卦象法大畜之道而廣泛記識前聖之言往賢之行，從而畜養自己的德行。

【記】

大畜卦，下乾爲天，上艮爲山，乾在艮下，所以說「天在山中」。「君子以多識前言往行，以畜其德」，識，記住、記識。《玉篇·言部》云：識，記也。前言往行，指前輩聖賢的言行。

初九，有厲，利已。

【譯】

初九，有危險，停止則利。

【記】

初九，處健之始，與六四正應，義在上進。然大畜之際，爲四所畜而不能進，己若前往，違大畜之義，必有危厲，不若止而有利，所以說「有厲，利已」。已，止、停止。《廣韻·止韻》云：已，止也。王弼注：「四乃畜己，未可犯也。故進則有厲，已則利也。」

象曰：有厲利已，不犯災也。

[譯]

象曰：有危險停止則利，不要去招災引禍。

[記]

不犯災也，指不去招引災禍，是說不要違離大畜之道。王弼注：處健之始，未果其健者，故能利已。

九二，輿說輹。

[譯]

九二，車箱脫離輪軸。

[記]

輿說輹，與小畜九三「輿說輻」義同（見小畜九三［記］）。說，同「脫」，脫離。輹，小畜卦九三作「輻」。

李鼎祚《周易集解》「輹」作「腹」，引虞翻曰：腹或作輹也；案云：輹，車之鉤心，夾軸之物。

輿說輹，則車不能行，二居失其位，雖應在五，然非正而應，五處畜盛，止不我升，不可冒犯，所以說「輿說輹」。

象曰：輿說輹，中无尤也。

［譯］

象曰：車箱脫離輪軸，秉守中正謙和之道沒有尤怨過失。

［記］

大畜之際，二剛實履中，秉中正之德，守謙和之道，能遇難而止，停留待時，進退得宜，可得無憂。中，指九二居於中位而得中正謙和之道。尤，尤怨過失。

九三，良馬逐，利艱貞。日閑輿衛，利有攸往。

［譯］

九三，駿馬馳逐，在艱困中貞正則利。日日練習車馬防衛，利於有所往進。

［記］

「良馬逐，利艱貞」，九三處乾之極，居震之始，乾爲良馬，震爲行、爲大塗，駿馬馳逐之象。良馬，猶駿馬，這裡比喻賢達之人。逐，馳逐、馳騁。處二陰之下，陽爲陰揜，往遇艮山，山有險阻，故言艱。然三上同位而不應，二剛志同而不相畜，上處何天之衢，塗徑大通，三得位守正，貞正以行，進無違距，所以說「利艱貞」。貞，猶正，指九三得位履正。

「日閑輿衛，利有攸往」，日，日日、每日。三居乾終，乾爲日出，故言日日。閑，練習。《爾雅．釋詁下》云：閑，習也。陸德明《經典釋文》云：閑，馬鄭云「習」。輿衛，指車馬防衛。輿，這裡作動詞，指駕車馬。衛，防衛。九三每日練習車馬防衛，方得「利有攸往」。日閑輿衛，與乾卦九三「終日乾乾」立意相近，《象》曰：煇光日新其德。

象曰：利有攸往，上合志也。

[譯]

象曰：利於有所往進，因爲與上位的人心志相合。

[記]

上合志也，釋所以「利有攸往」之義。上，指居於上位的人，這裡指上九。三爲震主，志在上行，與上同位而不相畜，所以說與上合志。

六四，童牛之牿，元吉。

[譯]

六四，猶如童牛頭上的橫木，大吉。

[記]

童牛，即小牛。陸德明《經典釋文》云：童牛，無角牛也。李鼎祚《周易集解》引侯果曰：童牛，无角之牛也。牿，綁在牛角上使其不能觸人的橫木。《篇海類編．鳥獸類．牛部》云：牿，楅衡。《正字通．牛部》云：牿，楅衡，防牛觸也。李鼎祚《周易集解》引侯果曰：牿，楅也，以木爲之，橫施於角，止其觝之威也。

六四本爲坤體，坤爲牛，處兌之體，兌爲小，故稱童牛。居艮之初，艮爲木，故言梏。四履得其位，止初之健，以柔止剛，剛不敢犯，故得「元吉」。

象曰：六四元吉，有喜也。

[譯]

象曰：六四大吉，有喜慶。

[記]

六四得位畜初而居兌極，兌爲悅，所以說「有喜也」。喜，喜慶。

六五，豶豕之牙，吉。

【譯】

六五，除去豬的牙齒，吉祥。

【記】

豶，一指閹割後的豬。陸德明《經典釋文》云：「豶，符云反，劉云：豕去勢曰豶。」二爲除去的意思。孔穎達疏引褚氏云：豶，除也，除其牙也。文取此義。

豕之牙，剛健之物，指九二。二體剛健，伏陰成坎，坎爲豕，所以說「豕之牙」。王弼注：豕牙橫猾，剛暴難制之物，謂二也。五處中履尊，二剛而進，五以柔制健，秉柔之道而豶其牙，制暴抑盛，以固其位，可得吉祥。豶豕之牙，謂除去其牙，而不爲其害。

象曰：六五之吉，有慶也。

【譯】

象曰：六五吉祥，有喜慶。

【記】

慶，喜慶。大畜之際，六五居尊得貴，故而有慶。

上九，何天之衢，亨。

【譯】

上九，於四通八達的通天大道，進行祭祀。

【記】

何，語辭。王弼注：何，辭也。朱熹《周易本義》曰：何天之衢，言何其通達之甚也。衢，四通八達的大路。《說文》云：衢，四達謂之衢。陸德明《經典釋文》云：「衢，其俱反，馬云：四達謂之衢。」何天之衢，是說上九所處的位置上下通達。

上本爲乾體，又爲艮主，乾爲天，艮爲徑，徑在天上，天衢之象。居大畜之極，畜極則通，處天之位，下據二陰，與三合志，上下通達，故行祭祀之事，可得天之祐。

象曰：何天之衢，道大行也。

〔譯〕

象曰：處於四通八達的通天大道，是說其道通達無阻。

〔記〕

道大行也，爲歎語，言上九處大畜之極，畜極則反，其下爲震，震爲健行，上下皆通，與三合志而不相畜，有良馬馳逐之象，所以說「道大行也」。

頤卦第二十七

〔釋文音訓：頤，以之反；注音：yí〕

〔序卦傳〕

云：物畜然後可養，故受之以頤。頤者，養也。

【雜卦傳】

云：頤，養正也。

䷚ 震下艮上

頤，貞吉。觀頤，自求口實。

【譯】

頤養之道，貞正吉祥。觀視他人的口頰之象，自己謀取食物。

【記】

頤，本義「頷」，指下巴，或口頰。口中有物，所以養身，故頤又引伸爲養、頤養之義。《序卦傳》云：頤者，養也。《爾雅．釋詁下》云：頤，養也。陸德明《經典釋文》云：頤，以之反，養也。尚秉和《周易尚氏學》引鄭玄曰：「頤者，口車輔也。震動於下，艮止於上。口車動而上，因輔嚼物以養人，故謂之頤。」李鼎祚《周易集解》引宋衷曰：頤者，所由飲食自養也。

從卦象看，初上二陽猶人之上下頷，中間四陰，猶口中食物。下震爲動，上艮爲止，猶人食物下動上止之象。

「頤，貞吉」，頤，頤養。推物及人，頤養之道當以實而守正，實則不虛而行不惡，正則不偏而物不邪，乃得吉祥，所以說「貞吉」。貞，猶正，貞正，堅守正道的意思。朱駿聲《六十四卦經解》云：能行養，則其幹事吉矣。尚秉和《周易尚氏學》云：頤能養人，故「貞吉」。

「觀頤，自求口實」，頤，指下巴、口頰。觀頤，觀視他人的口頰之象。自求口實，指自己謀取食物，比喻自謀生路。求，求取、謀取。口實，口中食物。李鼎祚《周易集解》引虞翻曰：口實，頤中物，謂其自養。尚秉和《周易尚氏學》云：實者食也，言口含物以自養也。此句是說觀他人食物之象，而自謀生路，高亨《周易古經今注》云「食物在口，其頤隆起，觀人之頤，不能飽，須自求食物，故曰觀頤自求口實。此示人以勿羨於人，宜求於己也」。

又，《彖》曰：「觀頤，觀其所養也。自求口實，觀其自養也。」程頤《周易程氏傳》云：觀人之所頤，與其自求口實之道，則善惡吉凶可見矣。卦辭之義依高亨釋。

彖曰：頤，貞吉，養正則吉也。觀頤，觀其所養也；自求口實，觀其自養也。天地養萬物，聖人養賢以及萬民，頤之時大矣哉。

[譯]

彖曰：頤養之道，貞正吉祥，是說頤養之事合乎正道就會吉祥。觀頤，是觀察其養人之道；自求口實，是观察其自養之道。天地頤養萬物，聖人頤養賢能之士以及天下百姓，頤卦所體現的這種順隨時宜的思想真是太宏大了。

【記】

養正則吉也，釋卦辭「頤，貞吉」之義。養正，《雜卦傳》云「頤，養正也」，包括以正道養人，及以正道養己，也就是下文所說的「所養」和「自養」。

「觀頤，觀其所養也；自求口實，觀其自養也」，釋卦辭「觀頤，自求口實」之義。所養，指養人之道；自養，指養己之道。陳夢雷《周易淺述》云：所謂觀頤者，觀其所以養人，不可不得其道；所謂自求口實者，求其所以自養，不可徒徇其欲也。

「天地養萬物，聖人養賢以及萬民，頤之時大矣哉」，時，天時，這裡是說順隨時宜。頤卦雷下山上，雷震威動，使人驚懼，山止篤實，使人安靜，此正是天地頤養萬物之象。天爲上，地爲初，萬物居其間，聖人法天之象，順天之時，頤養賢人及萬民，這就是順隨時宜的作爲。李鼎祚《周易集解》引翟玄曰：「天，上；地，初也。萬物，衆陰也。天地以元氣養萬物，聖人以正道養賢及萬民，此其聖也。」

象曰：山下有雷，頤，君子以慎言語，節飲食。

【譯】

象曰：山下有雷，這就是頤卦的意象，君子觀此卦象法頤之道而謹慎言語，節制飲食。

〔記〕

頤卦，下震爲雷，上艮爲山，震在山下，所以說「山下有雷」。

雷在山下，閉藏山中，是爲「愼言語」。雷動而行，艮以止之，是爲「節飲食」。君子觀象，而愼言節食以養德行，「禍從口出，患從口入」即爲此義。愼言語，指養心；節飲食，指養形。

初九，舍爾靈龜，觀我朶頤，凶。

〔譯〕

初九，捨棄你自己的謀生之道，來觀視我嚼食的樣子，不吉利。

〔記〕

初四正應，爻辭以六四之口責初九之爲。

舍爾靈龜，捨棄你的剛實明鑒之德，比喻捨棄你自己的謀生之道。舍，同「捨」，捨棄。爾，指初九，即占筮的人，引伸指自己。靈龜，即神龜。孔穎達疏：靈龜，謂神靈明鑒之龜，兆以喻己之明德也。

觀我朶頤，觀視我嚼食的樣子，比喻貪啉求食，垂涎別人的名位利祿。我，指九四，引伸泛指他人、別人。

朶頤，鼓動腮頰嚼食的樣子。孔穎達疏：朶頤，謂朶動之頤以嚼物。朶，陸德明《經典釋文》云：朶，多果反，動也，鄭同京作「揣」。

初九處無位之地，正應在四，四爲靜，初爲動，初九心在於外而不能自守，有動而求養之象。初體陽剛，陽爲貴，今不能守己之實，而窺他人口中之物，以陽從陰而失其貴，迷欲而失己，求祿則辱來，故必有凶，猶卦辭所云「觀頤，自求口實」。朱熹《周易本義》曰：初九陽剛在下，足以不食，乃上應六四之陰而動於欲，凶之道也。又，爾指六四，我爲初九。指六四不自求其實，而觀我朶頤，致我有潛伏之凶。

占得此爻者當堅守己道，一不可貪婪求欲，二須謹惕有人在窺視自己的食物或成果。

象曰：觀我朶頤，亦不足貴也。

［譯］

象曰：來觀視我嚼食的樣子，實在是不足爲尊貴。

［記］

象辭爲告誡之語。不足貴，猶不尊貴。貴，尊貴。

六二，顚頤，拂經于丘，頤征凶。

【譯】

六二，以上養下，違離了頤養的常規法則，以此行養所行不吉利。

【記】

「顛頤，拂經于丘」，顛，顛倒。拂，違背、違離。朱駿聲《六十四卦經解》云：顛，倒；拂，逆也。陸德明《經典釋文》云：拂，符弗反，違也。經，義理、法則。《玉篇．糸部》云：經，義也。王弼注：「養下曰顛。拂，違也；經，猶義也；丘，所履之常也。」李鼎祚《周易集解》引王肅曰：「養下曰顛。拂，違也。經，常也。」

頤征凶，孔穎達疏：「征，行也。若以此而養，所行皆凶，故曰頤征凶也。」

《易》之義凡陰皆由於坤元，陽皆自於乾元。坤爲地，養萬物而成萬物者，六二陰柔，當養萬物於其上，而非養於下。今觀其所養，於上無應，與初相比，反而養初，故稱之「顛頤」。居下不奉上，而反養下，以柔乘剛，違經義於常處，所以說「拂經于丘」。以斯行養，行未見脩德，動未見有與，所行皆凶，所以說「頤征凶」。

象曰：六二征凶，行失類也。

【譯】

象曰：六二所行不吉利，行爲失去了准則。

【記】

行失類也，釋六二所以「征凶」之義。類，法則、准則。《方言·第十三》云：類，法也。王弼注：類皆上養，而二處下養初。孔穎達疏：頤養之體，類皆養上也，今此獨養下，是所行失類也。

六三，拂頤，貞凶，十年勿用，无攸利。

【譯】

六三，違背頤的養正之道，如此下去不吉利，十年不能有所作爲，無所利益。

【記】

六三陰居陽位，違中失正，其應在上，觀其所養，履非正之位以養於上，己不正勿施於人，違頤養正之道，故而有凶，邢璹曰「正應相感是實情，不正相感是僞情」即爲此義。以卦象言，三上爲艮，艮爲止，往而爲艮所止，所以說「无攸利」。十年，取坤象，三爲坤體，坤數十，所以說十年。

貞，如此下去的意思。勿用，不能有所作爲。

象曰：十年勿用，道大悖也。

【譯】

象曰：十年不能有所作爲，從根本上背離了頤養之道。

【記】

道大悖也，釋所以「十年勿用」之義。悖，違背、違離。《國語．周語上．邵公諫厲王弭謗》云：是以事行而不悖。韋昭注：悖，逆也。陸德明《經典釋文》云：悖，布內反，逆也。這裡指六三居位不中不正，而行諂媚之事。從卦象看，震爲行爲大塗，艮爲止爲徑，今艮震上下相對，所以說「道大悖也」。

六四，顛頤，吉。虎視眈眈，其欲逐逐，无咎。

【譯】

六四，口中充滿食物，吉祥。初九像老虎一樣威視著我，其欲望強烈而迫切，沒有咎害。

【記】

顛頤，口中充滿食物，指其「自養」，其義與六二「顛頤」不同。這裡的「顛」，通「闐」，充滿、塞滿的意思。《洪武正韻．先韻》云：顛，盛氣貌。尚秉和《周易尚氏學》云：「顛與闐通。《禮．玉藻》『盛氣顛實』，注『顛讀爲闐』，而闐與窴通。《前漢・遊俠傳》『人無賢不肖闐門』，注『闐與窴字同』。窴，塞也。三四五皆陰，故曰『窴頤』。」高亨《周易古經今注》云：「顚借爲填，同聲系，古通用。《說文》：『填，塞也。』以食物填於口中，使頤隆起，是爲填頤。」頤，指腮頰、口中。

「虎視眈眈，其欲逐逐」，爲誡語，意在釋說初九觀視我嚼食而貪惏垂涎的樣子。虎，指初九。眈眈，也作「眈眈」，威視的樣子。陸德明《經典釋文》曰：「眈眈，威而不猛也；馬云：虎下視皃。」逐逐，疾速的樣子，形容強烈迫切。陸德明《經典釋文》云：「逐逐，薛云：速也。」《集韻・錫韻》云：逐，速也。

六四觀其自養，得位且正，口中有實，所以得吉。正應在初，初體陽剛，爲震之主，故以虎爲喻，初捨其靈龜而觀我朵頤，其欲貪婪，所以說「虎視眈眈，其欲逐逐」。然四得位守正，以柔應剛，故得「无咎」。

象曰：顚頤之吉，上施光也。

【譯】

象曰：口中充滿食物吉祥，因爲上九的恩惠廣大。

【記】

上施光也，釋所以「顚頤之吉」。上，指上九。施，恩惠、恩澤。《集韻・寘韻》云：施，惠也。上施光，上處宗廟之位，是說九四得天之助。三居位不正而養上，故而貞凶；四履位得正而自養，故得上之施，《彖辭》

有曰「頤，貞吉，養正則吉也」。

六五，拂經，居貞吉，不可涉大川。

［譯］

六五，違離了頤養的法則，安居貞固吉祥，不可以涉越江河大川。

［記］

六五履非其位，下不有應，失頤之義，所以說「拂經」。然得中而正，順承於上，以柔承剛，順天之義，安居守中可得吉祥。處艮之體，艮爲止、爲門闕宮室，往爲艮止，安居之象，故「不可涉大川」。爻辭是說在頤養之際，居不得位，違離常理，雖得安居之吉，亦不可主動作爲。居貞，居，安居；貞，猶定，貞固、貞定。

象曰：居貞之吉，順以從上也。

［譯］

象曰：安居貞固吉祥，因爲能夠柔順地隨從上位的人。

［記］

順以從上也，釋所以「居貞之吉」。上，指上九。六五比臨上九，以陰順陽，親從於上，陽唱陰和，而得「居貞之吉」。

上九，由頤，厲吉，利涉大川。

【譯】

上九，輔助頤養，有危險但吉祥，順利渡過江河大川。

【記】

由，輔助的意思。《方言．第六》云：由，輔也。《廣雅．釋詁二》云：由，助也。高亨《周易大傳今注》云：由頤，輔助而養之也。由頤，有振濟萬民之義。

上體陽剛，爲頤之主，四得上施恩澤而獲「顛頤」之吉；五順以從上，而得「居貞」之吉，故稱之「由頤」。處頤之終，貴而無位，是爲有厲；居四陰之上，高而有民，是爲得吉，故言「厲吉」。陽剛之體，雖處無位之地，然助養有成，振濟有功，物無相違，故「利涉大川」。由卦象看，其下互坤，坤，帛書本作「川」，今居其上，所以說「利涉大川」。

象曰：由頤厲吉，大有慶也。

【譯】

象曰：輔助頤養有危險但吉祥，大有吉慶。

【記】

慶，吉慶。上九處天之位，助養民衆，振濟天下，民得所濟，歸而相順，所以「大有慶也」，猶《文言》曰「積善之家必有餘慶」之義。

大過卦第二十八

【釋文音訓：過，徐古臥反，王肅音戈；注音：dàguò，舊讀：tàiguò】

【序卦傳】

云：不養則不可動，故受之以大過。

【繫辭傳】

云：古之葬者，厚衣之以薪，葬之中野，不封不樹，喪期无數，後世聖人易之以棺椁，蓋取諸大過。

〔雜卦傳〕云：大過，顛也。

䷛ 巽下兑上 大過棟橈，利有攸往，亨。

〔譯〕

過越常分屋樑彎曲，適宜有所往進，進行祭祀。

〔記〕

過，過越，有超過、過分之義，亦有差失之義。《雜卦傳》云：大過，顛也。陸德明《經典釋文》云：過，徐古卧反，罪過也，超過也。朱駿聲《六十四經解》云：「過，音戈，超過也。大過，陽爻過也。」王引之《經義述聞》云：「過者，差也，失也，兩爻相失也。陽爻相失則謂之大過，陰爻相失則謂之小過，故《太玄》有《差》首以象《小過》，有《失》首以象《大過》也。凡卦爻相應則相遇，不相應則相失，故不遇謂之過。《大過》二五皆陽，不相應而相失，故《彖傳》曰：大過，大者過也。陽稱大，陰稱小，大者過也者，陽爻與陽爻兩相失也。《傳》又曰剛過而中，言二五皆剛，兩爻不相應而相失，但所處之位尚得中也。不曰剛中而應，而曰剛過而中，則過者不相應之謂也。《小過》二五皆陰，亦不相應而相失，故《彖傳》曰：小過，小者過。小者過者，陰爻與陰爻兩相失也。大過爲剛過而中，則小過爲柔過而中，皆二五得中而不相應之謂也。」從卦體看，下巽爲木，上兌爲澤，木當浮於澤上，今澤淹木而致其變形彎曲，是過越常分，爲大過之象。

大過棟橈，言大過而致棟橈，房屋傾危，將致毀折，猶澤水氾濫，浸沒房屋，損毀屋宇。施於人事，澤下有風，欲靜而不能，棟橈之象既生，險難將臨之世，當有所施爲，拯危濟難，不可安於靜守，適宜有所往進，故《象》曰「澤滅木，大過，君子以獨立不懼，遯世无悶」。棟橈，屋樑彎曲，比喻險難之象。棟，屋中的正樑，比喻重要的人或事。橈，彎曲。陸德明《經典釋文》云：橈，乃教反，曲折也。《周禮·冬官考工記第六·輈人》云：唯轅直且无橈也。

「利有攸往，亨」，亨，同「享」，享祀、祭祀。高亨認爲「亨」當在初六「藉」字前，《周易古經今注》云：「亨即『享』字，舉行享祀也。此『亨』字當在下文『初六』二字之下，傳寫之誤。」

彖曰：大過，大者過也；棟橈，本末弱也。剛過而中，巽而說行，利有攸往，乃亨。大過之時大矣哉。

【譯】

彖曰：大過卦的意象，是陽剛過盛；屋樑彎曲，因爲本末皆弱。陽剛過盛而履中，謙遜而和悅地行事，適宜有所往進，因而進行祭祀。大過卦所體現的這種應時隨勢而有所作爲的思想真是太宏大了。

【記】

「大過，大者過也；棟橈，本末弱也」，釋卦辭「大過棟橈」之義。大者過也，大指陽。卦體四陽二陰，陽盛陰弱，所以說「大者過也」。本末弱也，本指初六，末指上六。陽強陰弱，初上皆陰，所以說「本末弱也」。王弼注：初爲卒而上爲末也。朱熹《周義本義》曰：本，爲初；末，謂上；弱，謂陰柔。李鼎祚《周易集解》引向秀曰：「棟橈則屋壞，主弱則國荒，所以橈由於初上兩陰爻也。初爲善始，末是令終，始終皆弱，所以棟橈。」

「剛過而中，巽而說行，利有攸往，乃亨」，剛，指卦中四個陽爻。中，指九二、九五分居上下卦體中位。巽，指下體巽卦。說，同「悅」，指上體兌卦，兌爲悅。行，取巽卦意象，巽爲風，風行而不止。「剛過而中，巽而說行」，釋卦辭所以「利有攸往，乃亨」之義。朱駿聲認爲「乃」爲衍文，卦辭「利有攸往，亨」中無「乃」字，《六十四卦經解》「亨」字前無「乃」字，連讀爲「利有攸往亨」，五字爲句。

大過之時大矣哉，時，指「大過棟橈」之世當是君子有所作爲之時。王弼注：是君子有爲之時也。

象曰：澤滅木，大過，君子以獨立不懼，遯世无悶。

【譯】

象曰：澤水淹沒了木，這就是大過卦的意象，君子當此之時而超凡拔俗無所畏懼，不可退隱於世無所苦悶。

【記】

大過卦，下巽爲木，上兌爲澤，木於澤下，所以說「澤滅木」。滅，淹沒的意思。李鼎祚《周易集解》云：「兌，澤也。巽木滅漫也。凡木生近水者，楊也，遇澤太過，木則漫滅焉。二五枯楊，是其義。」「君子以獨立不懼，遯世无悶」，此爲警示之語，指在大過棟橈之際，君子應當獨立不懼以拯患難，而不可退隱於世。

初六，藉用白茅，无咎。

【譯】

初六，祭祀時用白茅陳列貢品，沒有咎害。

【記】

藉，古代祭祀朝聘時陳列禮品的墊物。《說文・艸部》云：藉，祭藉也。陸德明《經典釋文》云：「藉，馬云：在下曰藉。」尚秉和《周易尚氏學》云：「凡以物承物曰藉。《曲禮・執玉》：其有藉者則裼，無藉者則襲。注：藉，藻也。疏：執玉必有藻以承玉。」茅，茅草。白茅，花穗上生有白色柔毛的茅草，所以稱白茅，古代常用它來包裹祭祀用的禮物。朱熹《周易本義》曰：白茅，物之潔者。

大過棟橈之世，初六體陰無位，是為有咎。然卑微處下，應四承二，心懷謹慎，藉用白茅，奉事於上，白茅雖薄，潔可重用，乃得「无咎」。《繫辭上》子曰：「苟錯諸地而可矣，藉之用茅，何咎之有？慎之至也，夫茅之為物，薄而用可重也。慎斯術也，以往，其無所失矣。」王弼注：以柔處下，過而可以无咎，其唯慎乎。

高亨認為卦辭「亨」字當在初六「藉」字前，《周易古經今注》云：「亨即『享』字，舉行享祀也。此『亨』字當在下文『初六』二字之下，傳寫之誤。」

象曰：藉用白茅，柔在下也。

〔譯〕

象曰：祭祀時用白茅陳列貢品，陰柔之體處卑下之位。

〔記〕

柔在下也，釋「藉用白茅」之義，意在告誡處於下位的人在棟橈之世，危險將臨之際，應當更加戒慎恐懼，謹慎行事，才不會有咎害。

九二，枯楊生稊，老夫得其女妻，无不利。

【譯】

九二，枯槁的楊樹長出新的枝芽，老漢得少女爲妻，無所不利。

【記】

枯，枯槁。孔穎達疏：枯，謂枯槁。稊，楊柳新生的枝芽。王弼注：稊者，楊之秀也。李鼎祚《周易集解》引虞翻曰：稊，穉也，楊葉未舒稱稊。女妻，猶少妻。

爻辭以自然之象而明人事，枯楊對稊，老夫對少妻，皆爲過越常分之象。

二爲巽體，巽爲木爲楊，澤過而致木枯，所以稱枯楊，是將危之象。又爲乾始，乾爲日出，居中得正，猶見龍在田，義當健行。然其上無應，下乘於初，陰陽相比，初柔以相承，比而相得，二猶「枯楊生稊，老夫得其女妻」。老夫，指九二；女妻，指初六。初爲陰、爲始，故又稱少。老夫與少妻，老夫得少而減老，少妻得老而益長，各得其濟，故而「无不利」。程頤《周易程氏傳》曰：「九二陽過而與初，老夫得女妻之象。老夫而得女妻，則能成生育之功。二得中居柔而與初，故能復生稊，而无過極之失，无所不利也。」

象曰：老夫女妻，過以相與也。

【譯】

象曰：老漢得少女爲妻，是過越常分而相配。

【記】

相與，猶相配之義。

九三，棟橈，凶。

【譯】

九三，屋樑彎曲，不吉利。

【記】

九三陽居剛位，得位失中，得位爲棟，失中爲曲，棟橈之象。處澤之下，水浸至深，屋將傾，險將至，雖應在上，爲四五陽剛所阻，應而不得，所以有凶。

象曰：棟橈之凶，不可以有輔也。

【譯】

象曰：屋樑彎曲不吉利，無法得到幫輔。

〔記〕

棟爲屋梁，當室之中，不可加輔，應而不得，所以說「棟橈之凶，不可以有輔也」。輔，幫輔。不可以有輔也，指無法得到上六的幫輔。

九四，棟隆，吉，有它吝。

〔譯〕

九四，屋樑隆起，吉祥，有其它憾惜。

〔記〕

橈、隆皆彎曲之象，三四二爻，居卦之中，三處下稱「棟橈」，橈，嚮下彎曲；四處上稱「棟隆」，隆，嚮上拱起。

九四，陽居陰位，剛柔相濟，謙順得宜，所以說「棟隆，吉」。然失位不正，下應於初，初二相比相與，四非正而應，應而不得，故「有它吝」。

象曰：棟隆之吉，不橈乎下也。

【譯】

象曰：屋樑隆起吉祥，沒有嚮下彎曲。

【記】

四雖失位，初爲二得，然以剛健之體，處乾之中，志在上進而不卑從於下，所以說「不橈乎下也」。下，指初六。

九五，枯楊生華，老婦得其士夫，无咎无譽。

【譯】

九五，枯槁的楊樹開出新花，老婦得少壯男子爲夫，沒有咎害也沒有讚譽。

【記】

「枯楊」與九二義同，以體言爻義，澤過而致木枯。華，同「花」。老婦，指上六。上爲終，故稱老。士夫，謂少壯男子，指九五。五爲乾體，乾爲夫，剛居中位，故稱士夫。

老婦得其士夫，言九五爲上六所得。九五，大過棟橈之世，其下無應，有將危之象。然與上六陰陽相比，爲上所得，所以說「枯楊生華，老婦得其士夫」。得位居尊，是「无咎」；為老婦所得，是「无譽」，所以說「无咎无譽」。

象曰：枯楊生華，何可久也。老婦士夫，亦可醜也。

［譯］

象曰：枯槁的楊樹開出新花，怎麼能夠長久呢。老婦得少壯男子爲夫，實在不是什麼值得贊譽的事情。

［記］

「枯楊生華，何可夂也」，指傾危將至，作最後一搏，不能長久。

九二，枯楊生稊，程頤《周易程氏傳》曰：老夫而得女妻，則能成生育之功。九五，雖得其位，枯楊生華，華而不實，不若枯楊生稊，所以說「何可夂也」。

醜，指不好的事物。亦可醜也，是說實在不是什麼值得稱譽的好事。尚秉和《周易尚氏學》云：匹配失宜，故可醜。

上六，過涉滅頂，凶，无咎。

【譯】

上六，徒步涉水過河水沒過頭頂，不吉利，沒有咎害。

【記】

涉，徒步過水。《說文・沝部》云：涉，徒行厲水也。《廣韻・葉韻》云：涉，徒行渡水也。滅頂，水沒過頭頂。滅，淹沒。過涉滅頂，以象言之，上處兌體，兌爲澤，居乾之上，乾爲首，過涉滅頂之象。

上六，棟橈之世，居四陽之上，以柔乘剛，處大過之極，險之過甚，有凶。然與九五相比，得其士夫，可獲剛濟，故雖凶而「无咎」。

象曰：過涉之凶，不可咎也。

【譯】

象曰：徒步涉水過河不吉利，但也無可怨責。

【記】

大過棟橈之世，當有所作爲，過涉滅頂，雖有凶，但亦無咎，所以說無可怨責。象辭「咎」字，是怨責、咎責的意思，與爻辭「无咎」的「咎」義不同。

習坎卦第二十九

[釋文音訓：坎，徐苦感反；注音：xíkǎn]

[序卦傳]

云：物不可以終過，故受之以坎。坎者，陷也。

[雜卦傳]

云：離上而坎下也。

[說卦傳]

云：水火不相射。雨以潤之，日以烜之。勞乎坎，坎者，水也，正北方之卦也，勞卦也，萬物之所歸也，故曰勞乎坎。潤萬物者，莫潤乎水。坎，陷也。坎爲豕。坎爲耳。坎，再索而得男，故謂之中男。坎爲水，爲溝瀆，爲隱伏，爲矯輮，爲弓輪；其於人也，爲加憂，爲心病，爲耳痛，爲血卦，爲赤；其於馬也，爲美脊，爲亟心，爲下首，爲薄蹄，爲曳；其於輿也，爲多眚，爲通，爲月，爲盜；其於木也，爲堅多心。（朱駿聲《六十四卦經解》云：又爲宮，爲律，爲法，爲可，爲棟，爲叢棘，爲狐，爲小狐，爲蒺藜，爲桎梏，爲大川，爲獄，爲經，爲臀，爲腰，爲膏，爲酒，爲鬼，爲校，可乃河之蝕其半。尚秉和《周易尚氏學》依《九家》本增：爲宮，爲律，爲可，爲棟，爲叢棘，爲狐，爲蒺藜，爲桎梏。）

䷜ 坎下坎上 習坎，有孚維心亨，行有尚。

〔譯〕

險難重重，誠信發於內心進行祭祀，行動會有嘉尚。

〔記〕

習坎，以象言，卦體二坎相連，上下相疊，所以稱「習坎」。習，有二義，一爲積，重疊之義。習坎，重險。《象》曰：習坎，重險也。李鼎祚《周易集解》引虞翻曰：習，積也；引陸績曰：習，重也。二爲遍習之義。王弼注：習，謂便習之。陸德明《經典釋文》云：習，便習也，重也。孔穎達疏：「習有二義，一者，習，重也，謂上下俱坎，是重疊有險，險之重疊，乃成險之用也。二者，人之行險，先須便習其事，乃可得通，故云習也。」坎爲險陷，《序卦傳》云：坎者，陷也。《說文》云：坎，陷也。王弼注：坎，險陷之名也。

有孚維心，有孚，即有信、誠信的意思。孚，誠實有信。維心，指係於心中，發自內心。維，維持、維係。坎爲心，二、五陽剛分爲坎主，得中而實，是爲信，所以說「有孚維心」。亨，同「享」，祭祀、享祀。有孚維心亨，是說在面對重重險難之際，當維持誠信虔誠之心進行祭祀，不可慌亂。

行有尚，行，行動。有尚，有嘉尚。尚，嘉尚、贊許。中實守信，便習險境，居險而知險，所以「行有尚」。占得此爻的人，應早做准備，在面對危難之際，堅守中正之道，誠實守信，會有好的結果。

象曰：習坎，重險也，水流而不盈。行險而不失其信，維心亨，乃以剛中也。行有尚，往有功也。天險不可升也，地險山川丘陵也，王公設險以守其國。險之時用大矣哉。

〔譯〕

彖曰：習坎卦的意象，就是險陷重重，水流注而不能盈滿。行動中遇到險難能不失誠信，維持內心的虔誠而進行祭祀，是因爲剛健而中正。行動會有嘉尚，是說往進可以成就功業。天道的險阻不可逾越操縱，地道的險阻有崇山峻嶺河川丘陵，王公可據此設置險阻而固守國防。險阻依時而用的意義真是太偉大了。

〔記〕

「習坎，重險也，水流而不盈」，以卦象釋卦義。卦體上下皆坎，是爲重險。流，流注。盈，盈滿。上下皆坎，坎爲水爲陷，水入坎陷，久而不能盈，所以說「水流而不盈」。

「行險而不失其信，維心亨，乃以剛中也」，乃以剛中也，釋所以「行險而不失其信，維心亨」之義。行爲陽，險爲坎，二五居坎之中，爲坎之主，陽入坎中而有健行之象，所以說「行險」。剛實之體而得中位，是爲有信，所以說「不失其信」。維心亨，指保持虔誠之心進行祭祀。心，指誠實虔誠之心。坎爲孚，又爲心，所以說「有信、維心」。剛中，指二五剛爻居於中位，得中正誠信之德。

「行有尚，往有功也」，行，指行動。尚，嘉尚。往有功，釋「行有尚」之義。功，謂功業。

「天險不可升也，地險山川丘陵也，王公設險以守其國」，升，逾越，這裡有操縱、控制的意思。王公，指天子、三公。守，防衛、固守。李鼎祚《周易集解》云：「九五，王也；六三，三公也。艮爲山城，坎爲水也，王公設險之象也。」

險之時用大矣哉，險，險要、險阻。時用，依時而用。李鼎祚《周易集解》引王肅曰：守險以德，據險以時，成功大矣。

象曰：水洊至，習坎，君子以常德行，習教事。

[譯]

象曰：水接連而來，這就是習坎卦的意象，君子觀此卦象明習坎之道而恒常地保持美好德行，長久持續地施行教化之事。

[記]

洊，同「薦」，再、重。《集韻．霰韻》云：薦，再也，通作「洊」。《爾雅．釋言第二》云：薦，再也。

李鼎祚《周易集解》引陸績曰：洊，再。習坎卦，上下皆坎，前後相連，坎爲水，所以說「水洊至」。

「君子以常德行，習教事」，常，恒久、長久。《玉篇．巾部》云：常，恒也。習，反復，這裡指持續不斷。

教事，教化之事。

初六，習坎，入于坎窞，凶。

[譯]

初六，險難重重之際，墜入至坎陷深處，不吉利。

[記]

入，墜入。于，猶至。坎窞，坎陷深處，坎中之坎，故言坎窞，比喻險境。窞，陸德明《經典釋文》云：「窞，徒坎反，說文云：坎中更有坎；王肅又作陵感反，云：窞，坎底也；字林云：坎中小坎，一曰旁入。」李鼎祚《周易集解》引干寶曰：窞，坎之深者也。

二坎相疊，初居坎底，墜坎至深，入於險境，上無應援，有凶。

象曰：習坎，入坎失道，凶也。

[譯]

象曰：險難重重之際，墜入至坎陷深處迷失了道路，不吉利。

[記]

「入坎」爲「入于坎窞」的省文。初體陰柔，居習坎之底，處無位之地，固則柔不自濟，往則險陷重重，固往皆險，迷失其道，所以有凶。

九二，坎有險，求小得。

[譯]

九二，處坎陷之中有危險，可謀求小的收穫。

[記]

九二處下坎之中，履失其位，上無應援，所以說「坎有險」。然體剛居中，是爲有孚，又爲震體，震爲行，得中正謙和之道，孚比上下二陰，故可「求小得」。小，指初三陰爻，或指小事。

象曰：求小得，未出中也。

【譯】

象曰：能謀求小的收穫，因爲沒有偏離中道。

【記】

未出中也，釋所以「求小得」之義，指九二雖處坎陷之中，不得其位，但亦沒有偏離中道。出，偏離。

六三，來之坎坎，險且枕，入于坎窞，勿用。

【譯】

六三，來往都是坎陷，处險困之中而不能獲安，墜至坎陷至深，不宜有所作爲。

【記】

之，往。由上至下爲來，由下至上爲往。坎坎，二坎相連。枕，王弼注：枕者，枝而不安之謂也。朱熹《周易本義》曰：枕，倚著未安之意。勿用，指不要有所作爲，猶乾初九「潛龍勿用」之義。

六三居內坎之極，外坎之下，履非其位，失之中正，內外皆坎，出則入險，居不獲安，是入坎至深，所以稱「來之坎坎，險且枕，入于坎窞」。處重險之中，於多凶之地，所以說「勿用」。

象曰：來之坎坎，終无功也。

[譯]

象曰：來往都是坎陷，結果沒有什麼成就。

[記]

因「來之坎坎」，故「終无功也」。功，功業、成就。

六四，樽酒簋貳，用缶，納約自牖，終无咎。

[譯]

六四，一樽酒，二簋食品，用瓦器盛著，在窗戶下祭獻與神明盟誓，結果沒有咎害。

[記]

「樽酒簋貳，用缶」，樽，盛酒的器皿。《玉篇·木部》云：樽，酒器也。簋，古代盛食物的器皿，也用作禮器，戰國以後主要用作宗廟禮器。貳，即「二」。尚秉和《周易尚氏學》云：「貳二同。《曲禮》『雖貳不辭』，注『貳謂重殽』。此簋貳與《損》之二簋同。」缶，瓦器。《爾雅．釋器第六》云：盎謂之缶。《說文．缶部》云：缶，瓦器，所以盛酒漿。孔穎達疏：用缶者，既有樽酒簋貳，又用瓦缶之器，故云用缶也。

「樽酒簋貳，用缶」，陸德明《經典釋文》云：「樽酒，音尊，絕句；簋貳，音軌，絕句；用缶，方有反，絕句。舊讀樽酒簋，絕句，貳用缶一句。」李鼎祚《周易集解》引虞翻曰：「貳，副也。坤爲缶，禮有副尊，故『貳用缶』耳。」朱熹《周易本義》曰：「鼂氏云：先儒讀『樽酒簋』爲一句，『貳用缶』爲一句。今從之。貳，益之也。《周禮》『大祭三貳』；《弟子職》『左執虛豆，右執挾匕，周旋而貳』是也。」王弼注：處坎以斯，雖復一樽之酒，二簋之食，瓦缶之器，納此至約，自進於牖，乃可羞之於王公，薦之於宗廟。朱駿聲《六十四卦經解》云：「虞以『簋』字句。《說文》：『簋，古文朹，从九得聲。』與缶牖爲韻。王則以酒缶牖爲韻，鄭亦同虞，豐按象傳爲斷，當从王。」今依朱駿聲之意從王。

納約自牖，納，猶「薦」，進獻、祭獻。約，誓約、盟約。尚秉和《周易尚氏學》云：「約，神約也。《周禮．秋官．司約》：『掌六約，治神之約爲上，治民之約次之。』爻辭言尊簋，則祭神也，故知此約爲神約。注：『神約，命祀郊社群望及祖宗也。』」又云：「納約自牖，言詔明神而要誓，薦其盟祝之載辭於牖下也。」自，猶於、在。牖，木窗。《說文．片部》云：牖，穿壁以木爲窻也。段玉裁注：「交窗者，以木橫直爲之，即今之窗也。在牆曰牖，在屋曰窗。」陸德明《經典釋文》云：牖，音酉，陸作「誘」。

又，納約自牖，李鼎祚《周易集解》作「內約自牖」。

六四，重險之際，履得其位，上承九五陽剛，皆無他應，以相比承，各得其位，四以「樽酒簋貳，用缶，納約自牖」，薦以誠心，終獲無咎。自牖，取互艮之象，艮爲宮室，四居其內，所以說「納約自牖」。

象曰：樽酒簋貳，剛柔際也。

［譯］

象曰：一樽酒，二簋食品，（用瓦器盛著，在窗戶下祭獻與神明盟誓，結果沒有咎害），是因爲剛柔相濟。

［記］

樽酒簋貳，是爻辭「樽酒簋貳，用缶，納約自牖，終无咎」的省文。

剛柔際也，剛，指九五，爲君。柔，指六四，爲臣。際，交接、交會，這裡指六四與九五相比相承。又，一爲陽，二爲陰，亦爲「剛柔際也」。《廣雅·釋詁四》云：際，會也。王弼注：剛柔相比而相親焉，際之謂也。

又，朱熹《周易本義》曰：「晁氏曰：陸氏《釋文》本无『貳』字。今從之。」

九五，坎不盈，祇既平，无咎。

［譯］

九五，坎陷沒有盈溢，憂病已經舒緩，沒有咎害。

[記]

盈，盈滿、盈溢。坎不盈，即《象》曰「習坎，重險也，水流而不盈」之義。祇，通「疷」，病，指久病不癒，此處釋爲憂病。王引之《經義述聞》作「祇既平」，云：「祇讀當爲疷。《爾雅》『疷，病也。』孫炎曰：『滯之病也。』《說文》：『疷，病不翅也。』字或作『疧』。《爾雅釋文》『疷，本作疧。《字書》曰：疧，病也。《聲類》猶以爲疷字。』又通作祇，《小雅·何人斯篇》『俾我祇也。』毛傳曰『祇，病也。』是也。疷既平者，病已平復也。」既，相當於已經、已然。《廣雅·釋詁四》云：既，已也。平，平舒、舒緩。《說文》云：平，語平舒也。

五爲坎主，坎爲加憂、爲心病、爲耳痛、爲血卦，習坎之際，二五不應，憂病至深。然得位中正，四真誠相會，柔順相承，處艮之極，艮爲止，坎雖不盈，然憂病已止，乃得「无咎」，所以說「祇既平，无咎」。

又，聞一多《古典新義》云：「案于省吾氏讀祇爲災，云災既平猶言患既平，是也。此爻之坎，但指坑谷。水溢出坑谷，則氾濫爲患，今坑谷不溢而災患已平，故曰『无咎』。」

象曰：坎不盈，中未大也。

[譯]

象曰：坎陷沒有盈溢，是說中正之德沒有光大。

［記］

中未大也，釋「坎不盈」之義。九五雖得中位，但處坎之體，無有其應，故中正之德未能光大。

上六，係用徽纆，寘于叢棘，三歲不得，凶。

［譯］

上六，用繩索重重捆綁，置於叢棘之中，三年不能解脫，不吉利。

［記］

係，束縛、捆綁。徽纆，繩索。李鼎祚《周易集解》引虞翻曰：徽纆，黑索也；引馬融云：徽纆，索也；引劉表云：三股爲徽，兩股爲纆，皆索名，以係縛其罪人矣。寘，同「置」。《說文》云：寘，置也。陸德明《經典釋文》云：「寘，之豉反，置也，注同；劉作『示』，言衆議於九棘之下也；子夏傳作『湜』，姚作『寔』，寔，置也；張作『置』。」李鼎祚《周易集解》引虞翻曰：寘，置也。叢棘，古時拘禁犯人之處，四周用棘堵塞，以防犯人脫走。

以卦象看，上六居艮之上，艮爲山，處坎之體，坎爲堅多心，棘棗之屬，所以說「係用徽纆，寘于叢棘」。陰柔之體處險之極，無位之地，乘淩陽剛，險之至甚，所以說「三歲不得，凶」。李鼎祚《周易集解》云：「周禮：王之外朝，左九棘，右九棘，面三槐，司寇公卿議獄于其下。害人者，如明刑，任之以事。上罪三年而舍，中罪二年而舍，下罪一年而舍也。」

象曰：上六失道，凶三歲也。

〔譯〕

象曰：上六失去了天道，不吉利要持續三年。

〔記〕

「上六失道，凶三歲也」，相當於「上六，三歲不得，凶，失道也」。卦初六、上六皆因失道而凶，初墜坎至深，迷失其道；上居險之極，處天之位，以柔乘剛，時位不濟，是背失天道。來知德《周易集注》云：道者，濟險之道，即有孚維心，以剛中也。

離卦第三十

〔釋文音訓：離，列池反；注音：ㄌㄧˊ〕

〔序卦傳〕

云：陷必有所麗，故受之以離。離者，麗也。

〔雜卦傳〕

云：離上而坎下也。

〔繫辭傳〕

云：作結繩而爲罔罟，以佃以漁，蓋取諸離。

〔說卦傳〕

云：水火不相射。雨以潤之，日以烜之。相見乎離。離也者，明也，萬物皆相見，南方之卦也，聖人南面而聽天下，嚮明而治，蓋取諸此也。燥萬物者，莫熯乎火。離，麗也。離爲雉。離爲目。離，再索而得女，故謂之中女。離爲火，爲日，爲電，爲中女，爲甲胄，爲戈兵；其於人也，爲大腹，爲乾卦；爲鱉，爲蟹，爲蠃，爲蚌，爲龜；其於木也，爲科上槁。（朱駿聲《六十四卦經解》云：又爲鳥，爲飛，爲矢，爲牝牛，爲言，爲鶴，爲黃，爲孕，爲斧，爲刀，爲甕。尚秉和《周易尚氏學》依《九家》本增：爲牝牛。）

䷝ 離下離上

離，利貞亨，畜牝牛，吉。

［譯］

網羅畜養之際，利於貞固進行祭祀，畜養母牛，吉祥。

［記］

離，一．網羅，引伸爲畜養之義。《繫辭下》云：作結繩而爲罔罟，以佃以漁，蓋取諸離。《說卦傳》云「離爲鱉，爲蟹，爲蠃，爲蚌，爲龜」，亦爲此義。二．通「麗」，附著的意思。孔穎達疏：離，麗也，麗爲附著也。《序卦傳》云：離者，麗也。《彖》曰：離，麗也。陸德明《經典釋文》云：離，列池反，麗也，麗，著也。三．光明的意思。《說卦傳》云「離爲乾卦，爲火，爲日，爲電」，即爲光明之義。又云：離也者，明也，萬物皆相見，南方之卦也，聖人南面而聽天下，嚮明而治，蓋取諸此也。程頤《周易程氏傳》曰：離，麗也，明也。

「離，利貞亨」，卦辭「離」，取網羅、畜養之義，所以說「畜牝牛」。利，利於、適宜。貞，猶定，貞固、貞定。亨，同「享」，享祀、祭祀。卦體上下皆離，離爲龜，卜兆吉凶之物，二五同陰，二得位中正，爲內之主；五居中而正，履尊之位，柔兼天下，所以說「利貞亨」。

「畜牝牛，吉」，畜，畜養。《廣雅．釋詁一》云：畜，養也。李鼎祚《周易集解》引虞翻曰：畜，養也。牝牛，指母牛。《易》凡陰皆自於坤，坤爲牝、爲子母牛，二五分居二陽之中，畜牝牛之象。尚秉和《周易尚氏學》云：坤爲牛，離得坤中爻，故亦爲牛。牝，雌性的獸類。《說文．牛部》云：牝，畜母也。離卦，一陰居中，二陽各居上下，以剛畜柔，而得光明之象，所以吉祥。又，牝牛有生育之德，故「畜牝牛，吉」。王弼注：離之爲體，以柔順爲主者也，故不可以畜剛猛之物，而吉於畜牝牛也。牝牛性順，故畜牝牛，亦比喻畜養柔善之德。

象曰：離，麗也。日月麗乎天，百穀草木麗乎土，重明以麗乎正，乃化成天下。柔麗乎中正，故亨，是以畜牝牛吉也。

〔譯〕

象曰：離，附著的意思。日月附著於天，百穀草木附著於地，上下光明而附著於中正之道，於是教化成就天下萬物。陰柔附著於中正之道，進行祭祀，所以說畜養母牛吉祥。

〔記〕

離，麗也，釋「離」之義。麗，附著的意思，是從「網羅」之義而作出的引伸。王弼注：麗，猶著也，各得所著之宜。

「日月麗乎天，百穀草木麗乎土」，以自然之象釋「附著」之義，以廣明天地之道。

「重明以麗乎正，乃化成天下」，重明，指二離相重。麗乎正，指二五兩個陰爻皆得正道，二得位且正，五居中而正。化成，教化成就。此以卦象而明人事。

「柔麗乎中正，故亨，是以畜牝牛吉也」，柔麗乎中正，指六二、六五得中正之位。

象曰：明兩作，離，大人以繼明照于四方。

【譯】

象曰：兩明前後相繼，這就是離卦的意象，大人觀此卦象悟離之道而用持續不斷的光明之德照臨天下。

【記】

離爲明，卦體上下皆離，相繼不絕，光明相續，所以說「明兩作」。作，振作、興起。陸德明《經典釋文》引鄭云：作，起也；荀云：用也。李鼎祚《周易集解》引虞翻曰：作，成也。

大人以繼明照于四方，此以卦象而推說人事。大人者，以德言謂大德之人，以位言謂仕途之人。繼，持續、延續。《說文·糸部》云：繼，續也。王弼注：繼，謂不絕也，明照相繼，不絕曠也。

初九，履錯然，敬之，无咎。

【譯】

初九，步履謹慎的樣子，慎重警惕，沒有咎害。

【記】

履錯然，履，步履、腳步，比喻人的所行所爲。初爲足，故言履。錯，謹慎、小心。王弼注：錯然者，警慎之貌也。初爲離體，離爲火，火性炎上，動之象。然居離之始，往無其應，動則有危，故而「履錯然」，爻辭指在結網捕魚獵獸開始之時要小心謹慎。

「敬之，无咎」，敬，慎重、警惕。《玉篇·苟部》云：敬，愼也。《釋名·釋言語》云：敬，警也，恒自肅警也。此爲誡語，是說初體剛無位，是有咎，然當離之際，與二相比，二爲明主，具中正之德，此時行動若能慎重警惕恭敬相待，則可免於咎害。

象曰：履錯之敬，以辟咎也。

【譯】

象曰：步履謹慎而慎重警惕，是爲了避免咎害。

【記】

以辟咎也，釋所以「履錯之敬」之義。辟，同「避」，避開、避免。

六二，黃離，元吉。

〔譯〕

六二，日中之時結網捕魚獵獸，大吉。

〔記〕

黃離，黃爲中，吉祥之色，離爲日，二得位中正，故稱「黃離」，指在日中之時去結網捕魚獵獸，可獲大吉。

又，王弼注：居中得位，以柔處柔，履文明之盛而得其中，故曰黃離，元吉也。此「離」釋爲「文明」之義。

尚秉和《周易尚氏學》云：坤色黃，離得坤中爻，故曰黃離。朱駿聲《六十四卦經解》云：此本坤爻，坤土色黃，坤五爻皆臣道，故五言黃裳，離五君二臣，故二言黃離。

象曰：黃離元吉，得中道也。

〔譯〕

象曰：日中之時結網捕魚獵獸大吉，因爲得中正之道。

〔記〕

得中道也，釋所以「黃離元吉」之義。六二居中得位且正，故言「得中道也」。

九三，日昃之離，不鼓缶而歌，則大耋之嗟，凶。

【譯】

九三，太陽偏西時結網捕魚獵獸，鼓缶而歌唱，這是將傾沒之際而發出的哀歎之聲，不吉利。

【記】

日昃，昃，同「昃」，古時段名，太陽開始偏西，約未時。《字彙補·日部》：昃，與「昃」同。初爲日出，二爲日中，三爲日昃。「不鼓缶而歌，則大耋之嗟」，前後似相沖突，既「不鼓缶而歌」，則何來「大耋之嗟」？又，鼓缶而歌，或擊杵而歌，皆是古代居喪之禮，《莊子·至樂》有云「莊子妻死，惠子弔之，莊子則方箕踞鼓盆而歌」，故疑「不」字爲衍文。鼓缶，擊缶。鼓，陸德明《經典釋文》云：鄭本作「擊」。缶，瓦器，也作爲樂器使用。大耋，程頤《周易程氏傳》「耋」作「耋」，曰：大耋，傾沒也。帛書本「耋」作「絰」。陸德明《經典釋文》云：京作「絰」。絰，古代服喪期間結在頭上或腰部的葛麻布帶。《說文·糸部》云：絰，喪首戴也。《周禮·春官宗伯第三·司服》云：凡弔事，弁絰服。嗟，哀歎、歎惜，指「鼓缶而歌」之聲。王弼注：嗟，憂歎之辭也。李鼎祚《周易集解》作「差」。惠棟《周易述》云：差，古文嗟。

爻辭是說，在太陽偏西的時候結網捕魚獵獸，結果沒有收獲而發出嘆息，如同「鼓缶而歌」發出的哀歎之聲，不吉利。

又，爻辭王弼注曰：「處下離之終，明在將沒，故曰日昃之離也。明在將終，若不委之於人，養志无爲，則至于耋老有嗟，凶矣。故曰不鼓缶而歌，則大耋之嗟，凶也。」孔穎達疏：「時旣老耄，當須委事任人，自取逸樂。若不委之於人，則是不鼓擊其缶而爲歌，則至於大耋老耄而咨嗟，何可乆長，所以凶也。故象云日昃之離，何可乆也。」

象曰：日昃之離，何可乆也。

[譯]

象曰：太陽偏西時結網捕魚獵獸，怎麼可以長久呢。

[記]

九三，居內離之終，何可久也，指日昃之時行事，怎麼能夠長久呢。

九四，突如其來如，焚如，死如，棄如。

[譯]

九四，貿然而來，盛氣淩人，自尋死路，必將被拋棄。

【記】

突如，貿然、猝然唐突。突，猝然。如，用於語末，相當於「焉」。裴學海《古書虛字集釋》卷七云：如，猶焉也，語末助詞也。焚如，這裡是形容氣勢逼人。

三爲前明之終，四爲繼明之始，處二明之間，昏昧始曉之際，闇極而出，其明漸長，其炎漸盛，所以說「突如其來如，焚如」。四履非其位，上迫至尊，欲進其盛，以炎其上，命將不終，所以說「死如」。剛居柔下，爲巽之終，躁而妄行，無應不承，衆所不容，「棄如」之象。居兑之體，兑爲毀折，亦死、棄之象。爻辭是說在行事之時不可貿然而行，盛氣妄爲，咄咄逼人。

又，李鼎祚《周易集解》、惠棟《周易述》「突」字皆作「㐬」，釋爲不孝之子，逆子，指不孝之子逐出後又回來，依罪輕重而施刑罰，重者焚如，次者死如，輕者棄如。

惠棟《周易述》疏云：「《說文》曰：㐬，不順忽出也。從倒子。或從㐬，即古文《易》『突』字。突猶衝也。《太玄》曰：衝衝兒遇，不肖子也。」又云：「《孝經》曰：五刑之屬三千，而罪莫大于不孝。故云：不孝之罪，五刑莫大焉。如淳曰：焚如、死如、棄如，謂不孝子也。不畜于父母，不容于朋友，故燒殺棄之。《周禮．秋官．掌戮》曰：凡殺其親者焚之。故鄭氏謂：焚如，殺其親之刑。刑人之喪，不居兆域，不序昭穆，故燒殺棄之，不入于兆也。《說文》曰：棄，捐也。從㐬。㐬，逆子也。此倉頡制字之義也。四所以取義于子者，火有養母之法。

《白虎通》曰：子養父母何法，法夏養長木。是以荀爽《對策》曰：離在地爲火，在天爲日；在天者用其精，在地者用其形。夏則火王，其精在天，溫暖之氣，養生百木，是其孝也。冬時則廢，其形在地，酷烈之氣，焚燒山林，是其不孝也。蓋其義矣。」

高亨《周易古經今注》云：「《音訓》：『突，晁氏曰：京、鄭皆作㐬。』《說文》：『𠫓，不順忽出也，从到子，《易》曰：突如其來如。不孝子突出，不容於內也。』重文作㐬，云：『或从到古文子，即《易》突字。』據此，突借字，㐬本字。㐬者，逐出不孝子也。古者子不孝則逐出之。」又云：「來者，被出之子復來家也。焚、死、棄者，施於不孝子之刑也。《周禮．掌戮》：『凡殺其親者焚之』。鄭注：『焚，燒也，《易曰》焚如，死如，棄如』。孔《疏》引鄭氏《易注》曰：『不孝之罪，五刑莫大焉，得用議貴之辟刑之，若如所犯之罪，焚如，殺其親之刑，死如，殺人之刑，棄如，流宥之刑』。《漢書．匈奴傳》：莽作焚如之刑。顏注：『應劭曰：《易》有焚如、死如、棄如之言，莽依此作刑名也。如淳曰：焚如、死如、棄如者，謂不孝子也，不畜於父母，不容於朋友，故燒殺棄之，莽依此作刑名也』。是漢儒故說以焚、死、棄爲施於不孝子之刑，是也。」

尚秉和《周易尚氏學》云：「突與雲同，亦作㐬。《說文》云：不順忽出也，從倒子，《易》曰『突如其來如』，不孝子突出不容於內也。雲亦作㐬者。《說文》㐬下云：或从倒古文子，即《易》『突』字。按：古文子作𢀈，倒之即爲㐬。惠棟校《集解》，竟改爲㐬，然《說文》明曰『即《易》突字』，是古本《易》作『突』與今同，改作㐬非也。巽覆故不順，子體倒故曰不孝子。不孝子无所容於世，體離故『焚如』，兌毀折故『死如，棄如』。

《說文》：『棄，捐也。从𠫓』。𠫓，不孝子也。故《匈奴傳》：王莽造焚如之刑。如淳云：『焚如死如棄如者，謂不孝子也。不𠫓于父母，不容于朋友，故燒殺棄之』。按：如淳及許慎之說，皆與《象傳》『无所容』義合，蓋古義如此也。」

象曰：突如其來如，无所容也。

［譯］

象曰：貿然而來，（盛氣淩人），無處可以容納。

［記］

「突如其來如」後省略了「焚如」。九四處不得位，剛強至盛，氣焰囂張，故無所容納，而至己於死如、棄如之境。

六五，出涕沱若，戚嗟若，吉。

［譯］

六五，傷心痛哭流淚，悲戚憂歎，吉祥。

【記】

出涕，傷心流淚。涕，眼淚。沱，涕淚紛下的樣子。陸德明《經典釋文》云：沱，徒河反，荀作「池」，一本作「沲」。若，相當於「貌」、「樣子」。王引之《經傳釋詞弟七》云：若，猶然也。戚嗟，憂傷嗟歎。戚，通「慽」，憂愁、悲傷。

六五履非其位，不勝其任，以陰乘陽，不能制下，下剛迫進，無所應與，憂戚至深，出涕沱若。從卦象看，處離之中，離爲目，處兑之極，兑爲澤，眼淚之象。然以柔履中，爲文明之主，秉中正之道而麗於尊位，上以柔承剛而獲剛濟，下與二同德，二陰相與，故得吉祥。

象曰：六五之吉，離王公也。

【譯】

象曰：六五吉祥，因爲依附於王公之位。

【記】

離，取「依附」之義，猶麗。五爲君王之位，六處之，所以說「離王公也」。孔穎達疏：五爲王位，而言公者，此連王而言公，取其便文，以會韻也。

上九，王用出征，有嘉折首，獲匪其醜，无咎。

〔譯〕

上九，君王委命出師征伐，折服敵方首領，俘獲敵方兵衆而有嘉美之功，沒有咎害。

〔記〕

上九，居離之終，離爲甲冑爲兵戈，征伐之象。離道已成，物皆親附，各得其麗，當除其非類。陽處光明之極，剛明及遠，明能照以察邪惡，剛能斷以利征伐，故「王用出征」。王，指六五。用，任用、委命。出征，出師征伐。「有嘉折首，獲匪其醜」，指出征之時，折服敵方首領，俘獲敵方兵衆，而得嘉美之功。陸德明《經典釋文》云：王肅本此十更有獲匪其醜，大有功也。有嘉，有嘉美之功。嘉，《爾雅·釋詁第一》云：嘉，善也。《說文·壴部》云：嘉，美也。折，折服、毀折。折首，上本乾體，乾爲首，居兌之上，兌爲毀折，折首之象。獲，俘獲。匪其醜，不是其同類，指交戰對方的兵衆。匪，同「非」。醜，同「類」。李鼎祚《周易集解》引虞翻曰：醜，類也。段玉裁《說文解字注·鬼部》云：「醜，凡云醜類也者，皆謂醜，即疇之假借字。疇者，今俗之儔類字也。」

象曰：王用出征，以正邦也。

〔譯〕

象曰：君王委命出師征伐，以安定邦國。

〔記〕

以正邦也，釋「王用出征」之義。正，端正、安定。邦，邦國。

下經篇

咸卦第三十一

【注音：xián】

【序卦傳】

云：有天地，然後有萬物；有萬物，然後有男女；有男女，然後有夫婦；有夫婦，然後有父子；有父子，然後有君臣；有君臣，然後有上下；有上下，然後禮義有所錯。

【雜卦傳】

云：咸，速也。

䷞ 艮下兌上

咸亨，利貞，取女吉。

【譯】

相感而進行享祀，利於貞固，娶女吉祥。

[記]

咸，與「感」通，感應、交感，指無心的自然感應。《彖》曰：咸，感也。李鼎祚《周易集解》引虞翻曰：咸，感也；引鄭玄曰：「咸，感也。艮爲山，兌爲澤，山氣下，澤氣上，二氣通而相應，以生萬物，故曰咸也。」朱熹《周易本義》曰：咸，交感也。帛書本作「欽」，尚秉和《周易尚氏學》云：「咸，感也。《歸藏》曰『欽』。《詩・秦風》『憂心欽欽』，《傳》『思望之，心中欽欽然』，蓋以少男仰求少女，有欽慕之情，是欽亦有感意，與咸義同。」

以卦變言，坤陰往居乾極而成女，乾陽來處坤極而成男，乾坤交陰陽合而男女成。卦體艮下兌上，山澤通氣，男下女上，六爻皆應，陰陽交感，當此之際而行享祀之禮，所以說「咸亨」。

「利貞，取女吉」，卦象艮下澤上，山靜而水流，水繞山轉，施之於人，艮男兌女，二少相感，男篤實誠慤，女柔順和悅，和合相應，各得其正，所以說「利貞，取女吉」。貞，猶定，貞定、貞固。卦辭是說當此之際，不外出遠行，而娶妻安家，吉祥。取，同「娶」。

彖曰：咸，感也。柔上而剛下，二氣感應以相與，止而說，男下女，是以亨，利貞，取女吉也。天地感而萬物化生，聖人感人心而天下和平。觀其所感，而天地萬物之情可見矣。

【譯】

象曰：咸，交相感應的意思。柔順者居上而剛強者處下，陰陽二氣交相感應而相親相合，安靜而和悅，男方以謙卑的態度對待女方，進行享祀，利於貞固，娶女吉祥。天地交感而使萬物孕育滋長，聖人感化人心而使天下祥和太平。觀察這種交相感應的現象，天地萬物運行的規律和法則就可以顯現了。

【記】

「咸，感也」，釋「咸」之義。感，感應、交感。

「柔上而剛下，二氣感應以相與」，以卦象看，柔上，指兌卦居於上體，兌爲柔。剛下，指艮卦處於下體，艮爲剛。以卦變看，坤柔往而居上之位，稱柔上；乾剛來而處三之位，稱剛下。二氣感應，指陰陽二氣交相感應。相與，指相親相合。李鼎祚《周易集解》云：「蜀才曰：此本否卦。案六三升上，上九降三，是『柔上而剛下，二氣交感以相與』也。」

「止而說，男下女」，止，靜止，取下體艮的意象，艮爲止。說，同「悅」，取上體兌的意象，兌爲悅。推及人事，止而說，指男子篤實而安靜，女子柔順而和悅相隨，猶卦辭「利貞」之義。又，止，或釋爲「禮節」、「容止」之義，男下女，男卑而處下，是禮而有節，以此與少女相感，則女子相悅。《廣雅．釋言》云：止，禮也。《詩．鄘風．相鼠》云：相鼠有齒，人而無止；人而無止，不死何俟。毛傳：止所止息；鄭箋：止，容止；

孝經曰：容止可觀；韓詩：止，節，无礼節也。《荀子·大略》云：盈者欲而不愆其止。楊倞注：止，禮也。

「天地感而萬物化生，聖人感人心而天下和平」，這一句是以天道而明人事。天地，指陰陽二氣。化生，孕育滋長。王弼注：二氣相與，乃化生也。和平，祥和太平。

「觀其所感，而天地萬物之情可見矣」，情，本性，指天地萬物運行的規律和法則。《孟子·滕文公上》云：夫物之不齊，物之情也。趙岐注：其不齊同，乃物之情性也。見，同「現」，顯現、彰顯。《文韻·霰韻》云：見，露也。《集韻·霰韻》云：見，顯也。

象曰：山上有澤，咸，君子以虛受人。

〔譯〕

象曰：山上有澤，這就是咸卦的意象，君子觀此卦象法咸之道而虛懷若谷廣納衆人。

〔記〕

咸卦，下艮爲山，上兌爲澤，兌於艮上，所以說「山上有澤」。

君子以虛受人，虛，謙虛、虛懷之義。受，受納、容納。《方言·第六》云：受，盛也，猶秦晉言容盛也。《玉篇》云：受，容納也。

卦體山下澤上，山性高而下，澤性卑而上，二氣相通，澤性潤下，土性受潤，山體上承，受而納之，感通之象。

君子爲事當內剛而外柔，內實而外虛，以實相感，以虛受人。

初六，咸其拇。

[譯]

初六，感應在腳的大指。

[記]

拇，手腳的大指，此指腳的大指。初最處於下，故稱拇。孔穎達疏：拇，是足大指也。《說文．手部》云：拇，將指也。陸德明《經典釋文》云：拇，茂后反，馬鄭薛云：足大指也；子夏作跗，荀作母，云：陰位之尊。李鼎祚《周易集解》「拇」作「母」，引虞翻曰：母，足大指也。

包犧畫卦，近取諸身，下經首咸，言人事相感，全卦皆取象於人身，初言拇，二言腓，三言股，四言思，即心，五言脢，上言輔頰舌。猶上經首乾，言天地相感，遠取諸物，全卦皆取象於龍，初潛龍，二見龍，三乾乾君子，猶龍，四或躍在淵之龍，五飛龍，上亢龍。

初六居體之微艮之初，非正而應，所感尚淺，未及於心，動爲艮止，不足以進，唯有志而已。程頤《周易程氏傳》曰：人之相感，有淺深輕重之異，識其時勢，則所處不失其宜矣。

占得此爻的人時未至，宜靜不宜動。

象曰：咸其拇，志在外也。

〔譯〕

象曰：感應在腳的大指，心志在外。

〔記〕

外，指九四。初四相應，四居外體，所以說「志在外也」。

六二，咸其腓，凶，居吉。

〔譯〕

六二，感應在小腿肚上，不吉利，安居吉祥。

〔記〕

腓，人的小腿肌，俗稱腿肚。初爲足指，二居其上，故稱腓。孔穎達疏：腓，足之腓腸也。陸德明《經典釋文》云：腓，房非反，鄭云：膊腸也，膊，音市臠反；王廙云腓，腓腸也。《說文．肉部》云：腓，脛腨也。段玉裁

注：「鄭曰：腓，膞腸也。按：諸書或言膞腸，或言腓腸，謂脛骨後之肉也。」李鼎祚《周易集解》引崔憬曰：腓，腳膞，次於母，上二之象也。

咸道往進，咸其腓。六二居巽之始，巽究爲躁卦，有躁動之象。正應在五，然爲三、四陽剛所隔，往而不果，所以凶。陰體本靜，腓體動躁，處艮之體，往爲艮止，履中且正，得位守靜，順其本性，以待上求，可得進退之道，吉，所以說「居吉」。

象曰：雖凶居吉，順不害也。

〔譯〕

象曰：雖然不吉利，但安居吉祥，是說若能順其本性守靜而居就不會有禍害。

〔記〕

順不害也，釋「雖凶居吉」之義。孔穎達疏：艮由陰性本靜，今能不躁而居，順之本性，則不有災害，免凶而獲吉也。

九三，咸其股，執其隨，往吝。

【譯】

九三，感應在大腿上，執意隨腳而動，往進會有恨惜。

【記】

股，指大腿。李鼎祚《周易集解》引崔憬曰：股，脞而次於腓上，三之象也。執，固執、執意、堅持己見。《莊子·人間世》云：將執而不化，外合而內不訾，其庸詎可乎！成玄英疏：固執本心，誰肯變惡爲善者也。錢穆《纂箋》云：「宣穎曰：自以爲是。」隨，趾，古指腳。俞樾平議云：「此爻之辭，與《艮》六二『艮其腓，不拯其隨』文法相似。王氏彼注曰：『隨謂趾也』。竊疑隨乃骽之叚字。古無骽字，故以隨爲之。」

咸進而至股，所以說「咸其股」。股，取巽之象，三處巽體，巽爲股，有躁動之象。股隨足而動，不能自主，所以說「執其隨」。正應在上，往爲四、五所隔，本爲艮體，得位且正，當安貞守靜，居巽之體，往而不果，是爲有吝，所以說「往吝」。王弼注：「股之爲物，隨足者也。進不能制動，退不能靜處。所感在股，志在隨人者也。志在隨人，所執亦以賤矣，用斯以往，吝其宜也。」

象曰：咸其股，亦不處也。志在隨人，所執下也。

【譯】

象曰：感應在大腿上，實在是不能靜處。心志在於跟隨別人，所執意的事有點過於卑下了。

【記】

「咸其股，亦不處也」，三居乾初，乾爲健，爲巽之體，巽爲躁，又爲風，躁而不安，行而不止，所以說「亦不處也」。不處，指不能靜處。

「志在隨人，所執下也」，執其隨而失己，進不能制動，退不能靜處，志在隨人，所執卑下。人、下，皆指初六，陽隨陰而動，則是過於卑下了。

九四，貞吉，悔亡。憧憧往來，朋從爾思。

【譯】

九四，貞固吉祥，悔恨消失。往來相應皆心懷思慮而意未定，但初六會順應九四的想法。

【記】

九四失位不正，承乘皆陽，有悔。處上之始，應在於初，初爲艮止，感而不深，始必貞固待時，方可得吉祥而亡其悔，所以說「貞吉悔亡」。

「憧憧往來，朋從爾思」，憧憧往來，猶往來憧憧，朱駿聲《六十四經解》云：憧憧，懷思慮而意未定也。尚秉和《周易尚氏學》云：憧憧，思不定也。往來，初之四爲往，四之初爲來。朋，指初；爾，指四。四居巽極，巽爲風爲進退爲不果，非正而應，憧憧往來之象。感應之初，以剛居柔，猶能謙退，貞以自守，則朋從爾思，與初六象曰「咸其拇，志在外也」其義相合。

《繫辭下》云：「易曰：憧憧往來，朋從爾思。子曰：天下何思何慮，天下同歸而殊塗，一致而百慮。天下何思何慮？日往則月來，月往則日來，日月相推而明生焉。寒往則暑來，暑往則寒來，寒暑相推而歲成焉。往者，屈也；來者，信也，屈信相感而利生焉。尺蠖之屈，以求信也；龍蛇之蟄，以存身也；精義入神，以致用也；利用安身，以崇德也。過此以往，未之或知也。窮神知化，德之盛也。」高亨認爲「此釋『朋從而思』之思爲思想之思，非經意也，蓋亦與《象傳》不同。」（高亨《周易大傳今注》咸第三十一）

象曰：貞吉悔亡，未感害也。憧憧往來，未光大也。

〔譯〕

象曰：貞固吉祥，悔恨消失，沒有感受到傷害。往來相應皆心懷思慮而意未定，因爲感應未能廣大。

〔記〕

「貞吉悔亡，未感害也」，高亨《周易大傳今注》曰：言人之志行正，則災害不臨其身，不感受災害也。

「憧憧往來，未光大也」，光，同「廣」。初四相應，心念相感，然居於初，得非正位，所感尚淺，未能廣大，故「憧憧往來」。

九五，咸其脢，无悔。

［譯］

九五，感應在背脊上，沒有悔恨。

［記］

脢，背上的肉，也特指背脊肉。王弼注：脢者，心之上，口之下。李鼎祚《周易集解》引虞翻曰：脢，夾脊肉也。《說文・肉部》云：脢，背肉也。段玉裁注：「子夏《易傳》云：『在脊曰脢』。馬云：『脢，背也』。鄭云：『脢，背脊肉也』。虞云：『夾脊肉也』。按諸家之言，不若許分析憭然。胂爲迫呂之肉，脢爲全背之肉也。」

五居君位，當誠感天下，然下係於二，偏私淺狹，其志微末，咸其脢，未通其心，不能大感，有悔。然得位中正，與二正應，可得无悔。孔穎達疏：「四已居體之中，爲心神所感。五進在於四上，故所感在脢。脢已過心，故進不能大感，由在心上，退亦不能无志，志在淺末，故无悔而已，故曰咸其脢，无悔也。」

象曰：咸其脢，志末也。

［譯］

象曰：感應在背脊上，心志淺末。

[記]

志末也，釋「咸其脢」之義。五與二感應在背脊上，感已過心而不能大感，所感微弱，是淺末之感。末，卑微、淺薄。孔穎達疏：末，猶淺也，感以心爲深，過心則謂之淺末矣。《廣韻．末韻》云：末，弱也。

上六，咸其輔頰舌。

[譯]

上六，感應在耳目之間、面頰、舌頭上。

[記]

輔頰舌，王弼注：輔頰舌者，所以爲語之具也。輔，耳目之間的部分。《說文．車部》云：輔，人頰車也。陸德明《經典釋文》云：輔，馬云：上頷也；虞作酺，云：耳目之間。李鼎祚《周易集解》引虞翻曰：耳目之間稱輔頰。頰，面頰、臉頰。

上六處咸之極，咸道轉末，不能以誠感物。爲兌之主，兌爲悅、爲口舌，呈口舌之悅，陰柔之爻，小人之常態。

象曰：咸其輔頰舌，滕口說也。

［譯］

象曰：感應在耳目之間、面頰、舌頭上，衹會張口放言巧辭言語。

［記］

滕口，指張口放言。滕，孔穎達疏：「舊『說』字作『滕』，徒登反。滕，競與也，所競者口。无復心實，故云滕口說也。鄭玄又作『媵』，媵，送也。」陸德明《經典釋文》云：滕，徒登反，達也；九家作乘；虞作媵；鄭云：送也。

恒卦第三十二

［呂氏音訓：恒，胡登反；注音：héng］

［序卦傳］

云：夫婦之道，不可以不久也，故受之以恒。恒者，久也。

【繫辭傳】

云：恒，德之固也；恒，雜而不厭；恒，以一德。

【雜卦傳】

云：恒，夂也。

䷟ 巽下震上

恒亨，无咎，利貞，利有攸往。

【譯】

恒常地進行祭祀，沒有咎害，貞正則利，適宜有所往進。

【記】

恒，其義有二，一爲恒常不易，二爲恒久不止。《說文》云：恒，常也。《序卦傳》云：恒者，夂也。陸德明《經典釋文》云：恒，夂也。《玉篇．心部》云：恒，常也，久也。程頤《周易程氏傳》云：恒，常也，以正爲本。朱駿聲《六十四卦經解》云：「恒有不易不已兩義，坤靜得常，爲恒之不易，故貞。乾健變化，爲恒之不已，故攸往。」李光地《周易折中》引徐氏幾曰：「恒有二義，有不易之恒，有不已之恒。利貞者，不易之恒也，利有攸往者，不已之恒也。」

卦體長男在上，長女在下，男上女下，尊卑有序，男動於外，女順於內，人之常道，是爲恒。亨，同「享」，享祀、祭祀。以爻言，二五皆履非其位，是爲有咎，然得中而正，乃得「无咎」。又，以象言，剛上柔下，外健內順，剛柔相濟，上下相應，陰陽相合，亦得「无咎」。「恒亨，无咎」，是告誡占筮之人當堅持恒常之道，常懷恭敬之心，方得「无咎」。

「利貞，利有攸往」，守正不易是爲恒，故「利貞」，明恒的「不易」之理，如天尊地卑，陽動陰順；運行不已亦爲恒，故「利有攸往」，明恒的「不已」之理，猶日月交替，四時相推。利貞，貞正則利。貞，猶正，貞正之義。

彖曰：恒，乆也。剛上而柔下，雷風相與，巽而動，剛柔皆應，恒。恒亨，无咎，利貞，乆於其道也。天地之道，恒乆而不已也，利有攸往，終則有始也。日月得天而能乆照，四時變化而能乆成，聖人乆於其道而天下化成。觀其所恒，而天地萬物之情可見矣。

[譯]

彖曰：恒，恒久、長久的意思。陽剛者居上而陰柔者處下，雷震風行交相呼應，順巽而動，陽剛陰柔皆相應合，這就是恒卦的意象。恒常地進行祭祀，沒有咎害，貞正則利，是說當堅守恒常之道，常保恭敬之心，上下尊卑陽動陰順之道恒久而不會改變。天地運行，恒久而不會停止，適宜有所往進，日月交替，四時相推，終而復始。日月依循天的法則而能恒久光照天下，四時變化而能恒久化育萬物，聖人恒久地效法天地之道而能教化成就天下。觀察這種恒常不已的現象，而天地萬物運行的規律和法則就可以顯現了。

【記】

「恒，从也」，釋「恒」之義。

剛上而柔下，與「咸」卦「柔上而剛下」相對。以卦象看，剛上，指震剛居於上體。柔下，指巽柔處於下體。以卦變看，乾一陽往而居四，稱剛上；坤一陰來而處初，稱柔下。雷風相與，卦體上震爲雷，下巽爲風，上下相應，所以說「雷風相與」。相與，猶相交相合之義。巽而動，巽指下卦巽，動指上卦震。剛柔皆應，指卦體六爻皆陰陽相應。

「恒亨，无咎，利貞，从於其道也」，這句是說當堅持恒常之道，常懷恭敬之心，乃得「无咎」，堅貞守正，其道才能長久。

「天地之道，恒从而不已也」，指天地運行恒久而不會停止。已，停止。「利有攸往，終則有始也」，指天地之道，循環往復，終則有始。

「剛上而柔下」至「恒」，總述「恒」的不易和不已之理；「恒亨」至「从於其道也」，釋「恒」的不易之理；

「天地之道」至「終則有始也」，明「恒」的不已之理。

「日月得天而能夂照，四時變化而能夂成，聖人夂於其道而天下化成」，此句以天道而明人事，言聖人當效法天道的恒常之理，順隨時宜教化成就天下之民，以成就天地的不已之道。

「觀其所恒，而天地萬物之情可見矣」，與「咸」卦彖辭「觀其所感，而天地萬物之情可見矣」類。

象曰：雷風，恒，君子以立不易方。

[譯]

象曰：雷動風行，交相應合，這就是恒卦的意象，君子觀此卦象法恒之道而立身守節不改其恒常之道。

[記]

恒卦，上震爲雷，下巽爲風，所以說「雷風」。

君子以立不易方，易，改變。方，孔穎達疏：方，猶道也。

初六，浚恒，貞凶，无攸利。

[譯]

初六，求恒至深，如此下去不吉利，無所利益。

【記】

浚恒，求恒至深。浚，深的意思。孔穎達疏：浚，深也。李鼎祚《周易集解》引侯果曰：浚，深也；引虞翻曰：浚，深也。陸德明《經典釋文》云：浚，荀潤反，深也；鄭作「濬」。高亨《周易古經今注》云：「釋文：浚，鄭作『濬』。二字古通用。《說文》：『浚，抒也。濬，深通川也。』浚訓抒，亦謂抒水使深，是浚、濬義亦不殊。」

恒之道，一爲常，常即一，一即不易；二爲易，易即變，變即不已，終而復始。初四相應，然初無位，四失位不正，非正而應，本爲巽體，巽爲不果，應而不得，係一而恒，求常至深，知常而不知變，守常而不度時，未得恒義，所以「貞凶，无攸利」。

天下諸物皆處常易之中，常而不失其易，易而不違其常，乃經之道。恒於一而不知易則失時，恒於易而不知一則失道，常於道而易於時，則天地成，萬物之情亦如此。恒常而不知易，恒易而不守常，皆非恒之道。

象曰：浚恒之凶，始求深也。

【譯】

象曰：求恒至深不吉利，是說在初始階段就求之過深。

【記】

始求深也，釋「浚恒之凶」之義。初體陰柔，最處於下，力不達時不濟，當循序漸進，不可求之過切，反之則欲速而不達，有凶。

九二，悔亡。

［譯］

九二，悔恨消失。

［記］

九二履非其位，有悔。然有應在五，以中應中，得中正之德，行中和之道，求恒有度，故得「悔亡」。程頤《周易程氏傳》曰：九二以剛中之德而應於中，德之勝也，足以亡其悔矣。

象曰：九二悔亡，能久中也。

［譯］

象曰：九二悔恨消失，能長久地守持中和之道。

［記］

能久中也，釋所以「九二悔亡」之義。處恒之際，以中應中，所以能長久。

九三，不恒其德，或承之羞，貞吝。

【譯】

九三，不能恒久守持其德行，或将蒙受羞辱，如此下去有恨惜。

【記】

承，受、蒙受。羞，羞辱、恥辱。

九三得位且正，處恒之際，當守其正而恒其德。然重剛而不中，上不在天，下不在田，又爲巽體，進退無常，剛躁不安，不能靜而守其德。風雷交匯之際，其應在上，進求上六，爲四所阻，應而不果，或承之羞，居兌之體，兌爲悅爲毀折，若以此而行，物莫納之，鄙賤至甚，所以說「貞吝」。

象曰：不恒其德，无所容也。

【譯】

象曰：不能恒久守持其德行，因此而不被人容受。

[記]

九三處巽之極，進退維谷，所以說「无所容也」。容，容納、接受。

九四，田无禽。

[譯]

九四，田獵時沒有獵物。

[記]

田，田獵、打獵。孔穎達疏：田者，田獵也，以譬有事也。《字彙．田部》云：田，獵也。禽，獵物。田无禽，指田獵時沒有收穫，勞而無功，比喻有事無成。

卦體上本爲坤，坤爲田，剛來居下而成震，震爲動，動於田地，有田獵之象。以剛居柔，履非其位，爲震之主，志在於外，然應在內，非正而應，應而不果，故言「田无禽」。

象曰：久非其位，安得禽也。

[譯]

象曰：長久處在不適當的位置，怎麼能得到獵物呢。

【記】

「久非其位，安得禽也」，釋爻辭「田无禽」之義。安，表示疑問，相當於「豈」、「怎麼」。孔穎達疏：在恒而失位，是「久非其位」；田獵而無所獲，是「安得禽也」。

六五，恒其德，貞，婦人吉，夫子凶。

【譯】

六五，專貞守一，堅持下去，婦人吉祥，男子不吉利。

【記】

六五柔履中得尊，下應在二，以中應中，用心專貞，婦人之道，恒其德，守其道，從一而終，吉祥。五爲君位，夫子居之當制義斷事，規尊卑之位，明四時之序，從婦道而失剛正，偏狹於一，有凶。

象曰：婦人貞吉，從一而終也。夫子制義，從婦凶也。

【譯】

象曰：婦人堅持下去吉祥，因爲能從一而終。夫子制定禮儀法度，順從婦人之道則不吉利。

［記］

象辭釋「婦人吉，夫子凶」之義。恒道有常、易二面，「婦人貞吉，從一而終也」是說其「常」；「夫子制義，從婦凶也」是言其「易」。義，同「儀」，指禮儀法度。《說文．我部》云：義，己之威儀也。朱駿聲《說文通訓定聲》云：經傳多以儀爲之。

上六，振恒，凶。

［譯］

上六，久動不止，不吉利。

［記］

振，動，此指變的意思。孔穎達疏：振，動也。陸德明《經典釋文》云：振，之刃反，馬云：動也；鄭云：搖落也；張作「震」。

凡卦之處上當守靜而制動，上六處震之極，其性爲動，居恒之終，以動爲恒，久動不已，而不獲其安，故而致凶。

卦初六「浚恒，貞凶」，恒常而不知變；上六「振恒，凶」，恒變而不守常，皆違於恒道，故凶。

象曰：振恒在上，大无功也。

[譯]

象曰：居上位而久動不止，不能成就功業。

[記]

在上，指居於上位。大无功，指與九三應而不得。大，陽，指九三。象辭告誡居上位的人行事當有動有靜，順時隨宜，不可常變而不貞。

遯卦第三十三

[釋文音訓：遯，徒巽反；注音：dùn]

[序卦傳]

云：物不可以久居其所，故受之以遯。遯者，退也。

〔雜卦傳〕

云：遯則退也。

艮下
乾上

遯亨，小利貞。

〔譯〕

退避之際進行祭祀，柔順貞正則利。

〔記〕

遯，同「遁」，離去、退避。孔穎達疏：遯者，隱退逃避之名。《序卦傳》云：遯者，退也。《雜卦傳》云：遯則退也。《說文·辵部》云：遯，逃也。陸德明《經典釋文》云：遯，徒巽反，字又作遁，同隱退也，匿跡避時奉身退隱之謂也；鄭云：逃去之名。朱熹《周易本義》曰：遯，退避也。朱駿聲《六十四卦經解》云：遯从豚从辵，逃避也。

卦體艮下乾上，互體有巽，艮爲門闕爲宮室，巽爲木，宮廟之象。又艮爲靜止，乾爲健行，巽爲進退，故而占筮之人行有進退，猶疑不定，而至宮廟行祭祀之禮，得柔順貞正則利，故言「小利貞」。小爲陰爲順，此爲柔順之義，指順應時勢，當退則退，當止則止。貞，猶正，貞正、堅守正道。以二體之象言，下體爲艮，艮爲止，故初隨時「勿用有攸往」，而得無災；二執志「莫之勝說」，雖未言吉凶，但其無咎之意已明；三體陽剛，得位且正，順應時勢，亦有「畜臣妾」之吉。上體爲乾，乾爲君子、爲日氣，日出於山，不爲山所畜，比喻賢人不爲畜養而離去。大畜卦乾下艮上，日氣爲山所畜，比喻賢人被畜養而不家食。又，遯爲六月消息卦，姤卦一陰長而爲二，五陽退而爲四而成此卦，故在此陰進陽退，時不爲用之際，四有「好遯」之吉，五得「嘉遯」之美，上「肥遯」而無不利。

遯與臨卦旁通，臨，剛長則柔危；遯，柔長故剛遯。占得此卦，居上位的人宜退不宜進，居下位的人宜靜不宜動。

彖曰：遯亨，遯而亨也。剛當位而應，與時行也。小利貞，浸而長也。遯之時義大矣哉。

【譯】

彖曰：遯亨，退避之際而進行祭祀。陽剛者居得其位而又能與陰柔相應，這是順隨時勢而行動。柔順貞正則利，因爲陰柔之氣逐漸增長。遯卦這種順應時勢而行動的道理真是太宏大了。

【記】

「遯亨，遯而亨也」，釋「遯亨」之義。

「剛當位而應，與時行也」，剛，指九五。當位，指九五陽居剛位，是爲當位。而應，指九五與六二陰陽正應。與時，順時、順隨時宜。行，行動，這裡指貞固或退避的行爲。與時行，即時行則行，時止則止。

「小利貞，浸而長也」，浸長，逐漸增長，此指陰柔之氣逐漸增長。浸，相當於「漸漸」。孔穎達疏：浸者，漸進之名。《廣韻．沁韻》云：浸，漸也。

遯之時義大矣哉，時，順隨時宜。義，道理、法則。

象曰：天下有山，遯，君子以遠小人，不惡而嚴。

[譯]

象曰：天下有山，這就是遯卦的意象，君子觀此卦象明遯之道而遠離小人，不惡聲惡氣而保持威嚴，使人知敬畏。

[記]

遯卦，下艮爲山，上乾爲天，所以說「天下有山」。不惡而嚴，指不惡聲惡氣而保持威嚴，使人知敬畏。象辭以自然之象而明人事，猶順時而退海闊天空，守中正之德而威嚴自顯，使小人知畏而不近。

初六，遯尾，厲，勿用有攸往。

［譯］

初六，尾隨別人退避，有危險，不要有所前往。

［記］

遯尾，指尾隨別人而退。尾，末尾、最後，這裡指尾隨他人的意思。初爲遯尾，體陰位卑，柔不自濟，有應在四，非正而應，遯而隨人，未能应时自主，有厲。處山之底，動爲山止，往入巽體，行而不果，勿用有攸往。卦爻由下至上，由內至外稱往，這裡指初六欲尾隨九四而遯隱。爻辭告誡占筮之人，在小人之勢漸長之始，當隨時行事，貞固守節，不可人云亦云，人退亦退。

又，初居微地，故稱尾。惠棟《周易述》注云：初爲尾，尾，微也。疏云：「《說文》曰『尾，微也』，古文通。《尚書》『鳥獸孳尾』，《史記》作『字微』。《論語》有『微生高』，莊子作『尾生』。微猶隱也。陽伏遯初，故云遯尾。」

象曰：遯尾之厲，不往何災也。

［譯］

象曰：尾隨別人而退有危險，如果不尾隨前往怎麼會有災難呢。

【記】

當遯之際，既然遯尾有厲，則何需前往，所以說「不往何災也」。何災，哪裡會有什麼災難呢，指沒有災難。孔穎達疏：「既爲遯尾，出必見執，不如不往，不往即无災害。何災者，猶言无災也，與何傷何咎之義同也。」

六二，執之用黃牛之革，莫之勝說。

【譯】

六二，用黃牛皮製成的繩子拘係，沒有誰能夠解脫。

【記】

執，同「縶」，拘係、束縛。高亨《周易古經今注》云：執借爲縶，古字通用。之，指六二。革，剛硬之物，指九五。莫，表示沒有什麼或沒有誰。勝，能、能夠。《爾雅．釋詁第一》云：勝，克也。說，通「脫」，解脫、脫下。李鼎祚《周易集解》引虞翻曰：莫，无也；勝，能；說，解也。

二體陰柔，正應在五，然爲艮所止，爲巽之主，應而不果。當遯之際，履得其位，遂自堅其志，獨守中正，志在君道，光君之德，不隨物而遯，猶「執之用黃牛之革，莫之勝說」。二自坤來，居內中之位，坤爲牛，黃爲中，故以黃牛爲喻。以卦象看，處巽艮之體，巽爲繩，艮爲手，「執之用黃牛之革」之象。

象曰：執用黃牛，固志也。

【譯】

象曰：用黃牛皮製成的繩子拘係，用來堅固心志。

【記】

執用黃牛，是「執之用黃牛之革」的省文。

固志也，堅固心志，指六二時不至而貞其志，不失與九五正應之道，貞固自守，以光君德。

九三，係遯，有疾厲。畜臣妾，吉。

【譯】

九三，退避之際而有牽係，有憂患困阨之危。畜養臣子及侍妾，吉祥。

【記】

「係遯，有疾厲」，係，牽係。疾，《玉篇·疒部》云「疾，患也」，這裡指憂患。疾厲，指因憂患而生危的意思。來之德《周易集注》云：疾者，利欲爲纏魔困苦之疾也；厲者，禍伏于此而危厲也。九三居二陰之上，陰柔迫近，依遯之義，當遠小人。然三上不在天，下不在田，居巽之體，進退猶疑，下據二陰，係而不決，故而有厲，所以說「係遯，有疾厲」。疾，取巽卦的意象，三爲巽體，巽爲寡髮、爲廣顙、爲多白眼，有疾憊之象。

「畜臣妾，吉」，畜，畜養、畜止。臣，指六二。二五正應，五爲君，二爲臣。二意志堅定，獨守中正，這裡比喻忠誠賢士。妾，指初六。初四相應，陰陽相配，初位卑微，故稱妾，這裡比喻地位低下之人。畜臣妾，指養賢濟弱。三爲艮主，艮爲止、爲門闕、爲宮室，二陰於其內，「畜臣妾」之象，止陰使制於陽而不侵於陽，故得吉。

三體陽剛，得位且正，然當遯之際，其上無應，遲疑不決，不若守正而行身邊之事，畜養臣妾，待機而爲，可得吉祥。意爲可行身邊小事而不可爲大事，大事爲謀，小事爲行，《象》曰：畜臣妾吉，不可大事也。李鼎祚《周易集解》引荀爽曰：「大事謂與五同任天下之政。潛遯之世，但可居家，畜養臣妾，不可治國之大事。」

卦初二三爻釋「時止則止」之理，下四五六爻釋「時行則行」之義，故《彖》辭有云「與時行也」、「遯之時義大矣哉」。

象曰：係遯之厲，有疾憊也。畜臣妾吉，不可大事也。

［譯］

象曰：牽係而退有危險，因爲憂患而疲乏困頓。畜養臣子及侍妾吉祥，此時不可以行大事。

【記】

有疾憊也，釋所以「係遯之厲」。憊，極度疲乏、困頓。《集韻．德韻》云：憊，困也。陸德明《經典釋文》曰：憊，蒲拜反，鄭云：困也。

「畜臣妾吉，不可大事也」，明此係遯之人，不可爲大事，唯小事而已。

九四，好遯，君子吉，小人否。

【譯】

九四，合宜適時地退避，君子吉祥，小人困阨不順。

【記】

好，合宜、適時的意思。好遯，指合宜適時地退隱。否，困阨、不順。陸德明《經典釋文》云：否，音鄙，惡也；徐方有反，鄭王肅備鄙反，云：塞也。

九四處乾之體，性剛行健，然履非其位，當遯之際，難在於內，身處於外，居外而應內，君子處之，以義制欲，捨應而好遯，可獲吉祥；小人處之，則不勝私欲，戀而係之，而至困阨不順。君子，指才德兼備之人；小人，指陰柔寡斷之人。李鼎祚《周易集解》引侯果曰：不處其位而遯於外，好遯者也，然有應在初，情未能棄，君子剛斷，故能捨之，小人係戀，必不能矣，故君子吉，小人凶矣。

象曰：君子好遯，小人否也。

〔譯〕

象曰：君子能夠合宜適時地退避，小人則困阨不順。

〔記〕

「君子好遯，小人否也」複申爻辭「君子吉，小人否」之義。

九五，嘉遯，貞吉。

〔譯〕

九五，嘉美的退避，貞正吉祥。

〔記〕

嘉，嘉美。孔穎達疏：嘉，美也。當遯之世，小人浸長，君子道消，五遯於外，麗中履尊，二爲己應，從五之命，率正其志，堅守中正，志在君道，光君之德，故九五得嘉美之遯，貞吉。貞，猶正，貞正，指堅守中正之德。

象曰：嘉遯貞吉，以正志也。

〔譯〕

象曰：嘉美的退避，貞正吉祥，因爲九五能端正六二的心志。

〔記〕

以正志也，指九五與六二正應，而能正其心志。孔穎達疏：象曰以正志者，小人應命，不敢爲邪，是五能正二之志，故成遯之美也。

上九，肥遯，无不利。

〔譯〕

上九，心無牽係退隱避世，無所不利。

〔記〕

上九居遯之極，無應於內，當遯之世，心無所係，無所疑慮，超然絶志，無所不利。肥，假借「飛」，指寛容，無所係念。肥遯，同「飛遁」，離世隱退。《淮南．九師道訓》云：遁而能飛，吉孰大焉？皆作「飛遯」。姚寬

《西溪叢語》云：「周易遯卦『肥遯无不利』，『肥』字古作『巷』，與古『蜚』字相似，即今之『飛』字，後世遂改爲『肥』字。」

王弼注：「最處外極，无應於內，超然絕志，心无疑顧。憂患不能累，矰繳不能及，是以肥遯，无不利也。」

象曰：肥遯无不利，无所疑也。

〔譯〕

象曰：心無牽係退隱避世，無所不利，沒有猶疑牽掛。

〔記〕

无所疑也，釋所以「肥遯无不利」之義。疑，指猶疑牽掛。《廣韻·之韻》云：疑，不定也。

大壯卦第三十四

〔釋文音訓：壯，莊亮反；注音：dàzhuàng，舊讀：tàizhuàng〕

〔序卦傳〕

云：物不可以終遯，故受之以大壯。

［繫辭傳］

云：上古穴居而野處，後世聖人易之以宮室，上棟下宇，以待風雨，蓋取諸大壯。

［雜卦傳］

云：大壯則止。

䷡ 乾下震上

大壯，利貞。

［譯］

陽剛壯盛，適宜貞固。

［記］

大壯，陽剛壯盛，有過壯、過盛之義，陽剛之氣浸長，以至過於壯盛。孔穎達疏：「壯者，強盛之名。以陽稱大，陽長既多，是大者盛壯，故曰大壯。」陸德明《經典釋文》云：「壯，莊亮反，威盛強猛之名；鄭云：氣力浸強之名；王肅云：壯盛也；廣稚（雅）云：健也。」朱駿聲《六十四卦經解》云：壯，从爿从士，大也，盛也，又氣力浸強之名。壯過則傷，故大壯又有「傷」的義涵。李鼎祚《周易集解》引虞翻曰：陽息泰也，壯，傷也。陸德明《經典釋文》云：「壯，馬云：傷也；郭璞云：今淮南人呼壯為傷。」

大壯卦體，四陽二陰，陽氣浸長而過半，有過之象，亦為大壯之義。大壯之際，陽進則為夬，主客易位，故《雜卦傳》云「大壯則止」，所以說「利貞」。貞，猶定，貞固、貞定。

大壯，不可全壯，壯過則傷，當以謙柔為美，不可剛暴躁行，若九二、九四以剛居柔，皆得貞吉。王弼《畧例》云：「大壯，未有違謙越禮能全其壯者也，故陽爻皆以處陰位為美。用壯處謙，壯乃全也；用壯處壯，則『觸藩』矣。」

彖曰：大壯，大者壯也。剛以動，故壯。大壯利貞，大者正也。正大而天地之情可見矣。

［譯］

大壯，陽剛壯盛的意思。剛健而動，所以壯盛。大壯之際適宜貞固，因為陽剛得中正之道。守正而壯盛則天地萬物運行的規律和法則就可以顯現了。

［記］

「大壯，大者壯也」，釋「大壯」之義。大，指陽剛，也有「過、過於」的意思。壯，壯盛、剛健，或引伸爲「傷」義，指壯過則傷。

「剛以動，故壯」，以象言，剛指下體乾，動指上體震。以爻言，剛以動，指九四。四體陽剛，處震之體，爲震之主，所以說「剛以動」。

「大壯利貞，大者正也」，大者正也，釋所以「大壯利貞」之義。大，指下體乾，乾爲大。又，大指九二。二居中得正，是爲正大。

正大而天地之情可見矣，正，指正道。大，猶壯盛的意思。此句與咸卦「觀其所感，而天地萬物之情可見矣」、恒卦「觀其所恒，而天地萬物之情可見矣」意類。

象曰：雷在天上，大壯，君子以非禮弗履。

【譯】

象曰：雷在天上，這就是大壯卦的意象，君子悟大壯之道而對於那些不合禮儀的事就不要去做。

【記】

大壯卦，下乾爲天，上震爲雷，震在乾上，所以說「雷在天上」。

君子以非禮弗履，爲誡語。雷在天上，有過之象，大壯有過壯之義。言之於人，盛極之時，好生驕溢，所以告誡後人，君子當順禮而行，善保其壯，非禮勿履。履，履行、實行。李鼎祚《周易集解》引陸績曰：天尊雷卑，君子見卑乘尊，終必消除，故象以爲戒，非禮不履。

初九，壯于趾，征凶有孚。

〔譯〕

初九，壯健在腳上，行動將傷害其誠信。

〔記〕

趾，指腳。《爾雅．釋言第二》云：趾，足也。郭璞注：足，腳。釋玄應《一切經音義》卷一引《字林》云：趾，足也。陸德明《經典釋文》云：趾，足也。征，行動。李鼎祚《周易集解》引虞翻曰：征，行也。凶，傷人的行爲，這裡指傷害了誠信。有孚，指誠信。有，王引之《經傳釋詞弟三》云：「有，語助也。一字不成詞，則加有字以配之。若虞、夏、殷、周皆國名，而曰有虞、有夏、有殷、有周是也。推之他類，亦多有此，故邦曰有邦，家曰有家。」孚，誠信。

初體剛壯，處下乾之始，乾爲健行，足之象，所以說「壯于趾」。居無位之地，處下而用壯，上無所應，動則有危，而傷其信，所以說「征凶有孚」。王弼注：居下而用剛壯，以斯而進，窮凶可必也，故曰征凶有孚。孔穎達疏：在下用壯，陵犯於物，以斯而行，凶其信矣，故曰征凶有孚。

象曰：壯于趾，其孚窮也。

〔譯〕

象曰：壯健在腳上，其誠信必受影響而致窮困。

〔記〕

孚，誠信。窮，窮困不足。孔穎達疏：象曰其孚窮者，釋壯于趾者，其人信有窮凶也。

九二，貞吉。

〔譯〕

九二，貞固吉祥。

〔記〕

九二居非其位，有應在五，非正而應，往則爲兌，有毀折之象，然剛履柔位，居中行謙，得中正謙和之德，剛而不過，可得吉祥，所以說「貞吉」。貞，猶定，貞固之義，指九二在大壯之際當秉持中正之德而行謙順之道，安固自守。王弼注：居得中位，以陽居陰，履謙不亢，是以貞吉。

象曰：九二貞吉，以中也。

〔譯〕

象曰：九二貞固吉祥，能秉持中正謙順之道。

〔記〕

以中也，釋所以「九二貞吉」之義。中，指九二陽居中位而得中正謙和之德。

九三，小人用壯，君子用罔，貞厲，羝羊觸藩，羸其角。

〔譯〕

九三，小人以壯健恃強妄爲，君子用羅網來防範，如此下去有危險，猶如公羊抵撞藩籬，而纏住他的角。

〔記〕

小人，指恃強淩弱的人。君子，指居於上位的人。罔，同「網」。孔穎達疏：罔，羅網也。陸德明《經典釋文》云：罔，羅也。羝羊觸藩，指公羊的角鉤在籬笆上。羝羊，公羊。孔穎達疏：羝羊，羖羊也。觸藩，以角抵撞籬垣。觸，以角撞物。藩，孔穎達疏：藩，藩籬也。陸德明《經典釋文》云：「藩，馬云：籬落也。」羸，通「纍」，繩索、拘係、纏繞。孔穎達疏：羸，拘纍纏繞也。

九三處乾之極，重剛不中，而得其位，有應在上，健而不謙，行必用壯，不知戒懼，恃強淩弱。君子知危懼，慮安危，以柔克剛，所以說「小人用壯，君子用罔」。罔，指上六，柔順之物而可禦剛強之體。如此以往，至於上六則有「羝羊觸藩，不能退，不能遂」之厲，所以說「貞厲，羝羊觸藩，羸其角」。

從卦象看，「羝羊觸藩，羸其角」，取兌之象，三爲兌體，兌爲羊，其應在上，而羸其角。李鼎祚《周易集解》云：自三至五體兌爲羊，四既是藩，五爲羊角，即「羝羊觸藩，羸其角」之象也。

爻辭告誡占筮之人，大壯之際，一當守正以壯，非以壯爲正，若以其至剛，蔑視於事，而無所忌憚，則壯必有危；二應防小人剛壯而妄行，可以柔克之，止其剛壯之爲。

象曰：小人用壯，君子罔也。

【譯】

象曰：小人以壯健恃強妄爲，君子可用羅網來防範。

〔記〕

罔，此處也可釋爲「无」，指小人以壯健而恃強妄爲，君子則不會。陸德明《經典釋文》云：罔，馬王肅云无。

朱熹《周易本義》曰：罔，无也。

九四，貞吉，悔亡。藩決不羸，壯于大輿之輹。

〔譯〕

九四，堅持下去吉祥，悔恨消失。藩蘺斷裂不再纏困，大車的輪軸十分堅固。

〔記〕

九四履非其位，而無其應，有悔。位四陽之極，行不失壯，以陽處陰，剛不違謙，猶壯於大輿之輹，而藩決不羸，所以「貞吉悔亡」。貞，堅持下去的意思，指剛壯之時而行謙和之道。藩決之言，取兌之象，四處兌體，兌爲毀折、爲附決。壯于大輿之輹，取坤之象，卦體上本爲坤，坤爲大輿爲腹，剛往居下而成震，震體壯行健，故言「壯于大輿之輹」。

「藩決不羸，壯于大輿之輹」，猶「壯于大輿之輹，藩決不羸」，釋所以「貞吉悔亡」之義。決，弄斷。高亨《周易古經今注》云：決者，斷裂也，凡从夬得聲之字多有斷裂之義，然則藩決猶言藩破耳。大輿，大車。孔穎達疏：大輿者，大車也。輹，通「輻」，車輻。陸德明《經典釋文》云：輹，音福，本又作「輻」。

象曰：藩決不羸，尚往也。

[譯]

象曰：藩籬斷裂不再纏困，可以繼續往上行進。

[記]

尚往也，指九四在剛壯之時，行謙和之道，壯而不過，無有阻礙，可以繼續往前行進。尚，通「上」，往上，嚮上的意思。

六五，喪羊于易，无悔。

[譯]

六五，在場界的邊際失去了羊，沒有悔恨。

[記]

喪，失去、丟掉。羊，指羝羊，比喻剛壯。從卦象看，五下潛陽成兌，兌爲羊，今陰居陽潛，是失其羊。

六五處剛柔交際之所，爻象由剛轉陰，所以說「喪羊于易」，而失剛壯之性。易，通「埸」，疆埸、邊界。朱駿聲《說文通訓定聲．解部》云：易，叚借爲埸。陸德明《經典釋文》云：易，陸作「埸」，壇埸也。

五失位有悔，居中履尊，有應在二，以柔應剛，二體剛實，居中行謙，得二之應，五逆捨其壯，委身任二，不爲所害，乃得「无悔」。

象曰：喪羊于易，位不當也。

【譯】

象曰：在埸界的邊際失去了羊，所處位置不當。

【記】

位不當也，釋所以「喪羊于易」之義，指六五以柔居剛，是爲位不當。陰居五位，而失其羊，故言「位不當也」。

上六，羝羊觸藩，不能退，不能遂，无攸利，艱則吉。

【譯】

上六，公羊抵撞藩籬而卡住了角，不能後退，也不能前進，無所利益，但艱困之中可獲吉祥。

【記】

上六正應在三，三羸其角，進退不能，上應而不得，所以說「无攸利」。遂，往進。《玉篇．辵部》云：遂，進也。李鼎祚《周易集解》引虞翻曰：遂，進也。然居大壯之極，事極則反，艱困之際，固其心志，以柔應剛，不捨於三，則雖艱而可獲吉，所以說「艱則吉」。艱，指「羝羊觸藩，不能退，不能遂」的困境。占得此爻的人，在處困境之時，不可強爲，當以柔待剛，伺機以時，則可得吉祥。

象曰：不能退，不能遂，不詳也。艱則吉，咎不長也。

【譯】

象曰：不能後退，也不能前進，沒有能審時度勢。艱困之際可得吉祥，咎害不會長久。

【記】

「不能退，不能遂，不詳也」，詳，通「祥」，審時度勢的意思，指進退不得，是沒有能審時度勢的緣故。

「艱則吉，咎不長也」，居大壯之極，極則反，故「咎不長也」。壯盛將終之際，在艱困中守其正道，以柔應剛，以待時機，則咎害不會長久，可獲吉祥。

晉卦第三十五

［釋文音訓：晉，孟作「齊」，齊，子西反；注音：jìn］

［序卦傳］

云：物不可以終壯，故受之以晉。晉者，進也。

［雜卦傳］

云：晉，晝也。

䷢ 坤下離上

晉，康侯用錫馬蕃庶，晝日三接。

［譯］

升進之際，安邦諸侯得到王母賞賜車馬和衆多禽類，晝日間受到隆重嘉賞。

【記】

晉，進、升的意思。孔穎達疏：「晉之爲義，進長之名，此卦明臣之昇進，故謂之晉。又，晉，進也者，以今釋古，古之晉字，即以進長爲義，恐後世不曉，故以進釋之。」《序卦傳》、《彖傳》皆云：晉（者），進也。李鼎祚《周易集解》引虞翻曰：晉，進也。又，晉，日出地上，故《雜卦傳》云：晉，晝也。《說文．日部》云：晉，進也，日出萬物進。

卦體坤下離上，坤爲地，離爲日，日升於地之象，故晉卦主要是明升進之事。下順臣道，上明君德，明出地上，昭於天下，上明下順，君臣相得，是爲地以柔承上而麗乎大明，臣以順麗君而受大賜得以升進，所以稱晉。

康侯，安邦的諸侯，爲帝王讚美臣下之辭。孔穎達疏：康者，美之名也；侯，謂昇進之臣也。程頤《周易程氏傳》云：康侯者，治安之侯也。朱熹《周易本義》曰：康侯，安國之侯也。朱駿聲《六十四卦經解》云：康，美也，樂也，康侯，猶《考工記》所稱寧侯也。康，陸德明《經典釋文》云：康，美之名也；馬云：安也；陸云：安也，樂也。李鼎祚《周易集解》引虞翻曰：康，安也；引侯果曰：康，美也。惠棟《周易述》疏云：「康讀如《祭統》『康周公』之『康』，鄭氏注《禮》引此爲證，故讀從之。又鄭注康侯云：康，廣也，謂褒廣其車服之賜也。坤廣生，故曰廣。」

又，注者或將康侯釋爲康叔。康叔，又稱衛康叔，周文王與正妻太姒所生第九子，周公之弟。

用，受賞、得到的意思。錫，通「賜」，賞賜、賜給。「用錫」多釋爲「得到天子賞賜」，但觀六二爻辭「受茲介福，于其王母」，介福，即大福。李鼎祚《周易集解》引九家易曰：大福，謂馬與蕃庶之物是也。由此來看，「用錫」當釋爲「得到王母賞賜」之義。

又，惠棟《周易述》疏云：「錫讀納錫、錫貢之錫。侯享王之禮，《覲禮》『匹馬卓上，九馬隨之』，是其事也。」朱駿聲《六十四卦經解》云：「錫者下貢上，如納錫大龜，禹錫元圭之錫。《覲禮》奉束帛匹馬，九馬隨之。馬者享禮之庭實也。或曰天子嘉侯之績，寵錫以禮，《采菽》曰：雖無予之，路車乘馬是也。」

馬，指車馬之類。蕃庶，指衆多的禽類。陸德明《經典釋文》云：蕃，音煩，多也；庶，鄭止奢反，謂蕃遮，禽也。亦或將「蕃庶」釋爲「衆多」，「庶」釋爲「衆」義。

康侯用錫馬蕃庶，從卦體來看，五爲君位，六以陰柔之體而居尊位，故稱王母。康侯，指六二。二爲大夫，得位且正，安邦於內，受茲介福，進入上體，得諸侯之位，故稱康侯。二五雖非陰陽相應，但同德相與，五居坎體，坎爲豕、爲美脊之馬，二本坤體，坤爲地、爲民、爲大輿、爲衆，又居艮體，艮爲宮室、爲門闕，「康侯用錫馬蕃庶」之象。又，康，或指九四。四爲諸侯，最近於君，下據三陰於內，故稱康侯，然觀爻辭之義，似又不然。

晝日，從卦象看，離爲日，日出地上，故稱晝日。三接，古時天子接見賞賜諸侯之禮。離日爲君，三陰在下，相見乎離，謂三接。惠棟《周易述》疏云：「《雜卦》曰：晉，晝也。離日在地上，故晝日。坤三陰在下，故三接。《周禮．大行人》曰：上公之禮，廟中將幣三享，出入三問三勞；諸侯三享，再問再勞；諸子三享，壹問一勞。是天子三接諸侯之禮也。」又云：「一說：三接，王接諸侯之禮，《覲禮》：延升，一也；覲畢致享，升致命，二也；享畢，王勞之，升成拜，三也。」

彖曰：晉，進也。明出地上，順而麗乎大明，柔進而上行，是以康侯用錫馬蕃庶，晝日三接也。

【譯】

彖曰：晉，升進的意思。太陽升出大地之上，萬物順從而依附於太陽的光輝，柔順地進長而嚮上運行，因此安邦諸侯得到王母賞賜車馬和衆多禽類，晝日間受到隆重嘉賞。

【記】

「晉，進也」，釋「晉」之義。進，升進。

明出地上，明，大明，指太陽。下坤爲地，上離爲日爲明，所以說「明出地上」。

順而麗乎大明，此以二體之象釋卦義。順，指下體坤，坤體柔順。麗，依附。大明，指上體離。坤下離上，坤順而載萬物，麗於太陽的光輝，所以說「順而麗乎大明」。

柔進而上行，此以爻象釋卦義。柔，指六五。孔穎達疏：六五以柔而進，上行貴位，順而著明，臣之美道也。彖辭言於人事，指臣下順從於君上的聖明，而得以升進，是以康侯用錫馬蕃庶，晝日三接也。李鼎祚《周易集解》引崔憬曰：坤，臣道也；日，君德也；臣以功進，君以恩接，是以順而麗乎大明。

象曰：明出地上，晉，君子以自昭明德。

[譯]

象曰：太陽升出大地之上，這就是晉卦的意象，君子觀此卦象明晉之道而自己彰顯光明德行以垂范天下。

[記]

晉卦，下坤爲地，上離爲明，所以說「明出地上」。

君子以自昭明德，昭，彰明、顯揚。孔穎達疏：昭，亦明也，謂自顯明其德也。《爾雅·釋詁下》云：昭，見也。明德，光明之德，美德。《書·君陳》云「黍稷非馨，明德惟馨」、《禮記·大學》云「大學之道，在明明德」皆爲此義。

初六，晉如摧如，貞吉。罔孚，裕无咎。

[譯]

初六，進退不定之際，貞固吉祥。誠信被蒙蔽，寬容緩進沒有咎害。

[記]

「晉如摧如，貞吉」，晉，進；摧，退。《集韻．脂韻》云：摧，退也。陸德明《經典釋文》云：摧，罪雷反，退也。朱駿聲《六十四卦經解》云：摧，退也。如，語詞。王引之《經傳釋詞弟七》云：如，詞助也。引子夏傳云：如，辭也。孔穎達疏引何氏云：摧，退也；裕，寬也；如，辭也。

初六居晉之始，有應在四，晉之象，然其上爲山，進爲山止，摧之象，所以說「晉如摧如」。在進退之際，陰陽相應，若守志不移，寬以待時，則可獲吉祥，所以說「貞吉」。貞，猶定，貞定、貞固。

「罔孚，裕无咎」，罔孚，指誠信被蒙蔽，未能彰顯。孔穎達疏：罔孚者，處卦之始，功業未著，未爲人所信服，故曰罔孚。罔，蒙蔽。《漢書．郊祀志下》云：知萬物之情，不可罔以非類。顏師古注：罔，猶蔽也。孚，指誠信。裕，寬容、寬裕。《廣雅．釋詁四》云：裕，容也。王念孫疏證：裕爲寬容之容。《書．洛誥》云：彼裕我民，无遠用戾。孔傳：彼天下被寬裕之政，則我民无遠用來，言皆來。

初處坤底，坤爲闇，居微闇之所，其德未昭，其信未顯，是爲罔孚。晉之初，功業未著，信未服衆，未受任命，伺時應勢，處之以寬，行之以裕，不爭於功利，乃得無咎，所以說「裕无咎」。

象曰：晉如摧如，獨行正也。裕无咎，未受命也。

［譯］

象曰：進退不定之時，（貞固吉祥），因爲能不隨俗浮沉而堅定心志。寬容緩進沒有咎害，尚未受到任命。

【記】

「晉如摧如」後略「貞吉」二字。獨行正也，釋所以「晉如摧如，貞吉」之義，指不隨俗浮沉，堅守己志。獨行，指志節高尚，不隨俗浮沉。獨，孔穎達疏：獨，猶專也，言進與退專行其正也。正，指初四相應是其正道。

未受命也，釋所以「裕无咎」之義。初六陰柔，處無位之地，卑微至下，信未服衆，故而未受任命，而無職位之累，寬裕待時，可得無咎。

六二，晉如愁如，貞吉，受茲介福于其王母。

【譯】

六二，升進之際而有憂慮，貞正吉祥，從其王母那裡得到大的福澤。

【記】

「晉如愁如，貞吉」，晉，升進。愁，憂慮、憂愁。如，語辭。二居艮初，升進之際，上無其應，處晦闇之中，進爲山止，往遇坎險，坎爲加憂，晉途坎坷，所以說「晉如愁如」。然以陰居柔，得位履中，安於己事，守正而不妄行，則可得吉祥，所以說「貞吉」。貞，猶正，貞正之義，指堅守中正之道。吉，指「晉如」、「受茲介福」。

受茲介福于其王母，猶「于其王母受茲介福」，釋「晉如，貞吉」之義。受，受到、得到。茲，如此，指卦辭所云「錫馬蕃庶」。介福，大福，大的福澤。介，大的意思。《爾雅·釋詁第一》云：介，大也。陸德明《經典釋文》云：介，音戒，大也，馬同。王母，指六五。五爲君位，六爲坤體，坤爲母，故稱「王母」。

二五雖非陰陽相應，但五爲明主，光明輝耀，恩澤天下，二履中守正，定邦安內，與五同質同德，故「受茲介福于其王母」。

象曰：受茲介福，以中正也。

【譯】

象曰：得到如此大的福澤，因爲能夠堅守中正之道。

【記】

以中正也，釋所以「受茲介福」之義，指六二履得其位，居中且正。

六三，衆允，悔亡。

【譯】

六三，得到衆人信賴，悔恨消失。

[記]

衆，指初六、六二，三陰同類皆欲上進，故稱衆。允，信、信賴。《爾雅·釋詁第一》云：允，信也。李鼎祚《周易集解》引虞翻曰：允，信也。

六三履非其位，有悔。當晉之際，居三陰之首，得衆之信，有應在上，初、二隨之，三陰並進，志在上行而麗於大明，故而「悔亡」。

象曰：衆允之志，上行也。

[譯]

象曰：得到衆人信賴的心志，是嚮上升進。

[記]

上行，指嚮上升進。孔穎達疏：居晉之時，衆皆欲進，己應於上，志在上行，故能與衆同信也。

九四，晉如鼫鼠，貞厲。

[譯]

九四，升進如鼫鼠，如此下去有危險。

【記】

鼫鼠，指五技鼠，比喻學而不專，博而不精，貪多求雜，妄而求進。鼠，同「鼠」。《正字通．鼠部》云：鼠，俗省作「鼠」。孔穎達疏：鼫鼠，有五能而不成伎之蟲也。《說文》云：「鼫，五技鼠也。能飛不能過屋，能緣不能窮木，能游不能渡谷，能穴不能掩身，能走不能先人。」李鼎祚《周易集解》本作「碩鼠」，引九家易曰：碩鼠，喻貪。陸德明《經典釋文》云：子夏傳作「碩鼠」。此喻貪婪之義。

四已入上體，然履非其位，爲坎之主，居而有危，無業可安，上臨於五，進則違明之主，有竊位之虞，上不在天，下不在田，中不在人，貪如鼫鼠，貞厲。貞，如此下去的意思。

象曰：鼫鼠貞厲，位不當也。

【譯】

象曰：升進如鼫鼠，（如此下去有危險），處位不當。

【記】

「鼫鼠貞厲」爲「晉如鼫鼠，貞厲」的省文。位不當也，釋所以「貞厲」之義，指九四陽爻居陰位，是位不當。

六五，悔亡，失得勿恤，往吉，无不利。

［譯］

六五，悔恨消失，得衆之信不必憂慮，往進吉祥，無所不利。

［記］

六五履非其位，有悔。然居中得正，以柔處尊，故「悔亡」。爲大明之主，主晉之人，明以爲事，惠澤於下，委任與人，而得衆信，所以説「失得勿恤」。晉以此道，所往皆吉，無所不利。

失，陸德明《經典釋文》云：「孟馬鄭虞王肅本作『矢』，馬王云：離爲矢；虞云：矢，古誓字。」李鼎祚《周易集解》「失」作「矢」，引虞翻曰：矢，古誓字，誓，信也。惠棟《周易述》、朱駿聲《六十四卦經解》皆作「矢得」。矢，猶信。矢得，指獲得信任。恤，憂、憂慮。《説文．心部》云：恤，憂也。

象曰：失得勿恤，往有慶也。

［譯］

象曰：得衆之信不必憂慮，如此行事可使他人得到福澤。

【記】

往有慶也，往，指如此行事之義。有，獲得、得到。慶，福澤、福慶。六五居中而正，行中正之道而主升進之事，則人將得福，這裡指六二得福。孔穎達疏：象曰有慶者，委任得人，非惟自得無憂，亦將人所慶說，故曰「有慶也」。

上九，晉其角，維用伐邑，厲吉无咎，貞吝。

【譯】

上九，升進至極，因此而征伐屬邑，有危險但吉祥沒有咎害，如此下去會有憾惜。

【記】

角，處於頭上，堅硬之物。朱熹《周易本義》曰：角，剛而居上。晉其角，指升進到了極點。維，語辭。邑，此指封地、屬邑。

上九，處亢明之地，晉已至極，極而途窮，進而過亢，物不自服，惟以攻伐，而後得服，所以說「晉其角，維用伐邑」。從卦象看，上九處離之終，離爲甲冑、爲戈兵，得下之應，下爲坤體，坤爲衆爲師，征伐之象。伐而服之，是爲危而後吉，吉乃「无咎」。伐雖得服，然爲用武之事，未能全吉，而有憾惜，所以說「貞吝」。

象曰：維用伐邑，道未光也。

［譯］

象曰：因此而征伐屬邑，是因爲上九的光明之道尚未廣大。

［記］

道未光也，釋所以「維用伐邑」之義，指上九唯應在三，非正而應，是爲偏狹，光明之道尚未廣大，未能使人自服，而須征伐。孔穎達疏：象曰道未光也者，用伐乃服，雖得之，其道未光大也。光，同「廣」。

明夷卦第三十六

［注音：míngyí］

［序卦傳］

云：進必有所傷，故受之以明夷。夷者，傷也。

［雜卦傳］

云：明夷，誅也。

䷣ 離下坤上

明夷，利艱貞。

［譯］

大明消失，適宜在艱難中貞正自守。

［記］

明夷，大明消失，賢人志士退隱於下，比喻世道昏闇。明，大明，指太陽。夷，傷、受傷，這裡釋爲消失、滅失。《序卦傳》云：夷者，傷也。李鼎祚《周易集解》云：夷，滅也；引虞翻曰：夷，傷也。朱駿聲《六十四卦經解》云：夷，借爲痍字，傷也，滅也，日光爲地球所揜，自人目視之，則明滅也。

以卦象看，晉，日出地上，爲光明之卦；明夷，日沉地下，爲昏闇之卦。《序卦傳》云：進必有所傷，故受之以明夷。《雜卦傳》云：晉，晝也；明夷，誅也。誅，傷、滅的意思。晉與明夷兩卦互綜，日出爲晝，明滅爲夜，往復不已。

程頤《周易程氏傳》曰：明夷昏闇之卦，闇君在上，明者見傷之時也。李鼎祚《周易集解》引鄭玄曰：「夷，傷也。日出地上，其明乃光，至其入地，明則傷矣，故謂之明夷。日之明傷，猶聖人君子有明德而遭亂世，抑在下位，則宜自艱，无幹事政，以避小人之害也。」明夷之際，闇處於上，明隱於下，言於人事，小人於上，明賢於下，智不能顯，德未能彰，唯在艱難中貞正自守，方可避小人之害，所以說「利艱貞」。利，利於、適宜。艱貞，來知德《周易集注》云：艱貞者，艱難委曲以守其貞也。貞，猶正，貞正自守之義。李光地《周易折中》引李氏舜臣曰：「《易》卦諸爻，噬嗑之九四，大畜之九三，曰『利艱貞』，未有一卦全體以『利艱貞』爲義者。此蓋睹君子之明傷爲可懼，而危辭以戒之，其時可知也。」

王弼《畧例》云：「明夷，爲闇之主，在于上六。初最遠之，故曰『君子于行』。五最近之，而難不能溺，故謂之『箕子之貞』，明不可息也。三處明極而征至闇，故曰『南狩獲其大首』也。」邢璹注：遠難藏明，明夷之義。

彖曰：明入地中，明夷。內文明而外柔順，以蒙大難，文王以之。利艱貞，晦其明也。內難而能正其志，箕子以之。

［譯］

彖曰：大明沉於大地之中，這就是明夷卦的意象。內能明察事理而外顯柔順，以此承受大的災難，祇有文王能這樣。適宜在艱難中貞正自守，晦隱其賢明之德。遭逢內難而能堅定心志，衹有箕子能這樣。

［記］

明夷卦，下離爲明，上坤爲地，明於地下，所以說「明入地中，明夷」。

「內文明而外柔順，以蒙大難，文王以之」，從卦象看，內文明，指內卦離，離德文明；外柔順，指外卦坤，坤性柔順。明於人事，指在明夷之際，內懷光明之德，而外呈柔順之象以保身，衹有這樣才能度過大難。蒙，承受、經受。文王以之，文王，指周文王，姓姬名昌，周公、武王之父，殷時諸侯，居於岐山之下，商紂時被囚於羑里七年。以，猶用。李鼎祚《周易集解》引虞翻曰：以，用也。以之，指用此種方法。陸德明《經典釋文》曰：「王肅云：唯文王能用之；鄭荀向作『似之』。」

「利艱貞，晦其明也」，艱，艱難。貞，貞正。晦，隱藏。明在地中，是「晦其明」；蒙大難而不失其正，是「利艱貞」。

「內難而能正其志，箕子以之」，內難，指內部的變亂。商王帝乙嫁妹與文王，箕子爲帝乙之弟，紂王之諸父，因此紂與文王之爭，稱之爲內難。正，堅定。箕子，封國於箕，故稱箕子，與比干、微子並稱商紂「三賢」。商紂暴虐，箕子諫而不聽，於是披髮佯狂爲奴，爲紂所囚。

象曰：明入地中，明夷，君子以莅衆，用晦而明。

【譯】

象曰：大明沉於大地之中，這就是明夷卦的意象，君子觀此卦象法明夷之道而治理民衆，藏明養正，外顯和順平易而內能明察事理。

【記】

「明入地中，明夷」，與象辭同。莅衆，指治理民衆。莅，治理、管理的意思。高亨《周易大傳今注》云：「《孟子．梁惠王》上篇：『莅中國。』趙注：『莅，臨也。』莅臨即治理、使用之義。」用晦而明，猶《老子》第二十章所云「俗人昭昭，我獨若昏；俗人察察，我獨悶悶」之義。王弼注：藏明於內，乃得明也；顯明於外，巧所辟也。

初九，明夷于飛，垂其翼。君子于行，三日不食。有攸往，主人有言。

【譯】

初九，昏闇中往遠處飛翔，羽翼低垂。君子已隱然出走，三日沒有領取俸祿。有所往去，因爲主人有過。

【記】

「明夷于飛，垂其翼」，明夷，大明消失，指昏闇之中。于飛，往遠處飛翔的意思。于，猶往。《詩．大雅．卷阿》云：鳳凰于飛，翽翽其羽。郑箋：「翽翽，羽声也。……鳳皇往飛，翽翽然。」明夷于飛，指在昏闇中往遠處飛翔。垂其翼，羽翼低垂，取離的飛鳥之象，爲闇所抑，故垂其翼。孔穎達疏：垂其翼者，飛不敢顯，故曰垂其翼也。這句是說在世道昏闇之際，最遠於闇，懷懼而遁，遠離而去，不敢顯揚，猶鳥之飛遁而垂其翼之象。

「君子于行，三日不食」，君子，指占筮的人。于行，往行、出走的意思。于，往。三日，離爲三，所以說三日。不食，取離之象，離，其於人爲大腹，虛中，不食之象。食，這裡指俸祿。《周禮．天官塚宰第一．醫師》云：歲終，則稽其醫事以制其食。鄭玄注：食，祿也。《論語．衛靈公》子曰：君子謀道不謀食。此句是說天下明道不行，君子出走，已多日沒有領取奉祿，隱然而去，與「明夷于飛，垂其翼」之象相合。

「有攸往，主人有言」，有攸往，指「君子于行」。往，出走、遁去。主人，指六四。初正應在四，四居闇體，故此指六四。言，通「愆」，過錯、過失的意思。聞一多《古典新義》曰：「言，皆讀爲愆。……《易》凡言『有言』，讀爲『有愆』。」這句釋所以「君子于行」之義，指明夷之際，闇至之時，賢人出走，捨應而去，乃闇主之過所致。

爻辭猶指文王被囚於羑里之時，觀世態之象而施此言。

象曰：君子于行，義不食也。

【譯】

象曰：君子隱然出走，理當不領取俸祿。

【記】

象辭是說君子隱然而退。義，理所當然的意思。

六二，明夷，夷于左股，用拯馬壯，吉。

【譯】

六二，昏闇之世，傷了左腿，施行救助的馬強壯，吉祥。

【記】

左股，指左腿。用，施行。《說文》云：用，可施行也。拯，救助。《廣韻．拯韻》云：拯，救也，助也。

六二明夷之際，傷於左腿，而不行剛壯之事。上無其應，其志難行，得位中正，晦明養正，待機以時，得用拯馬壯，可獲吉祥。二三相臨，二以柔承剛，可得剛濟，是爲「用拯馬壯」。馬，指九三，三爲坎主，爲美脊之馬，故言馬壯。程頤《周易程氏傳》曰：拯用壯健之馬，則獲免之速而吉也。以象言之，二體陰處坎，坎爲血卦，周時尊右，右上左下，右前左後，右陽左陰，故說傷其左股。李鼎祚《周易集解》云：「初爲足，二居足上，股也。二互體坎，坎主左方，左股之象也。」孔穎達疏引莊氏云：「言左者，取其傷小」，則比夷右未爲切也。

爻辭猶指文王被囚於羑里七年而終獲吉祥之事。

象曰：六二之吉，順以則也。

〔譯〕

象曰：六二吉祥，柔順而能堅守中正的法則。

〔記〕

順以則也，釋所以「六二之吉」。順，柔順，二體陰，故言順，指柔順承剛。則，法則，這裡指中正的法則，二得位中正，故以中正爲則。象辭意指在昏闇之世外顯柔順，內守中正，則可得剛濟，而獲吉祥。

九三，明夷于南狩，得其大首，不可疾，貞。

〔譯〕

九三，世道昏闇往南方征伐，可俘獲對方大首領，但不可急速躁進，應貞固待時。

〔記〕

明夷于南狩，明夷，指昏闇之世。于南狩，往南方征伐，意指追求光明之路。于，往、去。《詩・周南・桃夭》云：之子于歸，宜其室家。毛傳：于，往也。南，南方，文明之所。三爲離體，離爲南方之卦，所以稱南。又，三應在上，上爲坤體，三往而遇坤，坤爲西南之卦，亦稱南。狩，征伐。孔穎達疏：狩者，征伐之類。《爾雅・釋天第八》云：春獵爲蒐，夏獵爲苗，秋獵爲獮，冬獵爲狩。李鼎祚《周易集解》云：冬獵曰狩也，三互离坎，离南坎北，北主於冬，故曰南狩。引九家易曰：歲終田獵名曰狩也。從卦象看，九三居離坎之體，離爲甲冑、爲戈兵，坎爲馬、爲弓輪，征伐之象。

得其大首，得，俘獲、擒獲。其，指對方。大首，指上六，昏闇之主。上六最在卦上，故稱「首」。孔穎達疏：大首，謂闇君。明夷之世，處文明之極，應在上六昏闇之主，志欲誅闇，以陽居剛，履得其位，爲震之主，持光明之德剛健以行，遂「得其大首」。

「不可疾，貞」，爲告誡之語，指「明夷于南狩，得其大首」不可急速躁進，當堅守正道，貞固待機，行穩而致遠。疾，急速、躁進。貞，猶定，貞固、貞定。《爾雅・釋言第二》云：疾，壯也。郭璞注：壯，壯事，謂速也。段玉裁《說文解字注・疒部》云：疾，經傳多訓爲急也，速也。

九三，明未出地，處闇之下，明夷已久，求明而不可急，當固守正道，以待其時。此爻猶文王告誡武王伐紂之事而施言。

象曰：南狩之志，乃大得也。

【譯】

象曰：嚮南方征伐的心志，是要取得大的收穫。

【記】

三往而遇坤，坤爲民，既得其大首，又獲其民，所以說「乃大得也」。大得，大的收穫。王弼注：去闇主也。

六四，入于左腹，獲明夷之心，于出門庭。

【譯】

六四，進入昏闇之體但未獲重用，瞭解了昏闇之主的心性，於是走出門庭隱遁而去。

【記】

入于左腹，指已入於昏闇之體，但未獲重用。左腹，從爻象看，六四居坤體之初，坤爲腹，周時尊右，以右爲上，以左爲下，所以稱左腹。左，卑下之義，指未獲重用。古殷周時期以右爲尊爲大，猶「无出其右」之義；以左爲卑爲下，若「左遷」爲降職、「左次」爲退守之義。腹，體，這裡指昏闇之體，四居坤體，坤爲闇、爲腹。

獲明夷之心，指瞭解了昏闇之主的心性。獲，瞭解、獲知。明夷，初二三「明夷」指昏闇之世，這裡的「明夷」

指昏闇之主。心，心性、本性。四居坎坤之體，坎為心，坤為闇，故稱「明夷之心」。

于出門庭，于，於是。出，走出，這裡指隱遁而去。門庭，指宮庭。李鼎祚《周易集解》引干寶曰：一為室，二為戶，三為庭，四為門，故曰于出門庭矣。

此爻是講述殷時微子之事。微子，殷王帝乙之首子，帝辛紂之庶兄，見紂不明，淫亂於政，數諫不聽，知力無可挽，遂出宮庭而避難，後稱臣於周，周公旦以微子統率殷族，封於宋，為宋始祖。《左傳·哀公九年》云：微子啓，帝乙之元子也。

象曰：入于左腹，獲心意也。

〔譯〕

象曰：進入昏闇之體，瞭解了昏闇之主的心性。

〔記〕

釋所以「于出門庭」之義。

六五，箕子之明夷，利貞。

〔譯〕

六五，箕子的光明德行被揜蔽而受傷害，適宜貞固。

【記】

此「明夷」指光明德行被揜蔽而受到傷害。夷，傷、傷害。

六五以陰柔之質居中履尊，輔君王之象。明夷之世，處闇之中，近於至闇，其德未彰，其明未顯，惟執志不渝，行中正柔順之道，方可保其身，所以說「箕子之明夷，利貞」。貞，猶定，貞定、貞固。李鼎祚《周易集解》引馬融曰：「箕子，紂之諸父，明於天道洪范之九疇，德可以王，故以當五。知紂之惡，無可柰何，同姓恩深，不忍棄去，被髮佯狂，以明爲闇，故曰箕子之明夷。卒以全身，爲武王師，名傳無窮，故曰利貞矣。」

此爻講述箕子之事。箕子，殷王帝乙之弟，紂王諸父，見紂暴虐，諫而不聽，遂晦藏其明，執其心志，佯狂爲奴，以避災禍，保其全身，後爲武王之師。

象曰：箕子之貞，明不可息也。

【譯】

象曰：箕子的貞固，是說光明德行不可止熄。

【記】

明不可息也，猶《大象》「用晦而明」之義。息，同「熄」，止熄、熄滅。李鼎祚《周易集解》引侯果曰：體柔履中，內明外闇，羣陰共掩，以夷其明，然以正爲明而不可息，以爻取象，箕子當之，故曰箕子之貞，明不可息也。

上六，不明晦，初登于天，後入于地。

〔譯〕

上六，不見光明而晦闇，起初登升在天，而後沉於大地。

〔記〕

上六處明夷之極，至闇之地，所以說「不明晦」。不明，不見光明。晦，晦闇、昏闇。「初登于天，後入于地」，言初時光明於天，普照天下，而後沉於地下，不見其明，闇君之象。此爻講述殷王帝辛之事。帝辛，商王紂，殷末代之王，資辨捷疾，聞見甚敏，知足以拒諫，言足以飾非，矜人臣以能，高天下以聲，以爲皆出己之下，初登高位，明照四方，而後暴虐，好酒淫樂，嬖於婦人，失去光明之則而墜落消亡。

朱熹《周易本義》曰：以陰居坤之極，不明其德以至於晦，始則處高位以傷人之明，終必至於自傷而墜厥命。

象曰：初登于天，照四國也。後入于地，失則也。

【譯】

象曰：起初登升在天，光明普照四方。後沉於大地，失去了光明法則。

【記】

照四國也，四國，四方。國，地方、地域。失則也，失去了光明法則。則，法則。上六最遠於明體，故失則也，猶初九最遠於闇體，故于行而不食。

家人卦第三十七

【注音：jiārén】

【序卦傳】

云：傷於外者必反於家，故受之以家人。

【雜卦傳】

云：家人，內也。

䷤ 離下巽上

家人，利女貞。

〔譯〕

一家之人，女子貞正則利。

〔記〕

家人，一家之人，象徵家庭。王弼注：家人之義，各自脩一家之道，不能知家外他人之事也。《詩．周南．桃夭》云：之子于歸，宜其家人。朱熹《周易本義》曰：家人者，一家之人。

「家人，利女貞」，以二五之爻釋卦義，二體陰柔，五體剛健，各得其位，柔主於內而剛主於外，內外相應，陰陽相合，剛柔相濟，是爲家人。家人之道，以內爲本，女柔則家道和，女正則家道正，故而「利女貞」。又，女爲陰，二四皆正，故「利女貞」。貞，猶正。李鼎祚《周易集解》引馬融曰：家人以女爲奧主，長女、中女各得其正，故特曰利女貞矣。朱駿聲《六十四卦經解》云：室內謂之家，家人以女爲奧主，而最難正者，亦惟女，今離二巽四得正，長女中女，各成其貞也。

以二體之象看，上巽爲木，古人「構木以爲宮室」，所以上卦之木指居室；下離爲火，火有灶火之義，上下相疊，室中有灶，家人之象。家人之中，婦爲主灶之人，若六二爻辭所云「无攸遂，在中饋，貞吉」，所以說「利女貞」。

彖曰：家人，女正位乎內，男正位乎外。男女正，天地之大義也。家人有嚴君焉，父母之謂也。父父，子子，兄兄，弟弟，夫夫，婦婦，而家道正。正家而天下定矣。

［譯］

彖曰：家人卦的意象，女子守正在內，男子端正在外。男女各履其正，這是天地間的大道。家人之中有嚴正的尊長，就是父母。父父、子子、兄兄，弟弟、夫夫，婦婦，各正其位，這樣家道就端正了。家道端正天下也就安定有序了。

［記］

「女正位乎內，男正位乎外」，女，指六二。二爲陰，故稱女，爲內之主，履得其位，居中且正，所以說「女正位乎內」。男，指九五。五爲陽，故稱男，處外卦中位，居中履正，所以說「男正位乎外」。王弼注：女正位乎內，謂二也；男正位乎外，謂五也。

「男女正，天地之大義也」，男女正，男，指九三、九五。女，指六二、六四。二、三、四、五皆得位且正，陽男陰女，所以說「男女正」。大義，猶大道。

「家人有嚴君焉，父母之謂也」，嚴君，指嚴正的尊長。君，君長、尊長。父，指九五；母，指六二。李鼎祚《周易集解》云：二五相應，爲卦之主，五陽在外，二陰在內，父母之謂也。君之威，可治國而安天下，父母之嚴，可齊家而正家道，所以說「家人有嚴君焉，父母之謂也」。

「父父，子子，兄兄，弟弟，夫夫，婦婦，而家道正」，此句指家中之人，尊卑有位，上下有序，各守其分，各行其事，因此家道也就端正了。家道，管理家庭之道。正，端正。

正家而天下定矣，定，安定有序。李鼎祚《周易集解》引陸績曰：聖人教先從家始，家正而天下化之，脩己以安百姓者也。

象曰：風自火出，家人，君子以言有物而行有恒。

〔譯〕

象曰：風自火出，這就是家人卦的意象，君子觀此卦象明家人之道而言有事實依據，行有准則規範。

〔記〕

家人卦，下離爲火，上巽爲風，風在火上，所以說「風自火出」。火由木而炎，風自火而出，內外交助，家人之象。李鼎祚《周易集解》引馬融曰：木生火，火以木爲家，故曰家人；火生於木，得風而盛，猶夫婦之道，相須而成。

君子以言有物而行有恒，物，孔穎達疏：物，事也。《說文．牛部》云：物，萬物也。這裡指事實依據。恒，指准則、規範。李鼎祚《周易集解》引荀爽曰：「風火相與，必附於物，物大火大，物小火小。君子之言，必因其位，位大言大，位小言小。不在其位，不謀其政，故言有物也。大暑爍金，火不增其烈，大寒凝冰，火不損其熱，故曰行有恒矣。」

初九，閑有家，悔亡。

〔譯〕

初九，成家之初即做好防范，將來可能的悔恨之事就會消失。

〔記〕

閑，防范。陸德明《經典釋文》云：「閑，馬云：闌也，防也。」朱駿聲《六十四卦經解》云：閑，闌也，木設于門，所以防閑也。有，王引之《經傳釋詞弟三》云：「有，語助也。一字不成詞，則加『有』字以配之。若虞、夏、殷、周，皆國名，而曰有虞、有夏、有殷、有周，是也。推之他類，亦多有此。故邦曰有邦，家曰有家，室曰有室，廟曰有廟……」

初九，居卦之始，正應在四，陰陽相合，始有家之象。家道初立，己體剛實，閑邪存誠，則邪不侵進，防微杜漸，家道可成，乃得「悔亡」。悔，指將來可能的悔恨之事。

象曰：閑有家，志未變也。

〔譯〕

象曰：成家之初即做好防范，端正家道的心志堅定不移。

〔記〕

志，指端正家道的心志。變，猶移。

六二，无攸遂，在中饋，貞吉。

〔譯〕

六二，無所往行，在家中主持飲食之事，貞固吉祥。

〔記〕

遂，往、行。《廣雅．釋詁一》云：遂，行也。中饋，指婦女在家中主持飲食之事。饋，陸德明《經典釋文》

云：巨愧反，食也。

六二，正應在五，陰陽相合，家道已成。陽主動，陰主靜，處坎之體，坎爲陷，不利往進，故而「无攸遂」。履中得位，爲內之主，主內之事，無所往行，固守其道，端正其位，乃得吉祥，所以說「无攸遂，在中饋，貞吉」。以象言之，處離坎之體，離爲火，坎爲水，水火之象，飲食之事。

象曰：六二之吉，順以巽也。

［譯］

象曰：六二吉祥，因爲能柔順而卑巽於九五。

［記］

順以巽也，釋所以「六二之吉」。六二以陰柔之體而居內之主，得位守正，上應九五陽剛，是「順以巽也」。

李鼎祚《周易集解》引九家易曰：謂二居貞，巽順於五，則吉矣。

九三，家人嗃嗃，悔厲吉。婦子嘻嘻，終吝。

［譯］

九三，對待家人嚴酷威嚴，悔恨過於嚴厲，但吉祥。婦人與孩子嘻嘻哈哈，結果會有憾惜。

［記］

嗃嗃，嚴厲的樣子。孔穎達疏：嗃嗃，嚴酷之意也。李鼎祚《周易集解》引侯果曰：嗃嗃，嚴也。嘻嘻，嬉戲歡悅而沒有節制的樣子。孔穎達疏：嘻嘻，喜笑之貌也。陸德明《經典釋文》云：「嘻嘻，馬云：笑聲；鄭云：驕佚喜笑之意；張作嬉嬉，陸作喜喜。」李鼎祚《周易集解》引侯果曰：嘻嘻，笑也。朱駿聲《六十四卦經解》云：嘻嘻，喜笑淫佚之聲。

九三居內體之極，陽居剛得正，威嚴至盛，所以說「家人嗃嗃」。家人之道，過剛則傷於嚴急，嚴過而悔，故說「悔厲」。厲，嚴厲。然嚴而不失其正，故雖悔而得其吉，所以說「悔厲吉」。反嚴爲寬，婦子嘻嘻無度，雖得歡悅，然失其家道，終有憾惜，所以說「婦子嘻嘻，終吝」。朱駿聲《六十四卦經解》云：「治家之道過嚴，則悔而得吉，過寬則終吝。所謂知和而和，不以禮節之，亦不可行也。節，猶閑也。」

象曰：家人嗃嗃，未失也。婦子嘻嘻，失家節也。

［譯］

象曰：對待家人嚴酷威嚴，但沒有失去家道。婦人與孩子嘻嘻哈哈，則會失去家中禮数。

〔記〕

「家人嗃嗃，未失也」，釋爻辭「家人嗃嗃，悔厲吉」之義，指治家雖嚴，但沒有失去治家之道而終得吉祥。「婦子嘻嘻，失家節也」，釋爻辭「婦子嘻嘻，終吝」之義，是說治家反嚴爲寬，初雖可得歡悅，但會失去家中禮數而招致憾惜之事。家節，指家中的禮數。節，禮數、禮度。

六四，富家，大吉。

〔譯〕

六四，能富足家庭，大吉大利。

〔記〕

六四履得其位，爲明之主，正應在初，陰陽相合，明其家道，上承於五，近君之位，正而順之，可保其祿，能富其家，乃得大吉，所以說「富家，大吉」。富，富足，使家庭富裕，取巽之象，四爲巽主，近利市三倍，故言富。孔穎達疏：富，謂祿位昌盛也。

象曰：富家大吉，順在位也。

〔譯〕

象曰：能富足家庭大吉大利，因爲能夠順巽而守其本分。

〔記〕

順在位也，釋所以「富家大吉」之義。順，順巽、柔順。四體陰柔，爲巽之主，順承於五。位，指六四陰爻而居柔位，得位且正，不有偏離，比喻行事爲人端正而守分。

九五，王假有家，勿恤，吉。

〔譯〕

九五，君王來到家中，不用憂慮，吉祥。

〔記〕

「王假有家」的「有」與初九爻辭「閑有家」的「有」義同。假，音格，至、到的意思。王弼注：假，至也。朱熹《周易本義》曰：假，至也，如「假于太廟」之「假」。《廣雅·釋詁一》云：假，至也。《詩·商頌·玄鳥》云：四海來假，來假祁祁。鄭箋：假，至也。王假有家，指君王來到家中，比喻有貴人來到。勿恤，不用憂慮。恤，憂慮。《說文》云：恤，憂也。

九五陽剛之體居於尊位，所以稱王。二五正應，而成其家，居中處尊，履得其位，所以說「王假有家」。既然王假有家，故而不用憂慮，所以得吉。

象曰：王假有家，交相愛也。

〔譯〕

象曰：君王來到家中，尊卑上下和睦相愛。

〔記〕

交相愛也，指夫婦、父子、君臣、兄弟，尊卑上下，和睦相愛，釋所以「勿恤，吉」之義。

上九，有孚威如，終吉。

〔譯〕

上九，有威信而又嚴厲，結果吉祥。

〔記〕

凡物以剛猛爲本，則患在寡信，以仁愛爲本，則患在寡威，長不失威信，少不忘恭順，則正家之道可久。上體剛實有信，處家人之極，家道大成，居天之位，威而不失其信，信行天下，威信並立，故得吉祥，所以說「有孚威如，終吉」。孚，信；威，嚴厲。三上雖非陰陽相應，然同德相與，爻辭猶指九三「家人嗃嗃，悔厲吉」之義，上處卦終，故稱「終吉」。

象曰：威如之吉，反身之謂也。

[譯]

象曰：威嚴而得吉祥，是說上九能夠反身自省的意思。

[記]

反身，同「反躬」，反過來察省自己。謂，意思。此句是說上九在以威嚴待人的同時，也能反身省己，以身作則，威不失信，所以終吉，猶六三「悔厲吉」之義。

睽卦第三十八

[釋文音訓：睽，苦圭反，馬鄭王肅徐呂忱並音圭；注音：kuí]

【序卦傳】云：家道窮必乖，故受之以睽。睽者，乖也。

【繫辭傳】云：弦木爲弧，剡木爲矢，弧矢之利，以威天下，蓋取諸睽。

【雜卦傳】云：睽，外也。

䷥ 兌下離上

睽，小事吉。

【譯】乖離之際，柔順爲事吉祥。

【記】

睽，乖離的意思。《序卦傳》云：睽者，乖也。《莊子．天運》云：三皇之知，上悖日月之明，下睽山川之精，中墮四時之施。成玄英疏：睽，離也。陸德明《經典釋文》云：睽，苦圭反，又音圭，乖也。李鼎祚《周易集解》引鄭玄曰：睽，乖也。朱駿聲《六十四卦經解》云：睽當作聧，从耳从癸，耳不相聽也，故爲違隔乖離之義。

《繫辭下》云：弦木爲弧，剡木爲矢，弧矢之利，以威天下，蓋取諸睽。物睽則爭興，弧矢之用，威乖相爭，以體言之，下兌爲澤，上離爲火，澤潤下而火炎上，二性相違，不相交通，睽之象。施之於人，下爲少女，其應在上，上爲中女，其應在下，二女同處，志不同歸，各有所適，是爲居同而志異，亦爲睽象。王弼《畧例》云：「睽者，睽而通也。於兩卦之極觀之，義最見矣。極睽而合，極異而通，故先見怪焉，洽乃疑亡也。」

小事吉，指柔順爲事可得吉祥，言六五。小爲陰爲柔，往而居中得貴，有應在二，二體剛實，秉中正謙和之道，故而得吉，所以說「小事吉」。惠棟《周易述》注云：小謂五，陰稱小，得中應剛，故小事吉。尚秉和《周易尚氏學》云：小謂陰，六五得中有應，故小事吉也。李光地《周易折中》云：蓋周旋委曲，就其易者爲之，皆小事吉之義。引何氏楷曰：「業已睽矣，不可以忿疾之心驅迫之也。唯不爲已甚，徐徐轉移，此合睽之善術也，故曰小事吉。小事，猶言以柔爲事，非大事不吉，而小事吉之謂。」

又，孔穎達疏：「物情乖異，不可大事。大事，謂興役動衆，必須大同之世方可爲之。小事，謂飲食衣服，不待衆力，雖乖而可，故曰小事吉也。」朱駿聲《六十四卦經解》云：火欲上，澤欲下，中女少女，志不同歸，其性睽異，二陰爲小，私事可各行己志，故吉，定大策成大業，必共濟也。

彖曰：睽，火動而上，澤動而下，二女同居，其志不同行。說而麗乎明，柔進而上行，得中而應乎剛，是以小事吉。天地睽而其事同也，男女睽而其志通也，萬物睽而其事類也。睽之時用大矣哉。

【譯】

彖曰：睽卦的意象，火焰燃燒而嚮上，澤水流動而浸下，二女同居一室，其志卻不相同行。和悅而依附於大明，陰柔往進而上行，履得中位而應乎陽剛，所以說柔順爲事可得吉祥。天地乖離但其化育萬物的事功相同，男女乖離但其相互追求的心志相通，萬物形質乖離但其變化運動的規律卻相類似。睽卦這種因時而用的意義真是太偉大了。

【記】

「睽，火動而上，澤動而下，二女同居，其志不同行」，以天道人事而明卦義。

「火動而上，澤動而下」，卦體上離爲火，火性炎上，所以說「火動而上」；下兌爲澤，水性潤下，所以說「澤動而下」。此以二體之象釋卦辭，以明違離之義。前後二個「動」字，是說明事物始終都處於運動變化之中，而非靜止不變，以自然之象而明天地之理。

「二女同居，其志不同行」，卦體下兌爲少女，上離爲中女，上下二卦共成一體，所以說「二女同居」。上應在下，下應在上，所適各異，志不同歸，所以說「其志不同行」。此以人事而明自然之理，說明事物同中存異的特性。

「說而麗乎明，柔進而上行，得中而應乎剛，是以小事吉」，此從卦象、卦變及爻位釋卦辭所以「小事吉」之義。「說」同「悅」，取下體兌的意象，兌爲悅。麗，附麗、依附的意思。明，取上體離的意象，離爲明。兌下離上，以下附上，以卑附尊，所以說「說而麗乎明」。柔，指六五。剛，指九二。六體陰柔，往而居上卦中位，與下體九二陰陽相應，所以說「柔進而上行，得中而應乎剛」。小事吉，小爲陰爲柔爲順，六五陰柔得中而應剛，所以說「小事吉」。

天地睽而其事同也，天地，即陰陽、兩儀。天地睽，指天地之性、陰陽之屬不同，猶「天尊地卑」、「乾知大始，坤作成物」、「乾元，萬物資始」、「坤元，萬物資生」之例。其事，指化育萬物的事功。

男女睽而其志通也，男女睽，指男女心性不同。其志通，指相互追求，共同繁衍人類的心志是相通的。

萬物睽而其事類也，萬物睽，指萬物各依其性，各適其類，猶「物以類聚」之義。其事類，指萬物運動變化的規律類似。事，指萬物運動變化之事。類，類似、相類。

此三句是以天地人事而明萬物異中有同之理。

睽之時用大矣哉，時用，指因時而用，意即在相同之中而能使萬物各依其性，各得其宜；乖異之間而明萬物共同的變化之理、化育之功。

象曰：上火下澤，睽，君子以同而異。

〔譯〕

象曰：上火下澤，這就是睽卦的意象，君子觀此卦象明睽之道而在行事之中同中存異，異中求同。

〔記〕

睽卦，下兌爲澤，上離爲火，所以說「上火下澤」。

君子以同而異，釋同中存異，異中求同之理，亦即共性與個性、統一與個體的關係。王弼注：同於通理，異於職事。李鼎祚《周易集解》引荀爽曰：大歸雖同，小事當異，百官殊職，四民異業，文武並用，威德相反，共歸於治，故曰君子以同而異也。

初九，悔亡。喪馬勿逐，自復。見惡人，无咎。

〔譯〕

初九，悔恨消失。丟失了馬不用去尋找，自己會返回。謁見惡人，沒有咎害。

〔記〕

初九，位卑無應，有悔。李鼎祚《周易集解》引虞翻曰：无應，悔也。初四同剛，睽離之際，不立異自顯，廣和於人，類同志合，乃得「悔亡」。王弼注：與四合志，故得悔亡。《畧例》云：同救以相親，同辟以相疏，故或有違斯例者也，然存時以考之，義可得也。邢璹注：睽之初九、九四，陰陽非應，俱是「睽孤」，同處體下，交孚相救，而得悔亡，是同救相親。

「喪馬勿逐，自復」，卦體下本爲乾，乾爲馬，柔來居上而成兌，所以說喪馬。然初四志合，四爲坎主，美脊之馬，所以說「喪馬勿逐，自復」，指失乾之善鳴之馬，而得坎之美脊之馬。喪，失去、丟掉。逐，追逐、尋求。自復，指初四德同志合。

「見惡人，无咎」，見，謁見。四上初下，故稱謁見。《禮記．曲禮上》疏：自下朝上曰見。惡人，壞人，指九四。四爲坎主，坎爲險陷，初四敵應，失位不正，故稱之惡人。不應而遇，若摽顯自異，則必爲惡人所害，和光同塵，謁見於四，存異而求同，則可得「无咎」。

爻辭「喪馬」釋所以「悔」之義，「自復」、「无咎」釋所以「悔亡」之義。

象曰：見惡人，以辟咎也。

［譯］

象曰：謁見惡人，爲了避免咎害。

［記］

象辭意指初九謁見惡人，是爲了不惹惡人的忌恨，不招惡人的傷害，而避免咎害。辟，同「避」，避開、免除，李鼎祚《周易集解》作「避」。孔穎達疏：象曰以辟咎也者，惡人不應，與之相見而遜接之者，以避咎也。

九二，遇主于巷，无咎。

［譯］

九二，在巷道中遇見主人，沒有咎害。

［記］

主，主人，也可釋爲貴人，指六五。二五陰陽相應，五上二下，所以稱五爲二之主。巷，兩邊有物的狹窄道路。陸德明《經典釋文》云：「巷，說文云：里中道也；廣雅云：居也；字書作『衖』。」朱駿聲《六十四卦經解》云：「不期而會曰遇，主謂五，巷，宮中之道也，詩所謂室家之壺，離騷所謂家衖也。離中虛爲巷。」胡煦《周易函書》約注云：離中虛，兩陽在外，巷象。

九二履非其位，居不獲安，是爲有咎。然以剛居柔，有謙遜之德，其應在五，往而求合，得遇其主，乃得無咎，所以說「遇主于巷，无咎」。巷，五爲君位，一陰居二陽之間，宮道之象。又，二下伏陰成艮，艮爲宮闕、爲徑路、爲小石，亦宮道之象，今九二行於其上，往與五應，而遇其主，故稱「遇主于巷」。二處澤中，陽剛爲陰柔所揜，遇主于巷，猶幽隱之人而遇貴人之象，比喻時方乖離，凡事不可張揚自大，當秉中正謙和之德，方可獲貴人相助，而得「无咎」。

象曰：遇主于巷，未失道也。

【譯】

象曰：在巷道中遇見主人，沒有迷失道路。

【記】

未失道也，釋「遇主于巷」之義。道，指陰陽相應之道。睽離之際，二五皆履中位，明理而致合，道合而志同，所以說「遇主于巷，未失道也」。朱熹《周易本義》曰：本其正應，非有邪也。高亨《周易大傳今注》云：失道，迷失道路。

六三，見輿曳，其牛掣，其人天且劓。无初有終。

【譯】

六三，看見大車被陷，牛在用力往前拉，駕車的人受過烙額割鼻之刑。開始時處於險境但最終會有一個好的結果。

〔記〕

三爲離主，離爲目，故言見，本爲坤體，坤爲牛、爲大輿，處坎之始，坎爲險陷、爲曳、爲輪，陷而不前，所以說「見輿曵，其牛掣」。曵，同「曳」，往後拉，此指陷於坎陷的意思。掣，往前拉，與「曳」相反，喻示相違之意。輿，大車，指牛車。

三爲離兌之主，離爲火，其於人，爲乾卦，乾爲首，兌爲毀折，猶有火烙之刑，所以說「其人天且劓」。其人，指駕車的人。天，古代的酷刑。陸德明《經典釋文》云：天，剠也；馬云：剠鑿其額曰天。劓，古代的割鼻之刑。陸德明《經典釋文》云：劓，魚器反，截鼻也。孔穎達疏：剠額爲天，截鼻爲劓。

體陰處剛，失位不正，與二四相比，二五爲應，四初志同，皆與己乖離，近而不得，是爲「无初」之象。王弼注：凡物近而不相得，則凶。有應在上，其情獨專，得剛之應，上已脫險，居卦之終，位明之體，初睽終合，是爲「有終」。无初，指開始時處於險境之中。有終，指有好的結果。

占得此爻的人，因居位不當，初時處危險之境，但終得貴人相助，而有好的結果。

象曰：見輿曵，位不當也。无初有終，遇剛也。

〔譯〕

象曰：看見大車被陷，因爲居位不當。沒有好的開始但有好的結果，因爲遇見了剛正之人。

[記]

位不當也，釋所以「輿曳」之義。六三陰爻而居陽位，是位不當。

遇剛也，釋所以「无初有終」之義。剛，指上九。

象辭意指初因處位不當而陷入坎陷，若能努力奮進，專心於一，則可得貴人相助，而有一個好的結果。

九四，睽孤，遇元夫，交孚，厲无咎。

[譯]

九四，乖離而驚恐張望之際，遇見有識之士，志同道合而相互信任，有危險但沒有咎害。

[記]

睽孤，乖離而驚恐張望。孤，同「顧」，張望、驚顧之義。李鼎祚《周易集解》引虞翻曰：「孤，顧也。在兩陰閒，睽五顧三，故曰睽孤。」遇，遇見。元夫，指初九。元爲始，夫爲陽，故稱初九爲元夫，這裡比喻貴人，或有識之士。孔穎達疏：元夫，謂初九也。高亨《周易古經今注》云：「元，大也。元夫，大夫也。」朱駿聲

《六十四卦經解》云：「元者，善之長；元夫，猶善士。與惡人相反，遇元夫，與遇主相承。」交孚，指志同道合，意氣相投的意思。交，相互。孚，信任。

九四一陽居二陰、兩目之間，四顧驚望，上下皆非同類，五自應二，三應在上，無與無應，睽孤之象。初四皆陽，同處體下，初謁見於四，睽而求合，故四言「遇元夫」。四處險中，近無相得，遠無其應，有厲，然爲坎之主，坎爲孚，與初志同，誠以相合，是爲「交孚」，故雖厲而「无咎」。

象曰：交孚无咎，志行也。

[譯]

象曰：相互信任而沒有咎害，因爲九四與初九志同道合。

[記]

志行也，釋所以「交孚无咎」之義。行，猶「道」。志行，志同道合之義。

六五，悔亡。厥宗噬膚，往何咎。

【譯】

六五，悔恨消失。與其宗主關係親近，往應又哪來什麼咎害呢。

【記】

六五失位有悔，然得中應剛，所以「悔亡」。二五相應，以位而言，五居尊位，爲二之主，故九二言「遇主于巷」；以應而言，陰陽相匹，猶有肌膚之親，陽爲陰主，所以說「厥宗噬膚」。厥宗，王弼注：厥宗，謂二也。厥，相當於「其」。宗，猶主、主人的意思。噬膚，比喻關係親近，猶有肌膚之親。李鼎祚《周易集解》云：二兌爲口，五爻陰柔，噬膚之象也。睽離之際，居不當位，既有噬膚之親，往而相合，又有何咎，故言「往何咎」。厥宗噬膚，釋所以「悔亡」之義。朱駿聲《六十四卦經解》云：「宗謂二，二兌謂口，五坎爲豕，陰爲柔脆之膚，兌口噬之，即二之遇巷也。同人二以五爲宗，睽五以二爲宗，陰從陽也。同之時故吝，睽之時故慶。」

象曰：厥宗噬膚，往有慶也。

【譯】

象曰：與其主人關係親近，往應將有喜慶。

【記】

孔穎達疏：五雖居尊，而不當位，與二合德，乃爲物所賴，故曰「往有慶也」。

上九，睽孤，見豕負塗，載鬼一車，先張之弧，後說之弧，匪寇婚媾。往遇雨則吉。

［譯］

上九，乖離而驚恐張望，看見滿身污泥的豬，和一輛猶如載著鬼怪的大車，先張弓欲射，後又將弓放下，原來不是盜寇而是送婚的人。前往遇雨則可得吉祥。

［記］

上九處亢極之地，猶「亢龍有悔」，驚恐煩躁，是爲「睽孤」。王弼注：處睽之極，睽道未通，故曰睽孤。「見豕負塗，載鬼一車」，見，看見、見到。三上皆離，故並言「見」。豕負塗，指拉車的牛滿身污穢。負塗，置身泥塗之中，滿身污穢。塗，泥、泥巴。《廣雅．釋詁三》云：塗，泥也。載鬼一車，比喻駕車之人受天劓之刑且渾身污垢的形象。三上相應，三處坎體，坎爲豕爲陷爲水，輿曳牛掣，其人天且劓，猶「豕負塗，載鬼一車」之象。

先張之弧，弧，弓的通稱。《廣韻．模韻》云：弧，弓也。朱駿聲《說文通訓定聲．豫部》云：弧，又爲弓之通稱。上九居高視下，見豕負塗，載鬼一車，所以「先張之弧」。「後說之弧，匪寇婚媾」，匪寇婚媾，釋所以「後說之弧」。說，通「脫」，放下的意思。弧、寇，皆取坎象，三爲坎體，坎爲弓、爲盜、爲寇。婚媾，指三上陰陽相應。物極則反，睽極則通，三志在上，有應雖遠而相追，匪寇婚媾之象。

往遇雨則吉，雨，陰陽交和而成，去塗之物。上陽三陰，陰陽相應，故言遇雨。遇雨則陰陽和合，成家理事，遂得吉祥。

象曰：遇雨之吉，群疑亡也。

〔譯〕

象曰：遇雨可獲吉祥，種種怪異現象都已消失。

〔記〕

群疑亡也，釋所以「遇雨之吉」。疑，怪、怪異。雨爲去污之物，遇雨則「見豕負塗，載鬼一車」之象盡消，故群疑亡，乃得吉祥。

蹇卦第三十九

［釋文音訓：蹇，紀免反，王肅徐紀偃反；注音：jiǎn］

［序卦傳］

云：乖必有難，故受之以蹇。蹇者，難也。

［雜卦傳］

云：蹇，難也。

䷦ 艮下坎上

蹇，利西南，不利東北。利見大人，貞吉。

［譯］

艱難之際，適宜西南，不適宜東北。得見大德之人，貞正吉祥。

【記】

蹇，本義爲跛，指行路艱難。朱駿聲《六十四卦經解》云：蹇，从足，寒省，跛也，故轉訓難。朱熹《周易本義》曰：蹇，難也，足不能進，行之難也。從卦象看，卦名蹇，有險難的意思，水聚山上，滯而不流，有險難之象。《序卦傳》、《彖傳》、《廣雅．釋詁三》皆云：蹇，難也。

「利西南，不利東北」，西南，坤地寬厚；東北，艮山險峻。往地則物生，遇山則道窮，所以說「利西南，不利東北」。

「利見大人，貞吉」，此以爻象釋卦義。大人，大德之人，指九五，這裡比喻貴人。二五正應，二以柔順剛五剛直中正，是爲「利見大人」。艱難之際，履得其位，居中且正，利見大人，得貴人相助，所以「貞吉」。貞，猶正，貞正，指秉守中正之德。

彖曰：蹇，難也，險在前也。見險而能止，知矣哉。蹇，利西南，往得中也；不利東北，其道窮也；利見大人，往有功也。當位貞吉，以正邦也。蹇之時用大矣哉。

【譯】

彖曰：蹇，艱難的意思，險難就在前面。預見到前面有險難而能停止，這是明智的決定啊。艱難之際，適宜往西南，前往能得到中正之位；不適宜往東北，因爲其道窮困；得見大德之人，往進會成就功業。身居適當的位子貞正吉祥，可以安邦定國。蹇卦這種順時而用的意義真是太偉大了。

【記】

「蹇，難也，險在前也」，釋「蹇」之義。險在前也，以卦象言，上坎爲險，所以「說險在前也」。

「見險而能止，知矣哉」，以卦象釋卦義，坎上艮下，險難在前，遇險而止。知，同「智」，知、智古今字，智慧的意思。有險在前，若冒險而行，或罹其害，止而不往，相時而動，非智者不能，所以說「見險而能止，知矣哉也」。

「蹇，利西南，往得中也；不利東北，其道窮也」，此二句以卦變言。往得中也，釋所以「利西南」之義。卦體上本爲坤，坤爲地，地厚載物，西南之卦，九五本爲乾體，今往而居中，履位得尊，所以說「利西南，往得中也」。其道窮也，釋所以「不利東北」之義。卦體下本亦坤，今九來而居三而成艮，艮爲東北之卦，爲山爲止，止而終萬物者也，所以說「不利東北，其道窮也」。

「利見大人，往有功也」，此以爻而言。大人，指九五；往有功，指六二。五得其位，剛直中正，居君之位，大人之象。二五正應，故言「利見大人」。往，至而居上稱往，所以九五稱「往得中也」，這裡是指六二陰爻往而與九五相應之義。有功，指可建立功業，獲得成就。功，功業、成就。

「當位貞吉，以正邦也」，此以爻而言。二爲臣，五爲君，皆得其位，居中且正，君臣相合，上下相應，則邦國可定，所以說「當位貞吉，以正邦也」。或，五體剛正而居外，可安其邦；二體謙柔，守正而理內，可定其國，所以說「當位貞吉，以正邦也」。正邦，陸德明《經典釋文》云：荀陸本作「正國」，為漢朝諱。

蹇之時用大矣哉，時用，順時而用，這裡是說在艱難之際，不可冒進，當順時而爲，明進退之時，則可濟世建功。

象曰：山上有水，蹇，君子以反身脩德。

〔譯〕

象曰：山上有水，這就是蹇卦的意象，君子觀此卦象明蹇之道而反身自省，脩養德行，以濟蹇難。

〔記〕

蹇卦，下艮爲山，上坎爲水，所以說「山上有水」。李鼎祚《周易集解》引崔憬曰：山上至險，加之以水，蹇之象也。

君子以反身脩德，反身，反過來要求自己。山高水險，水積山上，彌益危難，君子值此，順時而處，量時而行，反身而自脩其德以濟險難。孟子曰：行有不得者，皆反求諸己。王弼注：除難莫若反身脩德。

初六，往蹇，來譽。

〔譯〕

初六，往進有險難，止而不進可得稱譽。

[記]

往，往前、往進；來，退、退回來，這裡指止而不進；譽，稱譽。

陰柔之體處卑微之地，其外二坎相接，險難在前，往無其應，故言「往蹇」。居艮之初，艮爲止，往既有險，則遇險而止，止而不進，順時以待，可得稱譽，所以說「來譽」。《象》曰：見險而能止，知矣哉。程頤《周易程氏傳》云：上進則爲往，不進則爲來，止而不進，是有見幾知時之美，來則有譽也。此爻是說處艱難之際當適時而爲，知所進退。

象曰：往蹇來譽，宜待也。

[譯]

象曰：往進有險難，止而不進可得稱譽，是說處艱難之際應當等待時機。

[記]

宜待也，宜，應當、應該。《詩．邶風．穀風》云：黽勉同心，不宜有怒。待，待時、等待時機。李鼎祚《周易集解》作「宜待時也」。陸德明《經典釋文》云：張本作「宜時也」，鄭本「宜待時也」。尚秉和《周易尚氏學》

云：「茲從張氏。艮爲時，宜時者，謂時宜如此也。阮校云：《石經》『待也』二字，漫漶。而不言上有『宜』字，可見鄭虞讀似非。」高亨《周易大傳今注》云：待借爲時，宜待即宜時，合乎時宜也。

六二，王臣蹇蹇，匪躬之故。

[譯]

六二，輔佐君王的臣子處於重重險阻之中，不是因爲自身的緣故。

[記]

王臣，指輔佐君王的臣子，帛書本作「王僕」。王，指九五；臣，指六二。二五正應，五居君位，二得臣位，故稱二爲王臣。蹇難之際，二志在濟君，然五居坎中，二處坎始，又爲艮體，坎險艮山，所以說「王臣蹇蹇」。蹇蹇，險阻重重。匪，同「非」。躬，自身、自己。《說文》云：躬，身也。故，緣故、原因。

爻辭意思是說九五處險難之中，六二志在濟險，所面臨的重重險阻皆不爲己事，所以說「匪躬之故」。尚秉和《周易尚氏學》云：匪躬之故，言所以劬勞如此者，乃從王事，匪爲私也。

又，孔穎達疏：「九五居於王位，而在難中，六二是五之臣，往應於五。履正居中，志匡王室，能涉蹇難而往濟蹇，故曰王臣蹇蹇也。盡忠於君，匪以私身之故而不往濟君，故曰匪躬之故。」

象曰：王臣蹇蹇，終无尤也。

［譯］

象曰：王臣處在重重險阻之中，結果不會有什麼尤怨。

［記］

尤，尤怨、怨責。《玉篇·乙部》云：尤，責也，怨也。蹇難之際，二五同處險中，中正以應，二志匡王室，履中行義，執心不回，不以五在難中，而私身遠害，故而「終无尤也」。

九三，往蹇，來反。

［譯］

九三，往進遇到險陷，退而返回。

［記］

反，同「返」，返回。九三雖應在上，但身居險中，往又遇險，二坎相連，險陷重重，所以說「往蹇」。蹇難之際，履得其位，往則遇險，來則得位，可獲其安，故「來反」。

象曰：往蹇來反，內喜之也。

［譯］

象曰：往進遇到險陷，退而返回，心中樂意自省等待時機。

［記］

內，有二解，一指內心，九三內心之中知險而止，返據二陰，樂意返回等待時機。二指內卦初二三個陰爻，三爲內主，剛實之體，遇險而返，則內不失其主，故而喜之。

六四，往蹇來連。

［譯］

六四，往進有險難，退返也有險難。

［記］

六四處二坎交會之際，陷重險之中，往爲坎始，來居坎極，行動艱難，多懼之地，處境困阨，所以說「往蹇來連」，此與習坎六三「來之坎坎」義同。連，音斂，艱難、險難的意思。《集韻》云：連，難也。陸德明《經典釋文》云：「連，馬云：難也。」王弼注：往則无應，來則乘剛，往來皆難，故曰往蹇來連。

又，李鼎祚《周易集解》引虞翻曰：連，輦；引荀爽曰：來還承五，則與至尊相連，故曰來連也。朱熹《周易本義》曰：連於九三，合力以濟。然尚秉和《周易尚氏学》云：荀爽谓与至尊相连，朱子谓连于九三者，皆非也。

象曰：往蹇來連，當位實也。

【譯】

象曰：進退都有險難，是說雖然居位適當但上下皆有坎陷。

【記】

六四陰居柔位，是爲當位；處二坎之際，上下皆坎，是爲實，所以說「當位實也」。實，指坎，坎剛中爲實。尚秉和《周易尚氏學》云：「《易林．屯之師》云：『李梅冬實』，師震爲李梅，坎爲冬爲實也。舊解皆以乾爲實，致此句義不明了。豈知此『實』字謂坎。上下坎，方能明來往皆難之義也。」

又，孔穎達疏：象曰當位實者，明六四得位履正，當其夲實，而往來遇難者，乃數之所招，非邪妄之所致也，故曰當位實也。

九五，大蹇，朋來。

［譯］

九五，處艱難之中，有朋友前來相助。

［記］

大蹇，大爲陽，指九五。九五處險之中，爲險之主，故稱大蹇。王弼注：處難之時，獨在險中，難之大者也，故曰大蹇。朋，指六二。朋來，指有朋友前來相助。陽處剛位，得位中正，正應在二，大蹇之際，堅守其德，不易其節，二志在匡濟王室，不顧己身，忠直以濟，所以說「大蹇朋來」。

象曰：大蹇朋來，以中節也。

［譯］

象曰：處蹇難之際，有朋友前來相助，因爲能堅守中正之德而不易其節。

［記］

以中節也，釋所以「大蹇朋來」之義。中節，指秉義守節，中正不變。中，中正。節，節操、氣節。指九五雖處艱難之境，而能履得其位，堅守中正之德而不變其節，因此有朋友前來相助，拯濟於險難之中。

上六，往蹇，來碩，吉，利見大人。

［譯］

上六，往進艱難，退返會有大的收穫，吉祥，得見大德之人。

［記］

碩，碩果，猶大的意思，這裡指大的收獲。孔穎達疏：碩，大也。

上六處蹇之極，無所往進，所以說「往蹇」。正應在三，三體剛實，履得其位，來而以柔應剛，可得剛濟，險難可解，所以說「來碩」。碩，指六三。三陽爲大，以剛居剛，得位且正，故稱碩。

利見大人，釋所以「吉」之義。上六與九三相應，然三已退返，與五相比，來而相順，得貴人相助而與三應，因此而得吉祥，所以說「吉，利見大人」。大人，指九五。

象曰：往蹇來碩，志在內也；利見大人，以從貴也。

［譯］

象曰：往進艱難，退返會有大的收穫，因爲心志在內；得見大德之人，是說能順從尊貴的人。

【記】

志在內也，釋所以「往蹇來碩」之義。內，指九三。上六與九三正應，三爲內主，所以說「志在內也」。王弼注：有應在內，往之則失，來則志獲，志在內也。

以從貴也，釋「利見大人」之義。從，順從、追隨。貴，指九五。陽爲貴，陰爲賤，九五陽剛居尊得位，所以說「以從貴也」。

解卦第四十

【釋文音訓：解，音蟹；注音：jiě】

【序卦傳】

云：物不可以終難，故受之以解。解者，緩也。

【雜卦傳】

云：解，緩也。

䷧ 坎下震上

解，利西南。无所往，其來復吉；有攸往，夙吉。

〔譯〕

險難舒解，適宜往西南方。若不前往，七日內返回吉祥；若前往，盡早行動吉祥。

〔記〕

解，舒解、舒緩。朱熹《周易本義》曰：解，難之散也。《序卦傳》云：「物不可以終難，故受之以解。解者，緩也。」李鼎祚《周易集解》引崔憬曰：蹇終，則「來碩，吉，利見大人」，故言「物不可以終難，故受之以解」。

「解，利西南」，蹇卦，水在山上，滯而不流，有傾危之象，所以稱蹇；解卦，水已降下，險難消除，故而稱解。卦體坎下震上，動而出乎險，險散之象，亦稱解。解之爲義，解難而濟險，下坎爲雨，上震爲雷，雷雨行而萬物生，險難消解。西南爲坤，坤爲衆爲順，容萬物而成萬物者，所以說「利西南」。

「无所往，其來復吉；有攸往，夙吉」，无所往，指不往西南方嚮。來復，猶七日來復之義。夙吉，盡早行動吉祥。夙，盡早、快速。李鼎祚《周易集解》引虞翻曰：夙，早也。此句卦辭意思是說當解之際，或退或進，皆應盡速，若不往西南方嚮，則應當在七日之內返回安靜脩身，可獲吉祥；若決定前往，則應當盡速行動，不可猶疑徘徊，亦可獲吉祥。

彖曰：解，險以動，動而免乎險，解。解，利西南，往得衆也。其來復吉，乃得中也。有攸往，夙吉，往有功也。天地解而雷雨作，雷雨作而百果草木皆甲坼，解之時大矣哉。

［譯］

彖曰：解卦的意象，據險而動，動而脫離險阨之境，險難得到舒解。險難舒解之際，適宜往西南方，前往可以得到衆人支持。（若不前往），七日內返回可得吉祥，而履得中位。若決定前往，盡早行動可獲吉祥，前往會得到衆人支持而成就功業。天地間險難舒解而雷行雨施，雷行雨施則百果草木皆破殼而出萌發新芽，解卦這種順隨時宜的意涵真是太偉大了。

［記］

「解，險以動，動而免乎險，解」，此以二體之象釋卦義。卦體下坎爲險，上震爲動，震於坎外，所以說「險以動，動而免乎險」。前面的「解」，指卦名；後面的「解」，舒解，釋「解」之義。免，離開、避開，指脫離了險難之境。

「解，利西南，往得衆也」，往得衆也，釋所以「解，利西南」之義。西南爲坤，坤爲衆，所以說「往得衆也」。往，前往。以卦變言，卦體上本爲坤，坤爲衆，乾元一陽往而成震，爲震之主，震爲侯，所以說「往得衆」。李鼎祚《周易集解》引荀爽曰：乾動之坤而得衆，西南，衆之象也。

「其來復吉，乃得中也」，其來復吉，當爲「无所往，其來復吉」的省文。乃得中也，釋所以「无所往，其來復吉」之義，指九二無所往，來而居得中位，爲內之主，守中正謙和之德，而得吉祥。

「有攸往，夙吉，往有功也」，有攸往，指往西南方嚮。往有功也，往而得衆，故有功也。

「天地解而雷雨作，雷雨作而百果草木皆甲坼」，下坎爲水，上震爲雷，雷雨之象，天地交而阨解，阨解而雷雨行，雷雨行則萬物相生，因此百果草木皆甲坼。作，產生、興起。《說文・人部》云：作，起也。甲坼，指草木發芽時外殼裂開。甲，指植物果實或動物的硬質外殼。坼，裂開。陸德明《經典釋文》云：「坼，說文云：裂也。」王弼注：「天地否結，則雷雨不作；交通感散，雷雨乃作也。雷雨之作，則險阨者亨，否結者散，故百果草木皆甲拆也。」

解之時大矣哉，時，順隨時宜之義，指當解之際，或進或退，或滯或急，皆須順應時勢而作出選擇。

象曰：雷雨作，解，君子以赦過宥罪。

[譯]

象曰：雷行雨施，這就是解卦的意象，君子觀此卦象明解之道當此之時而赦免人們的過失，寬恕人們的罪惡。

【記】

解卦，下坎爲雨，上震爲雷，雨降於下，雷動於上，雷雨之象，所以說「雷雨作」。

君子以赦過宥罪，赦，有罪而放免稱爲赦。宥，寬恕、赦免。《廣雅·釋言》云：宥，赦也。《說文》云：宥，寬也。孔穎達疏：赦，謂放免；過，謂誤失；宥，謂寬宥；罪，謂故犯。雷興雨起，阨難舒解，君子觀察此象，悟此舒解之理而赦過宥罪，過輕則赦，罪重則宥。

初六，无咎。

【譯】

初六，沒有咎害。

【記】

阨難舒解之際，初體柔順，有應在四，陰陽相感，剛柔相濟，故得「无咎」。

象曰：剛柔之際，義无咎也。

【譯】

象曰：剛柔交會，理當沒有咎害。

[記]

際，交會、會合，指初六與九四陰陽交會。《廣雅．釋詁四》云：際，會也。尚秉和《周易尚氏学》云：际，交也。高亨《周易大傳今注》云：際，交接也。義，理當，理所當然的意思。王弼注：義，猶理也。

初四相應，四體剛健，居明之體，爲震之主，所以說「義无咎也」。

九二，田獲三狐，得黃矢，貞吉。

[譯]

九二，田獵時獵獲三隻狐狸，得到黃色的箭，貞正吉祥。

[記]

田，同「畋」，田獵。《字彙．田部》云：田，獵也。獲，獵得、獵獲。《說文．犬部》云：獲，獵所獲也。

狐，狐狸，陰之物。王弼注：狐者，隱伏之物也。黃矢，黃色的箭。王弼注：黃，理中之稱也；矢，直也。

二爲田，猶「見龍在田」。卦體下本爲坤，坤地爲田，九二剛來而健行於田，田獵之象。居中成坎，而爲坎主，坎爲弓、爲狐、爲隱伏，所以說「田獵三狐」。三狐，指下體坤的三個陰爻，即初六、六三及伏陰六二。又，三狐，尚秉和《周易尚氏學》云：二應在五，五震爲田獵，數三，故曰田獲三狐。程頤《周易程氏傳》云：「狐者，邪媚之獸。三狐，指卦之三陰，時之小人也。」朱熹《周易本義》云：「此爻取象之意未詳，或曰：卦凡四陰，除六五君位，餘三陰，即三狐之象也。」

得黃矢，指九二來而居中，具剛直中正之德。黃，中色，取二居中之象。矢，直，取離之象，二爲離體，離爲矢。

當解之際，二五陰陽相應，五體陰柔，施信於二，二以剛實中直之德，去邪媚隱伏之物，解阨於險陷，乃得吉祥，所以說「貞吉」。貞吉，貞正則吉。貞，猶正，指九二的剛直中正之德。程頤《周易程氏傳》云：「六五以陰柔居尊位，其明易蔽，其威易犯，其斷不果而易惑，小人一近之，則移其心矣。況難方解而治之初，其變尚易。二既當用，必須能去小人，則可以正君心而行其剛中之道。田者，去害之事。」

又，獲三狐，得黃矢，狐爲祥瑞，黃爲吉利，皆爲祥瑞之兆，故而「貞吉」。《吳越春秋》引塗山之歌曰：綏綏白狐，九尾龐龐，我家嘉夷，來賓爲王。狐爲祥瑞，自可避邪。《中華全國風俗志》云：兒童小帽以五色絨絲織上，上復馴狐之毛，避邪祟也。《山海經》郭璞注：九尾狐，太平則出而爲瑞。（自《吳越春秋》至「出而爲瑞」，摘自陳鼓應、趙建偉《周易今注今譯》）

象曰：九二貞吉，得中道也。

【譯】

象曰：九二貞正吉祥，因爲能秉守剛實中正之道。

【記】

得中道也，釋所以「貞吉」之義，明九二雖居位不當，然履得中位，唯堅守剛實中正之德，方得吉祥。

六三，負且乘，致寇至，貞吝。

【譯】

六三，背負重物而乘車，招來了盜寇，如此下去會有憾惜。

【記】

負，以背載物。《玉篇·貝部》云：負，擔也，置之於背也。乘，猶車，這裡指乘車。孔穎達疏：乘者，君子之器也；負者，小人之事也。

六三以陰柔之體而居陽剛之位，失位不正，下乘淩於二，上攀附於四，猶負物乘車，居非其位，乘非其器。以象言之，三自坤體，坤爲大輿，居二坎之際，坎爲寇，其於輿爲多眚，所以說「負且乘，致寇至，貞吝」。施之於人，負物之人於輿車之上，小人乘君子之器，居非分之位，非其所堪，以小謀大，力不及而不能勝，不可長久，如此以往，必有憾惜，故而「貞吝」。《繫辭上》有云：「負也者，小人之事也；乘也者，君子之器也。小人而乘君子之器，盜思奪之矣。上慢下暴，盜思伐之矣。慢藏誨盜，冶容誨淫。」

象曰：負且乘，亦可醜也。自我致戎，又誰咎也。

[譯]

象曰：背負重物而乘車，實在是怪異的事情。自己招來盜寇，又會是誰的咎過呢。

[記]

亦可醜也，亦，確實、實在的意思。《後漢書．竇融傳贊》云：悃悃安豐，亦稱才雄。李賢注：亦，猶實也。醜，怪異、奇怪的意思，也指事物不好。《荀子．宥坐》注云：醜，謂怪異之事。

「自我致戎，又誰咎也」，戎，指盜寇。陸德明《經典釋文》云：致戎，本又作「致寇」。咎，過錯、咎過。又誰咎也，指咎過由自己造成，非他人所致，與他人無關。

九四，解而拇，朋至斯孚。

【譯】

九四，解脫了六三的依附，朋友才會來到而心誠相應。

【記】

四爲震主，震爲足，三四相比，三柔四剛，三攀附於四，猶趾附於足，故稱拇。四初陰陽相應，得三之附則失初之應，三既「負且乘」，處解之際，當解三之附而應於初，初順而從之，可得剛柔相濟，是爲朋至斯孚，所以說「解而拇，朋至斯孚」。王弼注：「失位不正，而比於三，故三得附之爲其拇也。三爲之拇，則失初之應，故解其拇，然後朋至而信矣。」解，這裡是解脫、脫掉的意思。《廣韻·蟹韻》云：解，脫也。而，猶爾，相當於「你」，指九四，帛書本作「其」。孔穎達疏：而，汝也。《小爾雅·廣詁》云：而，汝也。拇，手腳的大指，指六三。孔穎達疏：拇，足大指也。朋，朋友，指初六。斯，相當於「則」、「而」。王引之《經傳釋詞弟八》云：斯，猶則也。解而拇，猶指去除小人陰柔之物。

又，程頤《周易程氏傳》云：「九四以陽剛之才，居上位，承六五之君，大臣也，而下與初六之陰爲應。拇，在下而微者，謂初也。居上位而親小人，則賢人正士遠退矣。斥去小人，則君子之黨進，而誠相得也。四能解去初六之陰柔，則陽剛君子之朋來至而誠合矣。」

象曰：解而拇，未當位也。

【譯】

象曰：解脫六三的依附，因爲處位不適當。

【記】

未當位也，釋所以「解而拇」之義。未當位，指九四剛居柔位，是爲不當。孔穎達疏：「四若當位履正，即三爲邪媚之身，不得附之也。既三不得附四，則無所解。今須解拇，由不當位也。」

六五，君子維有解，吉，有孚于小人。

【譯】

六五，君子能夠脫離險境，吉祥，因爲能施信與居下位的人。

【記】

君子，居上位而占筮的人，指六五。維，語助詞，用於句中或句首。孔穎達疏：維，辭也。有解，指能夠脫離險境。孚，信任。有孚，指能夠施以信任。于，相當於「與」。小人，指居下位的人，此指九二。此「小」是依位而言，非以陰陽，二五爲應，五陰居上，稱君子，二陽處下，稱小人。

五以陰柔之體而居尊位，具謙和中正之德，下應於二，施信於人，二剛中直，得五之信，而獲祥瑞之兆，秉中直之德守正而應五，五獲應援，解阨於險陷，乃獲吉祥，所以說「君子維有解，吉，有孚于小人」。

象曰：君子有解，小人退也。

［譯］

象曰：君子能夠脫離險境，作難的小人已經消退。

［記］

小人退也，釋所以「君子有解」之義。小人，這裡指作奸犯難的人。孔穎達疏：小人，謂作難者。五應在二，二「田獲三狐」，所以說「小人退也」。退，消失、退離。

上六，公用射隼于高墉之上，獲之无不利。

［譯］

上六，王公射殺高牆上的隼，射獲它沒有什麼不利。

［記］

公，孔穎達疏：公者，臣之極，上六以陰居上，故謂之公也。胡煦《周易函書》約注云：上，高而无位，公也。隼，指六三。孔穎達疏：隼者，貪殘之鳥，鸇鷂之屬。三履非其位，既負且乘而不應於上，貪婪之象，居離之體，離爲雉，以鳥爲喻，故稱之隼。墉，城牆、高牆。孔穎達疏：墉，牆也。《說文．土部》云：墉，城垣也。《爾雅．釋宮第五》云：牆謂之墉。

三体陰柔，居下體之極，猶隼居於高牆之上。三爲人道，山林之物居人之高牆，必被誅射。以象言之，三六同位不應而相射，上六居坎之上，坎爲弓，執弓而射，射而獲之，以解悖阨，無所不利。言於人事，當解之際，小人竊位，失位而負乘，上六居解之極，當解其違逆，除其悖亂，故而射之於高墉之上。又，《繫辭下》子曰：「隼者，禽也；弓矢者，器也；射之者，人也。君子藏器於身，待時而動，何不利之有？動而不括，是以出而有獲，語成器而動者也。」

象曰：公用射隼，以解悖也。

【譯】

象曰：王公射殺高牆上的隼，是爲了解除悖亂。

【記】

解，解除、除去。悖，悖亂、悖逆。孔穎達疏：悖，逆也。《國語．周語上．邵公諫厲王弭謗》云：是以事行而不悖。韋昭注：悖，逆也。六三失位負乘，不應於上，是悖逆之人。上六居動之極，能解除六三之悖逆，所以說「以解悖也」。

損卦第四十一

【釋文音訓：損，孫本反；注音：sǔn】

【序卦傳】

云：緩必有所失，故受之以損。

【繫辭傳】

云：損，德之脩也；損，先難而後易；損，以遠害。

【雜卦傳】

云：損益，盛衰之始也。

䷨ 兌下艮上

損有孚，元吉，无咎，可貞，利有攸往。曷之用？二簋可用享。

【譯】

損下益上誠實有信，大吉，沒有咎害，可以持續下去，適宜有所往進。何以運用呢？如同用二簋之食的簡約之禮即可以進行祭獻。

【記】

損，減損、減少。《說文·手部》云：損，減也。孔穎達疏：損者，減損之名，此卦明損下益上，故謂之損。陸德明《經典釋文》云：損，孫本反，虧減之義也，又訓失。朱駿聲《六十四卦經解》云：損，減也。

以象言之，兌下艮上，坤於其中，山處地上，澤於山下，以自損而增山高之象。以卦變言，下本爲乾，柔來居上而成兌；上本爲坤，剛往居上而成艮，三、上之變，下失剛而得柔，稱之損；上失柔而得剛，謂之益。損下而益上，損己而益人，是爲損之義。行損之道，而不失其信，則無諂佞之虞，損而有孚，能脩德，能益物，其德寬大，刻損以脩身，身脩則無患，以遠害，必得元吉，所以說「損有孚，元吉，无咎」。有，保有、保持。孚，猶信，真誠信實。當損之際，以孚爲本，內外各爻皆有其應，是爲內外相通，損而無過，益而不盈，順理而守常，故「可貞，利有攸往」。貞，持續下去的意思。

曷之用？來知德《周易集注》云：「曷之用者，言何以用損也，若問辭也。二簋至薄，亦可享于鬼神，若答辭也。」曷，表示疑問，相當於「何」。《說文·曰部》云：曷，何也。李鼎祚《周易集解》引崔憬曰：曷，何也。之，相當於「以」。吳昌瑩《經詞衍釋》卷九曰：之，猶以也。

二簋可用享，二簋之約即可用於享祀，言行損之道，貴在於信而不以物豐，飾過其誠，則揜其信，誠敬則禮成，指行損己益人之事不在於大小，《三國志・蜀志・先主傳》裴松之注云：勿以善小而不爲。王弼注：「二簋，質薄之器也。行損以信，雖二簋而可用享。」簋，古代盛食物的器皿，也用作禮器，戰國以後主要用作宗廟禮器。李鼎祚《周易集解》引荀爽曰：簋者，宗廟之器，故可享獻也。惠棟《周易述》疏云：「荀氏曰：簋者，宗廟之器。震長子主祭器，故爲簋。《明堂位》曰：周之八簋。《祭義》曰：八簋之實。鄭注云：天子之祭八簋。簋有八而稱二者，《三禮圖》：簠盛稻粱，簋盛黍稷。故知二簋者，舉黍與稷也。」享，獻享、享祀。《爾雅・釋詁下》云：享，獻也。《字彙・亠部》云：享，祭也。李鼎祚《周易集解》引虞翻曰：享，享祀也。

又，尚秉和《周易尚氏學》云：「《爾雅・釋詁》：曷，止也。而曷與愒通。《詩・大雅》：汔可小愒。傳：愒，息也。息止義同。故《集韻》云：愒或作曷也。而愒與憩通。《詩・甘棠》篇：召伯所憩。《釋文》：憩本又作愒。曷之用，言憩息之時也。上卦艮，故云憩。」高亨「曷之用？二簋可用享」讀「曷之用二簋，可用享」，曷疑借爲饁，古字通用。《說文》：饁，餉田也。《廣雅・釋詁》：饁，饋也。《左傳・僖公三十三年》傳釋文引《字林》云：饁，野饋也。簋，黍稷圜器也。曷之用二簋，承利有攸往言，謂將有人饋行者以二簋也。（高亨《周易古經今注》損第四十一）

彖曰：損，損下益上，其道上行。「損而有孚，元吉，无咎，可貞，利有攸往。曷之用？二簋可用享」，二簋應有時，損剛益柔有時，損益盈虛，與時偕行。

【譯】

象曰：損卦的意象，減損下方增益上方，其道嚮上運行。「損下益上而誠實有信，大吉，沒有咎害，可以持續下去，適宜有所往進。何以運用呢？如同用二簋之食的簡約之禮即可以進行祭獻」，二簋之祭應該順時而爲，減損陽剛之實增益陰柔之虛也要適時而行，損益盈虛之道，要與時共行順應客觀規律和自然法則。

【記】

「損，損下益上，其道上行」，此以二體釋卦義。卦體下兌爲陰，上艮爲陽，陽止於上，陰順於下，以柔從剛，減下奉上，是上行之義，所以說「損，損下益上，其道上行」。

「損而有孚，元吉，无咎，可貞，利有攸往。曷之用？二簋可用享」，複述卦辭之文。損而有孚，即卦辭「損有孚」。損之道以信爲本，行損之時施以誠敬，損下益上而不以盈上，損剛益柔而不以消剛，則損剛而不爲偏邪，益上而不爲諂佞，必得「元吉」，吉乃「无咎」。吉而無咎之時，當無往而不利，所以說「可貞，利有攸往」。

「二簋應有時，損剛益柔有時，損益盈虛，與時偕行」，此爲警示之語，明損道之理，指損己益人之道不可爲常，自然之質各定其分，短者不爲不足，長者不爲有餘，剛柔之道，剛德不可恒減，柔道不可常盈，應當順時而爲，應時而行，適可而止。王弼注：至約之道，不可常也。損剛益柔，以爻象而言，損剛，指卦體下本爲乾，一柔來而居上，是爲損一剛；益柔，指卦體上本爲坤，一剛往而居上，柔得剛助，是爲益柔。損益盈虛，益，指下乾；虛，指上坤。與時偕行，指順時而行，與時俱進。偕，共同。

象曰：山下有澤，損，君子以懲忿窒欲。

〔譯〕

象曰：山下有澤，這就是損卦的意象，君子觀此卦象悟損之道而克制憤怒，遏制私欲。

〔記〕

損卦，下兌爲澤，上艮爲山，所以說「山下有澤」。

君子以懲忿窒欲，懲忿窒欲，戒止憤怒，杜塞情俗。懲，抑止、戒止。《玉篇．心部》云：懲，止也。陸德明《經典釋文》作「徵」，云：直升反，止也。窒，杜塞、遏制。孔穎達疏：懲者，息其既往；窒者，閉其將來。

澤卑而山高，猶澤自損而崇山高之象，君子法此而常脩己道，懲止忿怒，窒塞意欲。

初九，已事遄往，无咎，酌損之。

〔譯〕

初九，事情完成疾速前往，沒有咎害，要擇善而取斟酌減損。

〔記〕

已事遄往，已，完成、完畢。陸德明《經典釋文》云：已，音以，本亦作「以」。孔穎達疏：已，竟也。《廣雅．釋詁三》云：已，成也。《玉篇．已部》云：已，畢也。遄，快速、疾速。王弼注：遄，速也。陸德明《經典釋文》云：遄，市專反，速也，荀作「顓」。李鼎祚《周易集解》引虞翻曰：遄，速。《詩．鄘風．相鼠》云：相鼠有體，人而無禮；人而無禮，胡不遄死。毛傳：遄，速也。

初九剛健，正應在四，四體陰柔，賴初之益。損道之始，各司其職，損下益上，當事成而往，盡速而爲，可得「无咎」。若事已而不往，則爲傲慢；若廢事而往，則咎莫大焉。爲損之道，當擇善而爲，損而不過，益而不盈，所以當「酌損之」。酌損之，《彖》曰「損剛益柔有時，損益盈虛，與時偕行」。酌，擇善而取，斟酌的意思。李鼎祚《周易集解》引虞翻曰：酌，取也。惠棟《周易述》注云：酌，取也。《玉篇．酉部》云：酌，取也。

又，「已事遄往」的「已」字，帛書本作「巳」，南宋刊單疏本《周易正義》作「巳」，李鼎祚《周易集解》作「祀」，虞翻作「祀」，訓爲「祭祀」，又云「祀」，舊作「巳」。惠棟《周易述》作「巳」，注云：巳讀爲祀，祀爲祭祀。朱駿聲《六十四卦經解》作「巳」，云：巳，當作祀，祭祀也。尚秉和《周易尚氏學》引晁氏云：巳，古文祀字。按：「已」作「巳」，與「祀」同，指祭祀。巳事遄往，指祭祀之事，應當盡速，不可遲疑。酌損之，義與卦辭「二簋可用享」相承，之，指祭祀之事。「巳事遄往，无咎」與益卦六三「益之用凶事，无咎」相應，巳事，指祈福消災之事。

象曰：已事遄往，尚合志也。

【譯】

象曰：事情完成疾速前往，與六四心志相合。

【記】

尚，同「上」，指六四。合志，指心志相合。初九與六四陰陽正應，所以心志相合。王弼注：尚合於志，故速往也。

九二，利貞，征凶，弗損益之。

【譯】

九二，適宜貞固自守，行動不吉利，不用刻意減損自己增益他人。

【記】

損之道，減剛之餘而益柔之不足。九二陽居陰位，剛柔適中，非有餘之人，其應在五，五柔居剛位，亦非不足。非正而應，二若損己益五，處柔悅之體，益陰柔之君，往以悅而應於上，有諂佞之虞，違損之道，故而有凶，所以說「利貞，征凶」。貞，猶定，貞固、貞定，指堅守中正謙和之道。征，行，指損己而益五的行爲。李鼎祚《周易集解》引虞翻曰：征，行也。弗損益之，是說既然「利貞，征凶」，則不要刻意減損自己而增益他人。程頤《周易程氏傳》云：世之愚者，有雖無邪心，而唯知竭力順上為忠者，蓋不知弗損益之之義也。益，增益、幫助。《戰國策秦策》注：益，助也。

象曰：九二利貞，中以為志也。

【譯】

象曰：九二適宜貞固自守，以堅守中正謙和之德為心志。

【記】

中以為志也，釋「九二利貞」之義。九二失位，然居下卦之中，得中正謙和之德，故「中以為志」。

六三，三人行，則損一人。一人行，則得其友。

【譯】

六三，三人同行，便會減損一人。一人獨行，則可得到朋友。

【記】

損之爲義，損下益上，其道上行。六三應在上九，其上有四五二陰，三陰同類，有相從之義，然三四五三陰分屬上下二體，本非同行，若三陰並行，則雜而亂，欲益上九一人，會使上九懷疑，疑則失其適匹之義，名爲益，實則損，所以說「三人行，則損一人」。三人，指三四五三個陰爻。王弼注：三人，謂自六三已上三陰也。一人，指上九。若六三一人獨行，是爲陰陽相匹，事情和合，則上九納己無疑，而得其友，所以說「一人行，則得其友」。此處的一人，指六三。友，指上九。

爻辭告誡人們行損之道，當保持真誠信實，不以多以豐，而應以誠以信，真誠相益，方可獲得信任，卦辭有云「曷之用？二簋可用享」。

象曰：一人行，三則疑也。

[譯]

象曰：一人獨行可得到朋友，三人同行會使對方生疑。

[記]

行，指行動、行事。疑，指對方生疑。凡事當合於常理，順時而行，適時而可，過則揜其誠而生疑慮。又，或指三人間相互猜疑。一人行事，則專一而致事成，三人共事，則徒生疑忌而至事敗。

六四，損其疾，使遄有喜，无咎。

【譯】

六四，減損欲望的痛苦，應當盡快便會有喜慶，沒有咎害。

【記】

疾，痛苦，指欲望之疾。孔穎達疏：疾者，相思之疾也。有喜，有喜慶，這裡指痛苦消除。

六四，陰居柔位，陰柔之氣至盛，潛陽成坎，坎爲心病、爲加憂，呈疾之象。正應在初，相感已久，爲二所隔，而生相思之疾。天地之疾，多藏於山澤之間，人生之疾，多在於飲食男女之際，故《大象》誡曰：君子以懲忿窒欲。初已事遄往，與四合志，四當速納，陰陽相會，同志斯來，是爲喜慶之事，則其疾消去，乃得無咎，所以說「損其疾，使遄有喜，无咎」。

象曰：損其疾，亦可喜也。

【譯】

象曰：減損了欲望的痛苦，實在是可喜的事情。

【記】

亦，實、實在的意思。孔穎達疏：象曰亦可喜者，詩曰「亦既見止，……，我心則降」，不亦有喜乎？

六五，或益之十朋之龜，弗克違，元吉。

【譯】

六五，有人賜予價值昂貴的靈龜，不能拒絕，大吉。

【記】

或，有、有人的意思。孔穎達疏：或者，言有也。益，通「錫」，賜予。聞一多《古典新義．周易義證類纂》曰：「益讀爲錫。……《御覽》八八引《隨巢子》曰：『司祿益食而民不飢，司金益富而國家實，司命益年而民不夭』，即錫食、錫富、錫年也。『或益之十朋之龜』，亦即錫之十朋之龜。」

十朋之龜，指價值昂貴的靈龜。朱熹《周易本義》曰：兩龜爲朋，十朋之龜，大寶也。朋，古代貨幣單位，釋有多種：一說五貝爲一朋，若《廣韻．登韻》云：五貝曰朋；一說兩貝爲一朋，若俞樾平議云：古者實以二貝爲一朋。李鼎祚《周易集解》引崔憬曰：雙貝曰朋也。《漢書．食貨志》注：「蘇林曰兩貝爲朋。朋值二百一十六，元龜十朋。」

又，朋，亦釋爲「類」，十朋，猶十類，五爲坤體，坤數十，故言十朋。十朋之龜，王弼注：朋，黨也；龜者，決疑之物也。孔穎達疏引《爾雅》云：十朋之龜者，一曰神龜，二曰靈龜，三曰攝龜，四曰寶龜，五曰文龜，六曰筮龜，七曰山龜，八曰澤龜，九曰水龜，十月火龜。李鼎祚《周易集解》引侯果曰：「內柔外剛，龜之象也。又體兌艮，互有坤震，兌爲澤龜，艮爲山龜，坤爲地龜，震爲木龜，坤數又十，故曰十朋。朋，類也。」

弗克違，猶不能違，不能拒絕的意思。克，能、能夠。違，違背、拒絕。

六五柔得中履尊，柔順而謙遜，於損之際，天下莫不歸而益之，上可得天祐，下可得賢助，大福大吉，所以說「或益之十朋之龜，元吉」。龜爲決疑之靈物，比喻得天祐助。五居尊位，上得天之助，下得衆之益，人用其力，事竭其功，智者慮能，明者慮策而不能違，所以說「弗克違」。

象曰：六五元吉，自上祐也。

［譯］

象曰：六五大吉，得到上天的祐助。

［記］

自上祐也，釋所以「六五元吉」之義。上，指上九。上九居天之位，故而比喻爲天。孔穎達疏：上，謂天也。有二釋，一．五比於上，以柔承剛，所以說「自上祐也」。二．或益之十朋之龜，龜爲決疑之靈物，比喻得天祐助。

上九，弗損益之，无咎，貞吉，利有攸往，得臣无家。

[譯]

上九，不用減損他人增益自己，沒有咎害，貞正吉祥，適宜有所往進，得人心歸服與天下臣民共爲一家。

[記]

「弗損益之，无咎，貞吉」，弗損益之，損，指減損他人；益之，指增益自己。之，指上九。此爲告誡之語，告誡六三，不須三陰並行來增益自己，三若一人專情獨來，則陰陽相合，「无咎」。貞吉，貞，猶正，堅守正道，指陰陽相應，兩情相專和合的正道。

「利有攸往，得臣无家」，上九陽剛之體，居三陰之上，下制於柔，不使三陰俱進，剛德遂長，所以「利有攸往」。往，指制三陰並進而與六三應合。以卦象看，三上相應，上爲君，下爲臣，是爲得臣，居天之位，是爲无家。天道無偏，行天之道，得己之臣，共爲一家，所以說「得臣无家」。程頤《周易傳氏傳》曰：「得臣，謂得人心歸服；无家，謂无有遠近內外之限也。」尚秉和《周易尚氏学》云：曰「得臣无家」，言公而忘私也。

象曰：弗損益之，大得志也。

[譯]

象曰：不用減損他人增益自己，心志已實現。

【記】

大得志也，釋所以「弗損益之」之義。上九處損之極，受益至甚，居天之位，物所共歸，得臣無家，其志大得，故言「弗損益之」。

益卦第四十二

【注音：yì】

【序卦傳】

云：損而不已必益，故受之以益。

【繫辭傳】

云：包犧氏没，神農氏作，斲木爲耜，揉木爲耒，耒耨之利，以教天下，蓋取諸益。益，德之裕也；益，長裕而不設；益，以興利。

【雜卦傳】

云：損益，盛衰之始也。

䷩ 震下巽上

益，利有攸往，利涉大川。

【譯】

損上益下，適宜有所往進，順利渡過江河大川。

【記】

益，增益、增長。《序卦傳》云：損而不已必益，故受之以益。孔穎達疏：益者，增足之名，損上益下，故謂之益。陸德明《經典釋文》云：益，增長之名，又以弘裕為義。《廣雅．釋詁二》云：益，加也。《廣韻．昔韻》云：益，增也。

卦體下震為雷，上巽為風，雷風相搏，雷激則風怒，風烈則雷迅，兩相助益，稱之益。能益物者，其德寬大，長裕不設，因物興務，以益物，以興利。《繫辭下》云「斲木為耜，揉木為耒，耒耨之利，以教天下，蓋取諸益」，言制器致豐，以益萬物。

以卦變言，損卦二體皆由上變而成，益卦二體皆由下變而成，益下本爲坤，剛來居下而成震，上本爲乾，柔往處下而爲巽，陰變陽爲益，陽變陰爲損，上損而下益，所以益之爲義，損上益下。

以卦象言，雷震而物驚，風行而物生，下動而上順，上下皆應，利益萬物，行而無違，何往而不利，所以說「利有攸往」。李鼎祚《周易集解》引鄭玄曰：震爲雷，巽爲風，雷動風行，二者相成，猶人君出教令，臣奉行之，故利有攸往。上巽爲風爲木，下震爲足爲行，動而「利涉大川」之象。大川，比喻險境，取坤之象，互體有坤，坤亦作「川」。

彖曰：益，損上益下，民說无疆。自上下下，其道大光。利有攸往，中正有慶。利涉大川，木道乃行。益動而巽，日進无疆。天施地生，其益无方。凡益之道，與時偕行。

［譯］

彖曰：益卦的意象，減損上方增益下方，民衆喜悅無窮。在上位的人謙恭而尊重在下位的人，其增益之道博大廣遠。適宜有所往進，守持中正之道而得福慶。順利渡過江河大川，因爲巽木成舟，順風而動，涉渡之事暢順。增益之道施行起來順巽通暢，日日進步而無止境。天施恩澤地生萬物，增益之道遍及萬方。所有增益之道，都要與時共存應時而爲順應自然法則。

【記】

「益，損上益下，民說无疆」，說，同「悅」。損上益下，以卦變言，卦體上本爲乾，下本爲坤，乾一陽來而居坤之初，坤一陰往而居乾之始，上失一陽爲損，下得一陽爲益，所以說「損上益下」。陽來益坤而成震主，坤爲民，民得益而有主，喜樂無窮，所以說「民悅无疆」。

「自上下下，其道大光」，上，指在上位的人。下下，前面的「下」，爲謙讓、謙恭之義。後面的「下」，指在下位的人。道，指增益之道。光，猶「廣」，廣遠、廣大。此句是說在上位的人能謙恭而尊敬在下位的人，其增益之道博大廣遠。

「利有攸往，中正有慶」，中正有慶，釋所以「利有攸往」之義。中正，指六二、九五得位中正。慶，福慶。此以爻而言，二五秉中守正，五謙恭益下，二柔順相應，剛柔相濟，陰陽相和，而得福慶，故而「利有攸往」。

「利涉大川，木道乃行」，大川，比喻險境。川，取坤的意象，互體有坤，坤亦作「川」。此以卦象而言，爲卦下體爲震，性剛行健，上巽爲木爲風，木可成舟，風助舟行，所以說「利涉大川，木道乃行」。王弼注：木者，以涉大川爲常，而不溺者也，以益涉難，同乎木也。

「益動而巽，日進无疆」，益，指增益之道。動，施行、行動，取下體震卦的意象，震爲動爲行。巽，順巽、順從，指上體巽。下震爲剛，上巽爲柔，柔不違剛，增益之道，動而順巽，因此而得日日增進，所以說「益動而巽，日進无疆」。進，進步、長進。无疆，沒有止境。

「天施地生，其益无方」，乾爲天，乾一陽來而益坤，是爲天施。坤爲地，坤承陽而生萬物，是爲地生。天道資始，地道資生，天施陽氣，地陰承之，天施地得而萬物化生，其增益之道遍及萬方。无方，即萬方，指廣遠，沒有邊際。

「凡益之道，與時偕行」，益之道，指損上益下之道。益之爲用，增之不足，補之虧虛，滿而益則過，是爲害道，當與時共存，應時而爲，所以說「凡益之道，與時偕行」。偕行，共存並立，指順應自然法則的意思。

象曰：風雷，益，君子以見善則遷，有過則改。

〔譯〕

象曰：風雷交錯，這就是益卦的意象，君子觀此卦象悟益之道而見善則遷，有過則改。

〔記〕

益卦，下震爲雷，上巽爲風，上下相應，風藉雷勢，雷助風行，交相爲助而增益天下，所以說「風雷，益」。

孔穎達疏引子夏傳云：雷以動之，風以散之，萬物皆益。

「君子以見善則遷，有過則改」，遷，就、接近的意思。孔穎達疏：「遷，謂遷徙慕尚；改，謂改更懲止。遷善改過，益莫大焉。」見善則遷，猶《論語．里仁》「見賢思齊」之義。益卦風雷交錯之象，若《論語．鄉黨》「迅雷風烈必變」、《禮記．玉藻》「若有疾風迅雷甚雨則必變，雖夜必興衣服冠而坐」之義，君子觀象悟道，而生敬畏，反躬自省，見善則遷，有過則改。

初九，利用爲大作，元吉，无咎。

【譯】

初九，利於輔佐大事，大吉，沒有咎害。

【記】

用，高亨《周易大傳今注》云：用，猶於也。爲，輔助、輔佐。《廣韻．寘韻》云：爲，助也。大作，大事，陽爲大，震爲作，故稱大作。作，事情、事業。來知德《周易集注》云：大作者，厚事也，如遷國大事之類是也，故曰益以興利。又，或指耕稼之事。孔穎達疏：大作，謂興作大事也。李鼎祚《周易集解》引虞翻曰：大作謂耕播耒耨之利，蓋取諸此也；引侯果曰：大作謂耕植也。

卦下體本坤，上體本乾，初得剛益而體剛行健，然處無位卑微之所，猶潛龍勿用，不可獨行大事。正應在四，四居臣位，得位且正，以柔承剛，上順於君，下巽於賢，又處巽體，巽爲號令。初得剛益而爲震主，相助於四，四得剛濟，順君行命，而行大事，利用爲依遷國，所以說「初九，利用爲大作」。三陰在上，初雖有其才，而無其位，於其時而非其處，得四之應，唯以其道而輔於四，作大益天下之事，乃得「元吉」，元吉乃「无咎」。朱熹《周易本義》曰：「初雖居下，然當益下之時，受上之益者也，不可徒然无所報效，故利用爲大作，必元吉，然後得无咎。」

象曰：元吉无咎，下不厚事也。

［譯］

象曰：（利於輔佐大事），大吉沒有咎害，因爲初九處位卑下不能獨行大事。

［記］

厚事，孔穎達疏：厚事，猶大事也。元吉无咎，爲爻辭「利用爲大作，元吉，无咎」的省文。下不厚事也，釋爻辭所以「利用爲大作，元吉，无咎」之義。指初九體剛行健，然處位卑下，不可以獨興大事，唯輔佐於四，施益天下，則可得元吉而無咎。

六二，或益之十朋之龜，弗克違，永貞吉。王用享于帝，吉。

［譯］

六二，有人賜予價值昂貴的靈龜，不能拒絕，持久貞正吉祥。君王此時獻享於帝，吉祥。

【記】

六二得位處中，正應在五，以柔應君，中正虛己，當獲其益。五居三陰之上，執朋之象，三陰爲坤，坤數十，二得五益，所以說「或益之十朋之龜」。五居天位，二體陰柔，得益用謙，益自外來，猶神靈明照，不能違背，所以說「弗克違」。益二即損五，「或益之十朋之龜，弗克違」與損卦六五辭同，然二位不當尊，故不獲元吉，當堅守中正之道與五相應乃得吉祥，所以說「永貞吉」。

「王用享于帝，吉」，當益之際，王於此時祭享於天，則明靈降福，施益天下，可獲吉祥。享，獻享。帝，指東方木德太皞之帝。二處震體，震爲旉，東方之卦，屬木，屬春。王用享于帝，猶指君王在春季農事開始之時舉行祭祀活動。王弼注：帝者，生物之主，興益之宗，出震而濟巽者也。

象曰：或益之，自外來也。

【譯】

象曰：有人增益，自外部而來。

【記】

或益之，爲「或益之十朋之龜」的省文。

自外來也，外，指九五。九五居外卦之體，所以稱「外」。是說六二獲得的增益是自外而來，不求而至，不是自己索取的。

六三，益之用凶事，无咎。有孚中行，告公用圭。

〔譯〕

六三，求益以救助饑荒，沒有咎害。「中行」秉持真誠信實的品德，執珍圭將災情呈告公侯。

〔記〕

「益之用凶事，无咎」，三多凶，陰居陽位，陽潛成坎，坎爲險陷，故有凶事。凶事，災禍，這裡指饑荒。凶，饑荒。《墨子．七患》云：三穀不收謂之凶。《周禮．春官宗伯第三．大宗伯》云：「以凶禮哀邦國之憂：以喪禮哀死亡，以荒禮哀凶札，以弔禮哀禍烖，以禬禮哀圍敗，以恤禮哀寇亂。」按：凶禮，五禮之一。高亨《周易古經今注》云：「蓋凶禮之別有五，即喪禮、荒禮、弔禮、禬禮、恤禮，則此所謂凶事，即死亡、凶札、禍烖、圍敗、寇亂之類。」六三居不得位，不能謙退，爲求益之人。處艮之體，應在上九，爲艮所止，應而不得其益，是爲有咎。當損上益下之時，三四相比，四爲公侯，逢凶事之際，履得其位，三唯「有孚告公用圭」，求益以救助饑荒，求不爲私，救難平險，故而無咎，所以說「益之用凶事，无咎」。

有孚中行，猶「中行有孚」。有，保有、秉持。孚，真誠信實。中行，古官名。行，唐宋之前的兼代官職稱行，大官兼管小官的事叫行，小官兼代大官的事叫守。注者多將「中行」釋爲「中道」，然《易》之「中」皆在二五之位，本卦的「中」在三四之位，故文不取「中道」之義。

告公用圭，猶「用圭告公」。告，上報、呈報。《廣韻．號韻》云：告，報也。《沃韻》云：告，告上曰告，發下曰誥。公，公侯，指六四。朱駿聲《六十四卦經解》云：公，謂四也，四位公侯。用圭，猶執圭。圭，這裡指珍圭。《周禮．春官宗伯第三．典瑞》云：珍圭以征守，以恤凶荒。《周禮．春官宗伯第三．大宗伯》又云：「以玉作六瑞，以等邦國：王執鎮圭，公執恒圭，侯執信圭，伯執躬圭，子執穀璧，男執蒲璧。」朱熹《周易本義》曰：用圭，所以通信。高亨《周易古經今注》云：「古者國有凶事，則告諸它邦，或有所求助。告必有將往之儀。《國語．魯語》：『魯饑，臧文仲以鬯圭與玉磬如齊告糴。』即其例。」

又，「有孚中行，告公用圭」，中行，或指九五，猶泰卦九二「得尚于中行」的「中行」。尚秉和《周易尚氏學》云：「中行謂五。有孚中行者，言三與二四同孚於五也。震爲言，故爲告；爲玉，故爲圭。坤爲衆，故曰公。公，共也。三震爲諸侯。告公用圭者，言約同諸侯執圭，共往朝王也。圭者天子所錫予，今朝天子，故執以爲信。」

象曰：益用凶事，固有之也。

[譯]

象曰：求益以救助饑荒，這是本來就應該做的。

【記】

固，本來、原來。有之，如此。有，猶如。之，指「益用凶事」之事。孔穎達疏：象曰固有之者，明非為救凶，則不可求益，施之凶事，乃得固有其功也。

六四，中行告公從，利用爲依遷國。

【譯】

六四，「中行」將災情呈告公侯而獲聽從，適宜用來作爲依憑遷徙國都。

【記】

中行，與六三「中行」義同。六四以陰居柔，履得其位，三誠以告己天下凶事，而得己從，所以說「中行告公從」，此承六三爻辭之意，複申天下饑荒之事。公，指六四。從，遵從、聽從。四處近君之位而守其正，值此凶年之際，當益天下之民，但己體陰柔，不可爲大事。然得三之誠，正應在初，獲陽剛之才，柔順承五，本爲巽主，巽爲號令，尊君行命，「利用爲依遷國」，以安天下之民。依，依憑。《說文》云：依，倚也。程頤《周易程氏傳》曰：「遷國爲依，依附於上也。遷國，順下而動也。上依剛中之君而致其益，下順剛陽之才以行其事，利用如是也。自古國邑，民不安其居則遷，遷國者，順下而動也。」

又，中行，尚秉和《周易尚氏学》云：中行谓五。

象曰：告公從，以益志也。

［譯］

象曰：（「中行」將災情）呈告公侯而獲聽從，以此增強自己的心志。

［記］

告公從，爲「中行告公從」的省文。益，增益、增強。志，心志，指遷國之志。凶年之際，四得位且正，近鄰於君，柔順相承，當廣益濟災，三告公而從，是爲增強自己心志。

九五，有孚惠心，勿問，元吉，有孚惠我德。

［譯］

九五，保持真誠仁愛之心廣益天下，毫無疑問，大吉，民衆也以真實誠信之情來回報我的仁德。

［記］

九五得位履尊，爲益之主，剛實中正，有孚之象。正應於二，同位相應，剛柔相益，居三陰之上，以中正誠信之德而廣益天下，有信有惠，盡物所願，必獲元吉，所以說「有孚惠心，勿問，元吉」。有，猶保持、保存。孚，真誠、誠信。惠心，指仁愛之心。勿問，毫無疑問。問，占問。李鼎祚《周易集解》引崔憬曰：問，猶言也。以誠惠民，民必應之，所以說「有孚惠我德」。惠，施惠、回報。德，仁德。王弼注：有孚惠我德也，以誠惠物，物亦應之，故曰有孚惠我德也。

象曰：有孚惠心，勿問之矣。惠我德，大得志也。

〔譯〕

象曰：保持真誠仁愛之心廣益天下，不用占問也知道結果必然大吉。民眾回報我的仁德，我的志嚮得以充分施行。

〔記〕

勿問之矣，勿，不要。問，占問。之，指爻辭「元吉」。

「惠我德，大得志也」，益道大行，民得其益，君得其志，天下皆以信惠我，所以說「大得志也」。

上九，莫益之，或擊之，立心勿恒，凶。

[譯]

上九，沒有能增益於下，有人來攻擊，堅定的心志不能恒久，不吉利。

[記]

莫益之，莫，無、沒有。益，增益、幫助。之，指六三。上九處益之極，益極則損，故沒有能增益於下。來知德《周易集注》云：莫益者，莫能益也。

或擊之，或，有、有人。王引之《經傳釋詞弟三》云：或，猶有也，古「有」字通作「或」。此處「或」與「莫」爲對文，莫爲無，或爲有。擊，攻擊。上九伏陰成坎，坎爲盜寇，所以說「或擊之」。

「立心勿恒，凶」，立心，堅定的心志。立，堅定。《字彙．立部》云：立，堅也。心，心志、心性。勿恒，不能長久。上居巽體，巽爲不果，不恒之象。此句是承九五爻辭之義而來，指九五的「有孚惠心」發展至上九這裡未能長久保持，上不惠下，則民衆亦不「有孚惠我德」，故而不吉利。

又，《繫辭下》子曰：「君子安其身而後動，易其心而後語，定其交而後求。君子脩此三者，故全也。危以動，則民不與也；懼以語，則民不應也；无交而求，則民不與也。莫之與，則傷之者至矣。」

象曰：莫益之，偏辭也。或擊之，自外來也。

[譯]

象曰：沒有能增益於下，是說有求而無應。有人來攻擊，是自外部而來。

【記】

偏辭，一方之辭，有求無應之義，指六三求益於上，而上九沒有能增益於下，是爲偏辭。孔穎達疏：象曰偏辭者，此有求而彼不應，是偏辭也。

自外來也，程頤《周易程氏傳》曰：「人爲善，則千里之外應之。六二中正虛己，益之者自外而至是也。苟爲不善，則千里之外違之。上九求益之極，擊之者自外而至是也。」

夬卦第四十三

【釋文音訓：夬，古快反；注音：guài】

【序卦傳】

云：益而不已必決，故受之以夬。夬者，決也。

【繫辭傳】

云：上古結繩而治，後世聖人易之以書契，百官以治，萬民以察，蓋取諸夬。

〔雜卦傳〕

云：夬，決也，剛決柔也，君子道長，小人道憂也。

䷪ 乾下兑上

夬揚于王庭，孚號有厲。告自邑，不利即戎，利有攸往。

〔譯〕

果決地宣明在王庭之上，嚮衆人宣其號令，告訴大家有危險。有封邑中人前來報告，不適宜用兵，利於有所往進。

〔記〕

夬，決斷、果決的意思。《序卦傳》云：夬者，決也。王弼注：夬者，明法而決斷之象也。孔穎達疏：夬，決也。陸德明《經典釋文》云：夬，古快反，決也。李鼎祚《周易集解》引鄭玄曰：夬，決也。程頤《周易程氏傳》云：夬者，剛決之義。《繫辭下》云「上古結繩而治，後世聖人易之以書契，百官以治，萬民以察，蓋取諸夬」，此言書契所以決斷萬事之義。

「夬揚于王庭，孚號有厲」，揚，彰明、宣明。《字彙．手部》云：揚，顯也，明也。王庭，朝廷。孔穎達疏：王庭，是百官所在之處。卦體乾下兌上，乾爲君，兌下伏艮爲宮闕，君於宮內，於王庭之象。上六一陰居五陽之上，是爲陰柔小人乘淩陽剛，陽體剛健，上兌爲口、爲附決，因此果決地揚小人之惡於王庭之上。夬，三月消息卦，五陽一陰，陽盛而陰消，以陽決陰，揚於王庭，示公正而無私隱。孚號，宣其號令。孚，猶「付」，付與。朱駿聲《說文通訓定聲．孚部》云：孚，叚介爲付。號，號令、命令。孔穎達疏：號，號令也。孚號有厲，指宣其號令告訴衆人有小人之危。厲，危險。

「告自邑，不利即戎，利有攸往」，告自邑，指有封邑中人前來報告。告，報告。自，從、由。邑，封邑、屬邑。不利即戎，即不適宜用兵。即戎，用兵、出兵征伐。《論語．子路》子曰：善人教民七年，亦可以即戎矣。注引包咸曰：「即，就也；戎，兵也。言以攻戰。」即，相當於「就」、「即刻」。王引之《經傳釋詞弟八》云：即，猶遂也。戎，征伐。《書．泰誓》云：戎商必克。蔡沈集傳：知伐商而必勝之也。利有攸往，利於有所往進。有攸往，指去除小人之危。五陽雖盛，未及於上，一陰雖微，猶有未去，去小人之厲，當是以明德而不以剛武，所以「不利即戎」，《彖辭》有曰「健而說，決而和」。然剛德不長，則柔邪不消，有違夬義，故而「利有攸往」。此句是說小人之危既在，雖不用剛武，然亦必須去而除之，自古以來，凡小人在上皆難去而終必去之。

彖曰：夬，決也，剛決柔也。健而說，決而和。揚于王庭，柔乘五剛也。孚號有厲，其危乃光也。告自邑，

不利即戎，所尚乃窮也。利有攸往，剛長乃終也。

［譯］

彖曰：夬，決斷的意思，陽剛決斷陰柔。剛健而和悅，決斷而能和諧。宣明在王庭之上，是因爲陰柔乘淩五剛。嚮衆人宣其號令，告訴大家有危險，這樣危險才能消除而轉爲光明。有封邑中人前來報告，不適宜用兵，因爲崇尚武力是窮途之道。利於有所往進，因爲陽剛益長之勢必能消除陰柔乘淩陽剛之象。

［記］

「夬，決也，剛決柔也」，釋卦辭之義。剛，指初、二、三、四、五五個陽爻。柔，指上六一個陰爻。

「健而說，決而和」，此以二體之象釋決而能和之理。乾健而兌悅，健則能決，悅則能和，所以說「決而和」，明卦辭「不利即戎，利有攸往」之義。

「揚于王庭，柔乘五剛也」，柔乘五剛，釋所以「揚于王庭」之義。剛德齊長，一柔爲逆，衆所同誅而無忌，因而「揚于王庭」。柔，指上六陰爻。五剛，指初至五的五個陽爻。一陰居五陽之上，是爲「柔乘五剛」。

「孚號有厲，其危乃光也」，宣其號令，告訴大家有危險，讓衆人知危而懼，於是危險才能消除而轉爲光明。

「告自邑，不利即戎，所尚乃窮也」，用剛即戎，尚力取勝，物所同疾，決而不和，其道自窮，所以說「所尚乃窮也」。

「利有攸往，剛長乃終也」，終，成就、完成。孔穎達疏：終，成也。爲卦五陽一陰，陽剛之道漸長，陰柔之道漸消，夬道乃成，明法決斷，利有攸往，剛長乃終。

象曰：澤上於天，夬，君子以施祿及下，居德則忌。

［譯］

象曰：澤上於天，這就是夬卦的意象，君子觀此卦象法夬之道而廣施恩澤於下民，居德不施是禁忌而不能爲的事情。

［記］

夬卦，下乾爲天，上兌爲澤，所以說「澤上於天」。

「君子以施祿及下，居德則忌」，君子，指居上位的人。祿，恩惠、福澤。《說文》云：祿，福也。忌，禁忌、忌諱，這裡指所禁忌的事情。王弼注：忌，禁也。澤水上於天，則必潤下，君子施祿及下，天之大義，居德而不施，是爲禁忌之事。

忌，或釋爲「怨」，指居上位的人若是居德而不施於下，則會使民生怨恨。

初九，壯于前趾，往不勝，爲咎。

【譯】

初九，壯健的力量顯現在行進的腳上，往而不能勝，有咎害。

【記】

初爲足，處夬之始，宜審其謀而行其事，今位乾之初，壯於前趾，有躁動之象。然位卑無應，理不能勝，果決而往，當有咎害，所以說「壯于前趾，往不勝，爲咎」，猶大壯初九「壯于趾，征凶有孚」之義。李光地《周易折中》引蔡氏清曰：其不勝者，自爲不勝也，故曰爲咎，明非時勢不利也。壯，壯健。壯于前趾，指果決往進的意思。前，往進、行進。朱熹《周易本義》曰：前，猶進也。趾，指足、腳。爲咎，猶有咎。高亨《周易古經今注》引俞樾曰：「爲咎，猶有咎也。孟子滕文公篇：將爲君子焉，將爲野人焉。趙注曰：爲，有也。又盡心篇：爲間不用。注曰：爲間，有間也。然則爲可訓有，有咎而曰爲咎，亦猶有間而曰爲間也。」

象曰：不勝而往，咎也。

【譯】

象曰：不能勝而往進，當然會有咎害。

【記】

不勝而往，指明知不能勝而仍果決往進，與經文「往不勝」義有不同。往不勝，指往而不能勝。

九二，惕號，莫夜有戎，勿恤。

【譯】

九二，戒懼呼號，夜晚有敵寇，不必憂慮。

【記】

惕號，戒懼呼號。惕，戒懼、警惕。李鼎祚《周易集解》引虞翻曰：惕，懼也。號，呼號。莫夜，夜晚。惠棟《周易述》注云：莫，晚也。戎，敵寇。

九二以剛居柔，履失其位，故「惕號」；進則爲三，三爲日終，故稱「莫夜」；三上相應，上爲陰，故言「有戎」。體剛得中，決而不躁，能審時度行，防範於先，惕懼呼號，乃得無憂，所以說「惕號，莫夜有戎，勿恤」。

象曰：有戎勿恤，得中道也。

【譯】

象曰：有敵寇但不必憂慮，因爲居於中位而得中正謙和之道。

【記】

得中道也，釋所以「有戎勿恤」之義。九二居下體中位，得中正謙和之道，剛體居中而能果決，處柔而能謙和不躁，故得無憂。

九三，壯于頄，有凶。君子夬夬，獨行，遇雨若濡，有慍无咎。

【譯】

九三，壯健的力量顯現在面頰上，有兇險。君子果決專斷，獨自行動，遇雨淋濕了衣服，有怒怨沒有咎害。

【記】

「君子夬夬，獨行，遇雨若濡，有慍无咎」明「壯于頄，有凶」之義。

「壯于頄，有凶」，頄，顴骨，泛指面頰、面部，指上六。上六處體之上，居於最外，所以稱頄。王弼注：頄，面權也，謂上六也，最處體上，故曰權也。陸德明《經典釋文》云：頄，求龜反，顴也；翟云：面顴，頰間骨也；鄭作「頯」，頯，夾面也。李鼎祚《周易集解》引翟玄曰：「頄，面也。謂上處乾首之前稱頄。頄，頰間骨。」九三重剛，陽居剛位，剛壯至甚，正應在上，所以說「壯于頄」。上體陰柔，小人之謂，當夬之際，三剛壯之情顯於形色而應於小人，故而「有凶」。凶，指「遇雨若濡」。朱駿聲《六十四卦經解》云：壯頄，倖倖然怒于面赤于顴之意，疾之已甚，激則生變，故凶。

「君子夬夬，獨行」，君子，指占筮的人。夬夬，果決獨斷，有恃強而進之義。三處乾極，體剛行健，當夬之際，上不在天，下不在田，恃強而爲，獨斷專行，是爲夬夬而獨行。獨行，從卦象看，指卦體之中唯三與上相應，故謂之「獨行」。

「遇雨若濡，有慍无咎」，雨，陰陽相和之物。上居天位，又爲兌主，兌爲澤水，水既在天上，又與三應，陰陽相合，所以說「遇雨」。若，相當於「而」。王引之《經傳釋詞弟七》云：顧懽注《老子》曰「若，而也。」濡，淋濕、浸漬。遇雨若濡，即前面所說的「有凶」，比喻遇到小人，而爲其所傷。三得位履正，遇陰柔小人，雖心有怒怨，而終得「无咎」。慍，怒怨、怨恨。《說文．心部》云：慍，怒也。陸德明《經典釋文》云：慍，紆運反，恨也。

爻辭明卦辭「不利即戎，利有攸往」之義。「君子夬夬，獨行，遇雨若濡」，有凶，故「不利即戎」；有慍无咎，故「利有攸往」。

又，一．王弼注：「夬爲剛長，而三獨應上六，助於小人，是以凶也。君子處之，必能棄夫情累，決之不疑，故曰夬夬也。若不與衆陽爲羣，而獨行殊志，應於小人，則受其困焉。遇雨若濡，有恨而无所咎也。」二．程頤《周易程氏傳》云：「爻辭差錯，安定胡公移其文曰：『壯于頄，有凶，獨行遇雨，若濡有慍，君子夬夬，无咎。』亦未安也。當云：『壯于頄，有凶，獨行遇雨，君子夬夬，若濡有慍，无咎。』」

象曰：君子夬夬，終无咎也。

［譯］

象曰：君子果決專斷，終將沒有咎害。

［記］

終无咎也，終，結果、終將。君子「獨行，遇雨」，則陰陽正應和合，雖「若濡，有慍」，然終無咎害，猶《彖》曰「決而和」之義。

九四，臀无膚，其行次且。牽羊悔亡，聞言不信。

［譯］

九四，臀部皮膚受傷，行動艱難，欲進不能。順隨在羊群之後悔恨可以消失，聽到了告誡卻沒有信從。

［記］

「臀无膚，其行次且」，次且，同「趑趄」，欲進不前的樣子。孔穎達疏：次且，行不前進也。陸德明《經典釋文》云：次，本亦作「趑」，馬云：卻行不前也；且，本亦作「趄」，或作「跙」，馬云：語助也；王肅云：

趑趄，行止之礙也。

九四居失其位，處不獲安，以陽居陰，剛決不足，進而遇五，五得中履正，非下所侵，四不敢犯，猶「臀無膚」，居則不能安坐，行則不能進前，故「其行次且」。李鼎祚《周易集解》云：凡卦，初爲足，二爲腓，三爲股，四爲臀，當陰柔，今反剛陽，故曰臀无膚。

「牽羊悔亡，聞言不信」，牽羊，指順著羊群而行。羊，取兌卦的意象，上體爲兌，兌爲羊，四居其後，所以說牽羊。處多懼之地，在夬決小人之際，當順承九五，隨其後，則可得悔亡。朱熹《周易本義》曰：牽羊者，當其前則不進，縱之使前而隨其後，則可以行矣。聞，聽見。《說文．耳部》云：聞，知聞也。段玉裁注：往曰聽，來曰聞。此二句是說九四失位，聽見了「牽羊悔亡」的告誡之語，卻沒有信從，故而有猶「臀无膚，其行次且」的不安之象。王弼注：同於噬嗑滅耳之凶。

象曰：其行次且，位不當也；聞言不信，聰不明也。

［譯］

象曰：行動艱難，欲進不能，因爲居位不當；聽到告誡卻沒有信從，因爲不能審事明理。

［記］

位不當，釋所以「其行次且」之義。九四陽爻而處陰位，是爲位不當。

聰不明，釋所以「聞言不信」之義。聰，聽到、聽見。聰不明也，孔穎達疏：聰，聽也，良由聽之不明，故聞言不信也。四下伏陰成坎，坎爲耳，故言「聰」，今九居之，所以「聰不明也」。

九五，莧陸夬夬，中行无咎。

〔譯〕

九五，和悅而果決地清除小人，秉持中正之道沒有咎害。

〔記〕

莧，猶悅，和悅之義；陸，猶睦，和睦之義。五居兌體，兌爲悅，所以說「莧陸」。陸德明《經典釋文》云：「莧，閑辯反，三家音胡練反。一本作『莞』，華板反。陸，馬鄭云：莧陸，商陸也；虞云：陸，商也；蜀才作『睦』，睦，親也，通也。」惠棟《周易述》注云：「莧，說也，讀如『夫子莧爾而笑』之莧。陸讀爲睦，和睦也。震爲笑言，兌爲說，故莧陸。」朱駿聲《六十四卦經解》云：「莧讀如『莧爾而笑』之莧，悅也。陸，和睦也。」李鼎祚《周易集解》引虞翻曰：「莧，說也。莧，讀『夫子莧爾而笑』之『莧』。陸，和睦也。震爲笑言。五得正位，兌爲說，故『莧陸夬夬』。大壯震爲行，五在上中，動而得正，故『中行无咎』。舊讀言『莧陸』，字之誤也。馬君、荀氏皆從俗言『莧陸』，非也。」

九五處陽之極，爲夬之主，夬決之際，唯剩一陰而居五陽之上，當果決而去之，又處兌體，兌爲悅，故《彖》曰「健而說」。《繫辭下》云「三與五同功而異位，三多凶，五多功」，三君子夬夬，雖有若濡之凶，然決而和，五莧陸夬夬，健而說，三五同功，皆決小人之危，故皆終得「无咎」。

中行无咎，此爲誡語。中行，猶中道；行，猶道。此句是說九五雖居中得位，然切近於陰，剛正之德爲陰所揜，唯堅守中正之道與三連袂，揚於王庭，而去小人之惡，方得「无咎」。

又，王弼注：莧陸，草之柔脆者也，決之至易，故曰夬夬也。朱熹《周易本義》曰：「莧陸，今馬齒莧，感陰氣之多者。九五當決之時，爲決之主，而切近上六之陰，如莧陸然。」

尚秉和《周易尚氏學》云：「孟喜云：莧陸，獸名。夬有兌。兌爲羊也。《說文》亦云『莧，山羊細角』。諸家說此二字，人人異辭，獨孟氏于象密合。凡五皆謂中行，又『夬夬』于羊行貌獨切。鄭、虞等訓莧陸爲草屬，草焉有夬夬之象哉？」

象曰：中行无咎，中未光也。

［譯］

象曰：秉持中正之道沒有咎害，是說中正之德尚未發揚廣大。

［記］

中未光也，釋所以「中行无咎」之義，指九五中正之德爲上六陰柔所揜，未能廣大，因此誡之曰「中行无咎」。光，同「廣」，廣大的意思。

上六，无號，終有凶。

〔譯〕

上六，不用呼號求救，終將會有凶險。

〔記〕

號，呼號，取兑卦的意象，兑爲口。无號，不用呼號。終，終將。上六處夬之極，一陰乘五陽之上，朋黨已盡，衆所共棄，雖應在三，然下乘於五，五三連袂，決之夬夬，小人在上，終不可久長，所以説「无號，終有凶」。

象曰：无號之凶，終不可長也。

〔譯〕

象曰：不用呼號求救，終將會有凶險，小人居高位終究不可長久。

〔記〕

无號之凶，即「无號，終有凶」。終不可長也，長，延長、長久。孔穎達疏：長，延也。王弼注：處夬之極，小人在上，君子道長，衆所共棄，故非號咷所能延也。

姤卦第四十四

【釋文音訓：姤，古豆反，薛云古文作「遘」，鄭同；注音：gòu】

【序卦傳】云：決必有遇，故受之以姤。姤者，遇也。

【雜卦傳】云：遘，遇也，柔遇剛也。

䷫ 巽下乾上

姤女壯，勿用取女。

【譯】

遇到壯盛的女子，不要迎娶。

【記】

姤，遇，不期而會的意思。孔穎達疏：姤，遇也，此卦一柔而遇五剛，故名爲姤。《序卦傳》云：姤者，遇也。《雜卦傳》、《彖傳》皆云：遘（姤），遇也，柔遇剛也。陸德明《經典釋文》云：姤，古豆反，薛云：古文作「遘」；鄭同序卦及彖皆云：遇也。朱駿聲《六十四經解》云：「姤，从女从后，偶也，借爲遘字，遇也。不期而會曰遇，固有而來曰復。」

卦體下巽爲風，上乾爲天，風行天下，無不經觸，爲姤之象。陰柔之氣生於陽剛之下，一陰而承五陽，又爲巽主，爲長女，所以說女壯。初四相應，非正而應，爲二三所隔，應而不得，處巽之體，進退猶疑，往而不果。一陰雖微，然猶坤初六「履霜堅冰至」，當防其漸，姤之際，陰呈漸長之勢，陰柔之道浸長則陽剛之道漸消，非家之道，所以說「勿用取女」。取，猶娶，迎娶。李鼎祚《周易集解》引鄭玄曰：「姤，遇也。一陰承五陽，一女當五男，苟相遇耳，非禮之正，故謂之姤。女壯如是，壯健以淫，故不可娶。婦人以婉娩爲其德也。」陳鼓應《周易今注今譯》云「《大戴禮記》有『五不娶』，其中就有『喪婦長女不娶』；《韓詩外傳》、《禮記．內則》疏引何休在解釋不娶長女時說『不受命』、『无教誡』，可能都與鄭玄的『壯健以淫』相類似。」疑古代有不娶長女一說亦可能源於此。

彖曰：姤，遇也，柔遇剛也。勿用取女，不可與長也。天地相遇，品物咸章也。剛遇中正，天下大行也。姤之時義大矣哉。

【譯】

彖曰：姤，遇的意思，陰柔遇到陽剛。不要迎娶此女子，不能與她一起長久相守。天地陰陽相遇，萬物皆彰顯生機。陽剛男子得遇中正女子，則天下人倫之化暢行無礙。姤卦這種因時順宜的道理真是太偉大了。

【記】

「姤，遇也，柔遇剛也」，以二體之象來看，柔，指下體巽，巽爲柔。剛，指上體乾，乾爲剛。柔居剛下，是爲「柔遇剛也」。從爻象來看，柔，指初六一個陰爻。剛，指九二至上九五個陽爻。一陰處五陽之下，亦是「柔遇剛也」。

「勿用取女，不可與長也」，勿用，不用、不要。長，長久、長守。巽爲長女，一陰而承五陽，爲五陽所應，其事不專，因此「不可與長也」。

「天地相遇，品物咸章也」，天地，指天地陰陽二氣。天，取乾卦意象。地，取坤卦意象。初六自坤而來，居乾之下，所以說「天地相遇」。品物，萬物、各類物種。品，衆多，事物的種類。咸，相當於「都」、「皆」。

《爾雅．釋詁下》云：咸，皆也。《說文．口部》云：咸，皆也，悉也。章，同「彰」，彰顯、茂盛。品物咸章，指萬物皆彰顯生機。

「剛遇中正，天下大行也」，這是誡語，以二體之義而言，指陽剛之人若能遇到中正之柔，則天下人倫之化遂行。大行，猶普遍推行、暢行無礙。

姤之時義大矣哉，時義，指天地相遇，陰陽相交而至品物咸章之時，壯盛之女雖得衆男相悅，然其情不專，亦當應時而爲，不可冒然迎娶。

象曰：天下有風，姤，后以施命誥四方。

【譯】

象曰：天下有風，這就是姤卦的意象，君主觀此卦象法姤之道而發佈政令詔誥四方。

【記】

姤卦，下巽爲風，上乾爲天，所以說「天下有風」。

后以施命誥四方，卦體下巽爲風、爲教令。后，指君主。施命，發佈政令。誥，詔誥。風之所行無處不及，君主觀此卦象而發佈政令以昭誥四方。

初六，繫于金柅，貞吉。有攸往，見凶。羸豕孚蹢躅。

［譯］

初六，係縛在堅固剛硬的刹車器上，貞固吉祥。有所往進，會遇到凶險。此時就像被捆縛的大豬而躁動不安。

［記］

「繫于金柅，貞吉」，繫，係縛；柅，止住車輪不使其轉動的木塊，這裡指刹車器。繫、柅皆取巽卦的意象，巽爲繩，故稱繫，爲木，故稱柅。金柅，堅硬的刹車器，指九二，二本乾體，乾爲金，故稱金柅。初二相比，以柔承剛，所以說「繫于金柅」。王弼注：金者，堅剛之物；柅者，制動之主。尚秉和《周易尚氏學》云：「巽爲繩，故曰繫。巽木乾金，故曰金柅。馬融云：柅在車下，所以止輪。《釋文》、《廣雅》云：止也。」又云：「繫于金柅者，言以係縛于金柅之上，止而勿動，以喻陰不宜動而消陽。故下云往見凶，是其義也。」

初四相應，初無位，四失正，非正而應乃爲僞情，王弼《畧例》邢璹注云：正應相感是實情，不正相感是僞情。當姤之際，初二相遇，此時若能去其僞情，專繫於二，柔順相承，則可得吉祥，所以說「繫于金柅，貞吉」。貞，猶定，貞定、貞固。李鼎祚《周易集解》引虞翻曰：「柅謂二也，巽爲繩，故繫柅。乾爲金，巽木入金，柅之象也。初四失正，易位乃吉，故貞吉矣。」

「有攸往，見凶」，有攸往，指初往而應四。初四情僞，往而相應，乃違其情，逢姤之時，應不若遇，遇重於應，遇而相係，可得吉祥，係而不專，心有旁牽，則凶，所以說「有攸往，見凶」。見凶，即有凶。李鼎祚《周易集解》引九家易曰：「絲繫於柅，猶女繫於男，故以喻初宜係二也。若能專心順二，則吉，故曰貞吉。今既爲二所據，不可往應四，往則有凶，故曰有攸往，見凶也。」

羸豕孚蹢躅，羸豕，被捆縛的豬。羸，通「纍」，繩索、捆縛。陸德明《經典釋文》云：「羸，馬云：大索也；陸讀爲『累』。」李鼎祚《周易集解》引虞翻曰：巽繩操之，故稱羸也。俞樾平議云：《周易》羸字，皆以作纍者爲正。豕，大豬。孚蹢躅，躁動不安。孚，浮躁，王弼注：孚，猶務躁也。蹢躅，蠢蠢欲動。陸德明《經典釋文》云：「蹢躅，不靜也。蹢，一本作『躑』，古文作『蹢』；躅，本亦作『蠋』，古文作『蹳』。」卦體下巽爲風、爲進退、爲不果，究爲躁卦，初爲巽主，係而不專，應而不得，居不能安，猶「羸豕孚蹢躅」。李鼎祚《周易集解》引宋衷曰：「羸，大索，所以繫豕者也。巽爲股，又爲進退，股而進退，則蹢蹳（蹢躅）也。初應於四，爲二所據，不得從應，故不安矣。體巽爲風，動搖之貌也。」

象曰：繫于金柅，柔道牽也。

［譯］

象曰：係縛在堅固剛硬的剎車器上，陰柔的上行之道被陽剛牽係。

［記］

柔道，指陰柔之體的上行之道。牽，牽係、制止。初體陰柔，爲二所制，所以說「柔道牽也」。李鼎祚《周易集解》引虞翻曰：陰道柔，巽爲繩，牽於二也。

九二，包有魚，无咎，不利賓。

【譯】

九二，廚房裏有魚，沒有咎害，不能及於九四。

【記】

「包有魚，无咎」，包，同「庖」，庖廚，指廚房。《集韻·爻韻》云：庖，通作「包」。陸德明《經典釋文》云：包，本亦作「庖」。李鼎祚《周易集解》引虞翻曰：「巽爲白茅，在中稱包，詩云：白茅包之。魚謂初陰，巽爲魚。二雖失位，陰陽相承，故『包有魚，无咎』。賓謂四，乾尊稱賓，二據四應，故不利賓。或以包爲庖廚。」尚秉和《周易尚氏學》云：「苞，今本作『包』。《書·禹貢》：草木漸包，《釋文》：或作『苞』。是包、苞古通，故虞氏作『苞』，見《釋文》。虞云：巽爲白茅。《詩》：白茅苞之。巽爲魚，二據陰居中，故曰：苞有魚。巽爲賓客。不利賓者，賓指上四陽，言初爲二所據，四陽不能及初也。《子夏傳》作『庖』，而荀爽則作『胞』。胞、庖通，是皆以庖廚爲義。然卦无是象，故虞氏合也。」

魚爲陰物，指初六。初二相比，二據初陰，包有魚之象。當姤之時，初二相遇，陰陽相承，不爲犯奪，故而「无咎」。

不利賓，賓，指九四。初四相應，然初爲二據，繫於金柅，四不得其應，所以說「不利賓」。來知德《周易集注》云：不利賓者，理不當奉及于賓也。又，賓，與觀卦六四爻辭「利用賓于王」的「賓」義同，四處上體，而居上位，比喻爲官之人，今四有應而不得，因此「不利賓」又比喻爲不利於入仕爲官。

象曰：包有魚，義不及賓也。

［譯］

象曰：廚房裏有魚，理當不能讓與他人。

［記］

包有魚，廚房裏有魚，比喻男子擁有妻妾，或國君擁有百姓。魚，比喻妻妾，或百姓。不及，不能讓與。及，讓與的意思。賓，指他人，或他國的君主。義不及賓，指自己擁有的妻妾、或臣民百姓理當不能讓與他人、或他國的君主。初六象辭「柔道牽也」也是「義不及賓」的意思。

九三，臀无膚，其行次且，厲，无大咎。

【譯】

九三，臀部皮膚受傷，行動艱難，欲進不能，有危險，沒有大的咎害。

【記】

「臀无膚，其行次且」，與夬卦九四爻辭「臀无膚，其行次且」義同。三居下體之上，上不在天，下不在田，當姤之際，處不得其遇，猶臀無膚，不獲其安，進而無應，故「其行次且」，是爲有咎，所以說有危險。然三剛體居陽，履得其位，遠陰柔之物，非爲妄處，不遇其時，厲非己招，故「无大咎」。李鼎祚《周易集解》云：巽爲股，三居上，臀也；爻非柔，无膚，行趑趄也。

象曰：其行次且，行未牽也。

【譯】

象曰：行動艱難，欲進不能，行動沒有牽係。

【記】

行未牽也，猶進而無應之義，釋所以「其行次且」。九三當姤之際，行無所應，故而「其行次且」。

九四，包无魚，起凶。

［譯］

九四，廚房裏沒有魚，將生凶險。

［記］

起凶，將生兇險。起，發生、將生的意思。孔穎達疏：起，動也。四應在初，初爲二據，應而不得，所以說「包无魚」。剛居柔位，以剛臨君，失位不正，處姤之際，應而不能得，處而不能安，故而將生凶險。王弼注：二有其魚，故失之也；無民而動，失應而作，是以凶也。

象曰：无魚之凶，遠民也。

［譯］

象曰：廚房裏沒有魚將生凶險，是因爲遠離了民衆。

［記］

遠民也，釋所以「无魚之凶」。魚，比喻民衆。遠民，指九四遠離疏遠民衆。遠，遠離、疏遠。九四雖應在初，初爲民，然應而不得，已入上體，與五相比，近於君而遠於民，所以說「遠民也」。

九五，以杞包瓜，含章，有隕自天。

[譯]

九五，用杞柳筐裝盛瓜果，含美於內，會有福慶之事自天而降。

[記]

以，用、使用。《書．立政》云：繼自今立政，其勿以憸人。杞，木名，杞柳，也稱「紅皮柳」。宋張載《正蒙．作者》云：以杞包瓜，文王事紂之道也。王夫之注：杞柳爲筐也，瓜易壞者，包械而藏之，使无急壞。李鼎祚《周易集解》引虞翻曰：「杞，杞柳，木名也。巽爲杞，爲苞，乾圓稱瓜，故以杞苞瓜矣。」陸德明《經典釋文》云：杞，音起；鄭云：柳也；薛云：柳，柔刱木也。朱駿聲《六十四卦經解》云：杞有三，此杞柳也，非杞梓，亦非枸杞，性柔韌，宜屈撓以包物。包，裝盛。瓜，朱熹《周易本義》曰：瓜，陰物之在下者，甘美而善潰。含章，含美於內。章爲明，五伏陰成離，離爲明，故言「含章」。

九五剛履尊位，得中且正，處姤之際，下不有應，不得其遇，猶以杞包瓜，而含美於內。

有隕自天，朱熹《周易本義》曰：有隕自天，本无而倏有之象也。有，指有福慶之事。隕，降、降落。五居君位，履得其所，初雖不遇其才，然屈己求賢，內積至誠，以待其時，則其所求無有不遇，天下之賢必自天而降，是爲天賜之遇，福慶之事。

象曰：九五含章，中正也。有隕自天，志不舍命也。

【譯】

象曰：九五含美於內，得中正之道。有福慶之事自天而降，因爲立志而沒有放棄使命。

【記】

中正也，釋「九五含章」之義，指九五居上體中位，得中且正，具中正之德。

不舍命也，釋所以「有隕自天」之義。志，立志。舍，同「捨」，捨棄、放棄。命，使命。

上九，姤其角，吝，无咎。

【譯】

上九，遇到頭上的角，有憾惜，沒有咎害。

【記】

上九處姤之極，而遇其角，角非居處，居而無位，是爲有吝。處上而無遇，心無偏係，最遠於陰，不與物爭，其道不害，故而「无咎」。

姤其角，比喻遇到侵犯。乾爲首，上體堅剛，而處乾極，故稱角。

象曰：姤其角，上窮吝也。

【譯】

象曰：遇到頭上的角，是說上九已至窮極之地沒有去處而生憾惜。

【記】

上窮吝也，釋「姤其角」之義。

萃卦第四十五

【釋文音訓：萃，在季反；注音：cuì】

【序卦傳】

云：物相遇而後聚，故受之以萃。萃者，聚也。

〔雜卦傳〕

云：萃聚而升不來也。

䷬ 坤下兑上

萃亨，王假有廟，利見大人，亨，利貞，用大牲吉，利有攸往。

〔譯〕

聚集而進行享祀，君王來到宗廟，得見大德之人，進行享祀，貞正則利，用全牛作祭品吉祥，利於有所往進。

〔記〕

萃亨，指衆人聚集在一起而進行享祀。萃，會聚、聚集。《序卦傳》云：萃者，聚也。《彖》曰：萃，聚也。孔穎達疏：萃，聚也，聚集之義也，能招民聚物，使物歸而聚己，故名爲萃也。亨，同「享」，享祀、祭祀。享祀即宗廟祭祀，與後面的「王假有廟」前後相承。《周禮．夏官司馬第四．大司馬》云：中春，……，遂以蒐田，……，獻禽以祭灶；中夏，……，遂以苗田，……，獻禽以享礿；中秋，……，遂以獮田，……，致禽以祀祊；中冬，……，遂以狩田，……，獻禽以享烝。其中的「享礿」、「享烝」皆指宗廟祭祀。「獻禽以享礿」又與後面的「用大牲」及六二「利用禴」之義相合，彖辭「王假有廟，致孝享也」也是承於此義。高亨《周易古經今注》曰：亨即「享」字。《正字通・亠部》云：亨，即古「享」字。《字彙・亠部》云：享，祭也。《說文・亯部》云：亯，獻也。《廣雅・釋言》云：亯，祀也。王念孫疏證：亯與享同。

人何以相聚，唯以大祭，方得衆聚。卦體澤上於地，彙集萬方，品物歸聚，體有艮巽，艮爲闕，巽爲木，木在闕上，宮廟之象，所以說「萃亨，王假有廟」。王，指九五。假，到的意思。王弼注：假，至也。有廟，即宗廟。有，語助詞。

又，朱熹認爲「亨」是衍文，《周易本義》曰：「亨」字衍文。諸本多無「亨」字，帛書本、李鼎祚《周易集解》皆無「亨」字，唯王弼本、王肅本有「亨」字。文依王弼本。

「利見大人，亨」，大人，指九五。九五居尊貴之位，因此大人也釋爲貴人，利見大人，即指遇見貴人之義。既王假有廟，故會聚之衆當得見大人。亨，同「享」。

利貞，貞正則利之義。貞，猶正，貞正。祭祀之時，當堅守正道，不可妄生邪念，所以說「利貞」，《彖辭》有曰「聚以正也」。

「用大牲吉，利有攸往」，用大牲，承前面「萃亨」的「亨」義，指舉行隆重而豐盛的享祀。大牲，即牛，古代供祭祀用的全牛。《說文．牛部》云：牲，牛完全。《字彙．牛部》云：牲，祭天地宗廟之牛完全曰牲。利有攸往，承「利見大人」之義。此句爲告誡之語，是說會聚之際，君王來到宗廟，舉行隆重而盛大的祭祀活動，神明降福，得到上天的祐助，而利於有所往進。

象曰：萃，聚也。順以說，剛中而應，故聚也。王假有廟，致孝享也。利見大人，亨，聚以正也。用大牲吉，利有攸往，順天命也。觀其所聚，而天地萬物之情可見矣。

【譯】

象曰：萃，聚集的意思。柔順而和悅，陽剛居中而有應合，因此能夠會聚。君王來到宗廟，進行豐富而盛大的享祀。得見大德之人，進行享祀，秉持中正之道而進行會聚。用全牛祭祀吉祥，利於有所往進，這是順應天命。觀察體悟這種聚集的現象，而天地萬物的本性就可以顯現了。

【記】

「萃，聚也」，釋「萃」之義。聚，會聚、聚集的意思。

「順以說，剛中而應，故聚也」，釋所以「聚」之義。順以說，順，柔順、順從。說，同「悅」，和悅、喜悅。從卦象看，順，取下體坤的意象，坤爲順。悅，取上體兌的意象，兌爲悅。剛，指九五。中，指九五居上體中位，而得中正之德。應，指九五與六二陰陽正應。又，下體爲坤，坤爲衆爲民，二爲坤主，因而也可釋爲五居君位，得萬民相應之義。李鼎祚《周易集解》引荀爽曰：謂五以剛居中，羣陰順說而從之，故能聚衆也。

「王假有廟，致孝享也」，致，表達、傳達。《詩·小雅·楚茨》云：工祝致告。鄭箋：祝以此，故致神意。孝享，指豐富而盛大的享祀。孔穎達疏：「享，獻也。聚道既全，可以至於有廟設祭祀而致孝享也。」《詩·小雅·天保》云：吉蠲爲饎，是用孝享。鄭玄箋：「謂將祭祀也。」《明史·樂志二》云：孝享多儀，格我皇祖。《清史稿·禮志五》云：大祀莫重郊壇，孝享莫大配天。孝，指祭祀豐潔。《論語·泰伯》子曰：「禹，吾無間然矣。菲飲食，而致孝乎鬼神；惡衣服，而致美乎黻冕；卑宮室，而盡力乎溝洫。」享，獻、享祀。李鼎祚《周易集解》引虞翻曰：享，享祀也。

「利見大人，亨，聚以正也」，利見大人，也可釋爲遇見貴人。亨，同「享」。聚以正也，指秉持中正之道而會聚。以，猶「而」。

「用大牲吉，利有攸往，順天命也」，順天命，即順應天命，釋所以「用大牲吉，利有攸往」之義。

「觀其所聚，而天地萬物之情可見矣」，君子觀此象，情同而萃，氣合乃聚，方以類聚，物以群分，於是天地萬物之情可見。情，本性。見，同「現」，顯現。

象曰：澤上於地，萃，君子以除戎器，戒不虞。

［譯］

象曰：澤上於地，這就是萃卦的意象，君子觀此卦象明萃之道而修治兵器，常設戒備沒有憂患。

［記］

萃卦，下坤爲地，上兌爲澤，所以說「澤上於地」。

「君子以除戎器，戒不虞」，除，修治、整治。孔穎達疏：除者，治也。陸德明《經典釋文》云：除，本亦作「儲」，又作「治」，王肅姚陸云：除，猶脩治。李鼎祚《周易集解》引虞翻曰：除，修；戎，兵也。戎器，指兵器。戒，警備、戒備。《說文·廾部》云：戒，警也。虞，憂慮、憂患。《左傳·昭公四年》云：君若苟無四方之虞。王引之《經義述聞》云：「家大人曰：虞，憂也。」

凡物之聚，皆有不虞度之事，物聚則有奪，衆聚則生爭，久必生變，衆則生心，君子值此當修治戎器，以戒不虞。

初六，有孚不終，乃亂乃萃。若號一握爲笑，勿恤，往无咎。

［譯］

初六，有誠信不能至終，於是心志散亂而妄聚。此時如果能大聲急呼則傾刻間可得歡笑，不必憂慮，往進沒有咎害。

【記】

孚，猶信，誠信。不終，指不能至終。乃，前面的「乃」，相當於「然後、於是」。王引之《經傳釋詞弟六》云：乃，猶於是也。《書．堯典》云：乃命羲和，欽若昊天。蔡沈集傳曰：乃者，繼事之辭。後面的「乃」，相當於「而」。王引之《經傳釋詞弟六》云：乃，猶而也。亂，指心志散亂。高亨《周易古經今注》曰：亂者，神志昏亂也。萃，這裡是妄聚的意思。

初四相應，是爲有孚。然初居萃始，見三承四，心生嫌疑，迷於物爭，應而存疑，居而卑微，其志散亂，信而不能終，所以說「有孚不終」。志亂情迷，往而相應，是爲妄聚，所以說「乃亂乃萃」。

亦或釋爲，初志在四，三陰相聚，同類相惑，其志不堅，捨應而從類，聚而失志，稱之爲「有孚不終，乃亂乃萃」。程頤《周易程氏傳》即爲此義。孚，猶「應」，相應、正應的意思。亂，迷亂、惑亂，指其心迷亂。萃，指與其同類聚合。

若號一握爲笑，若，猶如。號，指大聲急呼，比喻心志堅定，而喝阻小人之萃。一握，本爲度量單位，一握爲四寸，比喻短小，也指時間短，這裡指瞬間，傾刻之間的意思。朱駿聲《六十四卦經解》云：「又一握謂轉移之間，猶彈指之頃也。若號爲笑，猶破涕爲笑也。」此句是說在「亂萃」之際，己爲正配，若能大聲急呼，與四相應，則會在傾刻之間而得歡笑，故而「勿恤，往无咎」。恤，憂慮、疑惑。李光地《周易折中》引王氏宗傳曰：「初之于四，相信之志，疑亂而不一也。然居萃之時，上下相求。若號焉，四必說而應之，則一握之傾，變號咷而爲笑樂矣，謂得其所萃也。」引姚氏舜牧曰：「初四相應，此心本自相孚。但孚須有終爲善，如有孚而不終，則乃亂而乃萃矣，萃其可亂乎哉。若念有孚之當終，而呼號以往從之，則正應可合，而无妄萃之咎矣。」以象言之，會聚之始，處至闇之地，位卑微之所，陰柔之體當顯揚其志，方得無咎。初爲卦始，故稱一，四居艮兌之體，艮爲手，初四相應，所以說一握，兌爲悅，故而一握爲笑。

象曰：乃亂乃萃，其志亂也。

〔譯〕

象曰：於是散亂而妄聚，其心志已經迷亂。

〔記〕

其志亂也，釋「乃亂乃萃」之義。孔穎達疏：象曰其志亂者，衹謂疑四與三，故志意迷亂也。

六二，引吉，无咎，孚乃利用禴。

〔譯〕

六二，得到牽係吉祥，沒有咎害，懷著誠信恭敬之心進行夏祭。

【記】

引，牽挽、牽係。高亨釋「引」爲「弘」，即「大」的意思。《周易古經今注》云：「余疑『引』當作『弘』，形近而譌。《爾雅．釋詁第一》云：弘，大也。弘吉與大吉、元吉同義。殷虛卜辭屢言弘吉，即此證也。筮遇此爻，大吉无咎，故曰弘吉，无咎。」文依卦象二五相應之理釋爲「牽挽、牽係」之義。

孚，猶信，誠信，指誠信恭敬之心。禴，祭名，指夏祭，亦作「礿」。《詩．小雅．天保》云：禴祠烝嘗，于公先王。毛傳：春曰祠，夏曰禴，秋曰嘗，冬曰烝。《周禮．春官宗伯第三．大宗伯》云：以肆獻祼享先王，以饋食享先王，以祠春享先王，以禴夏享先王，以嘗秋享先王，以烝冬享先王。《爾雅．釋天第八》云：春祭曰祠，夏祭曰礿，秋祭曰嘗，冬祭曰蒸。《說文．示部》云：礿，夏祭也。陸德明《經典釋文》云：「禴，鄭云：夏祭名。」李鼎祚《周易集解》引虞翻曰：禴，夏祭也。惠棟《周易述》注云：禴，夏祭也。來知德《周易注》云：禴，夏祭。尚秉和《周易尚氏学》云：禴，夏祭。朱駿聲《六十四卦經解》云：禴，夏祭也，亦用太牢，而不如蒸嘗之備物，于時祭禮最簡。又，或指春祭。王弼注：禴，殷春祭名也，四時祭之省者也。陸德明《經典釋文》云：禴，羊略反，殷春祭名，馬王肅同。文取「夏祭」之義，與卦辭「王假有廟」、「用大牲」，象辭「王假有廟，致孝享也」及《周禮．夏官司馬第四．大司馬》「中春，……，獻禽以祭灶；中夏，……，獻禽以享礿；中秋，……，致禽以祀祊；中冬，……，獻禽以享烝」中的「中夏……享礿」之義相合。利用禴，指進行夏祭。

孚乃利用禴，是說相聚之道，當以誠信爲本。萃聚之時，貴在有應，二正應在五，是爲有信，居三陰之中，得五牽係，猶卦辭「利見大人」，得貴人相助，乃得其吉，所以說「引吉」，吉乃「无咎」。二爲艮始，艮爲手，五處巽極，巽爲繩，牽係之象。二五正應，五居君位，王假有廟，二誠信相應，五秉實相牽，祭獻於神明，可獲福慶。爻辭承卦辭「萃亨，王假有廟，利見大人」、「用大牲吉，利有攸往」之義。

象曰：引吉无咎，中未變也。

〔譯〕

象曰：得到牽係吉祥，沒有咎害，因爲中正之道沒有改變。

〔記〕

中未變也，釋所以「引吉无咎」之義。中，指六二居中且正，誠信相應而心志不亂，猶《彖》曰「剛中而應，故聚也」之義。

六三，萃如嗟如，无攸利。往无咎，小吝。

〔譯〕

六三，聚集之際有歎息，無所利益。往進沒有咎害，有小的憾惜。

【記】

嗟，嗟歎、歎息。六三處下體之極，履非其位，與二四相比，二得五牽，四應初號，近而不相得，聚而不有應，因此萃而歎息，無所利益。「往无咎，小吝」，言上六處萃之極，而無其應，思援求朋，爲兌之體，兌爲悅爲羊，和悅溫順，三上同位同德，往必獲納，所以說「往无咎」。然二陰相聚，不若陰陽相應，故而有「小吝」。

象曰：往无咎，上巽也。

【譯】

象曰：往進沒有咎害，因爲上六順遜而和悅。

【記】

上巽也，釋所以「往无咎」之義。上，指上六。巽，同「遜」，謙讓恭順。上六處兌之體，兌爲羊、爲悅，羊爲溫順之物，所以說「上巽也」。

九四，大吉，无咎。

【譯】

九四，大吉，沒有咎害。

【記】

九四以剛居柔，履非其位，是爲有咎。然處艮之極，可止其咎，上比九五之尊，受王之蔭，同德相聚而不侵，下據三陰而應於初，當萃之際，上得君臣之聚而不有犯，下獲民衆之順而有其應，是爲大吉。大吉之時，位雖不當，亦得無咎，所以說「大吉，无咎」。

象曰：大吉无咎，位不當也。

【譯】

象曰：大吉之後才沒有咎害，因爲居位不適當。

【記】

位不當，指九四陽剛之爻而居陰柔之位，是爲位不當。

九五，萃有位，无咎匪孚，元永貞，悔亡。

【譯】

九五，聚集之際居得尊位，沒有咎害但未能取信於衆，若能開始長久施行中正之道而無偏狹，則悔恨就會消失。

〔記〕

九五陽剛，得中履尊，王者之象，王假有廟，萃有位，故而「无咎」。當萃之際，唯牽於二，是爲偏狹，施未及衆，未得衆信，所以說「匪孚」，故而有悔。匪孚，指未獲衆人信任。

「元永貞，悔亡」，指此時若能開始久守其中正之德，而廣施於衆，則悔恨就會消失。元，始、開始的意思。貞，猶正，指九五的中正之德。

象曰：萃有位，志未光也。

〔譯〕

象曰：聚集之際居得尊位，（但未能取信於衆），因爲中正之志未能廣大。

〔記〕

「萃有位」後省略了「匪孚」。志未光也，釋所以「匪孚」之義。聚集之際，九五唯牽係於二，是爲偏狹，與上相比，上體陰柔，得三聚合，而乘淩於五，五中正之德爲陰柔所揜，既偏又揜，所以說「志未光也」。光，猶廣，廣大。

上六，齎咨涕洟，无咎。

[譯]

上六，悲傷哀歎流淚泣洟，沒有咎害。

[記]

齎咨，悲歎之辭。陸德明《經典釋文》云：齎咨，嗟歎之辭也，鄭同；馬云：悲聲怨聲。涕洟，流淚泣洟。陸德明《經典釋文》引鄭云：自目曰涕，自鼻曰洟。涕，眼淚。《說文·水部》云：涕，泣也。洟，鼻涕。《說文·水部》云：洟，鼻液也。

上六處萃之終，陰柔無位，乘五之剛，五非所乘，其內無應，求萃不得，處高危之所，居不獲安，心有所懼，故而「齎諮涕洟」。然體陰柔，又爲兌主，知懼憂危，柔順和悅，則衆所不害，三來聚合，巽順不拒，乃得「无咎」。

象曰：齎咨涕洟，未安上也。

[譯]

象曰：悲傷哀歎流淚泣洟，未敢安處在上位。

【記】

未安上也，釋所以「齎咨涕洟」之義。雖居上位，然乘於五，五非其乘，未敢安處，知危而懼，故而「齎咨涕洟」。

升卦第四十六

【釋文音訓：升，式陵反；注音：shēng】

【序卦傳】

云：聚而上者謂之升，故受之以升。

【雜卦傳】

云：萃聚而升不來也。

䷭ 巽下坤上

升元亨，用見大人，勿恤，南征吉。

〔譯〕

聚而登升舉行盛大的享祀，得見大德之人，不用憂慮，往南方行動吉祥。

〔記〕

升，《序卦傳》云：聚而上者謂之升。《雜卦傳》云：萃聚而升不來也。注云：來，還也，方在上升，故不還也。陸德明《經典釋文》云：升，鄭本作「昇」，馬云：高也。朱熹《周易本義》曰：升，進而上也。孔穎達疏：升者，登上之義。

從卦象看，巽下坤上，木在地下而生於地中，由小漸大，長而益高，升之象。李鼎祚《周易集解》引鄭玄曰：「升，上也。坤地巽木，木生地中，日長而上，猶聖人在諸侯之中，明德日益高大也，故謂之升。升，進益之象矣。」元亨，即大亨，舉行盛大的享祀。元，大；亨，同「享」。

「用見大人，勿恤，南征吉」，用見大人，猶利見大人，帛書本作「利見大人」。用見，即利見，陸德明《經典釋文》云：用見，本或作「利見（見）」。大人，指六五。恤，憂慮。南征，南行，嚮南方行動。卦體剛不居尊，失剛嚴之正，不免於憂，然二五皆得中位，剛上而柔應，得見大德之人，因而無憂，所以說「用見大人，勿恤」。南征吉，南爲大明之地，木於地中，晦闇之所，二剛居柔，以柔之南，是爲麗乎大明，木升於地而麗於明，所以說「南征吉」。

彖曰：柔以時升，巽而順，剛中而應，是以大亨。用見大人，勿恤，有慶也。南征吉，志行也。

[譯]

彖曰：柔順地因應時勢聚而登升，謙遜而暢順，陽剛居中而得應合，因此而進行盛大的享祀。得見大德之人，不用憂慮，有福慶。往南方行動吉祥，心志能夠實現。

[記]

「柔以時升，巽而順」，此以卦體而言，柔、巽，皆指下體巽卦，巽爲柔。時，時勢。柔以時升，指柔順地因應時勢聚而登升。巽，同「遜」，謙遜。順，指上體坤卦。巽爲風，其上爲坤，坤爲地、爲順，風上於地，其行暢順，故言「巽而順」。

剛中而應，此以爻而言。剛中，指九二陽剛之爻而居中位。而應，指九二與六五陰陽相應。

是以大亨，是以，因此的意思。大亨，指進行盛大的享祀。李鼎祚《周易集解》引荀爽曰：謂二以剛居中，而來應五，故能大亨。

「用見大人，勿恤，有慶也。南征吉，志行也」，慶，福慶。志，心志、志嚮。行，踐行、實現。

象曰：地中生木，升，君子以順德，積小以高大。

〔譯〕

象曰：地中生長出樹木，這就是升卦的意象，君子觀此卦象明升之道而順應時序脩養德行，累積細小的善行而成就高尚的品德。

〔記〕

升卦，下巽爲木，上坤爲地，木於地下，所以說「地中生木」。地中生木，由小漸大，這就是升的意象。

「君子以順德，積小以高大」，順德，順應時序脩養德行。順，循序漸進之義。李鼎祚《周易集解》「順」作「愼」。德，德行。以高大，猶「以成高大」，「以」字後疑漏脫「成」字。陸德明《經典釋文》云：以高大，本或作「以成高大」。

初六，允升，大吉。

〔譯〕

初六，獲得信賴而登升，大吉。

[記]

允，信、信賴，與晉卦六三「衆允」的「允」字義同。程頤《周易程氏傳》云：允者，信從也。來知德《周易集注》云：允者，信也。《爾雅．釋詁第一》云：允，信也；允，誠也。王弼注：允，當也。允升，指初六陰爻獲得九二、九三二個剛爻的信任，聚而登升。初體陰柔，居卑微之地，上無其應，不可自升。當升之際，巽體三爻皆升，己處升始，爲巽之主，上臨二三陽剛，柔順相承，而獲其信，二三皆有其應，遂得大吉，所以說「允升，大吉」。

象曰：允升大吉，上合志也。

[譯]

象曰：獲得信賴而登升大吉，因爲與上位者心志相合。

[記]

上合志也，釋所以「允升大吉」之義。上，指九二、九三二個剛爻。合志，心志相合。

九二，孚乃利用禴，无咎。

[譯]

九二，懷著誠信恭敬之心進行夏祭，沒有咎害。

[記]

「孚乃利用禴，无咎」，其釋見萃卦六二〔記〕。

九二剛體居中，有孚之象，得中而正，閑邪存誠，其應在五，聚而登升，進不求寵，志在大業，專以其誠而感通於上，薦神祈福，往必見信，其願必遂，所以說「孚乃利用禴，无咎」。

象曰：九二之孚，有喜也。

[譯]

象曰：九二的虔誠恭敬之心，可帶來好運。

[記]

喜，喜慶，也可釋爲好運，取兌之象，二居兌體，兌爲悅，所以說「有喜」。來知德《周易集注》引孔子曰：君臣相孚，豈止无咎，且有喜也。

九三，升虛邑。

【譯】

九三，登升到空曠寬廣之地。

【記】

虛邑，空曠寬廣之地。虛，空曠、空虛。陸德明《經典釋文》云：虛，空也。

九三處下體之極，履得其位，正應在上。上處坤體，坤爲地，故稱邑，其體陰柔，陰爲虛，故稱虛邑。李鼎祚《周易集解》引荀爽曰：坤稱邑也。朱熹《周易本義》曰：陽實陰虛，而坤有國邑之象。三居震初，體剛行健，動入坤地，所以說「升虛邑」。

象曰：升虛邑，无所疑也。

【譯】

象曰：登升到空曠寬廣之地，沒有什麼可疑慮的。

【記】

疑，疑慮。王弼注：履得其位，以陽升陰，以斯而舉，莫之違距，故若升虛邑也。既升虛邑，則沒有什麼可疑慮的了，所以說「无所疑也」。朱駿聲《六十四卦經解》云：无疑，言无敵也。

六四，王用亨于岐山，吉，无咎。

[譯]

六四，王公排除險阻受納地位卑微的人，吉祥，沒有咎害。

[記]

王用亨于岐山，對照隨卦上六「維之，王用亨于西山」，疑前或有「納之」之辭，指受納初六。王，指王公，四爲三公之位，故稱王公。用亨于岐山，猶隨卦上六「用亨于西山」之義（見隨卦上六［記］），指排除險阻。用，猶施行。亨，通、通達。陸德明《經典釋文》云：亨，許庚反，通也。來知德《周易集注》云：亨者，通也。朱駿聲《六十四卦經解》云：亨，一讀如字，通也。岐山，猶西山，比喻險阻。四處兌體，兌爲西方之卦，伏艮爲山，所以說西山。四初不應，而欲納之，必去其阻礙，所以說「王用亨于岐山」。當升之際，四初不應，是爲有咎。然初以柔承剛，獲二三之信，二三皆有其應，俱登升而上，四處上體之始，得位且正，順初之情，排除險阻，納而不拒，故得吉祥而「无咎」。王弼注：「處升之際，下升而進，可納而不可距也。距下之進，攘來自專，則殃咎至焉。若能不距而納，順物之情，以通庶志，則得吉而无咎矣。」程頤《周易程氏傳》云：「昔者文王之居岐山之下，上順天子，而欲致之有道，下順天下之賢，而使之升進，己則柔順謙恭，不出其位，至德如此，周之王業，用是而亨也。四能如是，則亨而吉，且无咎矣。」

亨，注者多釋為「享」，祭祀之義，指王公於西山進行祭祀。

［譯］

象曰：王用亨于岐山，順事也。

［譯］

象曰：王公排除險阻受納地位卑微的人，是順物之情而成就事功。

［記］

順事也，釋「王用亨于岐山」之義。

六五，貞吉升階。

［譯］

六五，貞正吉祥，已經登升至尊貴的位置了。

【記】

貞吉升階，猶「升階貞吉」。六五居中履尊，有應在二，二至誠以應，五以柔納剛，堅守中正之道，不自專權，納而不拒，任而不偏，乃獲吉祥，所以說「貞吉升階」。升階，指已至尊貴的位置了。

象曰：貞吉升階，大得志也。

【譯】

象曰：貞正吉祥，已經登升至尊貴之位，心志得到充分實現。

【記】

大得志也，猶志大得也。得，實現。大得，指充分實現。志，心志，指登升而上之志。

上六，冥升，利于不息之貞。

【譯】

上六，愚昧地登升不知停止，利於返回貞固。

【記】

冥，昏昧、愚昧。孔穎達疏：冥，猶昧也。陸德明《經典釋文》云：冥，覓經反，闇昧之義也，注同。冥升，指愚昧地登升而不知停止，《雜卦傳》有云「萃聚而升不來也」，來即返。上六爲坤之體，坤性闇昧，處升之極，升而不已，不知返回，故稱冥升。

利于不息之貞，不息，注者多釋爲不止，文將此釋爲停止、返回的意思。朱駿聲《六十四卦經解》云：不息之貞，言不動而貞固也。不，助詞，用來調整音節。《玉篇．不部》云：不，詞也。《爾雅．釋丘第十》云：夷上灑下，不漘。郭璞注：不，發聲。《詩．小雅．車攻》云：徒御不驚，大庖不盈。毛傳：不驚，驚也；不盈，盈也。《楚辭．招魂》云：被文服纖，麗而不奇些。王逸注：不奇，奇也。息，歸還、返回的意思。《方言．第十三》云：息，歸也。《廣雅．釋言》云：息，返也。

《序卦傳》云：升而不已必困。上六正應在三，三升虛邑，當升之際，既處升極，己若升而不已，則爲愚昧，不若返身脩己，應三之登升，則可得其美，所以說「利于不息之貞」。貞，猶定，貞定、貞固。

象曰：冥升在上，消不富也。

【譯】

象曰：處在上位仍遇昧地登升不知停止，實力已經削減衰退力量不足了。

【記】

消不富也，指實力已經消減而力不足。王弼注：勞不可久也。消，削減、衰退。富，富實。冥升在上，升而不已必滯，終致消衰，所以說「消不富也」。

困卦第四十七

【注音：kùn】

【序卦傳】

云：升而不已必困，故受之以困。

【繫辭傳】

云：困，德之辯也；困，窮而通；困，以寡怨。

【雜卦傳】

云：井通而困相遇也。

䷮ 坎下兌上 困亨，貞大人吉，无咎，有言不信。

［譯］

艱困之際進行祭祀，堅守大人之道吉祥，沒有咎害，咎過消除脫離困境。

［記］

困，艱困、困境。孔穎達疏：困者，窮阨委頓之名，道窮力竭，不能自濟，故名爲困。朱熹《周易本義》曰：困者，窮而不能自振之義。陸德明《經典釋文》云：困，窮也，窮悴掩蔽之義；廣雅云：困，悴也。

困亨，從卦象看，下坎爲月，互離爲日，日月交錯，兌居其上，兌爲澤，揜日月之明，困之象。亨，同「享」。「貞大人吉，无咎」，貞，堅守、貞固。大人，指九二、九五。貞大人，指堅守大人之道，即堅守二五之道。二以剛居柔，中正謙和；五居中履尊，得位且正。此爲誡語，陽爲陰揜，是爲有咎，處艱困之際，當堅守中正謙和之道，方得吉祥，吉後乃得「无咎」。

有言不信，言，通「愆」，過失、咎過。聞一多《古典新義》曰：「言，皆讀爲愆。……《易》凡言『有言』，讀爲『有愆』。」信，應驗、證實。《廣韻．震韻》云：信，驗也。不信，即沒有應驗、沒有證實。有言不信，指有咎過但沒有應驗，即咎過消除，脫離困境。

凡困境，一由於內，二自於外。困於內皆因於名利，名利之得在於天，德成則名至，行謙則利來，非因己求而得，捨非己之名，遠非己之利，則可解脫困境；困於外當持守中正謙和之德，正名位，應時勢，慎於言而謹於行，則可得吉祥。

象曰：困，剛揜也。險以說，困而不失其所亨，其唯君子乎！貞大人吉，以剛中也。有言不信，尚口乃窮也。

【譯】

象曰：困卦的意象，陽剛被遮揜。處險困之際能從容自悅，困境中而沒有忘記享祀，大概衹有君子才能這樣吧！堅守大人之道吉祥，因爲大人具有剛實中正之德。咎過消除脫離困境，小人專恃口說肆意妄言已至窮盡。

【記】

「困，剛揜也」，以卦體看，下體爲坎，坎爲剛，上體爲兌，兌爲柔，柔居剛上，所以說「剛揜也」。以爻言，二、五陽爻皆被陰柔所乘，李鼎祚《周易集解》引荀爽曰：謂二五爲陰所弇也。

「險以說，困而不失其所亨，其唯君子乎」，與九二「困于酒食，朱紱方來，利用享祀，征凶，无咎」之義相合。險以說，以二體釋卦義，險，取下體坎卦意象，坎爲險。說，同「悅」，取上體兌卦意象，兌爲悅。不失，指沒有忘記。所亨，指行享祀之禮。亨，同「享」。其，大概的意思。唯，衹有。

「貞大人吉，以剛中也」，貞，堅守。大人，指九二、九五，這裡指大人之道。剛中，指二五陽剛之爻居中位，而得中正之德。

「有言不信，尚口乃窮也」，尚，同「上」，指上六。口，取兌之象，兌爲口。尚口，指小人專恃口說肆意妄言。窮，窮盡。上六處卦之極，往無所之，故而窮盡。此指小人的妄言已經到了極盡，無以復加，猶言困境是由小人所至。

象曰：澤无水，困，君子以致命遂志。

〔譯〕

象曰：澤中無水，這就是困卦的意象，君子觀此卦象明困之道而不惜捨棄生命來實現志嚮。

〔記〕

困卦，下坎爲水，上兌爲澤，水在澤下，有池澤乾枯之象，所以說「澤无水」。

君子以致命遂志，致命，援命、捨棄生命。致，委、給予。《論語・學而》子夏曰：事君能致其身。朱熹集注：致，猶委也，委致其身。遂，實現、成就。孔穎達疏：君子以致命遂志者，君子之人，守道而死，雖遭困阨之世，期於致命喪身，必當遂其高志，不屈橈而移改也，故曰致命遂志也。猶卦辭「貞大人」之義。

初六，臀困于株木，入于幽谷，三歲不覿。

[譯]

初六，還沒有起來即受困於株木之中，陷入昏闇的深谷，三年不能相見。

[記]

臀困于株木，當困之際，初六陰柔之體處坎之底，坎，其於木爲堅多心，株木之象，所以說「臀困于株木」。臀，朱熹《周易本義》曰：臀，物之底也。《韻會》云：臀，底也。株木，露出地面的樹根。《說文》云：株木，木根也。

入于幽谷，陷入昏闇的深谷。幽谷，深谷。幽，昏闇、闇昧。初處坎底，居明之下，處卑微之所，深闇不明，所以說「入于幽谷」。

三歲不覿，覿，見、相見。《爾雅．釋詁下》云：覿，見也。初應在四，爲二所阻，二爲坎主，其體剛健，四失其位，不能濟己，入闇至深，三年不能與四相見，所以說「三歲不覿」。三歲，初上爲離，四居離體，離數爲三，所以說「三歲」。又，或言「三歲」指二、三、四三爻。不覿，不見，指不能與四相見。四居光明之極，因此比喻見不到光明。

此爻有凶象，受困至深，或有牢獄之災，猶習坎上六「係用徽纆，寘于叢棘。三歲不得，凶」之義。株木猶「叢棘」之義。《周禮．秋官司寇第五．司圜》云：「掌收教罷民。凡害人者，弗使冠飾而加明刑焉，任之以事而收教之。能改者，上罪三年而舍，中罪二年而舍，下罪一年而舍。其不能改而出圜土者，殺。」

象曰：入于幽谷，幽不明也。

[譯]

象曰：陷入深谷，昏闇而不見光明。

[記]

不明，指不見光明。

九二，困于酒食，朱紱方來，利用享祀，征凶，无咎。

[譯]

九二，酒食匱乏，大紅色的朱紱即將到來，利於進行享祀，前行進取不吉利，靜而待時沒有咎害。

[記]

困于酒食，指酒食匱乏，接濟不上。來知德《周易集注》云：困于酒食者，言酒食之艱難窮困也。困，有匱乏的意思。二本陰位，中饋之職，今九陽剛之體居之，處坎離之體，水火之象，上兌爲口，酒食之象，然二五不應，所以說「困于酒食」。

朱紱方來，大紅色的朱紱即將到來，指天子恩寵，命著朱紱。紱，蔽膝，縫於長衣之前，爲祭祀的服飾。孔穎達疏：紱，祭服也。朱紱，紅色的祭服，指九五。李鼎祚《周易集解》云：朱紱，宗廟之服。程頤《周易程氏頤傳》云：朱紱，王者之服，蔽膝也。九五爻辭「赤紱」與此爻「朱紱」義有不同。高亨《周易古經今注》云：「易乾鑿度引孔子曰『天子三公九卿朱紱，諸侯赤紱』，其說均不確。余疑自天子達於公卿，皆朱紱；自諸侯達於大夫，皆赤紱也。朱紱方來，謂君加之以寵命，命服朱紱也。」二五不應，皆爲陰所困，然同德相與，得中正之道，剛實有信，五居君位，二謙自守，得五寵命，所以說「朱紱方來」。方，即將、將要。

「利用享祀，征凶，无咎」，享祀，指進行宗廟祭祀活動。既「朱紱方來」，故而「利用享祀」。尚秉和《周易尚氏學》云：朱紱貴人所服，以祭宗廟者，故用以享祀則利也。二上爲巽，巽爲不果，往爲兌，兌爲毀折，上無其應，往而不果，有毀折之象，所以「征凶」。然秉中正謙和之道，困而不失其所亨，靜以待時，雖凶而可得「无咎」。

象曰：困于酒食，中有慶也。

【譯】

象曰：酒食匱乏，堅守中正之道必有福慶。

【記】

中有慶也，中，指九二居於中位，堅守中正謙和之道。慶，福慶，指「朱紱方來」。

六三，困于石，據于蒺藜，入于其宮，不見其妻，凶。

【譯】

六三，受困在岩石之下，处於蒺藜之中，進入宮室，沒有看見妻子，不吉利。

【記】

困于石，石，堅剛之物，指九四。困卦下本爲坤，互體有艮，四爲艮主，艮爲石。三居其下，失位不正，上無應援，欲附於四，然四應在初，拒不受己，所以說「困于石」。

據于蒺藜，據，猶「居」，處於。蒺藜，草名，指九二。孔穎達疏：蒺藜之草，有刺而不可踐也。二爲坎主，坎於木爲堅多心，蒺藜之象，三處其上，以柔乘剛，剛非己乘，處不得安，所以說「據于蒺藜」。

「入于其宮，不見其妻，凶」，入，取巽之象，三爲巽體，巽爲入。以卦變言，下本坤體，互體爲艮，宮室之象，三居其中而無其應，無妻之象，所以說「入于其宮，不見其妻」。處困之際，履非其位，居不獲安，往無其應，附非所附，進退不果，故凶。《繫辭下》子曰：「非所困而困焉，名必辱；非所據而據焉，身必危。既辱且危，死期將至，妻其可得見邪？」

象曰：據于蒺藜，乘剛也。入于其宮，不見其妻，不祥也。

〔譯〕

象曰：处在蒺藜之中，指陰柔乘淩在陽剛之上。進入宮室，沒有看見妻子，這是不祥之兆。

〔記〕

乘剛也，釋「據于蒺藜」之義，指六三陰爻居於九二陽爻之上，是爲乘剛。不祥也，指不祥之兆，即不吉利。孔穎達疏：不祥也者，祥，善也、吉也，不吉必有凶也。

九四，來徐徐，困于金車，吝，有終。

〔譯〕

九四，疑懼不定遲遲來到，受困於金車，有恨惜，但有好的結果。

【記】

來，指初六，據四言初，所以稱「來」。徐徐，疑懼不定之義。王弼注：徐徐者，疑懼之辭也。陸德明《經典釋文》云：徐徐，疑懼皃；子夏作「荼荼」；王肅作「余余」。李鼎祚《周易集解》「徐徐」作「荼荼」，引虞翻曰：荼荼，舒遲也；見險，故來荼荼。金車，指九二，陸德明《經典釋文》云：金車，本亦作「金輿」。二本乾體，乾爲金，今居坎體，坎爲輿爲輪，其體堅剛，所以稱金車。

初四相應，而隔於二，二體剛健，又爲坎主，初「臀困于株木，入于幽谷，三歲不覿」，所以說「來徐徐，困于金車」。四居失其位，志在於初，捨之不能，應而不能速，是爲有吝。然以剛居柔，行謙之道，陰陽相匹，量力而行，終得相見，故四雖吝而有終。有終，指有好的結果。

象曰：來徐徐，志在下也。雖不當位，有與也。

【譯】

象曰：疑懼不定遲遲才來到，心志在於初六沒有改變。雖然居位不當，但終得應與。

【記】

志在下也，下，指初六。意指雖「來徐徐」，而心志堅定，沒有捨棄。有與也，指初四終得應與。

九五，劓刖，困于赤紱，乃徐有說，利用祭祀。

[譯]

九五，憂慮不安，受困於臣下之事，但能慢慢擺脫困境，利於進行祭祀。

[記]

劓刖，陸德明《經典釋文》云：荀王肅本「劓刖」作「臲卼」，云：不安皃，陸同；鄭云：劓刖當爲「倪仉」；京作「劓劊」。惠棟《周易述》注云：劓刖，當爲倪仉，不安也。高亨《周易古經今注》云：劓刖乃危而不安之義，當讀爲隉阢。李鼎祚《周易集解》引虞翻曰：割鼻曰劓，斷足曰刖。朱駿聲《六十四卦經解》云：「劓刖，一作臲阢，一作倪仉，……，不安貌。九五人君不當有劓刖之象。」文取「不安」之義，與上六「困于葛藟，于臲卼」，其義相接。又，若有「劓刖」之刑，則其後不當複言「有說」。九五陽剛居中履尊，然下無其應，其志未得，上爲陰所揜，其道未光，故而憂慮不安。

「困于赤紱，乃徐有說，利用祭祀」，赤紱，指九二，其義見九二[記]。五爲君，二爲臣，二五不應，所以說「困于赤紱」。徐，慢慢。說，同「脫」，擺脫的意思。乃徐有說，指慢慢的擺脫困境。五雖「劓刖，困于赤紱」，但當困之際，與二同德，遂寵命於二，賜其朱紱，在二爲「朱紱方來，利用享祀」，在五爲「乃徐有說，利用祭祀」，是爲可得天之祐，而受福慶。

祭祀，陸德明《經典釋文》云：本亦作「享祀」。李鼎祚《周易集解》引陸績曰：二言朱紱，此言赤紱，二言享祀，此言祭祀，傳互言耳，无他義也。程頤《周易程氏傳》云：「二云享祀，五云祭祀，大意則宜用至誠，乃受福也。祭與祀、享，泛言之則可通，分而言之，祭天神，祀地祇，享人鬼。五君位言祭，二在下言享，各以其所當用也。」

象曰：劓刖，志未得也。乃徐有說，以中直也。利用祭祀，受福也。

〔譯〕

象曰：憂慮不安，因爲心志未能實現。能慢慢擺脫困境，因爲能秉持剛實中正之道。利於進行祭祀，可以得到天地神明的降福。

〔記〕

志未得也，釋所以「劓刖」之義。五剛中之德上爲陰所揜，下不得其應，故言「志未得也」。

以中直也，釋所以「乃徐有說」之義。中直，指九五得位中正，中則不有偏狹，直則無有吝邪。

「利用祭祀，受福也」，受福，指接受天地神明的降福。

上六，困于葛藟，于臲卼，曰動悔有悔，征吉。

［譯］

上六，受困於葛藟，處在危而不安之中，動悔有悔，知悔改過吉祥。

［記］

「困于葛藟，于臲卼」，葛藟，葛和藟皆爲蔓生植物，藟，即藤，此指六三。臲卼，危而不安。孔穎達疏：葛藟，引蔓纏繞之草；臲卼，動搖不安之貌。上三不應而爲其所困，處困之極，高而有危，所以說「困于葛藟，于臲卼」。

「曰動悔有悔，征吉」，曰，發語辭，取兌之象，亦或爲衍文。上本乾剛，有應在三，今坤一陰來而居上，上失乾剛，亦失其應，困于葛藟，故而有悔，失陽變陰，是爲動，稱之「動悔」。體柔乘君，居高無位，亦爲「有悔」。既悔過去之事，又悔現在之位，已處困極，極則反，當悔而改過，擺脫困境，乃獲吉祥，所以說「征吉」。征，行、行動，這裡指思過改悔，積極進取，而不可坐於困中而不爲，遲疑猶豫，妄生悔意。

象曰：困于葛藟，未當也。動悔有悔，吉行也。

［譯］

象曰：受困於葛藟，因爲居位不當。動悔有悔，知悔改過吉祥。

【記】

未當也，釋所以「困于葛藟」之義，指上六陰爻乘於九五剛爻之上，是爲居位不當。

「動悔有悔，吉行也」，複申爻辭之義。此「動悔有悔」前無「曰」字，爻辭「曰動悔有悔」中的「曰」字疑爲衍文。吉行也，猶行吉也，「行」與爻辭「征」義同。

井卦第四十八

【釋文音訓：井，精領反；注音：jǐng】

【序卦傳】

云：困乎上者必反下，故受之以井。

【繫辭傳】

云：井，德之地也；井，居其所而遷；井，以辯義。

【雜卦傳】

云：井通而困相遇也。

䷯ 巽下坎上

井，改邑不改井，无喪无得。往來井，井汔至，亦未繘井，羸其瓶，凶。

[譯]

井，改建村邑沒有改造水井，沒有失去，也沒有得到。村邑中人往來井邊取水，水井已經乾涸淤塞，也沒有挖掘修治，汲水的器具已經毀壞，不吉利。

[記]

從卦體看，巽下坎上，巽爲木、爲具、爲繩，坎爲水，木具係繩索而入於水下，井中取水之象，所以稱井。李鼎祚《周易集解》引鄭玄曰：「坎，水也；巽，木，桔槔也。互體离兌，离外堅中虛，瓶也；兌爲闇澤，泉口也。言桔槔引瓶，下入泉口，汲水而出，井之象也。」

「改邑不改井，无喪无得」，改，改建、改造。邑，村邑。井，水井，《繫辭傳》云：井，德之地也。以卦變言，上體本坤，坤爲邑，一陽往而居中成坎，是爲「改邑」；互體有兌，兌爲井象，一陰來而居初，兌體未改，故說「不改井」。无喪，以井體而言，既不改井，井體還在那裡，沒有失去。无得，以井德而言，指九五往而改其邑，然二五不應，故亦無所得。无喪无得，指既沒有失去什麼，也沒有得到什麼，比喻雖體無所失，但也沒有累積德行，終將失其頤養之功，故《象》曰「汔至亦未繘井，未有功也」。又，高亨《周易古經今注》云：改邑不改井者，謂改建其邑而不改造其井也；无喪无得者，謂無造新井之勞費，亦不得新井之利益也。

「往來井，井汔至，亦未繘井，羸其瓶，凶」，往來井，指邑人往來井邊取水。井汔至，指水井乾涸淤塞不通。汔，水乾涸。《說文·水部》「汔」與「汽」同，云：汽，水涸也。《廣雅·釋詁》云：汔，盡也。至，通「窒」，窒塞、堵塞的意思。高亨《周易古經今注》云：「往來井句，井汔至句，舊讀皆誤。往來井者，謂邑人往來井上而汲水也。《說文》：汔，水涸也。《廣雅·釋詁》：汔，盡也。至借爲窒。《說文》：窒，塞也。井汔窒者，謂井水涸竭而泥塞其中也。」亦未繘井，指井雖乾涸淤塞也沒有挖掘修治。亦，語助詞。繘，同「矞」，古通用。王引之《經義述聞》云：「矞」與「繘」通，「矞」訓爲出，故出井謂之「矞井」，作「繘」者，字之假借耳。《說文》云：矞，以錐有所穿也。《廣雅·釋詁三》云：矞，穿也。李鼎祚《周易集解》引荀爽曰：繘者，所以出水，通井道也。矞井，與「掘井」義同。羸其瓶，指汲水的器具已經毀壞。羸，毀壞的意思。程頤《周易程氏傳》云：羸，毀敗也。朱熹《周易本義》曰：羸，敗也。瓶，古代比缶小的容器，用以汲水，也用以盛酒食。

又，此句「往來井，井汔至，亦未繘井」或句讀爲「往來井井，汔至亦未繘井」，王弼注：往來井井，不渝變也；汔至亦未繘井，已來至而未出井也；羸其瓶，凶，井道以已出爲功也，幾至而覆，與未汲同也。孔穎達疏：

汔，幾也，幾近也；繘，綆也。

又，李光地《周易折中》云：无喪无得，則言井无盈涸，以喻道之可久；往來井井，則言所及者多，以喻道之可大。引邱氏富國曰：「改邑不改井，井之體也；无喪无得，井之德也；往來井井，井之用也，此三句言井之事。汔至，亦未繘井，未及于用也；羸其瓶，失其用也，此二句言汲井之事。」

彖曰：巽乎水而上水，井，井養而不窮也。改邑不改井，乃以剛中也。汔至亦未繘井，未有功也，羸其瓶，是以凶也。

[譯]

彖曰：汲水的容器入於水中而後將水取上來，這就是井卦的意象，井水的頤養之德源源不盡。改建村邑而沒有改造水井，是以九二、九五剛居中位而言。水井已經乾涸淤塞也沒有挖掘修治，失去了頤養之功，汲水的器具已經毀壞，因此不吉利。

[記]

「巽乎水而上水，井」，此以二體之象釋井之義。巽，這裡指取水的器具，亦爲入義，取象於下體巽卦，巽爲木爲入，巽乎水，即木入於水。《說文．丌部》云：巽，具也。水，取象上卦坎，坎爲水，上水，即出於水。木具先入於水而後又出於水，這便是井卦的意象，所以稱井。

井養而不窮也，釋井的頤養之德，指井水頤物，永不涸渴，取之而不減，日日汲用而不窮。「改邑不改井，乃以剛中也」，釋「改邑不改井」之義，見卦辭〔記〕。剛中，指九二、九五剛爻居得中位。

又，李鼎祚《周易集解》作「井養而不窮也，改邑不改井，乃以剛中也，无喪无得，往來井井」，連下句「汔至亦未繘井，未有功也」，意指井的頤養之德源源不盡，改建村邑而沒有改造修治水井，雖然井體仍在，但人們往來汲水，終致水涸而至失去頤養之功，故《象》曰：君子以勞民勸相。

「汔至亦未繘井，未有功也」，未有功也，指失去了頤養之功。

「羸其瓶，是以凶也」，汲水用的器具已經毀壞，因而不吉利。

象曰：木上有水，井，君子以勞民勸相。

〔譯〕

象曰：木上有水，這就是井卦的意象，君子觀此卦象法井之德而慰勞體恤民眾勉勵守望相助。

〔記〕

井卦，下巽爲木，上坎爲水，所以說「木上有水」。

勞民，撫慰民眾。勞，賞賜、撫慰。孔穎達疏：勞，謂勞賚。勸相，勉勵相助。相，扶助、輔助。王弼注：相，猶助也。朱熹《周易本義》云：勞民者，以君養民；勸相者，使民相養。

君子觀井之象「井汔至，亦未繘井，羸其瓶」，而勤恤民隱，恩施於民，勸助百姓，守望相助，而使有成。

初六，井泥不食，舊井无禽。

[譯]

初六，水井被淤泥堵塞不能使用，廢舊的井連禽獸也不來。

[記]

井久未修，惟積滓穢，初處井底，其上無應，陰柔之物，淤泥之象，人不汲食，禽亦不至，所以說「井泥不食，舊井无禽」。王弼注：井泥而不可食，則是久井不見渫治者也，久井不見渫治，禽所不嚮，而況人乎？一時所共棄捨也。

食，用、使用。《廣韻．職韻》云：食，用也。李鼎祚《周易集解》引虞翻曰：食，用也。舊井，指未修治而廢棄的水井。禽，指動物。《爾雅．釋鳥第十七》云：二足而羽謂之禽，四足而毛謂之獸。俞樾平議云：舊井无禽，按古者羽毛鱗介通名爲禽。王引之《經義述聞》云：《易》凡言「田有禽」、「田無禽」、「失前禽」，皆指獸言之，此「禽」字不當有異。

又，舊井无禽，井，或釋爲與「阱」同。王引之《經義述聞》云：井當讀爲阱，「阱」字以「井」爲聲，故

「阱」通作「井」，與「井泥不食」之井不同，井泥不食，一義也，舊阱无禽，又一義也。禽，或釋爲「擒」。李鼎祚《周易集解》引崔憬曰：禽，古「擒」字，禽猶獲也。

象曰：井泥不食，下也。舊井无禽，時舍也。

［譯］

象曰：水井被淤泥堵塞不能使用，是說初六處在卑下的位置而不能養人。廢舊的井連禽獸也不來，是說水井已處於被捨棄的狀態。

［記］

下也，指初六處井之底，其位卑微，而不能養人。孔穎達疏：象曰下也者，以其最在井下，故爲井泥也。

時舍也，時，處、處於。《荀子．脩身》云：宜於時通，利以處窮。王念孫雜誌：「引之曰：時亦處也。言既宜於處通，而又利以處窮也。」舍，同「捨」，捨棄。

九二，井谷射鮒，甕敝漏。

［譯］

九二，井底四周的井壁坍塌損壞有了蝦蟆，汲水的容器破舊損壞漏水了。

[記]

井谷射鮒，井谷，指井底。王引之《經義述聞》云：《說文》谿字從谷，谷，猶谿也。帛書本「谷」作「瀆」。《爾雅．釋水第十二》云：水注川曰谿，注谿曰谷，注谷曰溝，注溝曰澮，注澮曰瀆。射，陸德明《經典釋文》云：「鄭王肅皆音『亦』，云：厭也。」《爾雅．釋詁下》云：射，厭也。厭，坍塌、損壞的意思。《說文．厂部》云：厭，笮也。段玉裁注：「竹部曰笮者，迫也。此義今人字作『壓』，乃古今字之殊。土部壓訓壞也。」又，通「斁」，朱駿聲《說文通訓定聲．豫部》云：射，叚借爲「斁」。斁，敗壞、毀壞。《尚書．洪範》云：帝乃震怒，不畀洪範九疇，彝倫攸斁。《傳》云：斁，敗也。《詩．大雅．雲漢》云：耗斁下土，寧丁我躬。鄭箋：斁，敗也。井谷射，指井底四周的井壁坍塌損壞，與初六「井泥」及六四「井甃」之辭前後相承。二五不應，居失其位，處兌之底，兌爲澤、爲毀折，井谷射之象。鮒，蝦蟆。孔穎達疏引《子夏傳》云：井中蝦蟆，呼爲鮒魚也。程頤《周易程氏傳》云：鮒，或以爲蝦，或以爲蟇，井泥中微物耳。惠棟《周易述》注云：鮒，蝦蟇也。初陰爲靜，故稱泥，二陽爲動，故稱鮒。二於初上，鮒於淤泥之上之象，所以說「井谷射鮒」。

甕敝漏，甕，陶製盛水的容器。陸德明《經典釋文》云：「鄭作『甕』，云：停水器也；說文作『罋』，汲缾也。」敝，壞、破舊。甕敝漏，指汲水的容器破舊損壞漏水了。朱駿聲《六十四卦經解》云：甕敝漏者，井敗器頹，久不用汲之象。

象曰：井谷射鮒，无與也。

[譯]

象曰：井底四周的井壁坍塌損壞有了蝦蟆，沒有得到修治。

[記]

无與也，與，猶得。有二義，一指水井沒有得到修治，因而有「井谷射鮒」之象。二指井谷射鮒，人亦無所得益，猶卦辭「无得」之義。

九三，井渫不食，爲我心惻。可用汲，王明，並受其福。

[譯]

九三，水井經過修治已潔淨清澈卻沒有人來取用，使我心生憂傷。井水已經潔淨可以取用，如果君王賢明，則可與臣民共受其帶來的福澤。

[記]

井渫，淘井，去除淤泥的意思。渫，王弼注：渫，不停污之謂也。陸德明《經典釋文》云：「渫，黃云：治也。」《說文．水部》云：渫，除去也。《廣韻．薛韻》云：渫，治井，亦除去。孫星衍集解引向秀曰：渫者，浚治去泥濁也。李鼎祚《周易集解》引荀爽曰：渫，去穢濁，清絜之意也。高亨《周易古經今注》云：蓋渫者，除去井中之污泥，使復於清也，今人所謂掏井是也。井渫不食，指水井經過修治，已潔淨清澈可以汲用，卻沒有人來取用，比喻潔身自持，卻不爲人所知。朱駿聲《六十四卦經解》云：不食，喻人脩正其身，而不見用。九三處內卦之極，本爲可出，然猶在下體，位坎險之下，不可爲用，故言「井渫不食」。

爲我心惻，爲，使、令。王弼注：爲，猶使也。惻，憂傷、悲痛。《說文．心部》云：惻，痛也。《廣雅．釋詁三》云：惻，悲也。三得位且正，已德已脩，而不能爲用，遂心生憂傷，所以說「爲我心惻」。孔穎達疏：井渫而不見食，猶人脩己全絜而不見用，使我心中惻愴，故曰爲我心惻也。李鼎祚《周易集解》引干寶曰：「此託殷之公侯，時有賢者，獨守成湯之法度而不見任，謂微箕之倫也，故曰井渫不食，爲我心惻。惻，傷悼也。」

「可用汲，王明，並受其福」，用，相當於「以」。可用，猶可以。汲，從井裏提水，這裡釋爲取用之義。《說文．水部》云：汲，引水於井也。並，猶俱，共同。受，接受、承受。此句爲祈福之語，三居離初，離爲明，與上六正應，上於天位，宗廟之地，因此三嚮上祈福，井水既已可用，猶賢人已出，祈求君王賢明，則民得其主，王得其民，俱受福澤。

象曰：井渫不食，行惻也。求王明，受福也。

【譯】

象曰：水井經過修治已潔淨清澈卻沒有人來取用，使人心生悲傷。祈求於君王聖明，則君民可共受福澤。

[記]

行惻也，行，指「井渫不食」這種行爲現象。高亨《周易大傳今注》云：行惻，其行可悲也。

「求王明，受福也」，求，祈求，這裡是祈福之義。王，君王。明，賢明。受福也，即文辭「並受其福」之義。

六四，井甃，无咎。

[譯]

六四，用磚石壘砌修治井壁，沒有咎害。

[記]

甃，以磚石修治井壁。孔穎達疏：以塼壘井，脩井之壞，謂之爲甃。陸德明《經典釋文》云：「甃，子夏傳云：脩治也；干云：以甎壘井曰甃；字林云：井壁也。」《說文．瓦部》云：甃，井壁也。段玉裁注：井壁得，謂用磚爲井垣也。《風俗通》云：甃井，聚塼修井也。李鼎祚《周易集解》引虞翻云：以瓦甓壘井稱甃。

六四居坎之底，無有應援，體質陰柔，不能濟上頤人潤物，有咎。以陰居柔，得位且正，爲明之主，三去穢污，四修井壁，補井之壞，可得「无咎」。王弼注：得位而无應，自守而不能給上，可以脩井之壞，補過而已。

象曰：井甃无咎，脩井也。

〔譯〕

象曰：用磚石壘砌修治井壁沒有咎害，因爲在修治水井。

〔記〕

脩井也，釋所以「井甃无咎」之義。脩，同「修」，修治。李鼎祚《周易集解》引虞翻云：修，治也。

九五，井洌寒泉，食。

〔譯〕

九五，井水清澈甘甜，汲取使用。

〔記〕

洌，清澈的樣子。王弼注：洌，絜也。李鼎祚《周易集解》本作「洌」，《說文·水部》云：洌，水清也。《廣雅．釋詁一》云：洌，清也。陸德明《經典釋文》云：「洌，音烈，絜也；說文云：水清也。」李鼎祚《周易集解》引崔憬曰：洌，清絜也。寒泉，指井水清涼甘甜。

「井洌寒泉，食」，食，猶用，使用。九五得位中正，爲坎水之主，居離明之極，三去污泥，四治井壁，故得井潔而水明，寒泉之食。王弼注：居中得位，體剛不撓，不食不義，中正高潔，故井洌寒泉，然後乃食也。

象曰：寒泉之食，中正也。

［譯］

象曰：能食用到清澈甘甜的井水，因爲得中正之德。

［記］

中正也，釋所以「寒泉之食」之義。中正，指五居上卦中位，得中正之德，所以說「中正也」。

上六，井收，勿幕，有孚，元吉。

［譯］

上六，水井已經可以汲用，不要把它蓋起來，取得了衆人的信任，大吉。

【記】

收，汲用的意思。陸德明《經典釋文》云：「收，馬云：汲也。」朱熹《周易本義》曰：收，汲取也。井收，指水井已經可以用來汲用。王弼注：處井上極，水已出井，井功大成，在此爻矣，故曰井收也。又，李鼎祚《周易集解》引虞翻曰：收，謂以轆轤收繘也。

勿幕，不要蓋起來。勿，不要、不用。幕，覆蓋、蓋起來。王弼注：幕，猶覆也。陸德明《經典釋文》云：幕，音莫，覆也。李鼎祚《周易集解》引虞翻曰：幕，蓋也。

「有孚，元吉」，有，獲得、取得。元吉，大吉。

上六處井之極，水已清澈，可以汲用，所以說「井收」。下應於三，井口敞而不揜，不私其利，大昭於民，廣施井養之德，乃得衆信，故而「元吉」。

象曰：元吉在上，大成也。

【譯】

象曰：居於上位大吉，有大的成就。

【記】

元吉在上，猶「在上元吉」，在上，指居於上位。大成，大功告成，指有大的成就。

革卦第四十九

[注音：gé]

[序卦傳]

云：井道不可不革，故受之以革。

[雜卦傳]

云：革，去故也。

☱☲ 離下兌上

革，巳日乃孚，元亨。利貞，悔亡。

[譯]

變革之際，巳日开始獲得信任，舉行盛大的祭祀。貞正則利，悔恨消失。

［記］

革，指加工去毛的獸皮，作爲卦辭有變革、改变、去故之義。《說文．革部》云：革，獸皮治去其毛，革更之。段玉裁注依《詩．召南》、《齊風》、《大雅》、《周禮．司裘》四疏訂正作「獸皮治去其毛曰革」。《雜卦傳》云：革，去故也。孔穎達疏：革者，改變之名也，此卦明改制革命，故名革也。陸德明《經典釋文》云：「革，馬鄭云：改也。」朱熹《周易本義》曰：革，變革也。朱駿聲《六十四卦經解》云：「革，从廿，从臼，改也，三十年爲一世而道更。又，獸皮治去其毛也。」

從卦體看，下離爲火，上兌爲澤，火性炎上，水性潤下，火盛則水涸，水泱則火熄，火在澤中，二性相違，必相改變，革之象，故稱革。又，離火兌金，金於火上，鍛造之象，亦稱革。

巳日乃孚，巳，位在東南。《說文．巳部》云：巳，四月陽氣已出，陰氣已藏，萬物見，成文章。巳日，指六二，二爲離巽之主，離爲日，巽，東南之卦，屬四月，故稱巳日。李光地《周易折中》引何氏楷曰：巳日，即六二所謂「巳日」也。惠棟《周易述》注云：二體離，離象就巳，爲巳日。孚，信任，這裡指獲得信任。子日爲始，巳日爲中，承上啓下，舊弊已去，新政始立，而得信任，所以說「巳日乃孚」，故《象》曰「巳日乃孚，革而信之」。

變革之際，貴在獲信，信而後可大亨。亨，同「享」，享祀、祭祀。元亨，即大亨，指盛大的祭祀。

「利貞，悔亡」，革之初未獲信，故而有悔。然二五得位正應，內持文明之德，外呈柔悅之色，秉革之義，守中正之道，故而悔亡，所以說「利貞，悔亡」，《彖》曰：「文明以說，大亨以正。革而當，其悔乃亡」。利貞，貞正則利。貞，猶正，貞正，指堅守中正之道。

又，巳日，或作「已日」。已，完成、完畢的意思。《廣雅・釋詁三》云：已，成也。又，或作「己日」，朱駿聲《六十四卦經解》云：己日，天有十日，第六干也。又，或作「祀日」，高亨《周易古經今注》云：巳，疑借爲祀。

彖曰：革，水火相息，二女同居，其志不相得，曰革。巳日乃孚，革而信之。文明以說，大亨以正。革而當，其悔乃亡。天地革而四時成，湯武革命，順乎天而應乎人。革之時大矣哉。

［譯］

彖曰：革卦的意象，水火相剋相長，二女同居，其心志不相投合，所以稱革。巳日开始獲得信任，因爲變革大家而信任他。和悅能使文德輝耀，秉持正道便可以進行盛大的祭祀。變革而能適當，其悔恨就會消失。天地間陰陽消長的變化而形成了四時，商湯和武王的變革，順應天道而又應合民心。革卦這種順應時勢的意涵真是太偉大了。

［記］

「革，水火相息」，息，既有滅，又有生的意思。王弼注：息者，生變之謂也。陸德明《經典釋文》云：「息，馬云：滅也；李斐注漢書同說文作『熄』。」李鼎祚《周易集解》引虞翻曰：息，長也。朱熹《周易本義》曰：息，滅息也，又爲生息之義，滅息而後生息也。卦體火下水上，水欲下而火焰上，水因火而沸，火因水而熄，水火相剋相生，所以說「水火相息」。

「二女同居，其志不相得，曰革」，以卦體言，下離爲中女，上兌爲少女，二女同爲一體，猶同嫁一夫，同居一室，而相妒相爭，所以說「二女同居，其志不相得」。以爻言，二應在上，上應在下，其志相違，亦爲其志不相得之義。不相得，指不相投合。曰，語助辭。

「巳日乃孚，革而信之」，革而信之，釋所以「巳日乃孚」之義。始革之際，守誠而行，秉中而爲，去故立新，革而得信，所以說「巳日乃孚」。陸德明《經典釋文》云：革而信之，一本無「之」字。

「文明以說，大亨以正」，文明以說，以二體釋義。文明，取下體離卦之象，離爲文明。說，同「悅」，取上體兌卦之象，兌爲悅。大亨以正，以爻象釋義。正，指六二和九五皆居中且正。

「革而當，其悔乃亡」，當，適當、恰當，指二五皆居得其位。亡，消失。

「天地革而四時成，湯武革命，順乎天而應乎人」，天地革，指陰陽消長變化。革，變化。四時，指春夏秋冬四時。成，形成。湯武革命，指商湯滅夏桀，周武王除殷紂。順乎天，指順應天時，即「革而當」。應乎人，指應合民心，即「文明以說」。夏桀殷紂暴虐荒淫，商湯周武順天道應人心，起而革之，廢暴除弊，明德善俗，是爲「順乎天而應乎人」。

革之時大矣哉，時，順應時勢。

象曰：澤中有火，革，君子以治歷明時。

【譯】

象曰：澤中有火，這就是革卦的意象，君子觀此卦象悟革之道而修治曆法彰明四時變化。

【記】

革卦，下離爲火，上兌爲澤，火於澤下，所以說「澤中有火」。

君子以治歷明時，治歷，也作「治厤」，制定曆法。明時，闡明天時的變化。孔穎達疏：君子以治歷明時者，天時變改，故須歷數，所以君子觀茲革象，脩治歷數，以明天時也。

初九，鞏用黃牛之革。

【譯】

初九，用黃牛皮革牢牢約束自己。

【記】

初九處革之始，本爲乾體，位離之初，有躁動之象，然居卑下之所，革時未至，無有應援，其上爲巽，往而不果，不可以有爲，猶乾卦初九「潛龍勿用」。上比於二，二爲明主，得位中正，以二束初，所以說「鞏用黃牛之革」。黃牛之革，指六二。二居中位，故稱黃，自坤而來，故稱牛，所以說黃牛。鞏，用皮革束物，意爲牢固之義。陸德明《經典釋文》云：鞏，九勇反，固也，馬同。李鼎祚《周易集解》引干寶曰：鞏，固也。《說文·革部》云：鞏，以韋束也。高亨《周易大傳今注》云：鞏，束而縛之也；《周易古經今注》云：鞏用黃牛之革，謂以黃牛之革束物也。

象曰：鞏用黃牛，不可以有爲也。

[譯]

象曰：用黃牛皮革牢牢約束自己，不可以有所作爲。

[記]

不可以有爲也，釋「鞏用黃牛」之義。爲，作爲。初九最處於下，地位卑微，時機未至，須時時約束自己，不可以有所作爲。

六二，巳日乃革之，征吉无咎。

【譯】

六二，巳日之時進行變革，往進吉祥沒有咎害。

【記】

巳日，即六二。巳位東南，巽東南之卦，二爲離巽之主，離爲日，故稱巳日。離爲火，巽爲木，木火相生，有陽氣漸盛之象。

初位卑無應而不可爲，二正应在五，爲三四所隔，是爲有咎。然本爲明主，得位中正，猶日當中，時至位得，當順君承命，去故立新，故言「巳日乃革之」。守文明之道，得中正之君，巳日乃革，所以「征吉无咎」。

象曰：巳日革之，行有嘉也。

【譯】

象曰：巳日之時進行變革，往進會有嘉美的結果。

【記】

嘉，嘉美。二五陰陽正應，往應必納，故而有嘉美的結果。

九三，征凶，貞厲。革言三就，有孚。

［譯］

九三，往進不吉利，繼續下去有危險。變革之際須反覆徵詢研究後施行，才能取得信任。

［記］

三居乾始，陽居剛位，體剛行健，爲巽之體，巽爲燥，今正應在上，有燥急之象。處火之極，居澤之下，熾極則水涸，故「征凶，貞厲」。貞，繼續下去的意思。當革之際，得位失中，得位，則可以去故立新，失中，則有躁進之虞，唯堅守剛正之德，思謀遠慮，審愼穩進，方能取得信任，所以說「革言三就，有孚」。言，猶愆。聞一多《古典新義》云：言，皆讀爲愆。革言，即去除弊端，指變革之義。三，離數爲三，故稱三。就，就正，嚮人请教以求指正。《論語．學而》子曰：就有道而正焉。三就，這裡指反覆徵詢意見，研究討論形成決定後施行。來知德《周易集注》云：三就者，商度其革之利害可否，至再至三，而革之議論定也。朱駿聲《六十四卦經解》云：「儀禮：馬纓三就。注：刺繡一匝，還復則爲一就，則三就，猶三匝。言固結也。」有孚，指取得信任。有，取得、獲得。《廣雅．釋詁一》云：有，取也。《玉篇．有部》云：有，得也，取也。「革言三就，有孚」，是說在進行變革的時候，應當反覆徵求意見研究討論後再施行，不要急求躁進，這樣才能取得信任。

象曰：革言三就，又何之矣。

〔譯〕

象曰：變革之時必須反覆徵詢研究後施行，（才能取得信任），又何必汲汲往進呢。

〔記〕

「革言三就」後省了「有孚」。何，何須、何必。之，往、往前。九三處下卦之極，以陽居剛，雖得其位，然有燥急之象，因此「之」這裡有汲汲往進之義。

九四，悔亡，有孚改命，吉。

〔譯〕

九四，悔恨消失，取得信任改變了命運，吉祥。

〔記〕

有孚，取得信任。改命，改變了命運。改，改變。命，經文中多指命運、天命，即事物發展的規律和趨勢。

卦體下離爲夏，上兌爲秋，四入上體，是秋改夏命，所以說「改命」。

九四處水火之際，履失其位，有悔。然位乾之體，居兌之初，行而有悅，悔亡。當革之際，居巽之體，巽風行令，處臣之位，以剛居柔，健而有謙，上順君命，下行其令，而改其命，乃得吉祥，所以說「有孚改命，吉」。

象曰：改命之吉，信志也。

【譯】

象曰：改變命運而獲吉祥，因爲其心志獲得九五信任。

【記】

信志也，釋所以「改命之吉」，即前文的「有孚」之義。信，相信、信賴。志，心志、志嚮。

九五，大人虎變，未占有孚。

【譯】

九五，大人變革取得巨大成功，不須置疑已經取得了信任。

【記】

大人虎變，大人，指占筮之人，這裡是指身居貴位而主事的人。九五處中履尊，爲大人之象，居乾之極，體剛行健，爲兌之體，西方金虎，故以虎喻之。兌爲秋，收獲之季，鳥獸更時，皮毛革換，升居尊貴之位，猶「飛龍在天」，故稱虎變。虎變，比喻巨大的變化，指變革取得巨大成功。

未占有孚，當革之際，履得其位，正應在二，陰陽相合，乃得大成，所以說「未占有孚」。占，指有疑而進行占問，取離之象，二爲離主，離爲龜，卜筮之靈物。未占，即不須置疑。有孚，取得信任。李光地《周易折中》云：「龔氏煥曰：革以孚信乃主，故彖與三四皆以孚爲言，至五之『未占有孚』，則『不言而信』，而無以復加矣。胡氏炳文曰：自三至五，皆言『有孚』，三議革而後孚，四『有孚』而後改，深淺之序也。五『未占』而『有孚』，積孚之素也。」

象曰：大人虎變，其文炳也。

【譯】

象曰：大人變革取得巨大成功，其文德盛大光明顯著。

【記】

其文炳也，釋「大人虎變」之義。文，文德、美德。炳，明亮、顯著。《說文·火部》云：炳，明也。《玉篇·火部》云：炳，明著也。其文炳也，指九五文德至盛，光明顯著。

上六，君子豹變，小人革面，征凶，居貞吉。

〔譯〕

上六，君子變革取得成功，小人改變容色態度臣服相應，繼續往進不吉利，安居貞固吉祥。

〔記〕

爻辭與剝卦上九「君子得輿，小人剝廬」句式、語義相同。

君子豹變，君子，占筮之人，指居高位而有社會地位的人。九五陽居尊位，稱大人，亦指占筮的人，爲主事之人。「豹變」相對於「虎變」，豹小於虎，上爲陰，五爲陽，陰小陽大，故上六稱豹變，九五稱虎變。

小人革面，小人，指九三。九三居於下體，上爲大，下爲小，依上六而言，故稱九三爲小人，此小非陰柔之小。革面，指改變容色態度。革，改變。面，指容色、態度。此指九三不再汲汲而行，而順從取信於上六。

「征凶，居貞吉」，上六居革之極，革道已成，當守靜以應，不可妄動，若革而不止，則過猶不及，必有凶咎，所以說「征凶，居貞吉」。居，安居、靜守。貞，猶定，貞定、貞固，指堅守變革所得的成果。

象曰：君子豹變，其文蔚也。小人革面，順以從君也。

〔譯〕

象曰：君子變革取得成功，其文德華美。小人改變容色態度，順從取信於上六。

[記]

其文蔚也，釋「君子豹變」之義。「文蔚」猶九五之「文炳」，蔚，指有文采，華美的意思。《廣雅．釋詁三》云：蔚，數也。王念孫疏證：「蔚者，《衆經音義》卷七云：蔚，文采繁數也。」

順以從君也，釋「小人革面」之義。君，爲爻辭「君子」之「君」，指上六，非「君王」之「君」。

鼎卦第五十

〔釋文音訓：鼎，丁冷反；注音：dǐng〕

〔序卦傳〕

云：革物者莫若鼎，故受之以鼎。

〔雜卦傳〕

云：鼎，取新也。

䷱ 巽下離上

鼎，元吉，亨。

〔譯〕

鼎，大吉，進行祭祀。

【記】

鼎，烹飪之器，取新之義。孔穎達疏：鼎者，器之名也。《雜卦傳》云：革，去故也；鼎，取新也。韓康伯注曰：「革去故，鼎取新，以去故則宜制器立法，以治新也。鼎，所和齊生物，成新之器也，故取象焉。」

從卦象看，卦取鼎器之象，初爲足，承鼎之體；二、三、四爲腹，受物在中；五爲耳，上爲鉉，移鼎之用。陸德明《經典釋文》云：鼎，法象也，即鼎器也。李光地《周易折中》引易氏祓曰：「《易》之諸卦皆言象，取諸物以名卦者，鼎與井而已。井以木巽水，鼎以木巽火，二卦以養人爲義，故皆以實象明之。」鼎器之形，端莊而安重，鼎器之義，去舊而成新，故鼎用有二，一爲烹物，二爲制義。以卦體言，下巽上離，互體乾兌，巽爲木爲風，離爲火，乾爲金，火居風上而木於下，火藉風勢，風助火威，金在其中，水在金中，木於金下，烹飪之象。《序卦傳》云：革物者莫若鼎，故受之以鼎。鼎烹飪之時，舊物已去，新物將成，革既去故，鼎當立新，應時制義，新義可成。以爻言，五柔得中履尊，爲明之主，秉中正之道，而得剛應，是爲大吉。

又，尚秉和《周易尚氏學》云：「端木國瑚曰：『鼎之象不在鼎，而在伏象屯。屯下震爲足，互坤爲腹，上坎爲耳，爲鉉。凡鼎之象無一不備。後人不知《易》於正伏象不分，謂下陰爲足，中三陽爲腹，五陰爲耳。《易》焉有巽足乾腹離耳之象哉！』按：端木氏說是也。二千年誤解得是而正，其功甚偉。」

朱熹認爲卦辭當爲「鼎，元亨」，其「吉」字爲衍文。《周義本義》曰：吉，衍文也。《彖辭》曰「是以元亨」，也無「吉」字。亨，同「享」。

六十四卦，頤、井、鼎皆有養義，「頤」明聖人自養及養賢之道；「井」在邑中，釋養民之德；「鼎」於宗廟，明養賢之理。

象曰：鼎，象也。以木巽火，亨飪也。聖人亨以享上帝，而大亨以養聖賢，巽而耳目聰明。柔進而上行，得中而應乎剛，是以元亨。

【譯】

象曰：鼎卦的卦象，取象於鼎器的外象。木入於火中，是鼎器烹飪食物之象。聖人烹飪食物用來祭獻上帝，同時用豐盛的食物來頤養聖賢，謙遜而明察事理。陰柔之體往進而上行，得中正之道而應於陽剛，因此而舉行盛大的祭祀。

【記】

「鼎，象也」，象，指鼎器的外象，意思是說鼎卦的卦象是取自於鼎器的外象。初爲足，五爲耳，上爲鉉，中爲腹，鼎器之象。李鼎祚《周易集解》引荀爽曰：巽入离下，中有乾象，木火在外，金在其內，鼎鑊亨飪之象也。

「以木巽火，亨飪也」，此以二體之象釋鼎之用。卦體下巽爲木爲入，上離爲火，木入火中，其間有金，金中有水，呈烹飪之象，所以說「以木巽火，亨飪也」。亨，通「烹」，是「烹」的古字，烹飪之義。《集韻·庚韻》云：烹，煮也，或作亨。

「聖人亨以享上帝，而大亨以養聖賢，巽而耳目聰明」，鼎烹飪之用有二，一供祭獻，二宴賓客。聖人用之，上祭獻天帝以祐民安，下廣施民衆而頤養聖賢。「聖人亨」的「亨」，同「烹」，指烹飪祭品。「大亨以養聖賢」的「大亨」，指豐盛的食物。享，獻享、祭獻。巽而耳目聰明，釋所以「聖人亨以享上帝，而大亨以養聖賢」之義。以象言之，巽，順巽、謙遜，以下體巽卦的卦德而言。上離爲目、爲明，五又爲耳，耳爲聽，互體有兌，兌爲言，觀象聽言，所以說「巽而耳目聰明」。

「柔進而上行，得中而應乎剛，是以元亨」，柔進而上行，柔，指六五。六五自坤而來，本爲下，今進而往上，居乾之體而成離，爲明之主，履尊而得貴，稱之爲「柔進而上行」。程頤《周易程氏傳》云：「凡離在上者，皆云柔進而上行。柔，在下之物，乃居尊位，進而上行也。」得中而應乎剛，得中，指六五上行而居上體中位。應乎剛，指六五陰爻與九二剛爻相應。二五皆得中正之道而上下相應，剛柔相濟，故而得行享祀之禮。

象曰：木上有火，鼎，君子以正位凝命。

【譯】

象曰：木上有火，這就是鼎卦的意象，君子觀象悟道而端正位置專注於使命。

【記】

鼎卦，下巽爲木，上離爲火，所以說「木上有火」。

君子以正位凝命，正位，端正位置，取鼎器的端莊安重之象。凝，專注、集中，取鼎器聚實於內之義。王弼注：凝者，嚴整之貌也。《莊子．達生》云：用志不分，乃凝於神。《廣雅．釋詁四》云：凝，定也。命，使命。凝命，指專注於完成使命，而不有邪想妄爲。朱駿聲《六十四卦經解》引荀子曰：兼併易能也，惟堅凝之難焉，故凝士以禮，凝民以政，夫是之謂大凝，即所謂凝命也。

初六，鼎顛趾，利出否，得妾以其子，无咎。

［譯］

初六，鼎器傾覆，順利倒出殘渣污物，得妾並有子，沒有咎害。

［記］

鼎顛趾，指鼎器傾覆。顛，通「蹎」，倒仆、傾覆。陸德明《經典釋文》云：顛，丁田反，倒也。趾，足、腳，這裡指支撐器物的腳。孔穎達疏：趾，足也。李鼎祚《周易集解》引虞翻曰：趾，足也。鼎之動在於耳，安在於足，初六爲鼎之足，志在於四而不能安，其體陰柔，虛而不實，未能承鼎之重而顛，所以說「鼎顛趾」。

利出否，利，順利。出否，其釋有二，一．出，倒出、傾除。否，污穢之物。初爲巽主，巽爲臭，故稱否。王弼注：否，謂不善之物也。陸德明《經典釋文》云：否，悲巳反，惡也。出否，指倒出殘渣污穢。二．出，釋爲「黜」，休的意思。陸德明《經典釋文》云：黜，本又作「出」。否，釋爲婦，或妻，指否婦之義。出否，即休去否婦。王弼注「取妾以爲室主，亦顚趾之義也」，亦有休妻之意。

得妾以其子，初陰居微地，有應在四，卑順從陽，往應爲兌，兌爲妾，非正而應，乃得妾位，進四成艮，艮爲小子，所以說「得妾以其子」。以其子，義有多釋，一．以，猶予。《廣雅．釋詁》云：以，予。以其子，指生子。二．以，與。《廣雅》云：以，與也。以其子，即與其子。子，或爲未婚生子之子，或爲前夫（妻）之子。高亨《周易古經今注》云：得妾以其子者，以猶「與」也，蓋妾固曾爲人婦，且有子焉，今攜其子歸我也。三．以，猶因。以其子，因其子。舊時母以子貴，初位卑微，而不得其位，因有了兒子而得妾位，所以說「得妾以其子」。

「鼎顚趾，利出否」爲去舊，「得妾以其子」爲納新。以其子，有得新生之義。去穢惡之物而納新，故而「无咎」。占得此爻，多指舊事已傾，當開闢新的事業或追隨貴人以得新生。

象曰：鼎顚趾，未悖也。利出否，以從貴也。

【譯】

象曰：鼎器傾覆，沒有違逆正理。順利倒出殘渣污物，是棄惡從善。

【記】

「鼎顚趾，未悖也」，初應在四，志在於上，居而不安，故而「鼎顚趾」。然以柔應剛，陰陽相應，是爲正理，故「未悖也」。悖，違背、違逆。《玉篇．心部》云：悖，逆也。陸德明《經典釋文》云：悖，必內反，逆也。

李鼎祚《周易集解》引荀爽曰：以陰承陽，故未悖也。

「利出否，以從貴也」，貴，指九四。陰賤陽貴，初以陰順陽，是爲從貴。從，順從。貴，善，與爻辭「利出否」的「否」相對。又，或釋爲貴人。王弼注：棄穢以納新也。

九二，鼎有實，我仇有疾，不我能即，吉。

〔譯〕

九二，鼎器內裝滿了食物，我的伴侶有疾患，不能與我就食，結果吉祥。

〔記〕

鼎有實，陽爲實，陰爲虛，二體陽剛，處鼎之腹，所以說「鼎有實」。實，指容器內的食物。

我仇有疾，我仇，指九五；仇，猶匹，配偶。《爾雅．釋詁第一》云：仇，匹也。刑昺疏引孫炎云：相求之匹。《說文．人部》云：仇，讎也。段玉裁注：「讎猶應也。《左傳》曰：『嘉偶曰妃，怨偶曰仇。』……仇爲怨匹，亦爲嘉偶。」陸德明《經典釋文》云：仇，音求，匹也。尚秉和《周易尚氏學》云：仇，匹也，指五。二五陰陽相應，故稱五爲我仇。五體陰柔，處離之體，離於人爲大腹，中虛之象，所以說「我仇有疾」。

不我能即，猶「不能我即」，指不能與我就食。即，就食，取兌之象，五爲兌主，兌爲口舌，就食之象。《說文·卩部》云：即，就食也。徐鍇繫傳：即，猶就也，就食也。從卦象看，非正而應，爲三、四所隔，因而「不我能即」。又，即，或釋爲接近之義，「不我能即」猶「不能即我」。

九二剛體履中，實而不虛，中而不偏，居柔而行謙，持中和之道，自守以固，雖我仇有疾，但終乃得吉。朱駿聲《六十四卦經解》云：「伐木之詩曰：陳饋八簋，鼎有實也，諸父諸舅，我仇也，寧彼不來，疾不能即也，无乾餱失德之愆，故吉也。」

占得此爻，多爲夥伴出了問題，貞固自守，可得吉祥。

象曰：鼎有實，慎所之也。我仇有疾，終无尤也。

[譯]

象曰：鼎器內裝滿了食物，此時必須謹慎自己的所行所往。我的伴侶有疾患，但終將沒有什麼尤怨。

[記]

「鼎有實，慎所之也」，慎，謹慎。之，行、往。

「我仇有疾，終无尤也」，終，終將、結果。尤，怨責、尤怨。

九三，鼎耳革，其行塞，雉膏不食。方雨虧悔，終吉。

〔譯〕

九三，鼎耳損壞脫落，鼎器移動有困難，錦雞膏脂不能食用。天將降雨悔恨會消失，結果吉祥。

〔記〕

革，損壞脫落。《說文．革部》云：革，獸皮治去其毛，革更之。革，本義即爲脫去之義，鼎耳革，指鼎耳損壞脫落。凡鼎之移動，以鉉貫耳，舉而移之，今耳既脫落，則鼎不能移，所以說「其行塞」。行，指鼎器移動。塞，滯塞、困難，指移動鼎器有困難。從卦象看，三伏陰爲坎，坎爲耳，今九陽居之而成兌，兌爲毀折，耳毀之象，所以說「鼎耳革」。三上不應，上下皆剛，故「其行塞」。又，鼎耳當空以待鉉，今三體剛實，鉉不能進，亦爲「其行塞」之義。

雉膏不食，指錦雞膏脂不能食用。陸德明《經典釋文》引鄭云：雉膏，食之美者。雉，取離卦意象。九三上爲離體，離爲雉，今與上九無應，所以說「雉膏不食」。膏，膏脂、肥肉。《說文》云：膏，肥也。食，食用、取用，猶井卦九三「井渫不食」之「食」。又，既「鼎耳革，其行塞」，故雖有「雉膏」亦不能食。

「方雨虧悔，終吉」，方，將、將要。雨，陰陽調和相合之物。虧，消亡、消去。《爾雅．釋詁第一》云：虧，毀也。《廣雅．釋詁》云：虧，去。虧悔，猶「悔亡」之義，即悔恨消去。三失中不應，是爲有悔，然處風澤交際之所，方雨之時，陰陽將合，必得潤澤，其上爲明，故得「虧悔，終吉」。

象曰：鼎耳革，失其義也。

〔譯〕

象曰：鼎耳損壞脫落，失去其本有的功用。

〔記〕

鼎耳之用，在於空以待鉉，虛中受納，今耳既已脫落，則其用不存，所以說「失其義也」。義，功用，這裡指鼎耳本有的功用。《左傳．昭公三十一年》云：是故君子動則思禮，行則思義，不爲利回，不爲義疚。

九四，鼎折足，覆公餗，其形渥，凶。

〔譯〕

九四，鼎足折斷，傾覆了王公的佳餚美味，受到重刑懲罰，不吉利。

〔記〕

鼎折足，指初六「鼎顛趾」。九四居臣之位，當輔君以去故成新，行天下之事。然成天下之事，非一人可行，當求天下之賢相助。今有應在初，初居微地，雖順而應，然力不能及，顛趾而覆鼎，傾覆了王公的佳餚美味，四受其牽，而受重刑，所以說「覆公餗，其形渥，凶」。

公，王公、公侯，指九四。四爲三公之位，故稱公。餗，佳餚美味，即九二的「實」與九三的「雉膏」。孔穎達疏：餗，糝也，八珍之膳，鼎之實也。李鼎祚《周易集解》曰：餗者，雉膏之屬；公者，四爲諸侯、上公之位，故曰公餗。

形，通「刑」，刑罰、懲罰。朱駿聲《說文通訓定聲·鼎部》云：形，叚借爲刑。渥，大刑、重刑。李鼎祚《周易集解》引虞翻曰：渥，大刑也。陸德明《經典釋文》云：渥，鄭作「剭」。聞一多《古典新義》云：「案《集解》『形』作『刑』，引虞翻曰『渥，大刑也。』《九家易》曰『渥者厚大，言辠重也。』字並作刑，是也。《潛夫論·三式》篇引《易》亦作『刑』，釋之曰『此言三公不勝任，則有渥刑也。』渥一作『剭』。《周禮·司烜氏》『邦若屋誅』注引《易》『其刑剭』，鄭衆注曰『屋誅謂夷三族』。《漢書·敘傳下》曰『底剭鼎臣』，服虔注曰『底，致也，《周禮》有屋誅，誅大臣於屋下，不露也。』顏師古注曰『剭者厚刑，謂重誅也。』」朱熹《周易本義》引晁氏曰「形渥，諸本作『刑剭』，謂重刑也。」今從之。

又，其形渥，或釋爲沾濡了身體。形，指身體、身上。渥，沾濡、沾濕。王弼注：渥，沾濡之貌也。《說文·水部》云：渥，沾也。

四居臣位，當盡臣之事，上不負君倚，下不失民望，然其位不當，志係於初，蔽於所私，用非其人，不勝其任，而致「鼎折足，覆公餗，其形渥」，故而有凶。《繫辭下》子曰：「德薄而位尊，知小而謀大，力少而任重，鮮不及矣。易曰：鼎折足，覆公餗，其形渥，凶。言不勝其任也。」

象曰：覆公餗，信如何也。

［譯］

象曰：傾覆了王公的佳餚美味，怎麼能得到信任呢。

［記］

信如何也，朱熹《周易本義》曰：言失信也。信，信任。

六五，鼎黃耳金鉉，利貞。

［譯］

六五，鼎器配有黃色鼎耳和金屬製的鉉，適宜貞固。

［記］

黃，中色。五爲鼎耳，居於中位，所以稱「鼎黃耳」。金鉉，指上九。上爲鼎鉉，本自乾體，乾爲金，所以稱「金鉉」。鉉，舉鼎而移的器具。孔穎達疏：鉉，所以貫鼎而舉之也。《說文．金部》云：鉉，舉鼎也。陸德明《經典釋文》引馬云：鉉，扛鼎而舉之也。

五下應在二，然非正而應，不能即，與上相比，上爲鉉，其體剛實，五柔順相承，虛空以待，所以說「鼎黃耳金鉉」。黃爲吉祥之色，金爲堅剛之物，己履中得正，故而「利貞」。貞，猶定，貞固、貞定。

象曰：鼎黃耳，中以爲實也。

【譯】

象曰：鼎器配有黃色鼎耳，虛中以待而承陽剛之實。

【記】

中以爲實也，指六五履中得正，順承上九陽剛，以柔承剛，以虛待實。李鼎祚《周易集解》引陸績曰：得中承陽，故曰中以爲實。王弼注：以中爲實，所受不妄也。

上九，鼎玉鉉，大吉，无不利。

〔譯〕

上九，鼎器配有鑲玉的鉉，大吉，無所不利。

〔記〕

玉，堅實而溫潤之物。孔穎達疏：玉者，堅剛而有潤者也。從卦變看，上爲鉉，本爲乾體，乾爲金爲玉，故稱「玉鉉」。又，五體陰柔，潛陽剛實，呈玉之象。鼎道已成，上無其應，與五相比，五柔順相承，是爲鉉得玉，金玉相得，故而大吉，無所不利，所以說「鼎玉鉉，大吉，无不利」。

象曰：玉鉉在上，剛柔節也。

〔譯〕

象曰：鑲玉的鉉在鼎耳上，剛柔有節。

〔記〕

剛柔節也，釋「玉鉉在上」之義。剛，指上九；柔，指六五。上九與六五相比，上以實濟虛，五虛以待實，是爲剛柔有節。節，適宜、適當。

震卦第五十一

【釋文音訓：震，止愼反；注音：zhèn】

【序卦傳】

云：主器者莫若長子，故受之以震。震者，動也。

【雜卦傳】

云：震，起也。

【說卦傳】

云：雷風相薄。雷以動之，風以散之。帝出乎震。萬物出乎震，震，東方也。動萬物者，莫疾乎雷。震，動也。震爲龍。震爲足。震，一索而得男，故謂之長男。震爲雷，爲龍，爲玄黃，爲旉，爲大塗，爲長子，爲決躁，爲蒼筤竹，爲萑葦；其於馬也，爲善鳴，爲馵足，爲作足，爲的顙；其於稼也，爲反生；其究爲健，爲蕃鮮。（朱駿聲《六十四卦經解》云：又爲王，爲鵠，爲鼓；又爲車；又爲殺；又爲出威；又爲諸侯；又爲鶴。鶴、鵠，古通字。尚秉和《周易尚氏學》依《九家》本增：爲玉，爲鵠，爲鼓。）

䷲ 震下震上

震亨。震來虩虩，笑言啞啞。震驚百里，不喪匕鬯。

[譯]

迅雷轟鳴之際進行享祀。震動來臨人們先是驚懼不安，而後言行鎮定肅敬。雷震驚動百里之遠，主祭的人鎮定肅敬而不失落手中的禮器貢品。

[記]

震亨，震，其象爲雷，其義爲動。《序卦傳》云：震者，動也。陸德明《經典釋文》云：震，止慎反，動也。《說文·雨部》云：震，劈歷振物者。段玉裁注：「劈歷，疾雷之名。《釋天》曰：疾靁爲霆。《倉頡篇》曰：霆，霹靂也。然則古謂之霆，許謂之震。《詩·十月之交》、《春秋·隱九年》、《僖十五年》皆言震。振與震疊韵。《春秋正義》引作震物爲長，以能震物而謂之震也。引伸之，凡動謂之震。」帛書本作「辰亨」，《說文·辰部》云：「辰，震也。三月易氣動，靁電振，民農時也，物皆生。」亨，同「享」，享祀、祭祀。凡雷作必驚萬物，天地交感而動，時氣皆至，草木皆吐，驚動而萌，旉佈而生，當此之時而行享祀之禮，以降神祈福，故「震亨」。

「震來虩虩，笑言啞啞」，王弼注：震之爲義，威至而後乃懼也，故曰震來虩虩，恐懼之貌也。虩虩，驚懼貌，帛書作「朔朔」，同「愬愬」形近相通，與履卦九四「履虎尾，愬愬，終吉」的「愬愬」義同，與卦六三「蘇蘇」、上六「索索」義近。孔穎達疏：虩虩，恐懼之貌也。陸德明《經典釋文》云：「虩虩，許逆反；馬云：恐懼皃，鄭同；荀作『愬愬』。」程頤《周易程氏傳》曰：虩虩，顧慮不安之貌。笑言，陸德明《經典釋文》云：「言」亦作「語」。啞啞，孔穎達疏：啞啞，笑語之聲也。陸德明《經典釋文》云：「啞啞，烏客反；馬云：笑聲；鄭云：樂也。」程頤《周易程氏傳》曰：啞啞，笑言和適之貌。余以爲卦辭「震亨」及其後「不喪匕鬯」，皆言享祀之事，故「笑言啞啞」當指言行鎮定肅敬。笑言，猶言行舉止；啞啞，指不苟於言笑，猶鎮定肅敬之義。

「震驚百里，不喪匕鬯」，震驚百里，形容雷聲巨大，釋所以「震來虩虩」。從卦象看，二震相連，上下相疊，震動巨大之象。不喪匕鬯，指在雷聲轟鳴，大地震動之際，仍然能鎮定自若，行止自如，釋「笑言啞啞」之義。喪，跌落、失落，即從手中掉落。匕鬯，古時宗廟祭禮用物。匕，指羹匙；鬯，秬黍釀的香酒。王弼注：匕，所以載鼎實；鬯，香酒，奉宗廟之盛也。

施於人事，震爲諸侯、爲長男，「震驚百里，不喪匕鬯」，言長子理政，號令既出，威震百里，主祭之事，至誠以敬，迅雷威震而不喪匕鬯，能守宗廟社稷之安危。李鼎祚《周易集解》引鄭玄曰：雷發聲聞於百里，古者諸侯之象，諸侯出教令，能警戒其國，內則守其宗廟社稷，爲之祭主，不亡匕與鬯也。

又，高亨疑「震來虩虩，笑言啞啞」涉初九爻辭而衍。其釋有四，一．句間無「後」字，辭意相牾。初九爻辭中間有「後」字則通。二．「笑言啞啞」的燕居之樂，與後「不喪匕鬯」的祭祀之莊辭意相牾。三．去掉此八個字，則前後辭意相承。四．與初九辭意重複。《彖辭》「震來虩虩，恐致福也。笑言啞啞，後有則也」與初九

《象辭》也重複。（高亨《周易古經今注》震第五十一）

象曰：震亨。震來虩虩，恐致福也；笑言啞啞，後有則也。震驚百里，驚遠而懼邇也。出可以守宗廟社稷，以爲祭主也。

【譯】

象曰：迅雷轟鳴之際進行享祀。震動來臨使人們驚懼不安，然而驚恐戒懼也能帶來福澤；言行舉止鎮定肅敬，是說在驚懼之後而能不失言行准則。雷震驚動百里之遠，遠近皆受驚懼。長子在君王外出巡狩之際能守宗廟社稷的安危，成爲祭祀的主人。

【記】

震亨，震，指迅雷轟鳴。亨，同「享」，享祀、祭祀。孔穎達疏：或本无此二字。

「震來虩虩，恐致福也；笑言啞啞，後有則也」，恐致福也，指因恐懼而致福。恐，驚恐、恐懼。後有則也，指在驚恐之後而沒有失去准則。則，法度、准則。李鼎祚《周易集解》引虞翻曰：則，法也。此四句與初九《象辭》同文，高亨認爲當爲衍文。（高亨《周易大傳今注》震第五十一）

「震驚百里，驚遠而懼邇也」，指雷聲轟鳴驚動百里之遠，遠近皆受驚懼。遠，遠方。驚遠，使遠方的人驚恐。邇，近處。《說文》云：邇，近也。懼邇，使近處的人戒懼。孔穎達疏：震驚百里，驚遠而懼邇者，言威震驚於百里之遠，則惰者恐懼於近也。

「出可以守宗廟社稷，以爲祭主也」，依《象》辭語意、句式來看，「出可以守宗廟社稷」前疑有「不喪匕鬯」四字，然通行本無此四字。程頤《周易程氏傳》云：彖文脫「不喪匕鬯」一句。朱熹《周易本義》曰：程子以爲「邇也」下，脫「不喪匕鬯」四字，今從之。王弼本似有「不喪匕鬯」之句，注云：明所以堪長子之義也，不喪匕鬯，則己出可以守宗廟。高亨《周易大傳今注》云「不喪匕鬯，出可以守宗廟社稷，以爲祭主也」。

出，指君王外出。孔穎達疏：出，謂君出巡狩等事也。此句意思是說君王外出之際，長子在迅雷轟鳴之時，能鎮定自如，沒有因驚恐而掉落手中的祭祀用品，可以守宗廟社稷的安危，而成爲祭祀的主人。宗廟社稷，代指國家。以爲祭主，猶指爲一國之主。

象曰：洊雷，震，君子以恐懼脩省。

【譯】

象曰：接連不斷的震雷，這就是震卦的意象，君子觀此卦象悟震之道而心懷驚懼反躬脩省。

【記】

震卦，上下皆震，二震相接，震爲雷，所以說「洊雷」。洊，同「薦」，再、重的意思。孔穎達疏：洊者，重也，因仍也。《集韻・霰韻》云：薦，再也，通作「洊」。洊雷，猶迅雷、巨雷之義。

君子以恐懼脩省，脩省，脩身自省。省，察、反省。迅雷相繼而作，萬物驚懼，君子當此，而畏天威，不敢懈惰，當脩身自省。《禮記．玉藻》云：若有疾風迅雷甚雨則必變，雖夜必興衣服冠而坐。孔穎達疏：所以敬畏天威也。

初九，震來虩虩，後笑言啞啞，吉。

［譯］

初九，迅雷轟鳴人們先是驚懼不安，而後言行鎮定肅敬，吉祥。

［記］

爻辭與卦辭同義，相較於卦辭多了一個「後」字，使語意更爲明晰，與同人卦九五「先號咷而後笑」句式、語意亦同。

初九居震之初，爲震之主，震則上下俱震，萬物皆驚，故說「震來虩虩」。洊雷之始，驚恐戒懼，然懼而不亂，言行鎮定肅敬，乃得吉祥，所以說「笑言啞啞，吉」。

象曰：震來虩虩，恐致福也。笑言啞啞，後有則也。

【譯】

象曰：震動來臨使人們驚懼不安，然而驚恐戒懼也能帶來福澤。言行鎮定肅敬，是說在驚懼之後而能不失言行准則。

【記】

與《彖辭》同文，見《彖辭》【記】。

六二，震來厲，億喪貝，躋于九陵，勿逐七日得。

【譯】

六二，迅雷轟鳴有危險，失去了資財，登上高陵察視，不用著急尋找，七天之內可以失而復得。

【記】

「震來厲，億喪貝」，震來厲，震來，指迅雷轟鳴之際。厲，危險。億喪貝，王弼注：億，辭也；貝，資貨，糧用之屬也。陸德明《經典釋文》云：億，本又作「噫」，同於其反，辭也。李鼎祚《周易集解》引虞翻曰：「厲，危也，乘剛故厲。億，惜辭也。」引干寶曰：「億，歎辭也。貝，寶貨也，產乎東方，行乎大塗也。」

初爲震主，以剛處微，聞震而懼，恐而致福，是爲有德之人。二以陰柔之體，不敬其剛，不尊其德，反乘其上，傲尊而淩貴，震則有危，亡其資貨，所以說「震來厲，億喪貝」。

「躋于九陵，勿逐七日得」，躋，登、登上。孔穎達疏：躋，升也。《說文》云：躋，登也。九陵，高陵之地，指初九。九爲老陽，初爲卦主，二乘其上，故說「躋于九陵」。程頤《周易程氏傳》曰：九陵，陵之高也。陵，大土山、山頭。《爾雅·釋地第九》云：大野曰平，廣平曰原，高平曰陸，大陸曰阜，大阜曰陵，大陵曰阿。勿逐七日得，是說不用急於尋找，七日之內自會失而復得。逐，尋求、尋找。程頤《周易程氏傳》曰：逐，往追也。

躋于九陵，其上爲坎，往爲險陷，既失資財，無貝而行，必困於窮匱，處艮之始，艮爲止，故「勿逐」。得位中正，雖進無其應，然處可得安，卦有六位，七爲更始，時過事已，失而復得，故說「七日得」。

又，爻辭語序猶可爲「躋于九陵，震來厲，億喪貝」，如此則《象》辭之義與此相合。

象曰：震來厲，乘剛也。

[譯]

象曰：迅雷轟鳴有危險，因爲陰柔乘淩在陽剛之上。

[記]

乘剛也，釋所以「震來厲」之義。乘剛，指六二陰爻居初九陽爻之上，是爲「乘剛」。初爲九陵，又爲雷主，二冒犯而登於九陵之上，則迅雷來臨之時會有雷擊之險，故而說「震來厲」。

六三，震蘇蘇，震行无眚。

［譯］

六三，迅雷轟鳴畏懼不安，戒懼而行沒有眚災。

［記］

蘇蘇，畏懼不安的樣子。孔穎達疏：蘇蘇，畏懼不安之貌。陸德明《經典釋文》云：蘇蘇，疑懼皃；王肅云：躁動皃；鄭云：不安也。帛書本作「疏疏」。

當震之際，以柔居剛，履非其位，猶竊位者遇威嚴之時而不能自安，所以說「震蘇蘇」。居坎之始，坎爲多眚，然動爲震義，雷鳴之時，無乘剛之逆，若能戒懼以行，則可出於坎而去不正之位，行而無眚，所以說「震行无眚」。「震行无眚」的「震」是戒懼的意思，非「震蘇蘇」之震。《爾雅·釋詁下》云：震，懼也。眚，眚災、災異，由內而起。《廣韻·梗韻》云：眚，災也。

象曰：震蘇蘇，位不當也。

【譯】

象曰：迅雷轟鳴畏懼不安，因爲居位不當。

【記】

位不當也，釋所以「震蘇蘇」之義，指六三陰爻而居陽位，是位不當，不中不正又無應。

九四，震遂泥。

【譯】

九四，迅雷轟鳴之際墜落在泥淖中。

【記】

遂，通「隊」，墜落、掉入。朱駿聲《說文通訓定聲．履部》云：遂，叚借爲隊。陸德明《經典釋文》云：荀本「遂」作「隊」。高亨《周易古經今注》曰：「遂借字，隊本字。……，蓋隊即今之墜字也。」

卦體上本爲坤，坤爲地，土之象。今四爲坎主，坎爲陷爲水，水土相交，泥之象。雷鳴之際，剛居柔而失位，處重陰之中，墜入險陷，故說「震遂泥」。泥，陰物，指四的上下四陰。

象曰：震遂泥，未光也。

［譯］

象曰：迅雷轟鳴之際墜落在泥淖中，陽剛之德沒有廣大。

［記］

未光也，釋「震遂泥」之義。居位不當，既墜泥中，爲四陰所揜，故「未光也」。未光，指陽剛之德未光。光，同「廣」。

六五，震往來厲，億无喪有事。

［譯］

六五，迅雷轟鳴之際往來皆有危險，震動雖大也沒有放棄祭祀之事。

［記］

六五當震之際，失位無應，往則陰不可居動之極，來則柔不可乘四之剛，所以說「震往來厲」。李鼎祚《周易集解》引虞翻曰：往謂乘陽，來謂應陰，失位乘剛，故往來厲也。然五處中履尊，得中正之德，有積中不敗之象，震動雖大，也沒有放棄祭祀之事，所以說「億无喪有事」，猶卦辭「震驚百里，不喪匕鬯」之義。億，猶大，與六二「億喪貝」的「億」意思不同。億无喪，猶大无喪。喪，失去、放棄。有事，指祭祀之事。朱駿聲《六十四卦經解》云：「億，先君子曰：大也。事，謂祭祀，春秋書祭祀曰有事，即彖傳云『不喪匕鬯』也。」李光地《周易折中》云：《春秋》凡祭祀皆曰「有事」，故此「有事」謂祭也。

象曰：震往來厲，危行也。其事在中，大无喪也。

【譯】

象曰：迅雷轟鳴之際往來皆有危險，行動小心謹慎。因其能謀事以正，行事以中，所以驚動雖大也沒有放棄祭祀之事。

【記】

「震往來厲，危行也」，危行，指行動小心謹慎。《莊子．山木》云：及其得柘棘枳枸之間也，危行側視，振動悼慄。此危行，即行動謹慎之義。

「其事在中，大无喪也」，中，指六五居上體中位，而得中正之道。大无喪，猶「億无喪有事」。

上六，震索索，視矍矍，征凶。震不于其躬，于其鄰，无咎，婚媾有言。

【譯】

上六，迅雷轟鳴之際心神不寧，惶恐而四處張望，行動不吉利。迅雷沒有擊到自身，擊中了親鄰的人，沒有咎害，但在婚姻上會有咎過。

【記】

「震索索，視矍矍，征凶」，索索，心神不寧的樣子。孔穎達疏：索索，心不安之貌。陸德明《經典釋文》云：「索索，懼也；馬云：內不安皃。」矍矍，惶恐不安的樣子。孔穎達疏：矍矍，視不專之容。陸德明《經典釋文》云：「矍矍，馬云：中未得之皃；鄭云：目不正。」視矍矍，即惶恐而四處張望。上六陰柔之體居震之極，失其中道，動則巨動，心有不安，驚恐而四望，所以說「震索索，視矍矍」。居震之終，往而途窮，動則有凶，故「征凶」。

「震不于其躳，于其鄰，无咎」，于，相當於「到」。《詩．小雅．鶴鳴》云：鶴鳴于九皋，聲聞于野。于其躳，即擊到其身。躳，身。鄰，親、親鄰。《廣韻．真韻》云：鄰，親也。段玉裁《說文解字注．邑部》云：鄰，引伸爲凡親密之稱。《左傳．昭公十二年》云：從我者子乎，去我者鄙乎，倍其鄰者恥乎！杜預注：鄰，猶親也。當震之際，三上同位同德，故稱鄰。三戒懼而上行，上畏鄰之動，懼而自戒，安於靜守，則「震不于其躳」，而「于其鄰」，遂得「无咎」。高亨《周易古經今注》云：巨雷不擊其身而擊其鄰，是災不在己而在它人之象也，故曰「震不于其躬，于其鄰，无咎」。

婚媾有言，上六與六三非陰陽正應，唯爲鄰而已，不爲相匹，若論婚媾，則有咎過，所以說「婚媾有言」。言，猶愆，咎過之義。

象曰：震索索，中未得也。雖凶无咎，畏鄰戒也。

［譯］

象曰：迅雷轟鳴之際心神不寧，沒有得中正之道。雖然不吉利但沒有咎害，因爲畏懼親鄰的人而心存戒備。

［記］

中未得也，釋所以「震索索」之義。中未得，猶「未得中」，指上六失去了中位。

畏鄰戒也，釋所以「雖凶无咎」之義。鄰，指六三。戒，戒備。上與三不應，三戒懼而上，故上畏而戒備，所以說「畏鄰戒也」。

艮卦第五十二

［釋文音訓：艮，根恨反；注音：gèn］

【序卦傳】

云：物不可以終動，止之，故受之以艮。艮者，止也。

【雜卦傳】

云：艮，止也。

【說卦傳】

云：山澤通氣。艮以止之，兌以說之。成言乎艮，艮，東北之卦也，萬物之所成，終而所成，始也，故曰成言乎艮。終萬物始萬物者，莫盛乎艮。艮，止也。艮爲狗。艮爲手。艮，三索而得男，故謂之少男。艮爲山，爲徑路，爲小石，爲門闕，爲果蓏，爲閽寺，爲指，爲狗，爲鼠，爲黔喙之屬；其於木也，爲堅多節。（朱駿聲《六十四卦經解》云：又爲鼻，爲虎，爲狐，爲肱。尚秉和《周易尚氏學》依《九家》本增：爲鼻，爲虎，爲狐。）

䷳ 艮下艮上

艮其背，不獲其身，行其庭，不見其人，无咎。

【譯】

止之在背部，不能侵及其身體，行走在庭院中，不見其人，沒有咎害。

【記】

艮，止、抑止的意思。《彖辭》、《說卦傳》、《雜卦傳》皆云：艮，止也。孔穎達疏：艮，止也，靜止之義。陸德明《經典釋文》云：艮，根根反，止也。震極則止，覆而為艮，《序卦傳》云：「物不可以終動，止之，故受之以艮。艮者，止也。」朱駿聲《六十四卦經解》云：艮从目从匕，目相比不相下也，故有止義。

艮其背，帛書本「艮」作「根」、「背」作「北」。張立文《帛書周易注譯》云：根假借為艮，根、艮為同聲系，古通用。北，古「背」字，段玉裁《說文解字注》云：韋昭注國語曰「北者，古之背字」。

「艮其背，不獲其身」，以☶畫卦來看，一陽居二陰之上，呈背之象，陽體剛健，居上而止於外，陰體柔順，居下而安於內，止於外而安於內，是為「艮其背，不獲其身」。獲，猶得，指侵及之義。《說文》云：獲，獵所獲也。《廣雅．釋詁》云：獲，辱也。

「行其庭，不見其人」，卦體內外皆艮，艮其背則兩相不見，故而「行其庭，不見其人」。以卦象看，艮為門闕，兩門之間，庭院之象，庭有震坎，震為行，所以說「行其庭」，坎為隱伏，所以說「不見其人」。李鼎祚《周易集解》云：艮為門闕，今純艮，重其門闕，兩門之閒，庭中之象也。又，卦體上下各爻皆不相應，亦為「不見其人」之象。

艮之義施之於人，人之所以不能安皆因其欲。欲動則人不得其安，防其欲動，則使不見其欲，止於所不見，艮其背，則無欲亂其心，心則自然而靜止。止之於未見，治之於未萌，施止得所，其道易成，故而「无咎」。若欲念動生，止之於面，強止其情，施止不得其所，則其功難成。程頤《周易程氏傳》云：「在背，則雖至近不見，謂不交於物也。外物不接，內欲不萌，如是而止，乃得止之道，於止爲无咎也。」

彖曰：艮，止也。時止則止，時行則行，動靜不失其時，其道光明。艮其止，止其所也。上下敵應，不相與也，是以不獲其身，行其庭不見其人，无咎也。

【譯】

彖曰：艮，止的意思。應時該止即止，順時當行則行，動靜都不失其時機，其前途就會光明。止之在背，是止得其所。卦體上下各爻皆相敵應，不相應與，因此而不能侵及其身，行走在庭院中也不見其人，故而沒有咎害。

【記】

艮，止也，釋「艮」之義。止，有息止和靜止二個意思。

「時止則止，時行則行，動靜不失其時，其道光明」，李鼎祚《周易集解》引虞翻曰：時止，謂上陽窮上，故止；時行，謂三體處震爲行也。上處艮極，往無所之，是爲當止；三爲震始，其義爲動，時至乃行，是爲當行，所以說「時止則止，時行則行」。凡物之動靜皆各有其時，止之法不可爲常，需應時行止，動靜得其理，行止當其時，而後其道乃得光明，所以說「動靜不失其時，其道光明」。動爲三，靜爲上，道，取震艮之象，震爲大塗，艮爲徑。光明，言三爲坎主，坎爲隱伏，動而顯現，是爲明。王弼注：止道不可常，用必施於不可，以行適於其時，道乃光明也。

「艮其止，止其所也」，艮其止，朱熹認爲當爲「艮其背」。《周易本義》曰：易「背」爲「止」，以明背即止也。引晁氏云：艮其止，當依卦辭作「背」。今從此說，「止」疑爲誤作。止其所也，所，指恰當之處，合宜之時。艮其背，使其不見其欲，不生動念，去外擾而得內安，是爲止得其所。

「上下敵應，不相與也」，上下敵應，指卦體六爻皆不相應。敵應，猶不應之義。既敵應，故不相與。

「是以不獲其身，行其庭不見其人，无咎也」，重複卦辭之文，艮其背，止其欲而使不妄爲，「是以不獲其身」；上下敵應而不相與，各自獨善其身，是以「行其庭不見其人」，故而「无咎」。

象曰：兼山，艮，君子以思不出其位。

【譯】

象曰：兩山相積，這就是艮卦的意象，君子觀象悟道而思謀行事不超出自己的本位。

【記】

艮卦，上下皆艮，二艮相疊，艮爲山，所以說「兼山」。兼，重複、累積的意思。

君子以思不出其位，思，思考問題、謀慮事情。位，指本位、本分、職限，也指時位、時機。程頤《周易程氏傳》曰：位者，所處之分也。思不出其位，指思考問題，謀慮事情不要超越自己的本分和職限，同時也要順應時勢。

初六，艮其趾，无咎，利永貞。

〔譯〕

初六，止住其腳，沒有咎害，利於長久貞固。

〔記〕

趾，足、腳的意思。孔穎達疏：趾，足也。陸德明《經典釋文》云：趾，荀作「止」。初體陰柔，居艮之下，爲趾之象。當艮之際，止爲艮義，動則失義，欲動而止之於微，艮其趾，故得「无咎」。其上無應，往則遇險，行無所之，動爲山止，故「利永貞」。貞，猶定，貞定、貞固，即艮卦的靜止之道。

象曰：艮其趾，未失正也。

〔譯〕

象曰：止住其腳，使其沒有偏離正道。

〔記〕

未失正也，失，失去、偏離。正，正道，即爻辭所云「利永貞」。程頤《周易程氏傳》云：「當止而行，非正也。止之於初，故未至失正。事止於始則易，而未至於失也。」

六二，艮其腓，不拯其隨，其心不快。

〔譯〕

六二，止住其小腿，不能舉起腳，心裏不痛快。

〔記〕

腓，腿肚、小腿，與咸卦六二「咸其腓」的「腓」義同。陸德明《經典釋文》云：腓，符非反，本又作「肥」，義與咸卦同。拯，上舉、引拔。孔穎達疏：拯，舉也。《玉篇．手部》云：「拯」，同「抍」。不拯，陸德明《經典釋文》作「不承」，云：「音拯救之『拯』，馬云：舉也。」隨，足、腳，與咸卦九三「執其隨」的「隨」義同。王弼注：隨，謂趾也。孔穎達疏：腓體或屈或伸，躁動之物，腓動則足隨之，故謂足爲隨。

當艮之際，施止於小腿，則足亦不能動，所以說「艮其腓，不拯其隨」。隨，指初六。腓爲動體，貪進之物，今強止之而不得動，是爲止於面。止不得其所，則情性相違，二爲坎體，坎爲心、爲加憂，所以說「其心不快」。

象曰：不拯其隨，未退聽也。

〔譯〕

象曰：不能舉起腳，（心中不痛快），沒有能退而順從初六安於靜止。

〔記〕

聽，順從、服從。孔穎達疏：聽，從也。《國語．周語下．單穆公諫景王鑄大鐘》云：神是以寧，民是以聽。韋昭注：聽，從也。

不拯其隨，其後省略了「其心不快」四字。未退聽也，指六二未能順從初六「永貞」而貪進，又被強止而「不拯其隨」，故其心不快。聽，取坎之象，二處坎體，坎為耳，故說聽。程頤《周易程氏傳》曰：「所以不拯之而唯隨者，在上者未能下從也。退聽，下從也。」

九三，艮其限，列其夤，厲薰心。

〔譯〕

九三，止住其腰部，撕裂了背脊肉，危險使心如焦灼。

【記】

艮其限，限，腰部。王弼注：限，身之中也。李鼎祚《周易集解》引虞翻曰：限，要帶處也，坎爲要。陸德明《經典釋文》引馬云：限，要也，鄭荀虞同。朱熹《周易本義》曰：限，身上下之際，即腰胯也。九三處下體之極，上體之下，四陰之中，腰之位，當艮之際，所以說「艮其限」。

列其夤，列，「裂」的古字，撕裂、分割。李鼎祚《周易集解》作「裂」。《說文》云：列，分解也。夤，通「璌」，夾脊肉。《集韻·諄韻》云：璌，夾脊肉也，通作夤。陸德明《經典釋文》云：「夤，引真反；馬云：夾脊肉也。」王安石《易泛論》云：夤，上體之接乎限者也。厲，危險。薰心，心如焦灼。三處震始，履得其位，剛健而行，然當艮之際，處震艮交匯之所，當行強止，不得其所，故而「列其夤」。李鼎祚《周易集解》引虞翻曰：「夤，脊肉。艮爲背，坎爲脊，艮爲手，震起艮止，故裂其夤。」

厲薰心，三得位失中，靜則處險，動爲強止，進退不能，艮其限，上下不通，內外不合，又列其夤，故有危險，而心如焦灼。

象曰：艮其限，危薰心也。

【譯】

象曰：止住其腰部，恐懼憂慮心如火焚。

[記]

複申爻辭之義。危，恐懼、憂懼。《說文．危部》云：危，在高而懼也。《荀子．解蔽》云：處一危之，其榮滿側。楊倞注：危，謂不自安，戒懼之謂也。

六四，艮其身，无咎。

[譯]

六四，止住其身，沒有咎害。

[記]

身，王弼注：中上稱身。李鼎祚《周易集解》引虞翻曰：「身，腹也。觀坤爲身，故艮其身。」四處三之上，已入上體，三爲限，因此稱四爲身。四居臣位，比陰柔之君而不能止天下當止之事，位震之體，震爲決躁，履得其位，惟止於己而獨善其身，止之於正，靜止其身，不爲躁動，不爲妄行，乃得「无咎」。

象曰：艮其身，止諸躬也。

[譯]

象曰：止住其身，猶止住其背。

【記】

止諸躬也，釋「艮其身」之義。諸，猶「之乎」，相當於「其」。躬，身體彎曲稱躬。今止其身，使身彎曲，衹見其背不見其面，所以說止其身，猶艮其背。朱駿聲《六十四卦經解》云：「身者伸也，躬者屈也，傴背而偃其身爲躳，見背不見面。躳從吕，吕背脊也，象形卦。」

六五，艮其輔，言有序，悔亡。

【譯】

六五，止住其口，使言語有序，悔恨消失。

【記】

輔，口、口頰。程頤《周易程氏傳》云：輔，言之所由出也。六五失位有悔，處震之極，震爲言，爲上所止，所以說「艮其輔，言有序」。艮其輔，則言有序而不妄出，故能亡其悔，猶坤卦六四文言曰「括囊，无咎无譽，蓋言謹也」。言有序，李鼎祚《周易集解》「序」作「孚」。

象曰：艮其輔，以中正也。

【譯】

象曰：止其口而不妄語，使六五守持中正之道而不偏倚。

【記】

以中正也，中正，指六五居中得正。朱熹認爲「正」字爲羨文，《周易本義》曰：「正」字羨文，叶韻可見。

上九，敦艮，吉。

【譯】

上九，篤實而靜止，吉祥。

【記】

敦，仁厚、篤實。孔穎達疏：敦，厚也。程頤《周易程氏傳》云：敦，篤實也。「敦艮，吉」，猶臨卦上六「敦臨，吉」之語意。上處艮極，爲山之主，山有篤實之象，所以說「敦艮」。下據二陰，無應而靜止，誠懇相待，乃得吉祥。

象曰：敦艮之吉，以厚終也。

〔譯〕

象曰：篤實而靜止，吉祥，因爲仁厚而有一個好的結果。

〔記〕

以厚終也，釋所以「敦艮之吉」。厚，忠厚、仁厚。《論語·學而》曾子曰：愼終追遠，民德歸厚矣。終，結果，這裡指好的結果。

漸卦第五十三

〔釋文音訓：漸，捷檢反；注音：jiàn〕

〔序卦傳〕

云：物不可以終止，故受之以漸。漸者，進也。

〔雜卦傳〕

云：漸，女歸，待男行也。

䷴ 艮下巽上

漸，女歸吉，利貞。

【譯】

循序漸進，女子出嫁吉祥，貞正則利。

【記】

漸，循序漸進、逐漸往進的意思。《序卦傳》云：漸者，進也。《彖》曰：漸，之進也。王弼注：漸者，漸進之卦也。孔穎達疏：漸者，不速之名也，凡物有變移，徐而不速，謂之漸也。陸德明《經典釋文》云：漸，捷檢反，以之前爲義，即階漸之道。朱駿聲《六十四卦經解》云：「漸，水名。出丹陽黟南蠻中，東入海。漸江，今浙江也。借爲趣字，進也。」

以卦體言，艮下巽上，艮剛爲山，爲少男，巽柔爲木，爲長女，女處山上猶木依於山，柔依於剛，長女歸於少男之象。長女之嫁，不可因齡而速，當禮備乃動，循序而進，乃得吉祥。以爻言之，二五居中，陰下陽上，各履其位，各得其正，尊卑有序，木高因山，女吉因正，故利貞。孔穎達疏：利貞者，女歸有漸，得禮之正，故曰利貞也。女歸，指嫁女。歸，舊時指女子出嫁。孔穎達疏：歸，嫁也，女人生有外成之義，以夫爲家，故謂嫁曰歸也。《說文》云：歸，女嫁也。李鼎祚《周易集解》引虞翻曰：歸，嫁也。利貞，貞正則利。貞，猶正，貞正之義。

漸之於咸，咸曰娶，娶者之占，艮下兌上，二少相感，利貞，取女吉；漸曰歸，嫁者之占，艮下巽上，女長於男，女歸吉，利貞。二者皆取艮象，艮爲止、爲靜、爲宮室，成家之象。利貞，少女少男，重專情安定，故貞取定義；長女少男，重漸而以正，故貞取正義。

程頤《周易程氏傳》云：「天下之事，進必以漸者，莫如女歸。臣之進於朝，人之進於事，固當有序，不以其序，則陵節犯義，凶咎隨之。然以義之輕重，廉恥之道，女之從人，最爲大也，故以女歸爲義。且男女，萬事之先也。」

彖曰：漸，之進也，女歸吉也。進得位，往有功也。進以正，可以正邦也，其位剛得中也。止而巽，動不窮也。

【譯】

彖曰：漸，往進的意思，女子出嫁吉祥。進可得中正之位，往可成就事功。堅守正道循序而進，能夠端正邦國，因爲九五之位剛直而中正。內安靜不躁而外又能謙遜和順，行動就不會困窮。

[記]

「漸，之進也，女歸吉也」，「之進也」釋「漸」之義。之，猶往。之進，往進。漸爲循序漸進，漸漸而進，進雖不速，但也不可停止。女歸當禮備乃進，漸進而爲，但亦不可不歸，所以說「女歸吉也」。朱熹認爲「之」疑爲衍字。《周易本義》曰：「之」字疑衍，或是「漸」字。

「進得位，往有功也」，進得位，指六二。陰爻由初漸進至二，居中得位，所以說「進得位」。往有功也，指六二往而與九五正應，陰陽相配，是爲「往有功也」。此釋「女歸吉」之義。

「進以正，可以正邦也，其位剛得中也」，進以正，指九五。陽剛之爻漸進而至五，居上體中位，得中且正，所以說「進以正」。履君之位，行中正剛實之德，故「可以正邦也」。其位剛得中也，指九五陽居剛位，得中正之德。

「止而巽，動不窮也」，此以二體之象釋卦義。止，安靜而不躁，取下體艮卦的意象，艮爲止爲靜；巽，和順而謙遜，取上體巽卦的意象，巽爲順巽。陳夢雷《周易淺述》云：「止，不輕動。巽，不躁動。」人之進，若以欲心之動，則躁而不得其漸，有困窮之慮，漸進之時，動而以漸，內靜而外巽，則動而不窮，所以說「止而巽，動不窮也」。

象曰：山上有木，漸，君子以居賢德善俗。

［譯］

象曰：山上有木，這就是漸卦的意象，君子觀此卦象悟漸之道而蓄積賢德清善風俗。

［記］

漸卦，下艮爲山，上巽爲木，所以說「山上有木」。木生山上，漸漸而高，這就是漸進之象。

君子以居賢德善俗，居，蓄積、蓄養。善俗，移風易俗，使歸於美善。陸德明《經典釋文》云：善俗，王肅本作「善風俗」。天下諸事非一日之成，君子觀此卦象，而蓄養賢德，清善風俗。朱熹疑「賢」字爲衍文。《周易本義》曰：疑「賢」字衍，或「善」下有脫字。

初六，鴻漸于干，小子厲，有言，无咎。

［譯］

初六，鴻雁進至水岸邊，小子危險，有过错，沒有咎害。

［記］

鴻漸于干，鴻，水鳥、鴻雁。王弼注：鴻，水鳥也。《玉篇・鳥部》云：鴻，鴻雁也。李鼎祚《周易集解》

引虞翻曰：鴻，大雁也。卦六爻皆取鴻象，鴻行之時，應時而守序，與漸之義相合。以卦象看，互體坎離，坎爲水，離爲鳥，上巽爲工，水工鳥並俱，故稱鴻。朱駿聲《六十四卦經解》云：「鴻，大雁也，木落南翔，冰泮北徂，飛不獨行，先後有次列。鴻隨陽，女從夫之象。昏禮用雁，取不再偶之義。艮爲黔喙之屬，離爲飛鳥，居坎爲水，巽爲風，鴻之象。」漸，進。干，岸、水畔。《集韻．寒韻》云：干，水涯也。《詩．魏風．伐檀》云：坎坎伐檀兮，寘之河之干兮。毛傳：干，厓也。孔穎達疏：干，水涯也。陸德明《經典釋文》引鄭云：干，水旁，故停水處；陸云：水畔稱干；毛傳詩云：涯也；翟云：涯也。初處漸始，上臨於坎，坎爲水，所以說「鴻漸于干」。

「小子厲，有言，无咎」，初六陰柔，居艮之體，故稱小子。厲，危險。有言，有過錯的意思。漸進之際，進至水岸，其前有坎，往無應援，進而有危，所以說「小子厲」。始進之時，居処卑微，所進尚淺，身爲山止，以己之質，待時而行，可得「无咎」。

象曰：小子之厲，義无咎也。

〔譯〕

象曰：小子有危險，進得其宜沒有咎害。

〔記〕

義，猶宜。漸進之初，體弱無位，雖有危險，但進得其時，沒有躁進，乃得「无咎」。

六二，鴻漸于磐，飲食衎衎，吉。

［譯］

六二，鴻雁漸進至水濱磐石上，飲食和樂自喜，吉祥。

［記］

磐，水濱磐石。《正字通．石部》云：「磐，《漢武紀》引《易》作『般』，注：『磐，水涯堆也。』」王弼注：磐，山石之安者也。陸德明《經典釋文》云：磐，畔干反，山石之安也。衎衎，和樂的樣子。孔穎達疏：衎衎，樂也。《說文》云：衎，喜皃。《爾雅．釋詁第一》云：衎，樂也。《禮記．檀弓上》云：飲食衎爾。鄭注：衎爾，自得貌。飲食衎衎，指飲食和樂自喜。帛書本作「酒食衍衍」，「衍」與「衎」古通，《穀梁傳》襄公二十六年《經》云：衛侯衎復歸於衛。《釋文》云：衎本作「衍」。

六二自干至磐，漸進之象。初臨於坎，坎爲水，水濱之地，二處艮中，艮爲石，水濱磐石之象。又，艮爲果蓏，二居得其位，又獲剛應，處可安之地而得其食，其心喜樂，吉祥，所以說「鴻漸于磐，飲食衎衎，吉」。

象曰：飲食衎衎，不素飽也。

［譯］

象曰：飲食和樂自喜，不問空飽。

[記]

素，空。李鼎祚《周易集解》引虞翻曰：素，空也。程頤《周易程氏傳》云：素，空也。象辭取六二志得自喜之貌，而不是飲食空飽之事。程頤《周易程氏傳》云：「爻辭以其進之安平，故取飲食和樂爲言。夫子恐後人之未喻，又釋之云：中正君子，遇中正之主，漸進于上，將行其道以及天下。所謂飲食衎衎，謂其得志和樂，不謂空飽，飲食而已。」來知德《周易集注》云：素飽，即素餐也，言爲人之臣，食人之食，事人之事，義所當得，非徒飲食而已也。

九三，鴻漸于陸，夫征不復，婦孕不育，凶。利禦寇。

[譯]

九三，鴻雁漸進至小山頂上的高平之地，男子遠行不回，女子懷孕不能生育，不吉利。加強防范抵禦誘惑侵辱則利。

[記]

鴻漸于陸，陸，高而平坦的地方，指小丘，或小土山。王弼注：陸，高之頂也。《說文》云：陸，高平地。陸德明《經典釋文》云：「陸，高之頂也；馬云：山上高平曰陸。」李鼎祚《周易集解》引虞翻曰：高平稱陸。《廣韻・屋韻》云：陸，高也。三處艮極，艮爲小山，山頂之象，所以說「鴻漸于陸」。鴻爲水鳥，居山下水濱之石，飲食衎衎，樂而忘憂，漸進至陸，其勢漸高而無應，去水漸遠，非其所宜，故而有凶。

「夫征不復，婦孕不育」，居艮離之體，艮爲止，離爲戈，止戈爲武，有征之象。征，征伐、遠行。三與二初同體，本爲一家，然與四相比，皆無其應，三棄類而往，與四相合，近而相得，言之於夫，是貪欲妄進，樂於邪配，知征而不知復，所以說「夫征不復」；言之於婦，三四相合，婦失其貞，四爲巽體，合而不果，非夫而孕，孕而不育，所以說「婦孕不育」。孕，陸德明《經典釋文》云：「孕，以證反，說文云：懷子曰孕，戈甑反；鄭云：猶娠也；荀作『乘』。」育，生育。李鼎祚《周易集解》引虞翻曰：孕，妊娠也；育，生也。占得此爻的人，貪欲妄行，多有家庭不和之事，男子則仕途、生意不順，女子則情感混亂，有被棄之憂。

利禦寇，爲誡語，告誡占筮之人，要謹慎防范，防己貪欲，防外侵辱，三四違義相合而成坎，將有寇至。三爲艮體，艮爲止，一陽居外，二陰於內，當和順相保，止寇於外，保其安乐。利禦寇，帛書本作「利所寇」。

象曰：夫征不復，離群醜也。婦孕不育，失其道也。利用禦寇，順相保也。

【譯】

象曰：男子遠行不回，是離開了家人。女子懷孕不能生育，是失去了婦道。加強防范抵禦誘惑侵辱則利，要和順相從而相互保護。

【記】

離群醜也，指離開家人，或伴侶。離，離開。陸德明《經典釋文》云：「離，力智反；鄭云：猶去也。」醜，類。孔穎達疏：醜，類也。《廣雅．釋詁三》云：「醜，類也。段玉裁《說文解字注．鬼部》云：醜，凡云醜類也者，皆謂醜，即疇之假借字。疇者，今俗之儔類字也。」這裡釋爲家人，或伴侶。群醜，指初六和六二。初六、六二與九三同處艮體，艮爲宮室，家人之象。

失其道也，指失去婦道。孔穎達疏：失其道也者，非夫而孕，孕而不育，失道故也。

順相保也，指九三當與初六、六二和順相守，防己貪欲，禦外侵辱。相保，猶相守之義。

六四，鴻漸于木，或得其桷，无咎。

【譯】

六四，鴻雁漸進至樹木上，得到平直的樹枝，沒有咎害。

【記】

木，取象於巽，四爲巽體，巽爲木，所以說「漸于木」。或，語詞。王引之《經傳釋詞弟三》云：或，語助也。桷，橫平像桷的樹枝。孔穎達疏：桷，榱也。《字彙補・木部》云：桷，橫平之柯也。陸德明《經典釋文》云：「桷，音角；翟云：方曰桷，桷，椽也。馬陸云：桷，榱也；說文云：秦曰榱，周謂之椽，齊魯謂之桷。」李鼎祚《周易集解》引虞翻曰：桷，椽也。

「鴻漸于木，或得其桷」，鴻爲水鳥，木本非其所居之處，今至木上而掌不能握，下乘九三陽剛，是爲有咎。然得位且正，順承陽剛，得平直之木，可以無咎，所以說「或得其桷，无咎」。四居巽木，巽爲直，是爲平直之木，故稱桷。李光地《周易折中》云：「六四亦无應者也，然六四承九五，例皆吉者，以陰承陽，合于女歸之義矣。順以事上，高而不危，故有集木得桷之象。」

象曰：或得其桷，順以巽也。

〔譯〕

象曰：得到平直的樹枝，是因爲柔順而謙遜。

〔記〕

順以巽也，釋所以「或得其桷」之義。四上臨九五，以柔承剛，順巽相附，乃得其桷。李鼎祚《周易集解》引虞翻曰：坤爲順，以巽順五。

九五，鴻漸于陵，婦三歲不孕，終莫之勝，吉。

［譯］

九五，鴻雁漸進至高陵之上，婦人三年不能懷孕，但終將沒有人能阻止，吉祥。

［記］

「鴻漸于陵，婦三歲不孕」，陵，大土山，其高於陸。李鼎祚《周易集解》引虞翻曰：陵，丘。朱熹《周易本義》曰：陵，高阜也。五漸於陵，居坎之上，已離於水，處非其宜之象。正應在二，陰陽正匹，然二居坎底，爲三四所隔，應而不得，故言「婦三歲不孕」。婦，指六二。三歲，指五至二三爻。又，五居離體，離數爲三，故稱三。

「終莫之勝，吉」，莫，相當於不能、沒有。李鼎祚《周易集解》引虞翻曰：莫，无。五二各得其位，居中且正，五志在二，二和樂相應，三四失中，不可久阻其路，不過三歲，必得所願，而得吉祥，所以說「終莫之勝，吉」。

象曰：終莫之勝，吉，得所願也。

［譯］

象曰：終將沒有人能阻止，吉祥，實現了心願。

[記]

得所願也，即實現了心願。得，實現。願，心願。二五陰陽正應，終能和合相好，是「得所願也」。

上九，鴻漸于陸，其羽可用爲儀，吉。

[譯]

上九，鴻雁漸進至高潔寬潤之地，其漂亮的羽毛可用做禮儀裝飾，吉祥。

[記]

陸，程頤《周易程氏傳》云：「安定胡公以陸爲逵，逵，雲路也，謂虛空之中。爾雅：九達謂之逵。逵，通達无阻蔽之義也。」朱熹《周易本義》曰：「胡氏、程氏皆云：『陸，當作逵，謂雲路也。』今以韻讀之，良是。」逵，通達無阻四通八達的大路。《爾雅·釋宮第五》云：九達謂之逵。郭璞注：四道交出，復有旁通。朱駿聲《六十四卦經解》云：陸，如日在北陸、日在西陸之陸，天衢也。鴻漸于陸，指上九最居上極，循序而進，至於高絜之地，女歸之象。「其羽可用爲儀，吉」，猶卦辭「漸，女歸吉」之義。儀，禮儀、儀式。

又，高亨疑此「陸」字當作「陂」，是形近而譌。鴻漸於陂，謂鴻進於野間池上也。（高亨《周易古經今注》漸第五十三）

象曰：其羽可用儀，吉，不可亂也。

[譯]

象曰：其漂亮的羽毛可用做禮儀裝飾，吉祥，是說禮儀秩序不可紊亂。

[記]

其羽可用儀，吉祥，是說女歸的禮儀不可紊亂。李鼎祚《周易集解》「用」字後有「爲」字。

歸妹卦第五十四

[注音：guīmèi]

[序卦傳]

云：進必有所歸，故受之以歸妹。

［雜卦傳］

云：歸妹，女之終也。

䷵ 兌下震上

歸妹，征凶，无攸利。

［譯］

妹隨姊嫁，妄進不吉利，無所利益。

［記］

歸，舊時指女子出嫁。《說文》云：歸，女嫁也。李鼎祚《周易集解》引虞翻曰：歸，嫁也。歸妹，《序卦傳》云「進必有所歸，故受之以歸妹」，言漸卦上六漸進至極必有所歸。陸德明《經典釋文》云：歸妹，婦人謂嫁曰歸，妹者，少女之稱。王弼注：妹者，少女之稱也。孔穎達疏：「易論歸妹，得名不同，泰卦六五云帝乙歸妹，彼據兄嫁妹，謂之歸妹。此卦名歸妹，以妹從姊而嫁，謂之歸妹，故初九爻辭云歸妹以娣是也。上咸卦明二少相感，恒卦明二長相承，今此卦以少承長，非是匹敵，明是妹從姊嫁，故謂之歸妹焉。古者諸侯一取九女，嫡夫人及左右媵皆以姪娣從，故以此卦當之矣。不言歸姪者，女娣是兄弟之行，亦舉尊以包之也。」以卦體言，雷於澤上，雷震而澤動，長歸而少隨，歸妹之象。

歸妹之時，妹從姊嫁，本非正匹，當卑退以事，不可妄進求寵，越長行事，所以說「征凶，无攸利」。征，指妄進，進而求寵之義。

《易》言男女之義有四卦：咸、恒、漸、歸妹。咸卦，二少交感，男下女上，和悅相應，取女吉；恒卦，二長相承，男動於外而女順於內，夫倡婦隨，利貞；漸卦，男下女各得其正，長女歸於少男，其進有漸，女歸吉；歸妹卦，長歸少隨，妹從姊嫁，非爲正匹，不可越而妄爲，征凶。

彖曰：歸妹，天地之大義也。天地不交而萬物不興，歸妹，人之終始也。說以動，所歸妹也。征凶，位不當也。无攸利，柔乘剛也。

［譯］

彖曰：歸妹，是天地間的正道。天地間陰陽不交則萬物就不能興起，歸妹，人類由此終而復始連綿不絕。姊喜悅而動，因此妹隨姊而嫁。妄進不吉利，是處位不當。無所利益，因爲陰柔乘淩在陽剛之上。

［記］

「歸妹，天地之大義也」，歸妹，指妹從姊嫁，非指卦名。大義，指正道。

「天地不交而萬物不興，歸妹，人之終始也」，天地，指天地間陰陽二氣。興，興起、昌盛。《說文．舁部》云：興，起也。《玉篇．舁部》云：興，盛也。天地交而萬物生，陰陽合而萬物成，男女配則生生相續，其終不窮，所以說「天地不交而萬物不興，歸妹，人之終始也」。

「說以動，所歸妹也」，此以二體之象釋卦義。說以動，指姊嫁，是說男女彼此相悅而動。說，同「悅」，取下體兌卦的意象，兌爲悅。動，取上體震卦的意象，震爲動。所歸妹也，指妹隨姊歸。兌下震上，以少承長，故言「所歸妹也」。依萃卦《彖》辭「順以說，剛中而應，故聚也」、大壯卦《彖》辭「剛以動，故壯」及豐卦《彖》辭「明以動，故豐」，「所」字疑本爲「故」字。陸德明《經典釋文》云：所歸妹也，本或作「所以歸妹」。

「征凶，位不當也」，歸妹之際，尊卑有序，貴賤已成，從爻象看，剛柔之體皆履非其位，不可妄行，故說「征凶，位不當也」。

「无攸利，柔乘剛也」，此以爻象釋卦義。三五陰爻，以柔乘剛，以賤淩貴，違於常理，女貪悅而忘其順，男牽欲而失其剛，征有失位之凶，處有乘剛之逆，故而「无攸利」。

象曰：澤上有雷，歸妹，君子以永終知敝。

【譯】

象曰：澤上有雷，這就是歸妹卦的意象，君子觀此卦象明歸妹之道而長久至終知弊而防。

【記】

歸妹卦，下兌爲澤，上震爲雷，所以說「澤上有雷」。下兌上震，以少承長，歸妹之象。

君子以永終知敝，永終，指長久至終。敝，弊壞、弊端。此爲告誡之語，歸妹，既爲「天地之大義」、「人之終始」，又「征凶，无攸利」，故告誡曰「君子以永終知敝」。

初九，歸妹以娣，跛能履，征吉。

【譯】

初九，少女以娣的身份出嫁，猶腳雖跛還能行走，往行吉祥。

【記】

娣，女弟，指同嫁一夫的年幼女子，或指同爲一夫的妾。《爾雅·釋親第四》云：女子同出，謂先生爲姒，後生爲娣。郭璞注：同出，謂俱嫁事一夫。《說文·女部》云：娣，女弟也。《詩·大雅·韓奕》云：諸娣從之，祁祁如雲。毛傳：諸娣，衆妾也。初九無位，無有正應，上比於二而同類相隨，二得五應，陰陽相合，長歸之時，姊動妹從，是以「歸妹以娣」。

「跛能履，征吉」，歸妹以娣，非是正配，故言跛。然隨姊而嫁，猶不失常道，所以又謂之能履。少女雖幼而不妄爲，與二同德相承，所以說「跛能履，征吉」。征，行、往行之義。

以象言，初處兌體，兌爲少女、爲妾，故稱妹、稱娣；兌有毀折之象，故稱跛；剛體居下爲足，故稱履；二應爲五，初隨二動，故言征。

象曰：歸妹以娣，以恒也。跛能履，吉，相承也。

〔譯〕

象曰：少女以娣的身份出嫁，是遵循常道行事。腳雖跛還能行走，吉祥，是說妹能順承於姊而出嫁。

〔記〕

以恒也，指依常道行事。恒，指恒常之道。朱駿聲《六十四卦經解》云：「娣之爲言第也，謂以次弟御于君也。天子諸侯娶女，同姓媵之。穀梁所謂一人有子，三人緩帶，是也。」相承也，指初九承於九二。嫁姊本爲吉祥喜樂之事，初承於二，妹從姊嫁，也同獲吉樂，所以說「吉，相承也」。《象》曰「說以動，所歸妹也」即爲此義。李鼎祚《周易集解》引虞翻曰：恒動初承二，故吉，相承也。

九二，眇能視，利幽人之貞。

［譯］

九二，目小而能視物，利於像隱居之人守正待時。

［記］

九二處坎之下，澤之中，幽闇之地，故稱幽人。幽人，指隱居獨處的人。朱熹《周易本義》曰：幽人，亦抱道守正而不偶者也。二上應在五，處幽而有應，猶目雖小而能視物。取離兌之象，離爲目爲明，兌爲小，所以說「眇能視」，指處地幽闇而目不能廣。眇，小目。《說文．目部》云：眇，一目小也。《正字通．目部》云：眇，目偏小不盲亦曰眇。

利幽人之貞，女子占得，猶待字深閨，行爲檢點貞正；男子占得，猶待賈櫝中，抱道守正。貞，猶正，貞正、守正的意思。

爻辭告誡占筮之人，雖得中而正，但居不得位，當靜處守正，待時而爲。

象曰：利幽人之貞，未變常也。

［譯］

象曰：利於像隱居之人守正待時，不要改變恒常之道。

【記】

未變常也，釋「利幽人之貞」之義。恒常之道，指歸妹以娣之道，當守正待時，順時而爲。

六三，歸妹以須，反歸以娣。

【譯】

六三，想要以正配的身份出嫁少女，最終仍需返回以娣的身份隨姊出嫁。

【記】

須，同「嬃」，姊的意思。高亨《周易古經今注》云：「須疑借爲嬃，姊也。《說文》：『嬃，女字也。《楚詞》曰：女嬃之嬋媛。賈侍中說，楚人謂姊爲嬃。从女，須聲。』是嬃有姊義。」朱駿聲《六十四卦經解》云：或曰楚人謂姊爲須，屈原之姊曰女嬃。又，相當於「正」，張相《詩詞曲語辭彙釋》卷一云：須，猶正也。歸妹以須，即嫁妹以姊，依卦辭之義，姊猶指正配，是說想要以正配的身份出嫁少女。

反歸以娣，反，同「返」，返回。歸，猶嫁、出嫁。

六三處下體之極，有求爲正主之象，然其上無應，下乘陽剛，履非其位，而失其正，女之不正，人莫取之，反歸待時，以娣而行，可得其宜，所以說「歸妹以須，反歸以娣」。

象曰：歸妹以須，未當也。

［譯］

象曰：想要以正配的身份出嫁少女，是不適當的。

［記］

未當也，指六三乘剛，居失其位，不中不正。當，猶適當、適宜。

九四，歸妹愆期，遲歸有時。

［譯］

九四，出嫁少女過了婚期，延遲出嫁是在等待時機。

［記］

愆期，過期。《說文》云：愆，過也。陸德明《經典釋文》云：「愆，起虔反，馬云：過也。」李鼎祚《周易集解》引虞翻曰：愆，過也。遲，延遲。陸德明《經典釋文》云：「遲，雉夷反，晚也，緩也；陸云：待也。」有時，待時。時，猶待，時、待同聲系，古通用。《廣雅．釋言》云：時，伺也。

九四失位不正，位高無應，而無歸期，所以說「歸妹愆期」。處離坎之體，離爲日，坎爲月，日月相交而後明，明而必有應，歸妹愆期，是時未至，所以說「遲歸有時」。王弼注：愆期遲歸，以待時也。

象曰：愆期之志，有待而行也。

［譯］

象曰：延遲婚期的心意，是在等待合宜的時機才出嫁。

［記］

有待而行也，釋「愆期之志」。愆期，延遲婚期之義。待，等待。《說文．彳部》云：待，竢也。段玉裁注：今人易其語曰等。陸德明《經典釋文》云：一本「待」作「時」。行，指出嫁少女。

六五，帝乙歸妹，其君之袂不如其娣之袂良，月幾望，吉。

［譯］

六五，帝乙嫁妹，其服飾不如娣的華麗，月亮接近圓滿，吉祥。

［記］

爻辭所述之事與泰卦六五「帝乙歸妹以祉，元吉」同。五為帝位，歸妹之際，陰體居之，處貴履尊，所以說「帝乙歸妹」。孔穎達疏：六五居歸妹之中，獨處貴位，是帝王之所嫁妹也，故曰帝乙歸妹。

其君之袂不如其娣之袂良，君，指「帝乙歸妹」之「妹」。朱駿聲《六十四卦經解》云：「其君，妹也。夫人稱小君，如堯二女，一湘君，一湘夫人。嫡為君，餘皆媵也。」高亨《周易古經今注》云：「帝乙，紂父也。歸妹，嫁少女於文王也。君謂嫁為邦君夫人者也。禮記玉藻：君命屈狄。鄭注：君，女君也。論語季氏篇：邦君之妻，君稱之曰夫人，邦人稱之曰君夫人，稱諸異邦曰寡小君。是其義也。」袂，衣袖，這裡統指衣飾、服飾。王弼注：袂，衣袖，所以為禮容者也。《說文》云：袂，袖也。《儀禮·有司徹》云：主人西面，左手執幾，縮之，以右袂推拂幾三，二手橫執幾，進授尸於筵前。鄭玄注：衣袖謂之袂，推拂去塵，示新。程頤《周易程氏傳》云：「娣媵者，以容飾為事者也。衣袂所以為容飾也。」良，美好、華麗。這句是說帝乙所歸之妹的服飾簡樸質素。

「月幾望，吉」，幾，將近、幾乎。孔穎達疏：月幾望，吉者，陰而貴盛，如月之近望，以斯適配，雖不如以少從長，然以貴而行，往必合志，故得吉也，故曰月幾望，吉也。程頤《周易程氏傳》云：幾望，未至於盈也。又，月幾望，或作「月既望」，帛書本「幾」作「既」，陸德明《經典釋文》云：幾，音機，又音祈，荀作「既」。月既望，指月望之後，或說十五日之後幾日。張立文《帛書周易注譯》云：既望，指每月由十六日至二十二三日。又，「幾」或釋為「其」，王引之《經傳釋詞弟五》云：幾，其也。李鼎祚《周易集解》引虞翻曰：「幾，其也。

坎月离日，兌西震東，日月象對，故曰幾望。」文取「近」義。望，月相名，指農曆每月十五月亮圓滿之時。《釋名·釋天》云：望，月滿之名也。

五應在二，日月相望，陰陽相合，得其正匹，帝乙歸妹，如月之貴盛，德尚謙遜。其君之袂不如其娣之袂良，是貴而不驕；月幾望，是滿而不盈。上下相應，往必和合，故得吉祥。

象曰：帝乙歸妹，不如其娣之袂良也，其位在中，以貴行也。

【譯】

象曰：帝乙嫁妹，其服飾不如娣的華麗，是說其居中得貴，而身體力行謙順之道。

【記】

其位在中，指六五陰柔之體居得中位。

以貴行也，貴行，指以身體力行爲貴。《老子》第五十六章云：知者不言，言者不知。河上公注：知者貴行，不貴言也。葛洪《抱樸子·勤求》云：古人質正，貴行賤言，故爲政者不尚文辨，脩道者不崇辭說。

六五下嫁九二，貴而不驕，尊而不顯，行中正謙順之道，知敝永終，猶《象》曰「君子以永終知敝」之義。

上六，女承筐无實，士刲羊无血，无攸利。

［譯］

上六，女子捧著的竹筐裏面沒有東西，男子宰羊不見血，無所利益。

［記］

女之爲行，上有承順爲美；士之爲功，下有應命爲貴。然上六處卦之終，仰無所承，猶「女承筐无實」；俯無所應，猶「士刲羊无血」，故而「无攸利」。三爲兌離坎之體，兌爲羊，離爲戈，坎爲血卦，三上不應，故「刲羊无血」。此爻辭爲不祥之兆，有婚約不終，事業不成之象。女承筐无實，猶女失男；士刲羊无血，猶男失女。

承筐，陸德明《經典釋文》作「承匡」，云：匡，曲亡反，鄭作「筐」。承，捧、托。《說文．手部》云：承，奉也。《增韻．蒸韻》云：承，下載上也。實，指容器內的物品。

刲，刺殺。《說文．刀部》云：刲，刺也。《廣雅．釋詁三》云：刲，屠也。陸德明《經典釋文》云：「刲，苦圭反，馬云：刺也，一音工惠反。」李鼎祚《周易集解》引虞翻曰：「刲，刺也。震爲士，兌爲羊，离爲刀，故士刲羊。」

象曰：上六无實，承虛筐也。

［譯］

象曰：上六處卦之終，無所承奉，猶如承奉著虛空的竹筐。

［記］

實，指陽爻。上體陰柔，居處卦極，無所承奉，所以說「承虛筐也」。

豐卦第五十五

［釋文音訓：豐，芳忠反；字林：匹忠反；注音：fēng］

［序卦傳］

云：得其所歸者必大，故受之以豐。豐者，大也。

［雜卦傳］

云：豐，多故也。

䷶ 離下震上

豐亨，王假之，勿憂，宜日中。

［譯］

豐大之際進行祭祀，君王也會來到，不用憂慮，適宜正午日在中天的時候進行。

［記］

「豐亨，王假之」，與萃卦「萃亨，王假有廟」義近。豐，豐大、盛大，又有增大、擴大的意思。《彖》曰：豐，大也。《序卦傳》云：豐者，大也。《說文．豆部》云：豐，豆之豐滿也。段玉裁注：「謂豆之大者也，引伸之凡大皆曰豐。方言曰：豐，大也，凡物之大皃曰豐。」《廣韻》云：豐，茂也，盛也。亨，同「享」，享祀、祭祀。王，君王，或指貴人、大人。假，音格，至、來到。《廣雅．釋詁一》云：假，至也。《詩．商頌．玄鳥》云：四海來假，來假祁祁。鄭箋：假，至也。孔穎達疏：假，至也。陸德明《經典釋文》云：假，庚白反，至也。李鼎祚《周易集解》引虞翻曰：假，至也。之，指舉行祭祀的地方。王假之，是說君王也會來到進行祭祀，猶言貴人降臨之義。從卦體看，離下震上，雷電皆至，成豐之象，以明而動，至豐之道，互體巽兌，巽爲利，兌爲秋，收穫之季，祭祀之時，故而「豐亨」。

「勿憂，宜日中」，憂，憂慮、憂愁。豐盛之時，而不忘消息盈虛之道，盛極必衰之理，順天應時進行祭祀，君王也會來到，祈求天祐福澤，故「勿憂」。宜，適宜。日中，日在中天，指正午的時候。

又，從卦象看，上震爲動，下離爲明，動在明上，同時離又爲羅網之象，是說在我們身處光明之際，有所作爲而得豐大之時，要時刻警惕光明之後又隱伏著羅網，當時時戒懼而不落入其中。

彖曰：豐，大也。明以動，故豐。王假之，尚大也。勿憂，宜日中，宜照天下也。日中則昃，月盈則食，天地盈虛，與時消息，而況於人乎？況於鬼神乎？

〔譯〕

彖曰：豐，豐大、盛大的意思。秉光明之德而行動，所以能夠豐大。君王來到，是尊崇豐大之道。不用憂慮，適宜正午日在中天的時候進行祭祀，猶如陽光普照天下。日正居中則必然開始西斜，月亮盈滿則必然開始虧蝕，天地間的盈滿虛虧，皆依順時節消長而相互更替，更何況人呢？何況鬼神呢？

〔記〕

「豐，大也」，釋「豐」之義。大，盛大、豐大。

「明以動，故豐」，此以二體之象釋致豐之道。明，取下體離卦的意象，離爲明。動，取上體震卦的意象，震爲動。持光明之德而行事，必致豐大。李鼎祚《周易集解》引崔憬曰：离下震上，明以動之象，明則見微，動則成務，故能大矣。

「王假之，尚大也」，尚，尊崇、崇尚。大，指豐大之道，即盈虛消長之道。王弼注：大者，王之所尚，故至之也。孔穎達疏：王假之，尚大也者，豐大之道，王所崇尚，所以王能至之，以能尚大故也。

「勿憂，宜日中，宜照天下也」，前面的「宜」是適宜的意思，後面的「宜」，相當於「如」。《呂氏春秋·振亂》云：世主恣行，與民相離，黔首無所告愬，世有賢主秀士，宜察此論也，則其兵爲義矣。許維遹集釋：宜，猶如也。照，普照，指陽光普照之義。

「日中則昃，月盈則食，天地盈虛，與時消息，而況於人乎？況於鬼神乎？」，此爲先賢設誡，明凡事至極則返，至終則始，當與時偕行，方可長久之理。

日中則昃，指太陽到正午的時候就要開始西斜。日中，日居中天。昃，同「昃」，指太陽西斜。《字彙補·日部》：昃，與「昃」同。《說文》云：昃，日在西方時側也。月盈則食，指月亮達到滿圓的時候就要開始虧蝕。月盈，月亮圓滿。食，同「蝕」，虧蝕。《洪武正韻·陌韻》云：食，與「蝕」同。朱駿聲《說文通訓定聲·頤部》云：食，字亦作「蝕」，經傳皆以「食」爲之。此二句是說事物發展到一定程度，就會嚮著相反的方嚮轉化。

「天地盈虛，與時消息」，猶《莊子·秋水》「消息盈虛，終則有始」之義。成玄英疏：陰消陽息，夏盈冬虛，氣序循環，終而復始。王叔岷《校詮》云：消息，謂消滅生息。盈虛，滿與空，指事物的發展變化。消息，一消一長，互爲更替的意思。

象曰：雷電皆至，豐，君子以折獄致刑。

〔譯〕

象曰：雷電皆至，這就是豐卦的意象，君子觀此卦象明豐之道而在豐盛之際文明斷獄慎中施刑。

【記】

豐卦，下離爲電，上震爲雷，共成一體，所以說「雷電皆至」。雷動則威，電至則明，萬物驚懼而光明，是爲致豐之道，所以說「雷電皆至，豐」。

君子以折獄致刑，折獄，斷獄、判案。折，陸德明《經典釋文》云：之舌反，斷也。獄，指訴訟案件。致，施行、執行。孔穎達疏：「君子以折獄致刑者，君子法象天威而用刑罰，亦當文明以動，折獄斷決也。斷決獄訟，須得虛實之情，致用刑罰，必得輕重之中。若動而不明，則淫濫斯及，故君子象於此卦，而折獄致刑。」

初九，遇其配主，雖旬无咎，往有尚。

【譯】

初九，遇到與其匹配的主人，雖然二者相均但沒有咎害，往進可獲稱讚。

【記】

遇其配主，配主，指九四。配，這裡是匹配、配合的意思，非指配偶之配。初若陰柔而與九四相應，則爲得其正主，今初四皆剛，其位相同，同德相與，所以稱之得配主。程頤《周易程氏傳》云：「位則相應，用則相資，故初謂四爲配主，己所配也。配雖匹稱，然就之者也。」

雖旬无咎，旬，通「均」，均平，指初九與九四皆爲剛爻，陽剛之體。朱駿聲《說文通訓定聲．坤部》云：旬，叚借爲均。王弼注：旬，均也；初四俱陽爻，故曰均也。陸德明《經典釋文》云：旬，均也；荀作「均」，劉昞作「鈞」。程頤《周易程氏傳》云：旬，均也。朱熹《周易本義》曰：旬，均也，謂皆陽也。初爲明始，四爲震初，二陽相均，同位同德，故而「无咎」。又，高亨認爲「雖」當讀爲「唯」，古字通用。「雖旬无咎」爲「唯旬无咎」，言在十日之內無咎也。（高亨《周易古經今注》豐第五十五）。尚秉和《周易尚氏學》云：「離爲日，日之數十，十日爲旬，初居日之末，故曰旬。」

往有尚，往，往進。尚，稱讚、嘉尚。既遇配主，故無咎而後乃得「往有尚」。

象曰：雖旬无咎，過旬災也。

[譯]

象曰：雖然二者相均沒有咎害，如果打破均衡則會有災難。

[記]

過旬災也，這是告誡之語，釋「雖旬无咎」之義。指豐盛之際，不可過極，極則生變，若勢不均衡，則必相傾奪，而生災咎。過旬，指超過均等，打破了平衡。

六二，豐其蔀，日中見斗，往得疑疾。有孚發若，吉。

【譯】

六二，增大遮陽的席棚，日正當中斗星顯現，往進會被懷疑猜忌。此時若能顯揚中正誠信之心，吉祥。

【記】

豐，增大、擴大。蔀，席棚。王弼注：蔀，覆曖，鄣光明之物也。王弼《畧例》云：小闇謂之沛，大闇謂之蔀。李鼎祚《周易集解》引虞翻曰：日蔽雲中稱蔀。程頤《周易程氏傳》云：蔀，周匝之義，用障蔽之物掩晦於明者也。朱熹《周易本義》曰：蔀，障蔽也。

日中見斗，猶日食時的情景，指光明被遮揜。離爲日，二居中位，故稱日中。見斗，陸德明《經典釋文》云：孟作「見主」。見，同「現」。斗，北斗七星，指六五。卦體離三震四爲七，所以說斗。李鼎祚《周易集解》引虞翻曰：艮爲斗，斗，七星也。

二爲明主，居離之中，本爲日中之象，今處兑澤之下，猶蔀蔽日，大明被揜，與五同位不應，而遇陰柔之君，又增其陰，所以說「豐其蔀，日中見斗」。王弼注：日中者，明之盛也，斗見者，闇之極也，處盛明而豐其蔀，故曰日中見斗。二五不應，五爲兌主，有口舌之象，二爲巽主，有進退不果之義，往則被懷疑猜忌，所以說「往得疑疾」。又，高亨《周易古經今注》云：「疑疾者，精神錯亂多驚多疑之疾也。韓非子內儲說下篇：『燕人其妻有私通於士，其夫早自外而來，士適出，夫曰：何客也？其妻曰：無客。問左右，左右言無有，如出一口。其妻曰：公惑易也。因浴之以狗矢。』疑疾即惑易之疾也。」

「有孚發若，吉」，孚，猶信，誠信、真誠。發，發揚、顯揚。若，語詞。王弼注：若，辭也。王引之《經傳釋詞第七》云：若，詞也。二履中得位，處陰而不邪，守中而不偏，居離之體，有光明之德，不困於闇而發其信，以中正之德與五相與，可得吉祥，所以說「有孚發若，吉」。

象曰：有孚發若，信以發志也。

[譯]

象曰：顯揚中正誠信之心，指堅守中正之道以誠信來顯揚心志。

[記]

信以發志也，釋「有孚發若」之義。發志，顯揚心志，激發意志。

九三，豐其沛，日中見沫，折其右肱，无咎。

【譯】

九三，增大遮陽的布幔，光明盛大之際卻衹見到小星的微昧之光，折斷了右臂，沒有咎害。

【記】

沛，通「旆」，布幔。朱駿聲《說文通訓定聲·泰部》云：沛，叚借爲旆。王弼注：沛，幡幔，所以禦盛光也。陸德明《經典釋文》云：沛，本或作「旆」，謂幡幔也。

沬，通「昧」，微闇不明。王弼注：沬，微昧之明也。《集韻·隊韻》云：沬，微晦也。陸德明《經典釋文》云：「沬，徐武蓋反，又亡對反，微昧之光也；字林作『昧』，亡大反，云：斗杓後星；王肅云：音妹；鄭作『昧』；服虔云：日中而昏也；子夏傳云：昧，星之小者，馬同；薛云：輔星也。」朱熹《周易本義》曰：沬，小星也。李鼎祚《周易集解》引虞翻曰：日在雲下稱沛，沛，不明也；沬，小星也。引九家易曰：「大闇謂之沛。沬，斗杓後小星也。」

三伏陰成坎，坎爲隱伏，又居澤底，而增其陰，所以說「豐其沛」。履得其位，位光明之極，猶光明盛大之際，然得上之應，上體陰柔，陰爲小，所以說「日中見沬」。沬，指上六。

「折其右肱，无咎」，折，折斷、毀折。《說文·艸部》云：折，斷也。右肱，右臂。陸德明《經典釋文》云：肱，古弘反，姚作「股」。

九三互體巽兌，巽爲股，言手則爲肱，兌位右爲毀折，有折肱之象，所以說「折其右肱」。以剛居陽，履得其位，當豐之際，雖豐其沛，折其肱，然屈己守正，可得「无咎」。

象曰：豐其沛，不可大事也。折其右肱，終不可用也。

【譯】

象曰：增大遮陽的布幔，不可以有大的作爲。折斷了右臂，終將不能施展才用。

【記】

「豐其沛，不可大事也」，指此時光明不足，不足以施展大的作爲。「折其右肱，終不可用也」，周時尊右，以右爲主，既折右肱，則才用不能施展，所以說「終不可用也」。

孔穎達疏：凡用事在右肱，右肱既折，雖有左在，終不可用也。

九四，豐其蔀，日中見斗，遇其夷主，吉。

【譯】

九四，增大遮陽的席棚，日正當中斗星顯現，遇到與其均等的主人，吉祥。

【記】

二四同功，其象亦同，「豐其蔀，日中見斗」，二遇配主，往有尚；四遇夷主，乃得吉祥。九四以剛居柔，失位不正，上爲二陰所揜，比臨陰柔之君，所以說「豐其蔀，日中見斗」。斗，指六五。與初同位同德，二陽相與、相顯而發其志，可得吉祥，所以說「遇其夷主，吉」。

夷主，指初九。夷，平、均平的意思。孔穎達疏：夷，平也。初居下始，四處上初，因此初言四稱旬，四言初稱夷。初四皆陽，交相爲主，據初之四，則以四爲主，稱之配主；據四適初，則以初爲主，稱之夷主。

象曰：豐其蔀，位不當也。日中見斗，幽不明也。遇其夷主，吉行也。

【譯】

象曰：增大遮陽的席棚，是居位不當。日正當中斗星顯現，是處位幽闇不明。遇到與其均等的主人，行動可得吉祥。

【記】

「豐其蔀，位不當也」，位不當，釋所以「豐其蔀」之義，指九四陽爻而處陰位，是位不當。

「日中見斗，幽不明也」，幽不明，釋「日中見斗」之義，上體本坤，坤爲闇，四本乾體，乾爲日出，今往而居闇體之底，其上斗星顯現，所以說「日中見斗，幽不明也」。

「遇其夷主，吉行也」，吉行也，猶行吉也，行動可獲吉祥。既處陰位，又爲陰揜，唯與陽遇，方可得吉。

六五，來章，有慶譽，吉。

〔譯〕

六五，得來光明中正之人相助，有美善的聲譽，吉祥。

〔記〕

來，與六二「往」相對。章，光明。來章，猶光明降臨，有中正光明之人前來相助之義，指六二。二爲光明之主，守中正之道，有孚發若，五居中履尊，懷謙美之德，召天下章美之才，所以說「來章，有慶譽，吉」。五爲兌主，兌爲悅，有吉慶之象。

象曰：六五之吉，有慶也。

〔譯〕

象曰：六五吉祥，有福慶。

〔記〕

有慶也，釋「六五之吉」。慶，福慶。

上六，豐其屋，蔀其家，闚其戶，闃其无人，三歲不覿，凶。

[譯]

上六，擴大房屋，用席棚遮蔽，透過門窗窺視屋內，寂靜無人，三年不見，不吉利。

[記]

從卦象看，初爲地，地上有木，木上有蔀，家屋之象，豐大之際，上處豐極，所以說「豐其屋」。陰體居上，有蔀之象，故又言「蔀其家」。蔀，此爲動詞，指用席棚覆蓋。

「闚其戶，闃其无人，三歲不覿，凶」，闚，窺視，從門窗望裏看。釋慧琳《一切經音義》卷一百云：「闚，《集訓》云：門中竊見。」闃，同「闃」。遼希麟《續一切經音義》卷十云：闃，寂靜也。陸德明《經典釋文》「闃」作「闃」，云：「馬鄭云：无人皃；字林云：靜也；姚作『闃』，孟作『窒』，並通。」李鼎祚《周易集解》引虞翻曰：闃，空也；闚人者，言皆不見。引干寶曰：闃，无人貌也。覿，見。《爾雅·釋詁下》云：覿，見也。上處豐大至極，有應在三，三爲明體，然折其右肱，屈己慎守，上有應而不得，三年不見，必有凶害。《敦煌遺書·伯三九〇八·莊園田宅章第九》云：夢見宅空者，主大凶。

爻辭既豐其屋，又蔀其家，指在豐大至盛之時，當明「日中則昃，月盈則食，天地盈虛」之理，而與時消息，時時戒懼。卦辭「豐亨，王假之」、《彖》曰「王假之，尚大也」皆言此義。

「豐其屋，蔀其家」，指上六在豐大之際而有不祥之兆；「闚其戶，闃其无人，三歲不覿」，指上六與九三應而不得。凶，爲斷辭。

象曰：豐其屋，天際翔也。闚其戶，闃其无人，自藏也。

〔譯〕

象曰：擴大房屋，如鳥之飛翔在天際而不見其形。透過門窗察視屋內，寂靜無人，是受到了傷害。

〔記〕

「豐其屋，天際翔也」，比喻房屋高大，言豐盛至極。三上相應，三爲離體，離爲雉，鳥之象，上居天位，所以說「豐其屋，天際翔也」。際，天際。天際翔也，如鳥之飛翔在天際不見其形，比喻豐盛之時，其勢位炙手可熱，如翱翔於天際雲霄之上，人可仰而不可及。

又，翔，或作「祥」，徵祥、徵兆。天際祥，指天地徵兆。「豐其屋」後省了「蔀其家」，既豐其屋，又蔀其家，是爲不祥之兆。（參見履卦上九〔記〕，天際祥也，惠棟《周易述》釋「祥」爲凶祥，凶兆。）

自藏也，釋「闚其戶，闃其无人」之義。藏，猶「戕」，傷害的意思。陸德明《經典釋文》云：「藏，衆家作『戕』，慈羊反；馬王肅云：殘也；鄭云：傷也。」自藏，指九三受到的「折肱」之傷。

旅卦第五十六

【釋文音訓：旅，力舉反；注音：ㄌㄩˇ】

【序卦傳】云：窮大者必失其居，故受之以旅。

【雜卦傳】云：親寡，旅也。

䷷ 艮下離上

旅小亨，旅貞吉。

【譯】

旅途之中進行簡約的祭祀，客居他鄉貞固吉祥。

【記】

旅，羈旅，指客居他鄉，長久寄居外地，亦或指旅行，旅而不居。孔穎達疏：旅者，客寄之名，羇旅之稱，失其本居而寄他方謂之爲旅。陸德明《經典釋文》云：旅，力舉反，羇旅也。朱熹《周易本義》云：旅，羈旅也。《廣雅．釋詁四》云：旅，客也。段玉裁《說文解字注．㫃部》云：「凡言羈旅，義取乎廬。廬，寄也。」朱駿聲《六十四卦經解》云：「文王拘羑里，亦旅也；孔子周流四方，亦旅也。《乾鑿度》：孔子筮其命，得旅。請益于商瞿氏曰：子有聖知而無位。孔子泣曰：鳳鳥不至，河不出圖，吾已矣夫。乃作十翼。」

以二體來看，下艮爲山，上離爲火，山止於下而火熾於上，山止而不遷，火行而不居，爲旅之象。從卦象看，互體有兌，兌爲澤，上離爲雉，鳥居山上之澤，不可久留之象。又，互體有巽，山上有木，山林之象，鳥居山林之中，得木而棲，而得貞吉之義。六爻之辭各取其象，各得其義。

旅小亨，旅，指旅途之中。小亨，指小祭，進行簡約的祭祀。亨，同「享」。

旅貞吉，旅，指客居他鄉。貞，猶定，貞定、貞固。指客居他鄉的人，得安居之所，可獲吉祥。

彖曰：旅小亨，柔得中乎外而順乎剛，止而麗乎明，是以小亨，旅貞吉也。旅之時義大矣哉。

【譯】

彖曰：旅途之中進行簡約的祭祀，陰柔之體居外得中而順從於陽剛，篤實靜止而依附於光明之道，故而可以進行簡約的祭祀，客居他鄉貞固吉祥。旅卦這種順時隨宜的道理真是太重要了。

【記】

自「旅小亨」至「旅貞吉也」，以六五及二體之象釋卦辭之義。亨，同「享」，享祀、祭祀。

柔得中乎外而順乎剛，柔，指六五。得中乎外，指六五居外而得中位。外，指外卦。而順乎剛，指六五以陰柔之體順承於上九陽剛。剛，指上九，天位。

止而麗乎明，止，指下體艮卦，艮為止。明，指上體離卦，離為明。以下承上，依明而止，所以說「止而麗乎明」。麗，附麗、依附。

旅之時義大矣哉，時，順時隨宜，指凡旅途之中，或客居他鄉，皆應順時行事，因時而變，不妄為盲行，俗說入鄉隨俗即是此理。

象曰：山上有火，旅，君子以明慎用刑而不留獄。

【譯】

象曰：山上有火，這就是旅卦的意象，君子觀此卦象悟旅之道而安靜明察審慎施用刑罰不滯留獄案。

【記】

旅卦，下艮爲山，上離爲火，所以說「山上有火」。

君子以明愼用刑而不留獄，明，取象上體離，離爲光明。愼，取象下體艮，艮爲靜止、安靜。刑、獄之事，取上體離卦的羅網之象。不留獄，取離火之象，火炎而不留。君子觀此卦象，面對刑獄之事，當愼行如山，不留如火，明察其情，愼用其刑，而不稽留獄案。留，稽留、遲滯。來知德《周易集注》云：不留者，既決斷于明刑後，當罪者即罪之，當宥者即宥之，不留滯淹禁也。

初六，旅瑣瑣，斯其所取災。

［譯］

初六，羈旅之初卑微多疑，離開其所居之所會導致災禍。

［記］

旅瑣瑣，指羈旅的人卑微多疑。瑣瑣，卑微多疑。孔穎達疏：瑣瑣者，細小卑賤之貌也。陸德明《經典釋文》引鄭云：瑣瑣，小也；馬云：疲弊皃；王肅云：細小皃。李鼎祚《周易集解》引陸績曰：瑣瑣，小也，艮爲小石，故曰旅瑣瑣也。引虞翻曰：瑣瑣，最蔽之貌也。朱駿聲《六十四卦經解》云：瑣瑣，細小之皃，貪吝之象也。又，「瑣」與「惢」古通用，《說文・心部》云：惢，心疑也，從三心，讀若《易》旅瑣瑣。高亨亦疑「瑣」或借爲

「惢」。（高亨《周易古經今注》旅第五十六）

斯其所取災，斯，離、離開的意思。高亨《周易古經今注》引俞樾曰：「此當以斯其所爲句。說文斤部：斯，析也。析之則離，故斯亦訓離。爾雅釋言：斯，離也。列子黃帝篇：不知斯齊國幾千萬里。張湛注曰：斯，離也。然則斯其所者，離斯所也。斯其所取災，言離其所乃取災害也。」尚秉和《周易尚氏學》云：「斯，《釋言》：離也。斯其所，言離其所欲應四也。」所，居所、所安之處。取災，猶得災、導致災禍。

初六爲旅之初，體陰無位，卑微低賤，有應在四，爲山所止，往爲巽，巽爲進退、爲不果，非正而應，進退不果，是爲其災，所以說「旅瑣瑣，斯其所取災」。

象曰：旅瑣瑣，志窮災也。

［譯］

象曰：羈旅之初卑微多疑，志嚮短淺將導致災禍。

［記］

初六居旅之始，雖應在四，但處無位之地，心胸狹隘，貪吝多疑，故而導致災禍。孔穎達疏：志意窮困，自取此災也。志窮，指心胸狹隘，志嚮短淺。災，災禍。

六二，旅即次，懷其資，得童僕貞。

[譯]

六二，羈旅之人到達駐留地，帶來資財，得童僕相隨。

[記]

即，到、到達。次，駐留地、止歇地。王弼注：次者，可以安行旅之地也。《廣雅．釋詁四》云：次，舍也。懷，來、帶來。王弼注：懷，來也。《爾雅．釋言第二》云：懷，來也。資，資財，貨物、錢財的總稱。《說文．貝部》云：資，貨也。李鼎祚《周易集解》「即」作「節」，引九家易曰：節，就；次，舍；資，財也。

六二履得其位，而獲其安，故說「旅即次」。次，取艮之象，二居艮中，艮爲門闕、爲宮室，爲次之象。處巽之體，巽爲近利市三倍，所以說「懷其資」。以柔處中，得位中正，柔可得其從，中可獲衆信，下乘於初，二陰相隨，所以說「得童僕貞」。童僕，指初六。童爲少，取艮少男之象。僕爲侍從之人，初順隨於二，所以稱初六爲童僕。貞，貞定、貞固，這裡指相隨之義。李鼎祚《周易集解》云：六二履正體艮，艮爲閽寺，僮僕貞之象也。

又，高亨、尚秉和認爲「貞」字後當有「吉」字。（高亨《周易古經今注》旅第五十六、尚秉和《周易尚氏學》）

象曰：得童僕貞，終无尤也。

【譯】

象曰：得童僕相隨，結果沒有尤怨。

【記】

終无尤也，終，結果。无尤，沒有尤怨。尤，尤怨、怨責。羈旅之際，既得安處，又得童僕，故「終无尤也」，指一切順利。

九三，旅焚其次，喪其童僕，貞厲。

【譯】

九三，羈旅之際火燒了駐留地，失去童僕，如此下去有危險。

【記】

從卦象看，九三處艮巽兌之體，艮爲門闕、爲宮室，次之象，巽爲風爲木，兌爲毀折，風木舍相遇，處離火之下，焚舍之象，所以說「焚其次」。童僕，指初六。三居下體之極，過剛不中，上不在天，下不在田，失謙柔之德而據二陰，故而「喪其童僕」。喪，失去。既焚其次，又喪其僕，而上亦無應，故「貞厲」。貞，如此下去的意思。

象曰：旅焚其次，亦以傷矣。以旅與下，其義喪也。

【譯】

象曰：羈旅之際火燒了駐留地，實在是悲傷的事。旅途之中不能謙柔地對待下人，必然會失去。

【記】

亦以傷矣，亦，確實、實在的意思。與解卦六三象辭「亦可醜也」中的「亦」字義同。傷，悲傷。

「以旅與下，其義喪也」，以，猶在。與，猶對待的意思。下，下人，這裡指童僕。義，同「宜」，當然、必然。這句是說羈旅之時，剛過不中，不能謙柔地對待下人，則理所當然會失去。

九四，旅于處，得其資斧，我心不快。

【譯】

九四，羈旅之人到了棲息之地，得到利斧，心中不舒暢。

【記】

于，相當於至、到。《書·盤庚上》云：盤庚遷于殷。處，指居住、棲息的地方。《廣雅·釋詁二》云：處，凥也（「凥」古同「居」）。《廣韻·禦韻》云：處，處所也。于處，即到了棲息之地。資斧，利斧。資，通「齊」，陸德明《經典釋文》云：「資斧，子夏傳及衆家並作『齊斧』」；張軌云：齊斧，蓋黃鉞斧也；張晏云：整齊也；應劭云：齊，利也。」斧，王弼注：斧，所以斫除荊棘，以安其舍者也。不快，指心情不舒暢。快，喜悅、舒暢。

九四旅於山上，互體巽兌，巽爲木，兌爲毀折，處離之初，離爲戈，處山上草木之地，非平坦之所，履非其位，不得其舍而得其利斧，遂除其荊棘，以求安處，故而其心不悅，所以說「旅于處，得其資斧，我心不快」。李鼎祚《周易集解》云：「九四失位而居艮上，艮爲山，山非平坦之地也。四體兌巽，巽爲木，兌爲金，木貫於金，即資斧斫除荊棘之象者也。」

象曰：旅于處，未得位也，得其資斧，心未快也。

【譯】

象曰：羈旅之人到了棲息之地，沒有找到居處，雖得到利斧，但心中不舒暢。

【記】

未得位也，指九四陽爻而居陰位，是未得位，這裡是指未找到安居之處。

「得其資斧，心未快也」，羈旅之人，當得安居之處，今既未得其可居之所，雖得資斧，心猶不快。

六五，射雉一矢亡，終以譽命。

［譯］

六五，射中野鳥失去一支箭，終將獲得聲譽和爵位。

［記］

雉，野鳥。朱駿聲《說文通訓定聲》引《尚書大傳》云：雉者，野鳥。矢，箭。亡，失去、丟掉。《增韻．陽韻》云：亡，失也。射雉一矢亡，指射中了雉，但鳥未死，帶著箭飛走了。六五進得尊位，然陰柔之體，客居他鄉，力猶不及，位不可至盛，下無其應，偶得貴位，亦不可長有，猶雉雖射中，卻無所得，而失去了一支箭，唯表面虛名而已，實則有失。從卦象看，五爲兌主，居尊而悅，然兌亦有毀折之意，爲離之體，離爲戈爲矢，失矢之象。王弼注：「射雉以一矢，而復亡之，明雖有雉，終不可得矣。寄旅而進，雖處于文明之中，居于貴位，此位終不可有也。」李鼎祚《周易集解》引干寶曰：「离爲雉、爲矢，巽爲木、爲進退，艮爲手，兌爲決，有木在手，進退其體，矢決於外，射之象也。一陰升乾，故曰一矢。履非其位，下又無應，雖復射雉，終亦失之，故曰一矢亡也。一矢亡者，喻有損而小也。」

終以譽命，指終將有好的結果。終，最終、終將。譽，稱譽、讚美。《說文．言部》云：譽，稱也。《玉篇．言部》云：譽，聲美也。命，爵命、祿位。五爲明主，秉中正文明之道，當旅之際，明察禍福，下不違剛，柔順承上，上爲天，順應天道，應時而爲，可得天祐助，雖有所失，但終將會有一個好的結果，所以說「終以譽命」。

象曰：終以譽命，上逮也。

【譯】

象曰：終將獲得聲譽和爵位，是得到上九的施與。

【記】

上逮也，釋所以「終以譽命」之義。上，指上九。逮，猶與，施與的意思。孔穎達疏：逮，及也。李鼎祚《周易集解》引虞翻曰：逮，及也。上九處天之位，上逮也，猶指獲得上天的祐助。

上九，鳥焚其巢，旅人先笑後號咷。喪牛于易，凶。

【譯】

上九，鳥巢被焚燒了，羈旅之人先笑而後號咷大哭。在田地的邊界丟失了牛，不吉利。

【記】

從卦象看，上居離極，離爲雉，互體艮巽，艮爲山，巽爲木，木於山上，鳥棲其上，猶鳥之巢。居高而危，亢不可久，必有凶害，巽兌離三體交互，巽爲風，離爲火，兌爲毀折，風木火之遇必有毀折之象，所以說「鳥焚其巢」。

上下臨於五，五爲悅主，柔順相承，故笑。然客居在外，處高危之所而焚其所居之處，難獲其安，故而號咷，所以說「旅人先笑後號咷」。旅人，指客居他鄉的人。

「喪牛于易，凶」，指在旅途終極之時，而失其應，猶「喪牛于易」，故而不吉利。牛，取坤卦的意象，三本坤體，坤爲牛，今剛來而居下體之極，上失其應，所以說喪其牛。易，通「埸」，埸界、邊界的意思。三上皆處卦極，邊界之所，故稱易。朱駿聲《說文通訓定聲．解部》云：易，叚借爲埸。

象曰：以旅在上，其義焚也。喪牛于易，終莫之聞也。

［譯］

象曰：旅途之中高居亢極之地，所居之處必然會被焚毀。在田地的邊界丟失了牛，終究也沒有消息。

［記］

「以旅在上，其義焚也」，與九三《象》辭「以旅與下，其義喪也」語意相同。義，同「宜」，當然、必然的意思。陸德明《經典釋文》引馬云：義，宜也；一本作「宜其焚」。

終莫之聞也，指最終也沒有消息。孔穎達疏：衆所同疾，危而不扶，至于喪牛于易，終無以一言告之，使聞而悟也。莫，同「沒」，沒有，也作「莫有」。聞，指聽到的事情，或消息。

巽卦第五十七

【釋文音訓：巽，孫問反；注音：xùn】

【序卦傳】

云：旅而无所容，故受之以巽。巽者，入也。

【雜卦傳】

云：兑見而巽伏也。

【繫辭傳】

云：巽，德之制也；巽，稱而隱；巽，以行權。

【説卦傳】

云：雷風相薄。雷以動之，風以散之。齊乎巽，巽，東南也，齊也者，言萬物之絜齊也。橈萬物者，莫疾乎風。巽，入也。巽爲雞。巽爲股。巽，一索而得女，故謂之長女。巽爲木，爲風，爲長女，爲繩直，爲工，爲白，爲長，爲高，爲進退，爲不果，爲臭；其於人也，爲寡髮，爲廣顙，爲多白眼，爲近利市三倍；其究爲躁卦。（朱駿聲《六十四卦經解》云：又爲楊，爲鸛，爲魚，爲命，爲牀。尚秉和《周易尚氏學》依《九家》本增：爲楊，爲鸛。）

☴ 巽下巽上

巽小亨，利有攸往，利見大人。

【譯】

恭敬虔誠地進行簡約祭祀，適宜有所往進，得見大德之人。

【記】

巽，卦爻辭義有所不同，卦辭「巽」，爲巽順謙卑、恭敬虔誠之義。《廣雅·釋詁一》云：巽，順也。《古今韻會舉要·願韻》云：巽，柔也。《字彙·己部》云：巽，與「遜」同。又云：巽，卑也。爻辭「巽」，爲入、伏的意思。《序卦傳》云：巽者，入也。陸德明《經典釋文》云：巽，孫問反，入也。《雜卦傳》云：巽，伏也。

孔穎達疏：「巽者，卑順之名。說卦云：巽，入也。蓋以巽是象風之卦，風行无所不入，故以入爲訓。若施之於人事，能自卑巽者，亦无所不容。然巽之爲義，以卑順爲體，以容入爲用，故受巽名矣。」李光地《周易折中》引蔡氏清曰：「順字解巽字不盡，潛心懇到方爲巽也。《程傳》衹說順，然孔子不曰順，而每仍卦名曰《巽》，是必巽字與順字有辨矣。《大傳》曰『巽，入也』，又曰『巽，德之制也』，又曰『巽，稱而隱』。未嘗衹以順字當之也。」

巽小亨，從卦體看，二巽相重，內誠外順，潛心誠懇之至，故而得行簡約之禮，所以說「巽小亨」。亨，同「享」，享祀、祭祀。

「利有攸往，利見大人」，此以初四二爻釋卦義。初處下體之始而比於二，四居上體之初而鄰於五，柔遇剛，柔順相承，故「利有攸往」。二五得中而正，大人之象，所以說「利見大人」。大人，或稱貴人，指九二和九五。利見大人，得見大德之人，有遇見貴人之義。

卦辭猶指凡事之初，卑順以事，謙遜待人，則可得剛濟，利於往進，可得貴人相助。

彖曰：重巽以申命，剛巽乎中正而志行，柔皆順乎剛，是以小亨，利有攸往，利見大人。

[譯]

彖曰：上下皆巽因此使命得以伸展，陽剛順巽於中正之道而志意得以施行，陰柔皆順承於陽剛，因此可以進行簡約的祭祀，適宜有所往進，得見大德之人。

【記】

重巽以申命，以卦象看，上下皆巽，是為重巽；以《象》辭之義看，一為剛巽乎中正，二為柔順乎剛，亦為重巽之義。申命，伸展使命，《繫辭下》云「巽以行權」。申，同「伸」，伸展、施展。《廣雅．釋詁四》云：申，伸也。《莊子．刻意》云：熊經鳥申，為壽而已矣。成玄英疏：如熊攀樹而自經，類鳥飛空而伸腳，斯皆導引神氣，以養形魂，延年之道，駐形之術。命，使命、天命。《說文．口部》云：命，使也，从口令。段玉裁注：「令者，發號也，君事也。非君而口使之，是亦令也，故曰命者，天之令也。」重巽以申命，是說內外皆巽，上下相順，因此使命得以伸展。孔穎達疏：「重巽以申命者，此卦以卑巽為名，以申命為義，故就二體上下皆巽，以明可以申命也。上巽能接於下，下巽能奉於上，上下皆巽，命乃得行，故曰重巽以申命也。」

又，取風之象，風，天之號令，故巽或釋為「命令」之義，二巽相疊，是重複命令。申，重複的意思。命，教命、命令，與「巽」義同。李鼎祚《周易集解》引陸績曰：巽為命令。

「剛巽乎中正而志行，柔皆順乎剛」，釋重巽之義。剛巽乎中正而志行，剛，指二五陽爻。中正，指二五皆履中而正。志行，指志意得以施行。王弼注：以剛而能用巽，處于中正，物所與也。柔皆順乎剛，柔，指初六、六四。順乎剛，指初四皆能以柔順之體而承於陽剛。

巽之道，剛巽乎中而無偏狹，柔順乎剛而無違逆，剛正而柔順，故可行簡約之祀，而「利有攸往，利見大人」。

象曰：隨風，巽，君子以申命行事。

【譯】

象曰：兩風相隨，這就是巽卦的意象，君子觀此卦象法巽之道而伸展使命推行政事。

【記】

巽卦，上下皆巽，內外相隨，巽爲風，所以說「隨風」。象辭意指筮得此卦的人應當申命行事。來知德《周易集注》云：申命者，所以曉諭于行事之先；行事者，所以踐言于申命之後，其實一事也。

初六，進退，利武人之貞。

【譯】

初六，進退不決，順隨於勇武之人的剛正之道則利。

【記】

初爲巽主，其上無應，巽爲風爲股，爲進退之象，所以說「進退」。體陰無位，欲申命而力不及，上比於二，二剛實中正，初當順承於二，濟己之不及，方可得其所宜，所以說「利武人之貞」。武人，勇武之人，指九二。九二體剛，得位而正，故稱之武人。貞，猶正，指武人的剛直中正之道。

象曰：進退，志疑也。利武人之貞，志治也。

【譯】

象曰：進退不決，因爲心志猶疑。順隨於勇武之人的剛正之道則利，可斷己之疑而堅定心志。

【記】

志疑也，釋所以「進退」之義。初以陰處微，卑巽太過，上臨二剛，畏而不安，往無應援，進退疑懼，不知所從，故而志疑。

志治也，釋所以「利武人之貞」。治，脩養、脩飾。《荀子．解蔽》云：仁者之思也恭，聖人之思也樂，此治心之道也。志治也，指可以脩養心志，斷己之疑，可進則進，當退則退，不遲疑兩可。高亨《周易大傳今注》云：志治，其心不亂也。

九二，巽在牀下，用史巫，紛若，吉，无咎。

【譯】

九二，伏於地上，立書冊以告神，變而順應，吉祥，沒有咎害。

【記】

巽在牀下，巽，猶伏。《雜卦傳》云：巽，伏也。高亨《周易古經今注》云：本卦巽字皆伏義也。牀，載寢之地，陽氣資始之處。牀下即地，巽在牀下，猶伏於地上之義，比喻卑順至甚。李鼎祚《周易集解》引宋衷曰：「巽爲木，二陽在上，初陰在下，牀之象也。二无應於上，退而據初，心在於下，故曰巽在牀下也。」

「用史巫，紛若，吉，无咎」，史，《周禮·天官冢宰第一·女史》云：「女史，掌王后之禮職，掌內治之貳，以詔后治內政。逆內宮，書內令。凡后之事，以禮從。」《周禮·春官宗伯第三》分有「大史、小史、內史、外史、御史」，大史，掌建邦之六典，以逆邦國之治，掌法以逆官府之治，掌則以逆都鄙之治；小史，掌邦國之志，奠系世，辨昭穆；內史，掌王之八枋之法，以詔王治；外史，掌書外令，掌四方之志，掌三皇五帝之書，掌達書名於四方；御史，掌邦國都鄙及萬民之治令，以贊冢宰。巫，《周禮·春官宗伯第三》分有「司巫、男巫、女巫」，司巫，掌群巫之政令；男巫，掌望祀望衍授號，旁招以茅；女巫，掌歲時祓除、釁浴。孔穎達疏：史謂祝史，巫謂巫覡，並是接事鬼神之人也。按：祝，《周禮·天官冢宰第一·女祝》云：「女祝，掌王后之內祭祀，凡內禱祠之事。掌以時招、梗、禬、禳之事，以除疫殃。」《周禮·春官宗伯》分有「大祝、小祝、喪祝、甸祝、詛祝」，大祝，掌六祝之辭，以事鬼神祇，祈福祥，求永貞；（六祝，一曰順祝，二曰年祝，三曰吉祝，四曰化祝，五曰瑞祝，六曰策祝。）小祝，掌小祭祀將事侯、禳、禱、祠之祝號，以祈福祥，順豐年，逆時雨，寧風旱，彌災兵，遠罪疾，凡事，佐大祝；喪祝，掌大喪勸防之事，掌喪祭祝號，掌勝國邑之社稷之祝號，凡卿大夫之喪，掌事，而斂飾棺焉；甸祝，掌四時之田表貉之祝號，禂牲、禂馬，皆掌其祝號；詛祝，掌盟、詛、類、造、攻、說、禬、禜之祝號。朱駿聲《六十四卦經解》云：「史，祭祀時作冊書以告神者；巫，祓禳時爲歌舞以事神者。巽爲命令，兌爲口舌，爲巫。或曰：禮王前巫而後史，史掌文書，巫掌卜筮，前後記告。紛紛若若，言多也。」李鼎祚《周易集解》引荀爽曰：「史以書勳，巫以告廟。紛，變；若，順也。謂二以陽應陽，君所不臣，軍師之象。征伐既畢，書勳告廟，當變而順五則吉，故曰『用史巫紛若，吉，无咎』矣。」今「史巫」之辭，依朱駿聲、荀爽之釋；「紛若」之義，從荀爽之說。二處兌初，兌爲巫，故言「史巫」。

又，孔穎達疏：紛若者，盛多之貌。高亨疑紛借爲釁，釋爲「厭鬼魅，除不祥也」，若，猶之也。

二五剛直，同位同德而不相應與。二處下體，有武人之象，居失其位，故有咎。五居君位，得位中正，值此之際，二當變而不以剛武，秉謙和之德，順中正之道，行書勳告廟之事，以應九五，則可得吉祥而「无咎」。

象曰：紛若之吉，得中也。

［譯］

象曰：變而順應吉祥，因爲九二居中得正而行中正謙和之道。

［記］

得中也，釋所以「紛若之吉」。中，指九二居得中位。九二剛武，君臣不應，若能行不以剛武，秉中正謙和之道，而順應九五，則可得吉祥。李鼎祚《周易集解》引荀爽曰：謂二以處中和，故能變。

九三，頻巽，吝。

［譯］

九三，頻蹙憂戚而斂伏，有恨惜。

［記］

頻，同「顰」，皺眉。王弼注：頻，頻蹙不樂，而窮不得已之謂也。孔穎達疏：頻者，頻蹙憂戚之容也。李鼎祚《周易集解》引虞翻曰：頻，頞也。

九三體剛，得位且正，居下體之極，本非能巽，然上無其應，又為陰所乘，時不至而命不伸，唯忍其所屈，頻蹙而巽，是為卑吝之道，故而有吝。

象曰：頻巽之吝，志窮也。

［譯］

象曰：頻蹙憂戚而斂伏有恨惜，是因為志意窮屈而命不得伸。

【記】

志窮也，釋所以「頻巽之吝」。三雖得位，但爲陰所乘，上無應援，故而「志窮」。

六四，悔亡，田獲三品。

【譯】

六四，悔恨消失，田獵時獲得三種獵物。

【記】

田，同「畋」，打獵。《字彙·田部》云：田，獵也。三品，《書·禹貢》云：厥貢唯金三品。孔傳：金、銀、銅也。王弼注：一曰乾豆，二曰賓客，三曰充君之包。朱熹《周易本義》曰：三品者，一爲乾豆，一爲賓客，一以充庖。這裡指三種獵物。品，類，種類。《廣韻·寢韻》云：品，類也。

六四以柔乘剛，有悔。得位且正，上承九五陽剛，依尊履正，悔亡。居臣之位，順君行命，可廣施恩澤，除弊建功，以田獲三品爲喻，是行命有功。從卦象看，巽兌離三體交互，巽爲雞，兌爲羊，離爲雉，故稱之三品。四居三體之中，又爲離主，離爲戈，爲網罟之象，巽爲近利市三倍，所以說「田獲三品」。

象曰：田獲三品，有功也。

【譯】

象曰：田獵時獲得三種獵物，有功業。

【記】

有功也，釋「田獲三品」之義，既有所獲，故有功。

九五，貞吉，悔亡，无不利，无初有終。先庚三日，後庚三日，吉。

【譯】

九五，貞正吉祥，悔恨消失，無所不利，沒有好的開始但有好的結果。先庚三日，後庚三日，吉祥。

【記】

「貞吉，悔亡，无不利，无初有終」，九五剛健，下無其應，有悔。然履得其位，居中且正，秉中正之道，行中正之事，乃得吉祥，得吉而悔亡，故無所不利，所以說「貞吉，悔亡，无不利」。貞，猶正，貞正之義，指堅守中正之道。

申命之初，體陰位微，力不能濟，猶豫遲疑，所以說「无初」。五體剛實，得位居尊，履中而不偏，行正而不曲，齊物去邪，故而「有終」。无初，指沒有一個好的開始。有終，指有一個好的結果。「先庚三日，後庚三日，吉」，先庚三日爲丁，後庚三日爲癸，指在丁日至癸日之七日內爲事吉祥。（詳見蠱卦「先甲三日，後甲三日」〔記〕。）

象曰：九五之吉，位正中也。

〔譯〕

象曰：九五吉祥，因爲得位中正。

〔記〕

位正中也，釋所以「九五之吉」。正中，指九五剛爻居上體中位而得中正之道，與九二象辭「紛若之吉，得中也」義同，即象辭「剛巽乎中正而志行」之義。

上九，巽在牀下，喪其資斧，貞凶。

〔譯〕

上九，伏於地上，失去利斧，如此下去不吉利。

〔記〕

巽在牀下，與九二「巽在牀下」義同，比喻卑順過甚。巽，入、伏的意思。資斧，利斧，與旅卦九四「得其資斧」的「資斧」義同，比喻失去了剛正決斷之力。朱熹《周易本義》曰：喪其資斧，失所以斷也。按：注者多將資斧釋爲錢財之義。

上九處巽之極，居無位之地，下無其應，當巽之時，巽在牀下，是卑順過甚，卑過則失其剛正，猶喪其資斧而失剛斷之性，故而「貞凶」。貞，如此下去的意思。以象言之，上已出離體，離爲戈，所以說「喪其資斧」。

象曰：巽在牀下，上窮也。喪其資斧，正乎凶也。

〔譯〕

象曰：伏於地上，是說上九卑巽至極無處可去。失去利斧，理當不吉利。

〔記〕

上窮也，指上九卑巽至極，往無所往，故言「巽于牀下」。上，指上九。

正乎凶也，言既失去剛正決斷之力，則必然會不吉利。正，理當、當然。朱熹《周易本義》曰：正乎凶，言必凶。王引之《經義述聞》云：正，亦當也，正乎凶者，當乎凶也。

兌卦第五十八

［釋文音訓：兌，徒外反；注音：duì］

［序卦傳］

云：入而後說之，故受之（以）兌。兌者，說也。

［雜卦傳］

云：兌見而巽伏也。

［說卦傳］

云：山澤通氣。艮以止之，兌以說之。說言乎兌，兌，正秋也，萬物之所說也，故曰說言乎兌。說萬物者，莫說乎澤。兌，說也。兌爲羊。兌爲口。兌，三索而得女，故謂之少女。兌爲澤，爲少女，爲巫，爲口舌，爲毀折，爲附決；其於地也，爲剛鹵；爲妾，爲羊。（朱駿聲《六十四卦經解》云：又爲常，爲輔頰，又爲友，爲朋。尚秉和《周易尚氏學》依《九家》本增：爲常，爲輔頰。）

☱☱ 兌下兌上

兌亨，利貞。

〔譯〕

收穫歡悅之際進行祭祀，貞正則利。

〔記〕

兌，古同「兌」，通「悅」，和悅、喜悅。《序卦傳》云：兌者，說也。孔穎達疏：兌，說也。《釋名．釋天》云：兌，悅也，物得備足，皆喜悅也。陸德明《經典釋文》云：兌，徒外反，悅也。

兌爲秋，收穫之季，二兌相連，內喜於心，外悅於色。《說卦傳》云：兌，正秋也，萬物之所說也。歡悅之際，不忘恭敬之心，而行祭祀之禮，所以說「兌亨」。亨，同「享」。以悅悅物，恐陷諂邪，故誡以「利貞」。貞，猶正，貞正之義。王弼注：說而違剛則諂，剛而違說則暴，剛中而柔外，所以說以利貞也。

彖曰：兌，說也。剛中而柔外，說以利貞，是以順乎天而應乎人。說以先民，民忘其勞；說以犯難，民忘其死。說之大，民勸矣哉。

【譯】

象曰：兌，歡悅的意思。剛健者居中而柔順者在外，歡悅之道貞正則利，因此上可以順應天道而下可以應合民心。以和悅的態度引導民衆，民衆會不辭辛勞；以和悅的態度激勵民衆冒險從事艱難的事業，民衆會捨生忘死。和悅之道的偉大，在於使民衆能夠相互勉勵而奮進。

【記】

「兌，說也」，釋「兌」之義。

「剛中而柔外，說以利貞」，此以爻象釋卦義。剛中，指九二、九五陽爻居於中位。柔外，指六三、上六陰爻各居卦外。說以利貞，「說」同「悅」，明貞正爲悅之本，悅而貞正，則不畏諂邪。

是以順乎天而應乎人，孔穎達疏：「天爲剛德，而有柔克，是剛而不失其說也。今說以利貞，是上順乎天也。人心說於惠澤，能以惠澤說人，是下應乎人也。」

「說以先民，民忘其勞；說以犯難，民忘其死」，先，引導、倡導的意思。犯難，指冒險從事艱難的事業。

「說之大，民勸矣哉」，勸，勉勵奮進，與井卦象辭「君子以勞民勸相」的「勸」義同。

象曰：麗澤，兌，君子以朋友講習。

【譯】

象曰：水澤相連，這就是兌卦的意象，君子觀此卦象法兌之道而常與志同道合的人一起討論研習。

〔記〕

兌卦，上下皆兌，兌爲澤，二澤相連，交相潤澤，相悅之盛，所以說「麗澤，兌」。麗，相連、連接的意思。王弼注：麗，猶連也。陸德明《經典釋文》云：「麗，連也；鄭作『離』，云：猶併也。」

君子以朋友講習，朋，指志同道合的人。孔穎達疏：同門曰朋，同志曰友。講習，講論研習。指君子觀兌卦之象而受啓發，經常與志同道合的人一起討論學習，相互增益。二兌相連，故稱朋友；兌爲口，故言講習。

初九，和兌，吉。

〔譯〕

初九，上下應和而得喜悅，吉祥。

〔記〕

當兌之際，上下二口相悅，應和之象。初居兌初，與四同德相和，故得吉祥，所以說「和兌，吉」。和，應和。

象曰：和兌之吉，行未疑也。

[譯]

象曰：上下應和而得喜悅，吉祥，行爲沒有被疑忌。

[記]

行未疑也，釋所以「和兌之吉」。初九無朋無黨，無所偏私，順隨下體而與上相和，不卑不諂，未被疑忌，所以說「行未疑也」。

九二，孚兌，吉，悔亡。

[譯]

九二，與人誠信而得喜悅，吉祥，悔恨消失。

[記]

孚，猶信，誠信、真誠。九二失位有悔，然以剛直之體，履中得正，是爲有孚，所以說「孚兌」。剛中而有信，誠悅以待人，可得吉祥，得吉乃悔亡，所以說「孚兌，吉，悔亡」。

象曰：孚兌之吉，信志也。

【譯】

象曰：與人誠信而得喜悅，吉祥，其真誠的心志得到信賴。

【記】

信志也，釋所以「孚兌之吉」，王弼注：其志信也。孔穎達疏：象曰信志也者，失位而得吉，是其志信也。志，心志。信，信賴。

六三，來兌，凶。

【譯】

六三，來而求悅，不吉利。

【記】

以卦變看，卦體下本爲乾，六三陰柔來而成兌，稱之「來兌」。兌爲悅，以柔居剛，履非其位，有取悅之象，是爲邪佞，諂邪求悅，是爲凶道，故而有凶。以卦象看，三爲下兌之主，居巽之始，乘二剛之上，居不當之位，行非正之事，口言而不果，悅而不實，上無應援，凶。

象曰：來兌之凶，位不當也。

〔譯〕

象曰：來而求悅不吉利，因爲居位不適當。

〔記〕

位不當也，釋所以「來兌之凶」。位不當，指六三陰爻而居陽位，是位不當。以不當之位而求悅，故而有凶。

九四，商兌，未寧，介疾有喜。

〔譯〕

九四，應和而得歡悅，但未能安寧，隔開邪害便有喜慶。

〔記〕

商兌，猶「和兌」。商，猶和，應和的意思。《集韻·䈽韻》云：商，和也。南宋初刻本《周易注疏》（日本足利學校藏）經注皆作「商」，疏作「商」，注者也多作「商」，釋爲商量之義。陸德明《經典釋文》作「商兌」，云：商，商量也。

四初不應，分居二體之始，然當兌之際，二口相連，同德相和，故初爲「和兌」，四爲「商兌」。四初相和，下隔於三，三體陰柔，居不正之位，來而求悅，有佞悅之象，四亦不得其寧，所以說「商兌，未寧」。寧，安寧、安定。

介疾有喜，介，間隔、隔開。陸德明《經典釋文》云：介，音界，隔也。疾，指六三。從卦象看，三爲離主，其於人爲大腹，取其腹懷陰氣，邪疾之象。三有陰柔諂佞之疾，四體剛健，防邪隔疾，而得同類相和，故而有喜。

象曰：九四之喜，有慶也。

【譯】

象曰：九四喜慶，是說將有福慶。

【記】

四介疾除邪，而與初和，故而有慶。慶，福慶。

九五，孚于剥，有厲。

【譯】

九五，施信於小人，有危險。

【記】

孚，施信的意思。于，猶與。剝，侵蝕、剝蝕，陰蝕陽，稱之剝，這裡指上六。王弼注：剝之爲義，小人道長之謂。孔穎達疏：剝者，小人道長，消君子之正，故謂小人爲剝也。九五比於上六，陽剛爲陰柔所乘，下無其應，爲小人所惑，施信與上，相與相悅，故而有厲，所以說「孚于剝，有厲」。

象曰：孚于剝，位正當也。

【譯】

象曰：施信於小人，是說九五居位中正適當而廣施誠信不有偏狹。

【記】

位正當也，指九五陽爻居剛位，得中且正，是爲位正當。

上六，引兌。

【譯】

上六，引誘而得歡悅。

【記】

上以陰柔之質處兌之極，往而道窮，無應乘剛，反引五相與爲悅，故稱「引兌」。三自進而求悅，須他人相應方得其悅，上爲靜退而誘悅，二者有別。引，牽引、引誘。

象曰：上六引兌，未光也。

【譯】

象曰：上六引誘而得歡悅，不可廣大。

【記】

光，同「廣」，廣大。引誘而得歡悅，是爲小人之道，故不可廣大。

渙卦第五十九

【釋文音訓：渙，呼亂反；注音：huàn】

【序卦傳】

云：說而後散之，故受之以渙。渙者，離也。

【繫辭傳】

云：刳木爲舟，剡木爲楫，舟楫之利，以濟不通，致遠以利天下，蓋取諸渙。

【雜卦傳】

云：渙，離也。

䷺ 坎下巽上

渙亨，王假有廟，利涉大川，利貞。

【譯】

流散之際進行享祀，君王來到宗廟，順利渡過江河大川，貞正則利。

【記】

渙，流散、離散。《說文·水部》云：渙，流散也。《雜卦傳》、《序卦傳》云：渙（者），離也。陸德明《經典釋文》、朱熹《周易本義》云：渙，散也。《玉篇·水部》云：渙，水盛貌。

以體言之，下坎爲水，上巽爲風爲木，木浮水上，隨風漂流，流散之象，卦爻辭疑爲描述颶風洪水時濟難解阨的情境。

卦辭「渙亨，王假有廟，利涉大川，利貞」與萃卦卦辭「萃亨，王假有廟，利見大人，亨，利貞」語意辭義皆近，是說在衆人遭遇洪水颶風而流散奔波之際，君王來到宗廟進行祭祀，祈福消災，以求度過災難，故《繫辭下》云「刳木爲舟，剡木爲楫，舟楫之利，以濟不通，致遠以利天下，蓋取諸渙」。

渙亨，亨，同「享」，享祀、祭祀。

王假有廟，王，指九五。五爲君王之位，今陽剛居之，故稱九五爲王。有廟，即宗廟，取艮巽之象。艮爲門闕爲宮室，巽爲木，二相一體，有宗廟之象，五處其中，所以說「王假有廟」。假，音格，至、到的意思。李鼎祚《周易集解》引虞翻曰：假，至也。《廣雅·釋詁一》云：假，至也。

蕭吉《五行大義》云：若人君廢祭祀，漫鬼神，逆天時，則水失其性，水暴出，漂溢沒溺，壞城邑，爲人之害。又云：《易》曰：「渙亨，王假有廟」，此之謂也。

利涉大川，指可以度過險難。大川，比喻險難。下坎爲水，上巽爲木，舟楫之象，舟於水上，風助而行之，故「利涉大川」。

利貞，爲誡語，貞正則利。貞，猶正，貞正、堅守正道的意思。指在此險難之際，當堅守中正之道，而不可妄爲亂行。離散之際，利在於正，離而失正，則散不能聚，險不能脫。坎上有巽，坎爲險陷，巽爲繩直，猶入險陷之中，當正而有信，正可齊物，信可行令，是爲形離而心未散，則可濟險脫難，所以說「利貞」。

彖曰：渙亨，剛來而不窮，柔得位乎外而上同。王假有廟，王乃在中也。利涉大川，乘木有功也。

［譯］

彖曰：流散之際進行享祀，陽剛者來到而不困窮於險陷之中，柔順者往而居外履得其位而與上同心。君王來到宗廟，是說君王居處中正之位。順利渡過江河大川，乘用木舟有濟險解難之功。

［記］

剛來而不窮，剛，指九二。剛來，指九二來而居坤之中位。不窮，指沒有陷於險陷之中。言九二陽剛來而居下體之中，處坎之體，得中而正，爲震之主，震乃健行，雖處險中而不窮困於險阨。

柔得位乎外而上同，柔，指六四。得位，指六四陰爻而居柔位，是爲得位。外，指外卦。上，指九五。六四上比九五，以柔承剛，與上同心，是爲上同。言六四陰柔往而居外，履得其位，上承於九五陽剛，以陰承陽，順巽於五，與五志同。

「王假有廟，王乃在中也」，王乃在中，釋「王假有廟」之義。王，指九五。中，指九五居上體中位，而得中正之德。五爲艮巽之體，艮爲宮闕，巽爲木，有廟之象，五居其中，所以說「王假有廟」。

「利涉大川，乘木有功也」，乘木有功，釋所以「利涉大川」之義。大川，取坎之象；木，取巽之象。巽於坎上，猶木浮水上，隨風而行，五居巽體，是爲乘木，所以說「利涉大川，乘木有功」。有功，指「利涉大川」之功。王弼注：乘木，即涉難也；木者，專所以涉川也。

象曰：風行水上，渙，先王以享于帝立廟。

〔譯〕

象曰：風行水上，這就是渙卦的意象，先王觀此卦象明渙之道而在天下民衆流散之際上祭天帝，下立宗廟，以聚人心。

〔記〕

渙卦，下坎爲水，上巽爲風，所以說「風行水上」。風行水上，水隨風散，渙散之象。

先王以享于帝立廟，享，享祀。帝，天帝，指天。立廟，建立宗廟。象辭是說先王觀此離散之象，上祭享於天，以祈太平，下建立宗廟，以聚民心。

初六，用拯馬壯，吉。

〔譯〕

初六，施行救助的馬強壯，吉祥。

〔記〕

「用拯馬壯，吉」，與明夷卦六二「用拯馬壯，吉」義同（參見明夷六二〔記〕）。用，施行。《說文》云：用，可施行也。拯，救助。《廣韻．拯韻》云：拯，救也，助也。陸德明《經典釋文》云：「拯，拯救之『拯』；馬云：舉也；伏曼容云：濟也；王肅云：拔也；子夏作『抍』，抍，取也。」帛書本「吉」後有「悔亡」二字，《阮元校勘記》云：古本有「悔亡」二字。

初六處渙之始，居卑微無位之地，柔不自濟，上無應援，渙之象。然上比於二，二爲震主，震爲善鳴之馬，性剛行健，初柔順相承，乃得剛濟，是爲「用拯馬壯」，吉祥。馬，指九二。

象曰：初六之吉，順也。

〔譯〕

象曰：初六吉祥，因爲能順承九二陽剛。

〔記〕

順也，指初六順承九二陽剛。初二相比，初以柔承剛，是爲順。王弼注：觀難而行，不與險爭，故曰順也。

九二，渙奔其机，悔亡。

［譯］

九二，流散之際奔嚮几案，悔恨消失。

［記］

机，通「几」，帛書本作「階」，張立文《帛書周易注譯》云：階，假借爲「机」。又云：階，即升堂之臺階。朱駿聲《說文通訓定聲・履部》云：机，叚借爲几。王弼注：机，承物者也，謂初也。程頤《周易程氏傳》云：「机者，俯憑以爲安者也；俯，就下也。奔，急往也。」

九二履失其位，入險陷之中，上無應援，有悔。然爲震之始，剛而健行，當渙之際，困而不陷，下乘於初，初柔順相承，二急而就之，得其所安，猶扶案而倚之象，乃得悔亡，所以說「渙奔其机，悔亡」，故《象》曰「渙亨，剛來而不窮」。

象曰：渙奔其机，得願也。

【譯】

象曰：流散之際奔嚮几案，得其所願。

【記】

得願也，九二在流散之際，奔嚮几案，而得其所安，是爲得願。孔穎達疏：象曰得願者，違難奔散，願得所安，奔初獲安，是得其願也。

六三，渙其躬，无悔。

【譯】

六三，離開所處的險境，沒有悔恨。

【記】

渙，離開、脫離。躬，體、身的意思，指卦的下體。《說文》云：躬，身也。六三失位有悔，當渙之際，身處下體坎陷之中，應在上九，離其體而應於上，是「渙其躬」，指脫離險難。三上相應是爲陰陽相配，而得剛濟，離險脫難，故而「无悔」。无悔，帛書本作「无咎」。王弼注：「渙之爲義，內險而外安者也。散躬志外，不固所守，與剛合志，故得无悔也。」

象曰：渙其躬，志在外也。

【譯】

象曰：離開所處的險境，因爲心志在外。

【記】

志在外也，釋所以「渙其躬」之義。外，指上九。上九處在外卦，故稱外。志在外，是說六三與上九陰陽相應。

六四，渙其群，元吉。渙有丘，匪夷所思。

【譯】

六四，離開了朋黨群類，大吉。流散之際而能聚合衆人，不是平常人所能思慮到的。

【記】

「渙其群，元吉」，從卦變看，四本坤體，往而居上體之初，是「渙其群」。群，猶群類，朋黨之義。今履得其位，上承陽剛之尊，與五合志，是爲離開了陰類，而得陽剛之濟，爲巽之主，巽爲風，有散難釋險之象，故得「元吉」。渙，離開、脫離的意思。

渙有丘，渙，流散、離散的意思。有，取、獲得。《廣雅．釋詁一》云：有，取也。《玉篇．有部》云：有，得也，取也。丘，聚、聚集的意思，取艮之象，四居互艮之體，艮爲小山，故說丘。有丘，陸德明《經典釋文》云：姚作「有近」。朱駿聲《六十四卦經解》云：「艮爲山，故稱丘。丘，土之聚而高者。有丘謂聚而皆仕于朝也。」李光地《周易折中》云：「孔安國書序云『丘，聚也』。則丘字即訓聚。」渙有丘，指在流散之際而能聚衆，猶卦辭「渙亨」之義。

匪夷所思，程頤《周易程氏傳》云：「夷，平常也。非平常之見所能思及也。」匪夷，陸德明《經典釋文》云：荀作「匪弟」。李鼎祚《周易集解》引虞翻曰：匪，非也。尚秉和《周易尚氏學》云：夷，平也，常也，言爲恒常所不料也。六四陰柔，流散之際，往而得位承尊，順君行命，而使衆聚，散不失心，是匪夷所思之事，《象》曰「柔得位乎外而上同」即爲此義。李光地《周易折中》云：渙有丘，匪夷所思，語氣蓋云，常人徒知散之爲散，不知散之爲聚也，散中有聚豈常人思慮之所及乎。

象曰：渙其群，元吉，光大也。

〔譯〕

象曰：離開了朋黨群類，大吉，其道廣大。

【記】

流散之際，而能脫離陰類，與陽剛者合志，釋難濟險，是其道廣大。光，同「廣」。光大，猶廣大之義。

九五，渙汗其大號。渙王居，无咎。

【譯】

九五，君王發佈號令讓民衆脫離險阸之境。流散之際君王居得其位而施號令，沒有咎害。

【記】

渙汗其大號，渙，離開、脫離。汗，孔穎達疏：渙汗其大號者，人遇險阸，驚怖而勞，則汗從體出，故以汗喻險阸也。李光地《周易折中》引俞氏琰曰：「散人之疾，而使之愈者，汗也。散天下之難而使之愈者，號令也。」大號，指君王的號令。觀爻辭，二渙奔其機，三渙其躬，四渙其群，上渙其血，則五疑爲「渙其汗」，爻辭「渙汗其大號」猶「渙其汗，大號」，相當於「大號，渙其汗」，指君王發佈號令，讓民衆脫離險阸之境。

「渙王居，无咎」，與六四「渙有丘，匪夷所思」語意相同。渙，流散、離散。王，君王，指九五。居，指九五居得中正之位。渙王居，指在天下流散之際，君王能居得中正之位而行中正之道，發佈號令，釋險濟難，故而「无咎」，與卦辭「王假有廟，利涉大川，利貞」義同。

象曰：王居无咎，正位也。

〔譯〕

象曰：君王居得其位而施號令沒有咎害，因爲得位中正。

〔記〕

正位也，釋所以「王居无咎」之義。正位，指九五履得其位，居中且正，猶《象》曰「王假有廟，王乃在中也」之義。

上九，渙其血去逖出，无咎。

〔譯〕

上九，離開傷害而遠去，沒有咎害。

〔記〕

血，傷害。孔穎達疏：血，傷也。朱熹《周易本義》曰：血，謂傷害。逖，遠。王弼注：逖，遠也。朱駿聲《六十四卦經解》云：逖，遠也。《說文·辵部》云：逖，遠也。逖出，猶遠去之義。

上應在三，三爲坎險爲血卦，當渙之際，三渙其躬而離險體與上相應，是「渙其血」。居渙之極，最遠於險，所以說「渙其血去逖出」，而得「无咎」。

象曰：渙其血，遠害也。

[譯]

象曰：離開傷害，是遠離禍患。

[記]

遠害也，遠離禍患，釋「渙其血」之義。害，禍患的意思。

節卦第六十

[釋文音訓：節，薦絜反；注音：jié]

[序卦傳]

云：物不可以終離，故受之以節。

〔雜卦傳〕云：節，止也。

䷻ 兌下坎上

節亨，苦節不可貞。

〔譯〕

儉省地進行祭祀，但過度儉省則不可持續。

〔記〕

節，節儉、儉省的意思。《逸周書．謚法》云：好廉自克曰節。《賈子．道術》云：費弗過適謂之節。《左傳．成公十八年》云：節器用。杜注：節，省也。又，節，亦有節止、約束之義，相對於所施對象，分自我節止與節止他人之別。《彖》曰「當位以節」，爲自我節止；「節以制度」，爲節止他人。《雜卦傳》云：節，止也。陸德明《經典釋文》云：節，薦絜反，止也，明禮有制度之名。節，又有準則、法度之義。孔穎達疏「然則節者，制度之名，節止之義」，《管子．牧民》云「如月如日，唯君之節」，《禮記．曲禮上》云「禮不踰節，不侵侮，不好狎」，《彖》曰「天地節而四時成」，皆爲此義。節卦，以二體之象言，下兌爲澤，上坎爲水，澤上有水，其容有限，水滿則溢，爲節之象。

節亨，指儉省地進行祭祀。亨，同「享」，享祀、祭祀。節渙互綜，渙亨以聚人心，節亨以立法度、正禮序，祭祀當儉省而爲。《序卦傳》云：物不可以終離，故受之以節。

苦節不可貞，爲警示之語。苦，過分、過度。貞，持續下去、長期如此的意思。從卦象看，互體震艮，上下交合，震行艮止，當節之際，依時而行，順勢而止，不可過越，過則爲苦，物不能負，故「不可貞」。

彖曰：節亨，剛柔分而剛得中。苦節不可貞，其道窮也。說以行險，當位以節，中正以通，天地節而四時成，節以制度，不傷財，不害民。

〔譯〕

彖曰：儉省地進行祭祀，陽剛陰柔上下相分而陽剛履得中位。過度儉省不可持續，因爲其道已至窮盡。以和悅的心態面對險難，居位適當而能節止，處中守正而能通達，天地有法度而形成四時，節止以典章制度，不損失錢財，不傷害民衆。

〔記〕

「節亨，剛柔分而剛得中」，「剛柔分」的「剛柔」依卦體而言，分指上體坎卦和下體兌卦，上坎爲剛，下兌爲柔，是爲「剛柔分」。「剛得中」的「剛」依爻位而言，指九二和九五剛爻。得中，指二五剛爻分居上下二體的中位。此句是說在進行祭祀的時候，剛上柔下，剛得中位，上下尊卑有序，各司其職，各主其事。

「苦節不可貞，其道窮也」，窮，窮盡。節至極則苦，不可堅固長守，所以說「其道窮」。此句是告誡人們，凡事不可過極，至極則不能持續。

「說以行險，當位以節，中正以通」，說以行險，釋卦象之義，「說」同「悅」，取下體兌卦的意象，兌爲悅。行，猶面對、對待的意思。險，險難，取上體坎卦的意象，坎爲險難。兌下坎上，由下往上，所以說「說以行險」。當位以節，指六四以陰居柔，九五以陽居剛，皆當位之象。節，節止。五居君位，四處臣位，上下君臣各得其位，尊卑有序，行事以節，所以說「當位以節」。中正以通，指九五剛爻居中且正，明節道的中正之德，指行事之時，當堅守中正之道，方得通達。

「天地節而四時成，節以制度，不傷財，不害民」，天地節而四時成，此以天地之道明節道的宏大。節，指規律、法度。四時，指四季。節以制度，節，節止。此以人道釋節道的節止之義。人欲無窮，若非以節，則必侈肆，害民傷財。節之以中則無偏，節之以正則無邪，君子制事，節以制度，則蓄財興民。

象曰：澤上有水，節，君子以制數度，議德行。

［譯］

象曰：澤上有水，這就是節卦的意象，君子觀此卦象悟節之道而制定禮數法度，評議道德行爲表現。

【記】

節卦，下兌爲澤，上坎爲水，水居澤上，所以說「澤上有水」。澤上有水，不節則溢，故稱節。「君子以制數度，議德行」，制，制定。數，禮數、禮儀。度，法度、規則。議，評議。德行，指德行的表現，德是品德，行是行爲。孔穎達疏：數度，謂尊卑禮命之多少；德行，謂人才堪任之優劣。

初九，不出戶庭，无咎。

【譯】

初九，不出戶庭，沒有咎害。

【記】

戶庭，李鼎祚《周易集解》引崔憬曰：戶庭，室庭也。程頤《周易程氏傳》云：戶庭，戶外之庭。李鼎祚《周易集解》云：初九應四，四互坎艮，艮爲門闕，四居艮中，是爲內戶，戶庭之象也。朱駿聲《六十四卦經解》云：「堂內爲室，室東南啓一戶以出曰戶。戶外曰堂，堂下階前庭直之路曰庭。其外闔雙扉爲門，奇爻象戶，偶爻象門。」

不出戶庭，即不與四應，猶居家不出之義。初四正應，四爲艮體，艮爲門闕、爲宮室，戶庭之象。當節之際，四處坎體，初往應則遇險，有應而不與，是爲節止。初處節始，去渙而立法度，立法度須明通塞，慮險危，節止愼守，不出戶庭，愼密而不失，乃得「无咎」，故《繫辭上》子曰：「亂之所生也，則言語以爲階。君不密則失臣，臣不密則失身，幾事不密則害成，是以君子愼密而不出也。」人之所節，唯言與行，夫子所言，獨於言，蓋取兌之象。初爲兌體，兌爲口舌，言語之象，節之始，處於微，故當謹於言。

爻辭猶「不利出門」之義。

象曰：不出戶庭，知通塞也。

〔譯〕

象曰：不出戶庭，（沒有咎害），知道當行則行，當止則止的道理。

〔記〕

「不出戶庭」後疑省脫了「无咎」二字。知通塞也，釋所以「不出戶庭，无咎」之義。通塞，指境遇的順利與滯澀。知通塞，即知道當行則行，當止則止之理。李鼎祚《周易集解》引崔憬曰：「爲節之始，有應於四，四爲坎險，不通之象。以節崇塞，雖不通，可謂知通塞矣。」

九二，不出門庭，凶。

【譯】

九二，不出門庭，不吉利。

【記】

門庭，程頤《周易程氏傳》云：門庭，門內之庭。朱駿聲《六十四卦經解》云：二偶爻，故曰門。初立法度，密而不失，二剛居中，有中正之德，處震之始，體剛行健，當宣其令。然二五不應，遂不出門庭，居兌之中，匿而自悅，拘泥於止，爲陰所乘，故而有凶。爻辭猶「不利在家」之義。

象曰：不出門庭凶，失時極也。

【譯】

象曰：不出門庭不吉利，失去了適當的時機。

【記】

失時極也，釋所以「不出門庭凶」之義。時，時機。極，適中、適當。孔穎達疏：極，中也。李鼎祚《周易集解》引虞翻曰：極，中也。時極，即指適中的時機。失時極也，指當行而止，失去了適中的時機。

六三，不節若，則嗟若，无咎。

【譯】

六三，沒有儉省節止，便會有哀怨歎息，無所怨咎。

【記】

節，儉省、節止。若，王弼注：若，辭也。王引之《經傳釋詞第七》云：若，詞也。嗟，哀怨歎息。李鼎祚《周易集解》引虞翻曰：嗟，哀號聲。咎，怨咎、咎責。无咎，即無所怨咎。朱熹《周易本義》曰：此无咎與諸爻異，言无所歸咎也。高亨認爲此「无咎」二字爲衍文，《周易古經今注》云：既言嗟若，則不宜又言无咎，疑「无咎」二字衍文。

三爲艮體，當有所節，然以柔乘剛，失位驕逆，居兌而自悅，以陰柔之體履剛壯之事而不能節，失節之道，必有悔吝之事，禍將及己，所以說「不節若，則嗟若」。嗟若，取兌之象，三居兌極，兌爲口舌，哀怨之象。无咎，指當節而不節，怨由己生，無所怨咎。

又，節，此處或釋爲「法度、規則」，也可通，指不立法度規則，則會有哀歎，猶「沒有規矩不成方圓」之義。

象曰：不節之嗟，又誰咎也。

【譯】

象曰：沒有儉省節止而產生的哀怨，又能怨咎誰呢。

【記】

又誰咎也，咎，這裡是怨咎的意思。孔穎達疏：由己不節，自致禍災，又欲怨咎誰乎。

六四，安節，亨。

【譯】

六四，安靜地儉省節止，進行祭祀。

【記】

六四以陰居柔，履得其位，雖處震極，然爲艮所止，上承於君，下應於民，安守於正，不爲妄動，所以稱「安節」。四本坤體，坤體安靜，故言安；居艮之體，艮爲止，故稱節。亨，同「享」。此猶卦辭「節亨」之義。

象曰：安節之亨，承上道也。

【譯】

象曰：安靜地儉省節止，進行祭祀，是順承九五的中正之道。

【記】

承上道也，釋「安節之亨」。上，指九五。上道，指九五的中正之道。五履中得正，四柔順相承，秉正而奉，是爲承上道。李鼎祚《周易集解》引九家易曰：言四得正奉五，上通於君，故曰承上道也。

九五，甘節，吉，往有尚。

【譯】

九五，適中地儉省節止，吉祥，往進有嘉賞。

【記】

甘，適中的意思，與苦相對，苦爲過度。孔穎達疏：甘者，不苦之名也。尚，猶賞，嘉賞的意思。

九五，剛得位而尊，爲節之主，當位以節，無有偏邪，適中有度，不傷財，不害民，乃得其吉，往而有尚，所以說「甘節，吉，往有尚」。

象曰：甘節之吉，居位中也。

【譯】

象曰：適中地儉省節止吉祥，因爲得位中正。

【記】

居位中也，釋所以「甘節之吉」，指九五居得其位，得中正之道。

上六，苦節，貞凶，悔亡。

【譯】

上六，過度地儉省節止，如此下去不吉利，但悔恨會消失。

【記】

上六居節之極，節之過甚，故稱「苦節」。以此施物，物不堪負，下無其應，往無去處，故「貞凶」。居五之上，以柔乘剛，有悔。然遇甘節之主，知過而悔，反躬脩己，儉約無妄，乃得「悔亡」。

象曰：苦節貞凶，其道窮也。

【譯】

象曰：過度地儉省節止，如此下去不吉利，因爲節道已至窮盡。

【記】

其道窮也，釋所以「苦節貞凶」之義，指儉省節止已到了極限，不能再繼續下去了。

中孚卦第六十一

【釋文音訓：孚，芳夫反；注音：zhōngfú】

【序卦傳】

云：節而信之，故受之以中孚。

【雜卦傳】

云：中孚，信也。

䷼ 兌下巽上

中孚豚魚吉，利涉大川，利貞。

［譯］

內心誠信恭敬以豚魚之薄薦也可獲得吉祥，順利渡過江河大川，貞正則利。

［記］

中孚，孔穎達疏：信發於中，謂之中孚。卦體二五陽剛居中正之位，是有孚之象，故稱「中孚」。

豚魚吉，王引之《經義述聞》云：「竊疑豚魚者，士庶人之禮也。《士昏禮》『特豚合升去蹄，魚十有四』，《士喪禮》『豚合升，魚鱄鮒九』、『朔月奠用特豚魚腊』，《楚語》『士有豚犬之奠，庶人有魚炙之薦』，《王制》『庶人夏薦麥，秋薦黍，麥以魚，黍以豚』。豚魚乃禮之薄者，然苟有中信之德，則人感其誠而神降之福，故曰『豚魚吉』，言雖豚魚之薦亦吉也。」今從此說。高亨《周易古經今注》云：「中」借爲「忠」，古字通用。又：「此文『中孚豚魚吉』五字爲句，指祭祀言，謂事神有忠信之心，雖豚魚之薄祭亦吉也。古人事神，貴有誠心，不貴厚物，故曰中孚豚魚吉。」

「利涉大川，利貞」，以體言之，下兌爲澤，上巽爲木爲風，木行澤上而風助之，故「利涉大川」。信而不正，是爲凶邪之道，中孚之際，信由中發，正而不邪，故言「利貞」。貞，猶正，貞正之義。

彖曰：中孚，柔在內而剛得中，說而巽、孚，乃化邦也。豚魚吉，信及豚魚也。利涉大川，乘木舟虛也。中孚以利貞，乃應乎天也。

［譯］

彖曰：中孚卦的意象，柔順者居內而剛健者履得中位，和悅而謙遜、誠信，於是感化邦國。以豚魚之薄薦也可獲得吉祥，因爲豚魚雖薄而信可以彰顯。順利渡過江河大川，是因爲乘木舟而能暢行無阻。內心誠信恭敬而貞正則利，這是順應天道。

［記］

「中孚，柔在內而剛得中，說而巽、孚，乃化邦也」，柔在內而剛得中，柔，指六三、六四二個陰爻。在內，指三四居於卦體之內。剛，指九二、九五二個陽爻。得中，指二五履得中位。「說而巽、孚」，此以二體及爻象釋卦義。說，同「悅」，取下體兌的意象，兌爲和悅。巽，取上體巽的意象，巽爲謙遜。孚，以二五之爻言，指誠信中正。乃化邦也，化，感化；邦，邦國。此言化邦之道，爲和悅、謙遜、誠信三德，以象言之，內兌得悅，外巽得遜，剛中得孚，所以說「說而巽、孚，乃化邦也」。

「豚魚吉，信及豚魚也」，王引之《經義述聞》云：「信及豚魚」者，及，至也，至於豚魚之薄而信亦章也，隱三年《左傳》曰「苟有明信，澗谿沼沚之毛，蘋蘩薀藻之菜，筐筥錡釜之器，潢汙行潦之水，可薦於鬼神，可羞於王公」，此之謂也。文從此說。

「利涉大川，乘木舟虛也」，乘木舟虛也，釋所以「利涉大川」之義。從卦象看，上巽爲木，下兑爲澤，木於澤上，木舟之象。虛，空曠，無所障礙的意思，指暢行無阻。又，虛，或釋爲獨木舟。金其源《讀書管見·易經》云：「古者以自空大木爲涉水之具，名之曰虛，今則集板爲之。舟之與虛，古今名異而實同。」此猶《繫辭下》「刳木爲舟」之義。

「中孚以利貞，乃應乎天也」，明中孚貞正之道的宏大。應，順應。天，指天道。

象曰：澤上有風，中孚，君子以議獄緩死。

［譯］

象曰：澤上有風，這就是中孚卦的意象，君子觀此卦象明中孚之道而以誠信恭敬之心審議獄案寬緩死刑以查明真象。

［記］

中孚卦，下兑爲澤，上巽爲風，所以說「澤上有風」。

君子以議獄緩死，議，謀議、審義。《廣雅．釋詁四》云：議，謀也。《書．周官》云：議事以制，政乃不迷。獄，獄案，訴訟案件。死，指死刑。

風行澤上，無所不至，猶信及天下，無處不及。兌爲口，巽爲繩直，取其號令齊物，如繩之直木，以正曲直，君子觀象，而明察真相，議獄緩死。

初九，虞吉，有它不燕。

[譯]

初九，專一吉祥，但眼前仍有一些其它問題而不能安寧。

[記]

虞，專、專一。王弼注：虞，猶專也。《玉篇．虍部》云：虞，專也。燕，安寧、安閒。或作「宴」。程頤《周易程氏傳》云：燕，安裕也。《字彙．火部》云：燕，安也。《集韻．銑韻》云：「宴，《爾雅》：『宴，宴居，息也。』或作燕。」孔穎達疏：虞，猶專也；燕，安也。帛書本「燕」作「寧」。

初九正應在四，信而從一，無有他係，吉祥，故稱「虞吉」。處澤之底，其上有雷，雷浸澤中，不寧之象，所以說「有它不燕」。它，指互體震，震爲雷，或指九二，二爲震主。此爻言於人事，當信以待人，專以致事，乃得吉祥，若心不專，事不一，則不得其安。

象曰：初九虞吉，志未變也。

【譯】

象曰：初九專一吉祥，心志沒有改變。

【記】

志未變也，志，心志，指初九與六四正應的心志。未變，沒有改變，專一不改的意思。

九二，鳴鶴在陰，其子和之，我有好爵，吾與爾靡之。

【譯】

九二，鶴在陰處鳴叫，其子聲聲應和，我有美酒，與你共享。

【記】

「鳴鶴在陰，其子和之」，二居震始，震爲鶴、爲動，爲兌之體，兌爲口，口動而鳴，故言「鳴鶴」。在陰，指九二陽處陰位，居三四重陰之下。子，指九五。五爲艮主，艮爲小子，故稱子。和之，此指同類相和，同德相與。和，應和，聲音相應，本作「咊」。《說文．口部》云：咊，相譍也。《廣韻．過韻》云：和，聲相譍。之，指九二。

「我有好爵，吾與爾靡之」，言九二中直，信發於中，無有偏私，願與天下志同道合者共享美酒。好爵，精美的酒器，借指美酒。二處兌體，兌爲澤水，有酒水之象。爵，古代酒器，盛行於商代和周代，此代指酒。《說文．鬯部》云：爵，禮器也。又，爵，或釋爲「爵位」之「爵」。李鼎祚《周易集解》引虞翻曰：爵，位也。吾，即我，高亨疑爲衍字。《周易古經今注》云：「『吾』字疑衍，蓋經文『我』字一本作『吾』，校者並記之，誤入正文，後又移於與字上耳。『我有好爵，與爾靡之』，辭意已足，增一『吾』字，適爲複贅，其證一也。『鳴鶴在陰，其子和之，我有好爵，與爾靡之』，乃四言詩體，增一『吾』字，則失其句例，其證二也。」爾，猶你，指九五。靡，共享的意思。孔穎達疏：靡，散也。李鼎祚《周易集解》引虞翻曰：靡，共也。陸德明《經典釋文》云：「靡，本又作『糜』，同亡池反，散也，干同；徐又武寄反，又亡彼反；韓詩云：共也，孟同；埤蒼作『縻』，云：散也；陸作『䌕』，京作『劘』。」《集韻．支韻》云：靡，分也。《古今韻會舉要．支韻》云：靡，散也。帛書本「靡」作「羸」。張立文《帛書周易注譯》云：「羸」假借爲「靡」，「羸」、「靡」古音同韻，音近相通。王弼注：不私權利，唯德是與，誠之至也，故曰我有好爵，與物散之。

《繫辭上》子曰：「君子居其室，出其言善，則千里之外應之，況其邇者乎？居其室，出其言不善，則千里之外違之，況其邇者乎？言出乎身，加乎民，行發乎邇，見乎遠。言行，君子之樞機，樞機之發，榮辱之主也。言行，君子之所以動天地也，可不慎乎！」

象曰：其子和之，中心願也。

【譯】

象曰：其子聲聲應和，是發自內心的真誠願望。

【記】

中心願也，指發自內心的願望。中心，即心中。孔穎達疏：誠信之人，願與同類相應，得誠信而應之，是中心願也。來知德《周易集注》云：誠意所願，非九二求于九五也。

六三，得敵，或鼓或罷，或泣或歌。

【譯】

六三，遭遇同類，或擊鼓攻擊，或停止回營，或哭泣流淚，或歌唱歡樂。

【記】

得，猶遇、遇到。敵，同類，指六四。三居少陰之極，四處長陰之初，各自有應，同類相比而不相得，稱之爲敵。三應在上，往而遇四，稱得敵。又互震體，震爲雷爲善鳴之馬，有雷動而進之勢，然履非其位，不中不正，四得位承尊，非己所克，往爲艮止，所以說「或鼓或罷」。罷，停止。《廣韻．蟹韻》云：罷，止也。三力不勝四，欲進不得，不勝而止，或泣；進而不能克，止而避其害，或歌，所以說「或泣或歌」。

【譯】

象曰：或鼓或罷，位不當也。

【譯】

象曰：或擊鼓攻擊，或停止回營，因爲處位不適當。

【記】

位不當也，指六三陰爻而居陽位，不中不正，是位不當。

六四，月幾望，馬匹亡，无咎。

【譯】

六四，月亮接近滿圓，不與六三同類相爭，沒有咎害。

【記】

月幾望，月亮接近滿圓。月，陰之至美。六四陰柔，處近君之位，得位且正，上承下應，陰之盛極，以月喻之，所以說「月幾望」。幾，將近、接近。陸德明《經典釋文》云：幾，音機，又音祈，京作「近」，荀作「既」。帛書本作「既」（幾、既古通用）。望，指月亮滿圓，農曆每月十五日前後。《釋名・釋天》望，月滿之名也。

「馬匹亡，无咎」，四下比於三，上承於五，三與己敵，進而攻己，然己履正奉上，棄三之類，不與其爭，乃得無咎，所以說「馬匹亡，无咎」。馬，指六三，三爲善鳴之馬。匹，匹疇、同類。亡，四不與三爭，稱爲亡。

象曰：馬匹亡，絶類上也。

【譯】

象曰：馬匹亡，是指捨離同類相爭而往上承奉九五。

【記】

絶類上也，釋「馬匹亡」之義，指不與六三相爭，而承奉於九五。絶，捨棄、免與。《左傳・哀公十五年》云：大命隕隊，絶世於良。杜預注：絶世，猶言棄世。類，同類，指六三。王弼注：類，謂三，俱陰爻，故曰類也。上，指往上承奉九五。

九五，有孚攣如，无咎。

[譯]

九五，中正有信係引他人，沒有咎害。

[記]

有孚攣如，與小畜卦九五「有孚攣如」義同（見小畜九五［記］）。攣，係引之義。王弼注：攣如者，繫其信之辭也。

九五得位履尊，中正有孚，處巽艮之體，巽爲繩，艮爲手，係引之象，所以說「有孚攣如」。心無私係，信及天下，故而「无咎」。小畜九二牽復而應，中孚九二同德相和，小畜六四「上合志也」，中孚六四「絕類上也」，皆爲此義。

象曰：有孚攣如，位正當也。

[譯]

象曰：中正有信係引他人，因爲得位中正。

[記]

位正當也，釋所以「有孚攣如」之義。位正當也，指九五得位居中且正，是爲位正當。

上九，翰音登于天，貞凶。

[譯]

上九，雞鳴之音飛揚在高天之上，如此下去不吉利。

[記]

翰音，指雞、雞鳴之音。李鼎祚《周易集解》引侯果曰：雞曰翰音。翰，雉類，赤羽山雞，也叫錦雞。《爾雅．釋鳥第十七》云：鶾（也作「翰」），天鷄。此取巽卦的意象，上居巽極，巽爲雞爲風，風爲有聲之象，所以稱翰音。又，翰音，或指飛揚在高空的聲音。翰，王弼注：翰，高飛也。陸德明《經典釋文》云：翰，胡旦反，高飛。李鼎祚《周易集解》引虞翻曰：翰，高也。

上居天位，所以說「翰音登于天」。處卦之終，信終則虛，有應在三，三位不當，非正而應，應而不得，以此申命，有聲無實，虛華外揚，猶「翰音登于天」。體剛上進，風性飛揚，然雞非登天之物，音飛而實不隨，虛聲遠聞，「貞凶」。

象曰：翰音登于天，何可長也。

【譯】

象曰：雞鳴之音飛揚在高天之上，怎麼會長久呢。

【記】

登天之時，衰滅之始，何可長久，與乾卦上九《象》曰「亢龍有悔，盈不可久也」義同。

小過卦第六十二

【釋文音訓：過，古臥切；王肅云：音戈；注音：xiǎoguò，舊讀：shǎoguò】

【序卦傳】

云：有其信者必行之，故受之以小過。

【雜卦傳】

云：小過，過也。

☶☳ 艮下震上

小過亨，利貞，可小事，不可大事。飛鳥遺之音，不宜上，宜下，大吉。

［譯］

陰柔過越陽剛進行祭祀，貞正則利，可行小事，不可爲大事。飛行的鳥留下悲鳴之音，不宜嚮上飛行，宜於嚮下安棲，大吉。

［記］

小過的「過」與大過的「過」義同，皆爲過越，超過、過分的意思，亦有差失之義。陸德明《經典釋文》云：過，古卧切，義與大過同。程頤《周易程氏傳》云：過者，過其常也。小，爲陰、爲柔。小過，指陰柔過越陽剛，而違其常。朱熹《周易本義》曰：小，謂陰也，爲卦四陰在外，二陽在內，陰多於陽，小者過也。李鼎祚《周易集解》引荀爽曰：陰稱小；引侯果曰：山大而雷小，山上有雷，小過於大，故曰小過。

又，王引之《經義述聞》云：「過者，差也，失也，兩爻相失也。陽爻相失則謂之大過，陰爻相失則謂之小過。」（見大過卦［記］）

又，小過，王弼注：小者，謂凡諸小事也。李光地《周易折中》云：「大過者，大事過也；小過者，小事過也。大事，謂關係天下國家之事；小事，謂日用常行之事。」《繫辭下》云：斷木爲杵，掘地爲臼，臼杵之利，萬民以濟，蓋取諸小過。此言以小用而濟物。

小過亨，指陰柔過越陽剛進行祭祀，猶女媧、武氏、叶赫那拉，得尊之變。亨，同「享」，享祀、祭祀。小者過而爲事，不可邪妄，惟守中正之道，不有偏斜，可免於咎，所以說「利貞」。貞，猶正，貞正之義。施之於人，凡大事者非陽剛之才而不能濟，陰柔之人，剛健不足，惟能行小事，爲大事而力有不及，卦體剛失其中，柔得中而居，所以說「可小事，不可大事」。小過亨，述事之辭；利貞，警示之語；「可小事，不可大事」，明爲事之理。

「飛鳥遺之音，不宜上，宜下，大吉」，爲斷辭。飛鳥遺音，聞其音則過不遠，有過而往則過愈遠，愈遠則愈無所適，以至途窮，當有過而矯，順時而止，依時勢而明上下，返歸其正，則可得其宜而吉，所以說「不宜上，宜下，大吉」，猶坤卦六五「黃裳元吉」之辭。占得此卦，凡事當適時而止，明理脩己，不可強作妄爲。飛鳥之象，指初六和上六。初六，逆勢強飛；上六，飛鳥離之，皆凶。「不宜上，宜下」，指陽主動，陰主靜，小過之際，陰柔之體，進則有凶，居則得安。上爲震，言進；下爲艮，言靜。

彖曰：小過，小者過而亨也。過以利貞，與時行也。柔得中，是以小事吉也。剛失位而不中，是以不可大事也。有飛鳥之象焉，飛鳥遺之音，不宜上宜下，大吉，上逆而下順也。

［譯］

象曰：小過，小者過越陽剛進行祭祀。小者過越貞正則利，應順應客觀規律行事。陰柔者履得中位，所以小事吉祥。陽剛者居失其位而不能持守中道，所以不可爲大事。卦體有飛鳥之象，飛行的鳥留下悲鳴之音，不宜強逆嚮上，宜於嚮下安棲，大吉，因爲此時嚮上是逆勢而嚮下爲順時。

【記】

「小過，小者過而亨也」，釋卦辭之義。亨，同「享」，享祀、祭祀。

「過以利貞，與時行也」，過以利貞，是說小者過越之際應當堅守正道，方才有利。以利貞，指貞正則利。與時行也，指順應時勢，依循事物發展的客觀規律行事。與，順應、順隨。

「柔得中，是以小事吉也」，柔，指六二和六五。得中，指二五陰爻居得中位。是以小事吉也，指凡陰柔之體不可爲大事，唯小事而已。

「剛失位而不中，是以不可大事也」，剛，指九三、九四。失位，指九四陽爻而居陰位，是爲失位。不中，指九三雖得其位，而失其中。是以不可大事也，指陽剛之體本可爲大事，然履非其位，居又不中，故而不可行大事。

「有飛鳥之象焉，飛鳥遺之音，不宜上宜下，大吉，上逆而下順也」，此以卦體及爻象明卦辭之義。卦體四陰居外，猶鳥之翼，二陽居中，猶鳥之體，所以說「有飛鳥之象焉」。程頤認爲此句「有飛鳥之象焉」爲衍文，《周易程氏傳》云：此一句，不類彖體，蓋解者之辭，誤入彖中。上逆而下順也，從爻象看，上則陰乘九四之陽，是爲逆；下爲柔承九三之剛，是爲順。王弼注：上則乘剛，逆也；下則承陽，順也。

象曰：山上有雷，小過，君子以行過乎恭，喪過乎哀，用過乎儉。

［譯］

象曰：山上有雷，這就是小過卦的意象，君子觀此卦象明小過之道而言行更爲恭敬謙卑，弔喪之事更爲哀傷，用度更爲儉省節約。

［記］

小過卦，下艮爲山，上震爲雷，所以說「山上有雷」。山大雷小，小居於上，所以說「小過」。孔穎達疏：雷之所出，本出於地，今出山上，過其本所，故曰小過。

「君子以行過乎恭，喪過乎哀，用過乎儉」，指君子在陰柔過越陽剛之際，行爲處事應當比日常更爲謙卑儉省。

初六，飛鳥以凶。

［譯］

初六，鳥強逆嚮上飛行不吉利。

【記】

飛鳥，猶鳥飛。以，猶有。以凶，即有凶，指不吉利。以象言之，卦體有鳥之象，初六、六二爲鳥之羽翼。小過之際，處艮之始，往爲艮止，有應在四，非正而應，強飛逆行，四爲巽體，往而不果，所以有凶。

高亨認爲此句義不可通，疑「以」字下當有「矢」字，轉寫挩去，飛鳥以矢者，鳥帶矢而飛也。《國語．魯語》「有隼集于陳侯之庭而死，楛矢貫之，石砮，其長尺有咫」，是其例。飛鳥以矢，喻行人帶致命重傷，是凶矣。（高亨《周易古經今注》小過第六十二）

象曰：飛鳥以凶，不可如何也。

【譯】

象曰：鳥強逆嚮上飛行不吉利，不可救藥。

【記】

不可如何也，孔穎達疏：象曰不可如何也者，進而之逆，孰知不可，自取凶咎，欲如何乎。高亨《周易大傳今注》云：不可如何，無可奈何。來知德《周易集注》云：不可如何，莫能解救之意。

六二，過其祖，遇其妣，不及其君，遇其臣，无咎。

【譯】

六二，過越初始階段，得到內主的位置，還沒有到達君王面前，遇到其臣子，沒有咎害。

【記】

過，過越，高亨《周易古經今注》云：「《說文》『過，度也，越度也』，是過與越同義。此文過與不及對言，過者行越其前也；不及者行落其後也。」祖，初始，指初六。王弼注：祖，始也，謂初也。《爾雅·釋詁第一》云：祖，始也。《莊子·山木》云：浮遊乎萬物之祖。錢穆《纂箋》云：「宣穎曰：未始有物之先。」「遇其妣」的「遇」，猶得到之義。王弼注：過而得之謂之遇，在小過而當位，過而得之之謂也。妣，王弼注：妣者，居內履中而正者也，過初而履二位，故曰過其祖而遇其妣。二過初而履中，得內主中正之位，所以說「過其祖，遇其妣」。

「不及其君，遇其臣，无咎」，及，至、到達。《廣雅·釋詁一》云：及，至也。君，指六五；臣，指九三。二五不應，故「不及其君」。上比於三，三爲君臣，所以說「遇其臣」。往不及君，而遇其臣，得位中正，過而不僭，柔順相承，故而「无咎」。

象曰：不及其君，臣不可過也。

【譯】

象曰：沒有到達君王面前，因爲其臣子不可僭越。

【記】

臣不可過也，釋所以「不及其君」之義。過，過越、僭越。六二處小過之時，居中且正，上順承九三陽剛，而不僭越，是爲順時而止，故而「无咎」，不若初六逆時強飛，有凶。

九三，弗過防之，從或戕之，凶。

【譯】

九三，不要過越而要防範，盲目順從相應或許會受傷害，不吉利。

【記】

小過之際，柔過於剛，九三得位且正，爲衆陰所忌，當防陰柔之體，所以說「弗過防之」。之，指衆陰。然得位失中，不能立其德，有應在上，上爲至陰之人，若恃剛強，應而不防，嚮上往進，或有戕害之凶，不吉利，所以說「從或戕之，凶」。從，順從、相應，指三與上正應。戕，殺害、傷害。《玉篇·戈部》云：戕，殺也。

李鼎祚《周易集解》引虞翻曰：戕，殺也。取兌之象，三爲兌體，兌爲毀折。孔穎達疏：「春秋傳曰：在內曰弒，在外曰戕。然則戕者，皆殺害之謂也。言或者，不必之辭也，謂爲此行者，有幸而免也。」

又，三四相比，三得位應上，四失位不正，三若應上，則四或相害，故而有凶，所以說「弗過防之，從或戕之，凶」。防之的「之」，指九四。尚秉和《周易尚氏學》云：從或戕之者，言三若應上，則四或害之也。

象曰：從或戕之，凶如何也。

【譯】

象曰：盲目順從相應或許會受傷害，凶險至深。

【記】

凶如何也，孔穎達疏：象曰凶如何者，從於小人，果致凶禍，將如何乎，言不可如何也。高亨《周易大傳今注》云：凶如何，言其凶之甚也。

九四，无咎，弗過遇之，往厲必戒，勿用永貞。

【譯】

九四，沒有咎害，沒有過越而遇到，往應有危險必須戒備，不可長期如此。

［記］

九四失位，故有咎，然剛處柔位，剛而不過，乃得「无咎」。四應在初，初逆時而進，四弗過而遇，應則有厲，必當戒備，不可持久，所以說「弗過遇之，往厲必戒，勿用永貞」。之，指初六。往，指與初六相應。「往厲必戒，勿用永貞」是告誡之語，指「戒」而可暫得「无咎」，但亦不可長久。

象曰：弗過遇之，位不當也。往厲必戒，終不可長也。

［譯］

象曰：沒有過越而遇到，因爲居位不當。往應有危險必須戒備，（可得無咎），但終究不可長久。

［記］

位不當也，釋所以「弗過遇之」之義。九四陽爻而居陰位，不中不正，是爲位不當。

「往厲必戒，終不可長也」，戒，戒備。終，終究。是說往應有厲，戒備可得無咎，但終究不可長久。終不可長也，釋爻辭所以「勿用永貞」。

六五，密雲不雨，自我西郊，公弋取彼在穴。

【譯】

六五，有少量的雲沒有降雨，積聚在我西郊，公侯獲得隱伏之物。

【記】

「密雲不雨，自我西郊」，與小畜卦辭「密雲不雨，自我西郊」義同。密雲不雨，密，小、少的意思。李鼎祚《周易集解》引虞翻曰：密，小也。五爲兌主，兌爲小，又爲澤水，水聚天位，有雲之象，所以說密雲。密雲，指小雲，或少雲。六五陰至於上，九三陽止於下，上下無應，陰陽不交，未能成雨，是陰過而未能潤下，所以說「密雲不雨」，猶陰柔之人雖得貴位，但未能廣施恩澤，潤及萬物。自我西郊，自，相當於「在」、「於」。西郊，取兌卦之象，兌爲西方之卦，所以稱西郊。

公弋取彼在穴，公，指九三。初爲元士，二爲大夫，三爲三公，故稱公。弋，繫有繩子用來射鳥的短箭。李鼎祚《周易集解》引虞翻曰：公謂三也，弋，矰繳射也。《玉篇·弋部》云：弋，繳射也。《古今韻會舉要·職韻》云：弋，取也。弋取，即獵取、獲得的意思。彼，指與六五同位的對象，即六二。穴，隱伏之物安居之處。王弼注：在穴者，隱伏之物也。三伏陰成坎，坎爲穴，二處坎下，得位而居，所以說「在穴」。小過之際，二五同位不應，二往進遇三，柔順相承，所以說「公弋取彼在穴」。從卦象看，二爲巽主，巽爲雞，鳥之象；三爲公、爲艮主，艮爲手，又處巽體，爲繩爲木，木可成矢，「公弋取彼在穴」之象。

依高亨釋初六「飛鳥以凶」爲「鳥帶矢而飛」之義，初逆勢強飛，爲四所射，進而至二，隱伏穴中，而爲三所獲。

象曰：密雲不雨，已上也。

［譯］

象曰：有少量的雲沒有降雨，因爲陰柔之體過而至盛乘陽剛之上不得剛應。

［記］

已上也，釋所以「密雲不雨」之義，指六五履得貴位而乘於陽剛之上，是陰過而至盛，不得陽剛所應，唯密雲而已。朱熹《周易本義》曰：已上，太高也。

上六，弗遇過之，飛鳥離之，凶，是謂災眚。

［譯］

上六，無所得過越太遠，猶如鳥飛過高必被網羅，不吉利，這是自取災禍。

[記]

弗遇過之，弗遇，指無所得。遇，猶得、獲得的意思。上六與九三正應，然三弗過防之，故應而不得，是爲「弗遇」。過之，指過越太遠。之，指六五。上處過極之地，過而不知節，是爲過越太遠。

「飛鳥離之，凶」，以鳥爲喻，指上往無所適，如鳥之疾速，而遺悲鳴之音，必被網羅。離，通「罹」，鳥被罩住爲離，兔被罩住爲冤。《玉篇．隹部》云：離，遇也。《字彙．隹部》云：離，遭也。凶，上與初同，鳥羽翼之象，初逆行強飛，有凶，上隨之而動，亦凶。

是謂災眚，指自取其禍。謂，通「爲」。王引之《經傳釋詞弟二》云：「家大人曰：謂，猶爲也。」災眚，禍自外來爲災，由己而生爲眚。

朱駿聲《六十四卦經解》云：「弗遇，乘五也，過之，過五也，故亢。詩曰『鴻則離之』，謂離于网也。禍自外至曰災，過自己作曰眚。」

象曰：弗遇過之，已亢也。

[譯]

象曰：無所得過越太遠，已到了過極之地。

【記】

已亢也，釋「弗遇過之」之義。亢，極、太過。上六處小過之極，小過之際，是爲過越太遠，以鳥爲喻，指飛得過高，而無所安。

旣濟卦第六十三

【釋文音訓：濟，節計切；注音：ㄐㄧˋ】

【序卦傳】

云：有過物者必濟，故受之以旣濟。

【雜卦傳】

云：旣濟，定也。

䷾ 離下坎上

既濟亨，小利貞，初吉終亂。

〔譯〕

濟渡成功進行祭祀，順時行事貞正則利，起初吉祥結果危亂。

〔記〕

既濟，濟渡成功、已達目的的意思，引伸指凡事已獲成功。《雜卦傳》云：既濟，定也。孔穎達疏：濟者，濟渡之名；既者，皆盡之稱。陸德明《經典釋文》云：「既濟，鄭云：既，已也，盡也；濟，度也。」《爾雅．釋言第二》云：濟，成也。朱熹《周易本義》曰：既濟，事之既成也。卦體六爻正應，剛柔相濟，各居其位，各履其正，故得「既濟」。

既濟亨，指在濟渡成功之際進行祭祀，誠以戒懼，以謝上天先祖。亨，同「享」。

小利貞，小，柔順，此有順應、順時之義，指六二和六四。二四陰爻，得位且正，功成之際，順應時勢，行祭祀之禮則利，所以說「小利貞」。貞，猶正，貞正之義。

「既濟亨，小利貞」，或句讀爲「既濟，亨小，利貞」，陸德明《經典釋文》云：亨小，絶句，以小連利貞者非。朱熹《周易本義》曰：亨小，當爲「小亨」。高亨《周易大傳今注》斷爲「亨小，利貞」，云：「亨小」當「小亨」，轉寫誤倒。然《周易古經今注》斷爲「亨，小利貞」，似有沖突。朱駿聲《六十卦經解》斷爲「既濟亨，小利貞」，今從朱駿聲。尚秉和《周易尚氏學》云：「『小利貞』小字，俞樾云：『衍文，卦辭祇曰亨利貞，故傳特以小者亨也釋之。如原有小字，則人人皆知，傳不如此釋矣。』《子夏傳》、虞翻皆以亨小斷句，似非。毛奇齡云：『宜以既濟亨句，小利貞句，小利貞與小利有攸往同。』按：毛說于句讀適矣。然傳曰剛柔正，是兼大小言也。今專以屬之小，于六爻當位之義不合。然則小字屬上下讀皆不安。征之《彖傳》，其爲衍文无疑。俞氏之說，似爲可信。」

初吉終亂，此爲誡語，指在萬事皆成之際當居安思危，慎終如始，卦辭「既濟亨」即是此義。孔穎達疏：既濟之初，雖皆獲吉，若不進德脩業，至於終極，則危亂及之，故曰初吉終亂也。

彖曰：既濟亨，小者亨也。利貞，剛柔正而位當也。初吉，柔得中也。終止則亂，其道窮也。

[譯]

彖曰：既濟亨，指在濟渡成功之際順時行事進行祭祀。貞正則利，指卦體二三四五剛柔各爻皆得正而當位。起初吉祥，因爲陰柔之體居得中正之位。結果停止而陷入危亂，因爲既濟之道已到盡頭。

[記]

「既濟亨，小者亨也」，亨，同「享」。小，陰柔、柔順。指在功成之際而順應時勢進行祭祀。

「利貞，剛柔正而位當也」，進一步釋明卦辭「小利貞」的「利貞」之義。貞，猶正，貞正。剛柔正而位當也，指卦體二三四五剛柔各爻皆得位且正。

「初吉，柔得中也」，依六二而釋，初指六二。柔得中，指六二柔爻居得中位。

「終止則亂，其道窮也」，依上六而釋。上六處卦之極，是爲終，往無所往，是爲止，居坎之極，是爲亂，所以說「其道窮也」。

李鼎祚《周易集解》引侯果曰：「剛得正，柔得中，故初吉也。正有終極，濟有息止，止則窮亂，故曰終弱止則亂，其道窮也。」

象曰：水在火上，既濟，君子以思患而豫防之。

〔譯〕

象曰：水在火上，這就是既濟卦的意象，君子觀此卦象悟既濟之道而思慮憂患加以防備。

〔記〕

既濟卦，下離爲火，上坎爲水，所以說「水在火上」。火性炎上，水性潤下，二相交合，上下相濟，水以火而沸，食以火而成，既濟之象。

君子以思患而豫防之，卦爻皆得位且正，各得其宜，萬事皆成，然凡事終極則反，盛極必虧，君子當此應居安思危，而預先加以防范。豫，同「預」，事先預防的意思。王弼注：存不忘亡，既濟不忘未濟也。李鼎祚《周易集解》引荀爽曰：六爻既正，必當復亂，故君子象之，思患而豫防之，治不忘亂也。

初九，曳其輪，濡其尾，无咎。

【譯】

初九，牽引著車輪渡河，沾濕了尾巴，沒有咎害。

【記】

曳，牽、拉。《說文·申部》云：曳，臾曳也。《玉篇·曰部》云：曳，申也，牽也，引也。濡，沾濕、淹沒。《廣雅·釋詁二》云：濡，漬也。《集韻·虞韻》云：濡，沾濕也。

初九有應在四，四爲坎體，坎爲曳、爲輪，所以說「曳其輪」。輪，指六四。上比於二，二自坤體，坤爲牛、爲大輿，牛車之象，初居其後，故稱尾。其上爲坎，往則遇水，故而「濡其尾」。初爲濟渡之始，剛實之體而處無位之地，正應在四，曳其輪，往而行其志，雖濡其尾，亦得「无咎」。

象曰：曳其輪，義无咎也。

【譯】

象曰：牽引著車輪渡河，理當沒有咎害。

【記】

義无咎也，義，同「宜」，當然、理當的意思。李鼎祚《周易集解》引宋衷曰：得正有應，於義可以危而无咎矣。

六二，婦喪其茀，勿逐，七日得。

【譯】

六二，婦人丟失了首飾，不用尋求，七日可以復得。

【記】

爻辭與睽卦初九「喪馬勿逐，自復」語義相同。

婦喪其茀，婦，取離之象，二爲離主，離爲中女，與五陰陽正匹，故稱婦。喪，取坎之象，二處坎體，坎爲盜，故說喪。茀，婦人首飾，也作「髴」。李鼎祚《周易集解》「茀」作「髴」，引虞翻曰：髴髮謂鬒髮也，一名婦人之首飾；引王肅曰：髴，首飾。王弼注：茀，首飾也。孔穎達疏：茀者，婦人之首飾也。陸德明《經典釋文》

云：「茀，方拂切，首飾也，馬同；干云：馬髴也；鄭云：車蔽也；子夏作『髴』，荀作『紱』，董作『髢』。」又，茀，或釋爲古代車上的遮蔽物。《詩．齊風．載驅》云：載驅薄薄，簟茀朱鞹。毛傳：車之蔽曰茀，諸侯之路車有朱革之質而羽飾。孔穎達疏：車之蔽曰茀，謂車之後戶也。程頤《周易程氏傳》云：茀，婦人出門以自蔽者也，喪其茀，則不可行矣。朱熹《周易本義》曰：茀，婦車之蔽，言失其所以行也。又，茀，通「福」，《詩．大雅．卷阿》云：爾受命長矣，茀祿爾康矣。鄭箋：茀，福。孔穎達疏：茀之爲福爲小，皆無正訓，以其與祿共文，宜爲福爾。

二居坎底，志在與五應合而爲三所阻，三爲坎主，二應而不能得，猶喪其茀而不能行。茀，又喻爲福澤之意，言二與五應而不得，猶失去九五的福澤，亦爲「婦喪其茀」。

「勿逐，七日得」，二得位中正，爲光明之主，以中應中，福自天來，不可久阻，七日可得，所以說「勿逐，七日得」。逐，追求、尋求。七日得，指時變而言，六十四卦卦有六爻，至七則變。

象曰：七日得，以中道也。

【譯】

象曰：七日可以復得，因爲能執守中正之道。

【記】

以中道也，釋所以「七日得」之義，指六二以陰居柔，位中且正。

九三，高宗伐鬼方，三年克之，小人勿用。

[譯]

九三，殷高宗武丁征伐鬼方，三年克敵，小人不可爲用。

[記]

高宗，指殷高宗武丁。鬼方，殷周時西北部族名。李鼎祚《周易集解》引虞翻曰：高宗，殷王武丁；鬼方，國名。引干寶曰：高宗，殷中興之君；鬼方，北方國也。

《竹書紀年》上武丁云：「三十二年，伐鬼方，次于荊。」又：「三十四年，王師克鬼方，氐羌來賓。」《綱鑒易知錄．武丁》云：「戊子，三十有二祀，伐鬼方。鬼方无道，武丁伐之，三年乃克，自是內外无患，而殷道復興。」

九三互體坎離，坎爲弓輪，離爲戈兵，征伐之象。應在上六，上爲坎，坎爲北方之卦，故稱鬼方。三年克之，三年，指三與上六間三爻。又，三爲離初，離數三，故稱三。

小人勿用，小人，指上六。陰爲小，上六陰柔，故稱小人。此爲誡語，指三雖應在上，但上爲小人，不可爲用，功成之際，須當戒備，猶師卦上六「小人勿用」之義。

象曰：三年克之，憊也。

〔譯〕

象曰：三年克敵，疲憊虛弱。

〔記〕

憊，極度疲乏、困頓。《集韻．德韻》云：憊，困也。陸德明《經典釋文》云：「憊，備拜切；鄭云：劣弱也；陸作『備』，云：當為『憊』，憊，困劣也。」孔穎達疏：象曰憊也者，以衰憊之故，故三年乃克之。

六四，繻有衣袽，終日戒。

〔譯〕

六四，備有堵滲漏用的破舊衣服，整日戒備警惕。

〔記〕

繻，帛書本作「襦」，張立文《帛書周易注譯》云：「襦」、「繻」同聲系，古相通。王弼注：繻，宜曰濡。程頤《周易程氏傳》云：繻當作濡，謂滲漏也，舟有罅漏，則塞以衣袽。衣袽，王弼注：衣袽，所以塞舟漏也。朱熹《周易本義》曰：衣袽，所以塞舟之罅漏。袽，敗絮、破布，說文作「絮」。李鼎祚《周易集解》引虞翻曰：袽，敗衣也。引盧氏曰：袽者，殘弊帛，可拂拭器物也。陸德明《經典釋文》云：「袽，女居切，絲袽也；王肅音如，說文作『絮』，云：緼也；廣雅云：絮，塞也；子夏作『茹』，京作『絮』。」

六四居二坎之際，處險陷之中，雖得其位，然下乘陽剛，有違逆之虞，正應在初，而爲三阻，上承於五，五應在二。既濟之時，二剛相鄰，有應不得，比而不受，居而不中，處多懼之所，當如舟行水中，備有衣袽，以應罅漏，時刻戒備，所以說「繻有衣袽，終日戒」。終日，整天、一天，取離坎相交之象，離日坎月，日月交互，爲一日。戒，防備、戒備。《說文．廾部》云：戒，警也。程頤《周易程氏傳》云：有衣袽以備濡漏，又終日戒懼不怠，慮患當如是也。

象曰：終日戒，有所疑也。

[譯]

象曰：整日戒備警惕，有所疑懼。

[記]

有所疑也，釋所以「終日戒」之義。疑，疑懼。上下皆剛，比而不得，畏其侵克，猶舟行水中，懼其罅漏，故而終日戒備。

九五，東鄰殺牛，不如西鄰之禴祭，實受其福。

〔譯〕

九五，東鄰殺牛祭祀，不如西鄰的夏祭，實在地承受福澤。

〔記〕

東鄰殺牛，帛書本作「東鄰殺牛以祭」。二五正應，稱鄰，五陽二陰，陽上陰下，陽東陰西，故東鄰指九五，西鄰指六二。程頤《周易程氏傳》云：「五中實，孚也；二虛中，誠也，故皆取祭祀爲義。東鄰，陽也，謂五；西鄰，陰也，謂二。」卦體上本爲坤，坤爲牛，九體剛實，往居中而成坎，失牛，坎爲血卦，殺牛之象。禴祭，指夏祭，二爲離主，離爲夏爲龜，故稱夏祭。朱駿聲《六十四卦經解》云：禴，夏祭也，亦用太牢，而不如蒸嘗之備物，于時祭禮最簡。（「禴」釋義詳見萃卦六二〔記〕）

二五皆得誠信之道，五爲君，居尊中正，信及天下，行天之命，本爲賜福之人，殺牛猶有賜福百姓之義。二爲民，誠以應君，是爲受福之人，依循時令，而行祭祀之事，得五之應，而受其福。其，指五所代表的天道。受其福，指得天之福澤，而非狹隘的指九五的殺牛賜福之事。東鄰殺牛，五居坎體，坎爲冬，歸養之時，東爲陽氣初升，萬物始生，此冬春之季而殺其牛，牛爲稼穡之資，違於其時；西鄰禴祭，二居離體，離爲夏，萬物蕃盛，西爲金秋，收穫之時，此夏秋之季，依時而行夏祭之事，有成而不忘恭敬之心，所以說「東鄰殺牛，不如西鄰之禴祭，實受其福」，猶卦辭「既濟亨，小利貞」之義。爻辭指在功成之際，居尊貴之位，行賜福祭祀之事，應當順時而行，不可肆意妄爲。王弼注：在於合時，不在於豐也。《周易參同契》所云「發號順時令，勿失爻動時」亦爲此義。占得此爻之人，雖得其位，然時不至而居險體，凡事不可任己妄爲，當順時行事。

注者多以祭品的豐薄釋爻辭之義。祭當以誠而不以豐，二五皆秉中而誠，若以祭品豐薄而論誠心多少，受福多寡，是爲偏頗而不可爲。祭品豐不以爲過，儉不以爲常，凡事當順時而爲，方可得福。

象曰：東鄰殺牛，不如西鄰之時也，實受其福，吉大來也。

〔譯〕

象曰：東鄰殺牛祭祀，不如西鄰順應時令，實在地承受福澤，吉祥之事自天而來。

〔記〕

時，指順時行事，這裡是說西鄰的夏祭之事。大來，指自天而來。大爲天，指五所代表的天道。

上六，濡其首，厲。

〔譯〕

上六，沾濕了頭部，危險。

〔記〕

爻辭猶大過上六「過涉滅頂，凶」之義。上處卦極，首之象，居坎水之體，所以說「濡其首」。濡，淹沒、沾濕。濟極終亂，身入坎陷，正應在三，爲三所克，小人勿用，故而有厲。

象曰：濡其首，厲，何可𠂉也。

〔譯〕

象曰：沾濕了頭部，危險，怎麼能夠長久呢。

〔記〕

何可𠂉也，是說上六至極則變，道已窮，險已生，怎麼能夠長久呢。

未濟卦第六十四

[釋文音訓：濟，節計切；注音：wèijì]

[序卦傳]

云：物不可窮也，故受之以未濟，終焉。

[雜卦傳]

云：未濟，男之窮也。

䷿ 坎下離上

未濟亨，小狐汔濟，濡其尾，无攸利。

[譯]

濟渡未成進行祭祀，小狐在水乾涸時渡河，沾濕了尾巴，無所利益。

【記】

未濟，渡河未到岸，指事未完成、沒有成功的意思。孔穎達疏：未濟者，未能濟渡之名也。朱熹《周易本義》曰：未濟，事未成之時也。濟，濟渡，引伸爲「成」義。李鼎祚《周易集解》引虞翻曰：濟，成也。從卦象看，坎下離上，火在水上，火不能煮水，水不能滅火，不相爲用，爻皆不得其位，所以稱「未濟」。

未濟亨，指在事情沒有取得成功之時進行祭祀，以祈福消災。亨，同「享」，享祀、祭祀。

「小狐汔濟，濡其尾，无攸利」，釋說未濟之事。小狐，隱伏之物，取下體坎的意象，坎爲隱伏、爲小狐。汔，水乾涸的意思。《說文》云：汔，水涸也。《廣雅》云：汔，盡也。孔穎達疏：汔者，將盡之名。又，汔，或釋爲「幾」，接近、將近的意思。陸德明《經典釋文》云：「汔，鄭云：幾也。」王引之《經傳釋詞弟四》云：汔，幾也。文取水涸之義。濟，這裡指渡河，帛書本「濟」作「涉」（「涉」與「濟」通）。《爾雅．釋言第二》云：濟，渡也。李鼎祚《周易集解》引虞翻曰：濟，濟渡。濡，沾濕。尾，指初六。初居下坎之末，狐尾之象。小狐汔濟，卻濡其尾，濟渡未成，何所利益，所以說「无攸利」。孔穎達疏：「小才不能濟難，事同小狐雖能渡水，而无餘力，必須水汔方可涉川，未及登岸，而濡其尾。濟不免濡，豈有所利，故曰小狐汔濟，濡其尾，无攸利也。」高亨《周易古經今注》云：「汔濟者，水涸而後渡也。」又云：「小狐不能泅水，水涸而後渡，乃水未盡涸，小狐急欲渡，以爲水淺，可涉而過，遂招濡尾之禍，此誤濟溺身之象也，自無所利。」此指察事不明而凶。

象曰：未濟亨，柔得中也。小狐汔濟，未出中也，濡其尾，无攸利，不續終也。雖不當位，剛柔應也。

〔譯〕

象曰：濟渡未成進行祭祀，柔順者居得中位。小孤在水乾涸時渡河，還沒有走出河中，卻沾濕了尾巴，無所利益，不能繼續到終點。卦體各爻雖不當位，但剛柔卻能彼此相應。

〔記〕

「未濟亨，柔得中也」，亨，同「享」。柔，指六五。得中，指六五居得中位。

「小狐汔濟，未出中也，濡其尾，无攸利，不續終也」，未出中，指沒有走出河中，比喻未脫離險境，或事未完成，指九二。中，指九二居下體中位。坎爲小狐，二爲坎主，居險之中，所以說「未出中也」。既未出中，又濡其尾，故而「无攸利」。尾，指初六。不續終，指未能繼續到底，即沒有成功的意思。

「雖不當位，剛柔應也」，指卦體各爻皆不當位，陽居陰位，陰處陽位，但卻剛柔有應。既剛柔有應，則可行濟渡之事，因此才有「小狐汔濟」之事。然非正而應，是爲僞情，故又「不續終也」。王弼注：位不當，故未濟；剛柔應，故可濟。李鼎祚《周易集解》引荀爽曰：雖剛柔相應而不以正，由未能濟也。

象曰：火在水上，未濟，君子以愼辨物居方。

【譯】

象曰：火在水上，這就是未濟卦的意象，君子觀此卦象悟未濟之道而審慎地明辨事物使各得其所。

【記】

未濟卦，下坎爲水，上離爲火，所以說「火在水上」。火可煮水，水可滅火，然火上水下，二不相交，事皆不成，故言「未濟」。

君子以愼辨物居方，辨，明辨、辨別。李鼎祚《周易集解》引虞翻曰：辨，辨別也；引侯果曰：「火性炎上，水性潤下，雖復同體，功不相成，所以未濟也。故君子愼辨物宜，居之以道，令其功用相得，則物咸濟矣。」居方，指所處的方位、位置。方，方嚮、方位。俞樾平議云：居方者，處置其方位也。王弼注：辨物居方，令物各當其所也。

初六，濡其尾，吝。

【譯】

初六，沾濕了尾巴，有悵惜。

【記】

初體陰柔，處未濟之初，最居險下，雖應在四，然四非中正，不能應之以援，不可以濟，今強而進，故濡其尾。以卦象看，初爲尾，力薄而不省，察事不明，亦不知極，進而濡其尾，故而有吝。

象曰：濡其尾，亦不知極也。

[譯]

象曰：沾濕了尾巴，實在是不自量力。

[記]

亦，確實、實在的意思。《後漢書．竇融傳贊》云：悃悃安豐，亦稱才雄。李賢注：亦，猶實也。不知極，不自量力的意思。

九二，曳其輪，貞吉。

[譯]

九二，牽引著車輪渡河，堅持下去可獲吉祥。

[記]

曳其輪，與既濟初九「曳其輪」義同，取坎之象，坎爲曳爲輪。九二本爲坎體，取曳之象。輪，指六五，五亦坎體，取輪之象。二五相應，所以說「曳其輪」。二體剛履中，得中正之德，行謙和之道，五體陰柔，未濟之時，委信於二，二剛而不躁，曳其輪，緩其行，待時而進，乃得吉祥。貞，堅持下去的意思。

象曰：九二貞吉，中以行正也。

〔譯〕

象曰：九二堅持下去吉祥，因爲其居得中位而能行中正之道。

〔記〕

中以行正也，釋所以「九二貞吉」之義。中，指九二居於中位。行正，指九二能行中正之道。王弼注：位雖不正，中以行正也。朱熹《周易本義》曰：九居二，本非正，以中故得正也。

六三，未濟，征凶，利涉大川。

〔譯〕

六三，渡河還沒有成功，登陸而行不吉利，適宜繼續往進渡過江河大川。

【記】

未濟，指濟渡尚未成功。李鼎祚《周易集解》引荀爽曰：未濟者，未成也。卦體二坎相連，三處其中，前後皆坎，進退皆險，當未濟之時，若思退而登陸，是爲乘二陽剛，二爲地，剛非其乘，居失其位，故而有凶，所以說「征凶」。征，陸上行走，這裡指事未成而中途退卻的意思。有應在上，唯堅定心志，涉險而進，方可得剛濟，所以說「利涉大川」。朱熹《周易本義》曰：蓋行者可以水浮，而不可以陸走也。朱駿聲《六十四卦經解》云：「三在兩坎中，故獨象未濟，如來之坎坎，歷于重險。然當此之時，如中流難退，惟可冒險而進，若回感無主，反欲捨舟而陸，思以足行，所謂征凶也。未登岸，故凶；在舟中，故利涉。」

象曰：未濟征凶，位不當也。

【譯】

象曰：渡河還沒有成功登陸而行不吉利，因爲居位不當。

【記】

位不當也，釋所以「未濟征凶」之義，指六三陰爻而居陽位，乘二陽剛，是位不當。

九四，貞吉，悔亡。震用伐鬼方，三年有賞于大國。

【譯】

九四，貞固吉祥，悔恨消失。諸侯討伐鬼方，三年得到大國之君的封賞。

【記】

四體陽剛，履失其位，有悔。與五相比，五爲明主，中正謙和，若能奉君行命，而不迫於君，則可得吉而悔亡，所以說「貞吉，悔亡」。貞，猶定，貞定、貞固。

「震用伐鬼方，三年有賞于大國」，震，指諸侯。伐，取離之象，離爲戈兵、爲甲冑，征伐之象。既濟九三「高宗伐鬼方，三年克之，小人勿用」與此爻辭所述伐鬼方疑爲同一事情，即高宗伐鬼方，而授命諸侯爲之，諸侯三年克敵而得殷高宗的封賞。鬼方，李鼎祚《周易集解》引干寶曰：鬼方，北方國也。此指初六，初爲坎體，坎爲北方之卦，故稱鬼方，初不知極，故伐之。初四三爻相隔，所以說三年；或四居離體，離數三，故言三年。大國，指殷商。時周爲殷的諸侯，故稱殷爲大國。

象曰：貞吉悔亡，志行也。

【譯】

象曰：貞固吉祥，悔恨消失，心志得以實現。

【記】

志行也，釋所以「貞吉悔亡」之義。志行，指九四已出下坎之體實現了渡河的心志。志，心志。行，遂行、實現。

六五，貞吉，无悔。君子之光，有孚吉。

【譯】

六五，貞正吉祥，沒有悔恨。君子謙和中正，真誠有信，吉祥。

【記】

六五失位有悔，然處文明之盛，秉謙和之德，下應在二，二體剛正，五使武以文，御剛以柔，付物以能而不疑，物竭其力，故其悔消失，所以說「貞吉，无悔」。貞，猶正，貞正之義，指堅守謙和中正之道。

「君子之光，有孚吉」，釋「貞吉」之義。君子，指占筮的人、有地位的人。光，明亮、顯耀。《廣雅．釋詁四》云：光，明也。此句是說君子謙和中正而有信，因而吉祥。五爲明主，故說「君子之光」，指君子謙和中正的光明德行。孔穎達疏：君子之光者，以柔順文明之質，居於尊位，有應於二，是能付物以能，而不自役，有君子之光華矣，故曰君子之光也。有孚，即有信。

象曰：君子之光，其暉吉也。

[譯]

象曰：君子謙和中正的光明德行，輝耀天下，吉祥。

[記]

暉，輝耀。程頤《周易程氏傳》云：暉，光之散也。陸德明《經典釋文》云：暉，許歸切，字又作「輝」。五爲上離之主，二爲下坎之主，離日坎月，二主相應，日月輝映，二五皆得吉祥之兆，所以說「君子之光，其暉吉也」。

上九，有孚于飲酒，无咎。濡其首，有孚失是。

[譯]

上九，取得成功飲酒自樂，沒有咎害。沾濕了頭部，成功之後卻失去了正見。

[記]

上九處卦之終，明之極，未濟之際而得濟渡之功，故而心無煩憂，明以自樂，飲酒逸豫，所以說「有孚于飲酒，无咎」。上居二坎之上，坎爲水，酒水之象。有孚，取得成功的意思。有，取、獲得。《廣雅·釋詁一》云：有，取也。《玉篇·有部》有，得也，取也。孚，同「孵」，卵孵化而成之義，指成功。《說文·爪部》云：孚，卵孚也。

「濡其首，有孚失是」，飲酒自樂沾濕了頭部，雖然取得成功，但也失去了正見，有危險。指未濟之際而得既濟，當時時戒懼，居安思危。是，猶正，指正見、正道。李鼎祚《周易集解》引虞翻曰：是，正也。《說文·是部》云：是，直也。段玉裁注：直部曰正見也。以象言之，初爲尾，上爲首，處未濟之極，則反於既濟，既濟之時當居安思危，今成而不戒，下應在三，恃而不節，自逸無度，荒廢其事，濟而失正，故而「濡其首，有孚失是」。孔穎達疏：飲酒所以致濡首之難，以其不知止節故也。

象曰：飲酒濡首，亦不知節也。

[譯]

象曰：飲酒沾濕了頭部，實在是不知節止。

[記]

亦，確實、實在。節，止、節止。《廣韻·屑韻》云：節，制也，止也。李鼎祚《周易集解》引虞翻曰：節，止也。

既濟，日下月上，日之終；未濟，月下日上，日之始。日往則月來，月終則日始，日月相推而明生，寒暑相移則歲成，時之相易，四時相成，陰陽相應，品物流形，萬物終而復始，独立而不改，周行而不殆，乾坤成而八卦生，是謂周易。

附錄：

《周易》通行本、帛書本六十四卦卦名對照表：

通行本	乾	坤	屯	蒙	需	訟	師	比	小畜	履	泰	否	同人	大有	謙	豫	隨
帛書本	鍵	川	屯	蒙	襦	訟	師	比	少蓺	禮	〇	婦	同人	大有	嗛	餘	隋
通行本	蠱	臨	觀	噬嗑	賁	剝	復	无妄	大畜	頤	大過	習坎	離	咸	恒	遯	大壯
帛書本	箇	林	觀	噬〇	蘩	剝	復	无孟	泰蓄	頤	泰過	贛	羅	欽	恒	掾	泰壯
通行本	晉	明夷	家人	睽	蹇	解	損	益	夬	姤	萃	升	困	井	革	鼎	震
帛書本	溍	明夷	家人	乖	蹇	解	損	益	夬	狗	卒	登	困	井	勒	鼎	辰
通行本	艮	漸	歸妹	豐	旅	巽	兌	渙	節	中孚	小過	既濟	未濟				
帛書本	根	漸	歸妹	豐	旅	筭	奪	渙	節	中復	少過	既濟	未濟				

《周易》通行本、帛書本、雜卦傳六十四卦次序對照表：

通行本																		
	次序	1	2	3	4	5	6	7	8	9	10	11	12	13	14	15	16	17
	卦名	乾	坤	屯	蒙	需	訟	師	比	小畜	履	泰	否	同人	大有	謙	豫	隨
	次序	18	19	20	21	22	23	24	25	26	27	28	29	30	31	32	33	34
	卦名	蠱	臨	觀	噬嗑	賁	剝	復	无妄	大畜	頤	大過	習坎	離	咸	恒	遯	大壯
	次序	35	36	37	38	39	40	41	42	43	44	45	46	47	48	49	50	51
	卦名	晉	明夷	家人	睽	蹇	解	損	益	夬	姤	萃	升	困	井	革	鼎	震
	次序	52	53	54	55	56	57	58	59	60	61	62	63	64				
	卦名	艮	漸	歸妹	豐	旅	巽	兌	渙	節	中孚	小過	既濟	未濟				

帛書本																		
	次序	1	2	3	4	5	6	7	8	9	10	11	12	13	14	15	16	17
	卦名	鍵	婦	掾	禮	訟	同人	无孟	狗	根	泰蓄	剝	損	蒙	蘩	頤	箇	贛
	次序	18	19	20	21	22	23	24	25	26	27	28	29	30	31	32	33	34
	卦名	襦	比	蹇	節	既濟	屯	井	辰	泰壯	餘	少過	歸妹	解	豐	恒	川	○
	次序	35	36	37	38	39	40	41	42	43	44	45	46	47	48	49	50	51
	卦名	嗛	林	師	明夷	復	登	奪	夬	卒	欽	困	勒	隋	泰過	羅	大有	溍
	次序	52	53	54	55	56	57	58	59	60	61	62	63	64				
	卦名	旅	乖	未濟	筮○	鼎	筭	少埶	觀	漸	中復	渙	家人	益				

雜卦傳																		
	次序	1	2	3	4	5	6	7	8	9	10	11	12	13	14	15	16	17
	卦名	乾	坤	比	師	臨	觀	屯	蒙	震	艮	損	益	大畜	无妄	萃	升	謙
	次序	18	19	20	21	22	23	24	25	26	27	28	29	30	31	32	33	34
	卦名	豫	噬嗑	賁	兌	巽	隨	蠱	剝	復	晉	明夷	井	困	咸	恒	渙	節
	次序	35	36	37	38	39	40	41	42	43	44	45	46	47	48	49	50	51
	卦名	解	蹇	睽	家人	否	泰	大壯	遯	大有	同人	革	鼎	小過	中孚	豐	旅	離
	次序	52	53	54	55	56	57	58	59	60	61	62	63	64				
	卦名	坎	小畜	履	需	訟	大過	遘	漸	頤	既濟	歸妹	未濟	夬				

主要參照引用書目：

*《周易注疏》（南宋初刻本）［魏］王弼／［晉］韓康伯注、［唐］孔穎達疏，郭彧彙校／上海古籍出版社

*《周易正義》（影印南宋官版）［唐］孔穎達撰／北京大學出版社

*《宋本周易》（據國家圖書館藏宋刻本影印）［魏］王弼／［晉］韓康伯注、［唐］陸德明釋文／國家圖書館出版社

*《十三經注疏》（清嘉慶刊本）［清］阮元校刻／中華書局、明版閩刻／東方出版社、上海古籍出版社（據世界書局縮印阮刻本影印）

*《十三經古注》［漢］鄭玄等注／中華書局

*《馬王堆帛書周易釋文校注》于豪亮著／上海古籍出版社

*《帛書周易注譯》張立文著／中州古籍出版社

*《周易注》［魏］王弼撰，樓宇烈校釋／中華書局

*《經典釋文》（據北京圖書館藏宋刻本影印）［唐］陸德明撰／上海古籍出版社

*《經典釋文彙校》［唐］陸德明撰，黃焯彙校／中華書局

*《周易集解》［唐］李鼎祚撰／北京市中國書店、中華書局（王豐先點校）

*《周易傳義音訓》（光緒年間刊於江南書局）［宋］程頤傳、朱熹本義、呂祖謙音訓／中國書店

*《周易程氏傳》［宋］程頤撰，王孝魚點校／中華書局

*《周易本義》［宋］朱熹著／臺灣大學出版中心、中華書局（廖名春點校）

*《河洛理數》（故宮珍本／明崇禎壬申刻本）［宋］陳摶著、邵雍述，李峰注解／海南出版社

*《邵子易數》（故宮珍藏善本）［宋］邵雍撰，周浩良整理／九州出版社

*《周易參同契》章偉文譯注／中華書局

*《周易集注》［明］來知德撰，姚國華、柯譽整理／九州出版社

*《經義述聞》［清］王引之撰，虞思徵、馬濤、徐煒君校點／上海古籍出版社

*《經傳釋詞》［清］王引之撰，李花蕾校點／上海古籍出版社

*《六十四卦經解》［清］朱駿聲著／中華書局

*《周易函書》［清］胡煦著，程林點校／中華書局

*《周易折中》［清］李光地撰，劉大鈞整理／巴蜀書社

*《周易述》［清］惠棟撰，鄭萬耕點校／中華書局

*《雕菰樓易學五種》［清］焦循著作集，陳居淵主編／鳳凰出版社

*《周易古經今注》高亨著／上海書店（據開明書店 1947 年版影印）、清華大學出版社、中華書局（重訂本）

*《周易大傳今注》高亨著／齊魯書社

*《周易尚氏學》尚秉和著，張善文點校／中華書局

*《古典新義》聞一多著／商務印書館

*《周易今注今譯》陳鼓應、趙建偉注譯／商務印書館

*《李鏡池周易著作全集》李鏡池著，李銘建整理／中華書局

*《易傳與道家思想》（修訂版）陳鼓應著／商務印書館

*《易經雜說》南懷瑾講述／東方出版社

*《尚書正義》（影印南宋官版）〔唐〕孔穎達撰／北京大學出版社

*《宋本尚書正義》〔唐〕孔穎達撰／國家圖書館出版社

*《逸周書彙校集注》（修訂本）黃懷信、張懋鎔、田旭東撰，黃懷信修訂／上海古籍出版社

*《周禮》呂友仁、李正輝注譯／中州古籍出版社

*《史記》〔漢〕司馬遷撰／中華書局

*《宋刊老子道德經》〔漢〕河上公章句／福建人民出版社

*《老子道德經注校釋》〔魏〕王弼注，樓宇烈校釋／中華書局

*《宋本老子道德經》〔宋〕范應元集注／國家圖書館出版社

*《帛書老子校注》高明撰／中華書局

*《老子今注今譯及評介》陳鼓應注譯／臺灣商務印書館

*《金刻本莊子全解》〔宋〕呂惠卿撰／國家圖書館出版社
*《莊子今注今譯》（最新修訂版）陳鼓應注譯／商務印書館
*《詩經》〔宋〕朱熹集傳／上海古籍出版社
*《宋本毛詩詁訓傳》〔漢〕毛亨傳／鄭玄箋、〔唐〕陸德明釋文／國家圖書館出版社
*《禮記》〔元〕陳澔注，金曉東校點／上海古籍出版社
*《宋本禮記》〔漢〕鄭玄注、〔唐〕陸德明釋文／國家圖書館出版社
*《儀禮》〔漢〕鄭玄注、〔清〕張爾岐句讀，郎文行校點、方向東審訂／上海古籍出版社
*《左傳》〔戰國〕左丘明著、〔晉〕杜預注／上海古籍出版社
*《春秋左傳注》（修訂本）楊伯峻編著／中華書局
*《宋本方言》〔漢〕楊雄撰／國家圖書館出版社
*《國語》〔戰國〕左丘明撰、〔三國吳〕韋昭注／上海古籍出版社
*《宋本國語》〔三國吳〕韋昭注／國家圖書館出版社
*《宋本論語集注》〔宋〕朱熹集注／國家圖書館出版社
*《論語解讀辭典》何士明著／上海辭書出版社
*《宋本管子》〔唐〕房玄齡注／國家圖書館出版社

*《宋本孟子集注》〔宋〕朱熹集注／國家圖書館出版社

*《綱鑒易知錄》〔清〕吳乘權等輯，劉韶軍等譯／中華書局

*《爾雅》〔晉〕郭璞注，王世偉校點／上海古籍出版社

*《爾雅注疏》〔晉〕郭璞注、〔宋〕邢昺疏／上海古籍出版社

*《宋本爾雅疏》〔宋〕邢昺撰／國家圖書館出版社

*《集韻》（據上海圖書館藏述古堂影宋鈔本影印）〔宋〕丁度等編／上海古籍出版社

*《宋刻集韻》〔宋〕丁度等編／中華書局

*《鉅宋廣韻》〔宋〕陳彭年撰／上海古籍出版社

*《宋本說文解字》〔漢〕許慎撰／國家圖書館出版社

*《說文解字注》（經韵樓藏版）〔漢〕許慎撰、〔清〕段玉裁注／上海古籍出版社

*《說文通訓定聲》〔清〕朱駿聲撰／中華書局

*《古書虛字集釋》〔民國〕裴學海撰／漢京文化事業有限公司印行

*《康熙字典》（檢索本）／中華書局

*《辭源》（第三版）／商務印書館

*《漢語大字典》（第二版縮印本）四川辭書出版社／崇文書局